JN117056

前田 朗

500冊の死刑

死刑廃止再入門

インパクト
出版会

目次

はじめに

獄中で法学を学んだスーザンは、死刑は憲法に違反し、廃止されるべきだと裁判所に提訴した。他にも提訴が相次ぎ、最終的に四一七人の死刑囚が提訴した。

二〇〇九年一月二一日、ウガンダ最高裁は、絞首刑が他の執行方法よりも大きな苦痛を与えるという証拠はないとしながらも、殺人を常に死刑として、裁判所が量刑事情を考慮する余地をなくすべきではないとして、審理を差し戻した。さらに最高裁は、死刑囚の長期収容について疑問を投げかけ、三年以内に執行されなかった場合は終身刑に変更するべきだとした。

審理は高裁に差し戻され、減刑事由の有無をめぐって審理がなされた。その結果、二〇一一年一一月一二日、スーザンの刑は二〇年の刑事施設収容に変更された。高裁判決は、死刑は義務的とされているが、裁判所は判決前の減刑事由を考慮に入れることができると判断した。そして二〇一六年一月、スーザンは仮釈放され、一歳の時に離れ離れになった娘と会うことができた。

この間、二〇一四年、スーザンは通信教育でロンドン大学法学部を卒業した最初の受刑者となった。いまスーザンは大学院進学を考えている。

「二〇一六年一月に釈放されたので、いまも法学の勉強を続けています。アフリカ監獄プロジェクトの支援を受けて法学を学ぶことができたのは幸運でした。私は今後も法学を学んで、私のように困っている人の助けになりたいと思います。去年は

スーザン・キグラの物語

「昨年秋、オスロで開かれた死刑廃止世界会議に招かれたので、びっくりしました。旅行なんてしたことがなかったからです。二〇〇〇年に逮捕されて、法律には無知だったので何が何だかわからないうちに死刑になりました。泣いて、絶望して、困惑して、どうしようもない日々でした。やがて本を読むようになり、監獄の学校で勉強するようになりました。アフリカ監獄プロジェクトの協力で、ロンドン大学通信教育を受けました。それで法律を勉強しました。わからないことばかりでしたが、何度も何度も勉強しているうちに、ようやく訴願の出し方を知りました。それで裁判所に訴願を出しました。その結果、最高裁判所が現行の死刑は憲法違反だと判断しました。」　（スーザン・キグラ）

二〇一七年三月一日、ジュネーヴの国連欧州本部で開催中の国連人権理事会三四会期において、死刑に関するNGOパネルが開かれた。NGOの「ともに死刑に反対する（ECPM）」主催の「猶予から廃止へ――二〇一九年までの廃止戦略」である。

メインスピーカーは、監獄で法律を勉強して違憲判決を勝ち取り、出獄した元死刑囚スーザン・キグラであった。

スーザンは二〇〇〇年七月九日、三歳の子どもの証言により、夫殺害の罪で有罪とされ、二〇〇二年九月に絞首刑が確定した。当時のウガンダでは殺人の法定刑は死刑のみであった。

オスロに呼ばれたし、今日はジュネーヴに呼ばれました。自由であることの重みを痛感しています。」（スーザン・キグラ）

スーザンは自由の身になったが、提訴して判決を待っている他の死刑囚や受刑者も多数いるという。

パネルではマリト・エルガー・レスランド（ノルウェー外務副大臣）、ラファエル・シュヌイル・ハザン（ＥＣＰＭ事務局長）、メトル・リエヴィン・ンゴンジ（中央アフリカ死刑反対連盟）らが発言した。二〇一六年のオスロ会議を経て今後の取り組みについて、二〇一八年にアフリカで地域会議を開き、二〇一九年にブリュッセルで世界会議を開くことが明らかにされた。

世界の死刑廃止運動は二〇一九年のブリュッセル会議に向けてスタートを切った。パネルには日本政府も日本人らしきＮＧＯメンバーも参加していなかったが、日本も同じ課題に取り組む必要がある。二〇二〇年東京五輪には世界から大勢の人々が日本にやって来る。そこに向けて死刑廃止運動の再構築が必要だ。

死刑廃止を実現するために

本書は死刑廃止論の立場から、これまでの死刑関係文献をリサーチし、テーマごとに分類してコメントを付した文献案内であり、「引用集」である。

私は死刑廃止論者であるから、コメントは公平中立な立場からではなく、廃止論の立場から付されている。公平中立な立場を装う研究者が少なくないが、自らの立場を明らかにしつつ、適切なコメントを付すよう努力すべきであろう。

日本は存置国であり、現に死刑制度がある。数多くの死刑判決が言い渡され、確定している。このため拘置所には死刑囚が収容され、死の恐怖に脅えて暮らしている。死刑囚の家族も困難な状況でひっそりと生きている例が多い。獄中で無実を叫び、再審請求している例も少なくない。

それゆえ、日本で出される死刑関係文献の多くは廃止論からの著作である。廃止論ではなくても、死刑判決に疑念を提起し、死刑囚処遇の改善を求めるなど、批判的観点からの著作が目立つ。

存置論は現状維持を唱える立場のため、必ずしも多く出版されることはない。とはいえ現に死刑制度があり、運用されているので、政府、法務・検察、裁判所の文書は死刑制度が当然という立場で綴られている。民間の存置論の多くも制度維持を前提としているが、中には「もっと重罰化を、もっと死刑を」と唱える過激な論者もいる。

世論は圧倒的に死刑を支持している。政府が実施してきた世論調査は非常に誘導的な仕組みになっているため、世論調査と言うよりも「世論操作」といった内実だと批判されてきたが、メディアや研究機関による調査も含めて、時に八割を超える死刑支持の結果が出ているのも事実である。

従って廃止論者は、世論の現実を踏まえて、廃止を訴えていかなければならない。そのため死刑に関するあらゆる情報を収集し、分析し、伝達していかなければならない。その一環として、一九九六年から出版されてきたのが『年報・死刑廃止』である。

本書は『年報・死刑廃止』（一九九六年〜二〇一八年）に掲載された「死刑関係文献案内」を再編集し、テーマごとに分類して一冊の書物とした。できるだけ多くの著書を取り上げたが、網羅的な目録ではない。長期に及ぶ連載原稿をもとにしているため、取捨選択に明確な基準はない。重要文献の遺漏はご容赦いただきたい。専門研究誌や一般向け雑誌の論文にも多くの重要文献があるが、本書では単行本に重点を置いたため、論文はごく一部しか取り上げていない。

死刑と非国民

私自身の死刑論は本文に譲るが、一点だけ予め述べておくと、死刑問題は、国家が生命権を保護される者と保護されない者を分画し、生きるに値する者と生きるに値しない者を区別することを善しとする制度である。平時における死刑と戦時における戦闘死の区別が良く語られるが、そこに基本的差異はない。国家が国民と非国民を分画し、敵／味方の判別を権力的かつ徹底的に遂行するのが死刑である。国民主権の下であれば、主権者たる国民が、保護されるべき〈われわれ〉と保護されない〈彼ら〉の間に超えられない溝をつくることである。

ここで非国民と称しているのは、外国人だけではない。その社会で他の人々とともに生きることを否定されてきた者には、先住民族やマイノリティもいれば、植民地人民もいる。政治的思想や行動によって「非国民」の烙印を押された者もいれば、何らかの障害や病気ゆえに社会的排除の対象とされた人々も含まれる。

近代日本は、明治維新において新しい国家を形成して、国際社会に登場した。その際に、国内を平定して、国民を統合するために、大日本帝国憲法、教育勅語を定め、「標準的」とされた国語をつくり出して、国民統合を進めた。内と外に線を引いて、内側の住民には国民となることを強制し、外側の者を外国人として排除した。あいまいな立場は許されない。内と外を移行する者は弾圧されるか、排除される。国際連帯を唱える者は、非国民とされる恐れがあった（前田朗『非国民がやってきた！』、『国民を殺す国家――非国民がやってきたPart.2』、『パロディのパロディ　井上ひさし再入門――非国民がやってきたPart.3』いずれも耕文社）。

それゆえ死刑のメカニズムはヘイト・スピーチのメカニズムと類比的に語ることができる。ヘイト・スピーチについての私の研究は『増補新版ヘイト・クライム』『ヘイト・スピーチ法研究序説』『ヘイト・スピーチ法研究原論』（いずれも三一書房）を参照願いたい。

＊

本書は一般市民向けの死刑関係文献案内であり、基本は書誌情報（書名、著者名、出版社、出版年）を掲載する。対象時期は『年報・死刑廃止』が出版された一九九六年から二〇一八年である。大半は単行本を取り上げている。一部、論文を紹介した場合もある。

著書からの引用に際して頁数を付していない。

著者のコメントは、年報執筆の都度に付したものが元になっているため、当時の状況の中で注目すべき論点に絞っている場合が多い。当該著作の基本情報を客観的に紹介した場合もあるが、コメント部分は筆者の主観に基づいていることをお断りしておく。

第1章

再燃する死刑論議

一　からまりあった糸──死刑という問題圏

死刑問題は近代日本史においてもっとも長く論議を呼んできたテーマと言える。

明治維新後の近代国家形成期の刑法制定段階で、いち早く死刑存廃をめぐる議論があったことはよく知られている。日本政府は死刑制度を維持し、自由民権運動を抑圧するため裁判所は膨大な死刑判決を下し、拘置所には確定死刑囚が執行の恐怖に襲われながら収容され、着実に死刑が執行されてきた。明治末の大逆事件や、昭和ファシズム期の治安維持法による弾圧に際しても、死刑（及び裁判抜きの処刑、つまり拷問による虐殺）はつねに統治の基本手段であった。

大逆事件や治安維持法の歴史を特異な経験とみるべきではない。むしろ、近現代国家の統治の基本には「死刑と非国民」という構図が埋め込まれていると見るべきだろう。大日本帝国の臣民抑圧、及び日本国の国民統合には、統合されるべき国民と排除されるべき非国民の間にくっきりと線を引くことが前提となっている。近代国民国家は「死刑と非国民」の領域を背後に備え持っていなければならないのだ。戦争と死刑が類比的なのはこのためである（非国民について、前田朗『非国民がやってきた！』『国民を殺す国家──非国民がやってきた！ Part2』耕文社）。

個々の論者による死刑廃止論は繰り返し提起され、時に大きな論議を引き起こしてきた。明治、大正、昭和と死刑判決数は次第に減少し、死刑執行のない年や、死刑執行をしない法務大臣がいても、「制度としての死刑」は揺らぐことがなかった。

一九八〇年代、免田・松山・財田川・島田事件という死刑再審無罪事件（死刑冤罪については本書第6章参照）の後に、数年間、死刑執行がなされず、死刑廃止をめぐる議論が盛り上がったが、法務検察も政治家も裁判所も、死刑廃止に向けた歩みを断固として拒否した。

一九八九年の国連死刑廃止条約の採択に際して、日本政府は反対票を投じた。国連人権機関からの死刑廃止勧告も拒否し続けている。

かくして死刑廃止を求める運動と、死刑制度を維持し、執行を続ける政府とがいまだに対峙したままである。

法務官僚は死刑廃止を拒否するだけではない。凶悪犯罪キャンペーンを展開して、世論に不安を醸成し、その不安に乗じて重罰化を求めてきた。死刑に代えて代替刑としての終身刑（仮釈放のない無期懲役）をという提案を逆手に取って、死刑も終身刑も要求する重罰化を唱える。

憲法学者の中には死刑廃止論者も散見されるが、憲法教科書の中には死刑問題について言及はわずかにとどまる。憲法学者の間で、死刑をめぐる憲法論が戦わされることも少なくなってきたように見える。

刑法学者には、死刑廃止論者もいれば存置論者もいるが、態度を明らかにしない論者も少なくない。一九九〇年代には、死刑廃止を求める刑事法研究者の声明が出されたこともあるが、やはり死刑論議は低調になってきたように見える。

死刑廃止運動は、国連死刑廃止条約の採択や死刑再審無罪事件が相次いだ時期に大きな展開を見せたが、オウム真理教事件をはじめとする重大凶悪犯罪や、現代社会を象徴すると指摘されるような「理解不能の凶悪犯罪」などを口実とした重罰化キャンペーンによるバックラッシュに停滞を余儀なくされた(凶悪犯罪や被害者遺族について本書第5章参照)。

存置論者と廃止論者とが互いに相手を「感情論」と非難し合う時期があり、感情的対立が深まったこともある。死刑論議に「感情論」は不可避であり、避けて通れない。問題は「感情論」を含みこみつつ、いかに議論を進めるかである。法律学界でも市民運動の場でも、単なる感情的対立を乗り越えて、死刑について相互に向き合って討論する努力が続けられたが、「制度としての死刑」の現場には議論が届いていない。制度としての死刑の「現場」とは、拘置所ではなく、国会や法務検察や裁判所である。

死刑をめぐる議論にはいくつもの論点が錯綜しているため、議論が混乱したり、すれ違ったりすることが少なくない。議論の糸はいつもからまり、もつれ合っている。

もつれた糸を解きほぐす手立てが見当たらないため、途方に暮れている人も少なくないだろう。

二 死刑に向き合う

近代日本の死刑関係文献については、かつて佐々木光明・前田朗・宮本弘典「死刑問題の現在」『死刑廃止を求める』(日本評論社、94年)に案内を掲載した。その後、本書のもととなった「死刑関係文献案内」を『年報・死刑廃止』(インパクト出版会、96年〜18年)に掲載してきた。

なお、詳細な文献目録として、菊田幸一教授還暦祝賀『死刑問題に関する文献目録』(明治大学犯罪学研究室、94年)がある。死刑廃止運動のニュース等には、さまざまな形で文献目録が掲載されている。本書では重要な単行本を紹介し、全国各地の死刑廃止運動団体のニュース等は割愛する。雑誌論文や記事にも重要文献が多数みられるが、ごく一部しか取り上げることができない。

1 年報・死刑廃止

『年報・死刑廃止』は一九九六年以後、毎年一冊のペースで死刑問題を問いかけてきた死刑廃止運動の基本文献である。ただし、二〇〇〇年・〇一年だけは二年間で一冊なので、創刊以来二〇一八年までに二二冊の年報を送り出してきた。その全体を紹介することは到底できないが、それぞれの特集テーマを列挙しておこう。それぞれの時期に何が議論されたのか。死刑廃止運動がいかなる問題提起をしたのか。その一端を示すことができる。

＊

「『オウムに死刑を』にどう応えるか」（96年）
「死刑―存置と廃止の出会い」（97年）
「犯罪被害者と死刑制度」（98年）
「死刑と情報公開」（99年）
「終身刑を考える」（00―01年）
「世界のなかの日本の死刑」（02年）
「死刑廃止法案」（03年）
「無実の死刑囚たち」（04年）
「オウム事件10年」（05年）
「光市裁判」（06年）
「あなたも死刑判決を書かされる――21世紀の徴兵制・裁判員制度」（07年）
「犯罪報道と裁判員制度」（08年）
「死刑100年と裁判員制度」（09年）
「日本のイノセンス・プロジェクトをめざして」（10年）
「震災と死刑――生命を見つめなおす」（11年）
「少年事件と死刑」（12年）
「極限の表現――死刑囚が描く」（13年）
「袴田再審から死刑廃止へ」（14年）
「死刑囚監房から」（15年）
「死刑と憲法」（16年）
「ポピュリズムと死刑」（17年）
「オウム死刑囚からあなたへ」（18年）

＊

一九八〇年代、免田・松山・財田川・島田の死刑再審無罪事件によって、死刑囚が無実であることが判明し、社会に帰ってきた。このため死刑執行ができなくなり、執行ゼロが一〇〇〇日に及んだが、結局、法務省は死刑執行を再開し、死刑廃止への途を閉ざした。続いて、オウム真理教事件によって日本社会は死刑と重罰化を求める時代に突入してしまった。

こうした状況を受けて一九九六年に最初の『年報・死刑廃止』が刊行された。それ以来、オウム真理教事件、光市裁判、裁判員裁判、袴田再審など、それぞれの時期に生じた事件や裁判の状況をにらみながら、年報の特集テーマが組まれてきた。

また、厳罰化、犯罪被害者、終身刑、冤罪、監房における処遇など死刑存廃論の主要な論点も繰り返し取り上げられた。

現代日本における死刑と死刑廃止にかかわる基礎情報を網羅した年報であり、死刑存廃論議に必須のメディアとなっている。

死刑廃止の運動目標から言って、年報の一日でも早い終刊を願いながら、残念ながら二〇年を超えて編集・出版しなければならず、今後も終刊の具体的な時期は見えていないと言わざるをえない。

2　さまざまな語り

死刑廃止国が増加している今日なお、なぜ日本は死刑を廃止できないのか。この問題を日本社会のあり方、日本文化の特徴とからめて検討することも必要になっている。

次章以下では主要な論点ごとに死刑関係文献を紹介していくが、それに先立って、ここでは死刑についての「さまざまな語り」という関心から、いくつかの重要文献を掲げておくことにする。

❶……死刑に向き合うために

かたつむりの会編『殺すこと殺されること――死刑制度と日本社会Ⅰ』（インパクト出版会、93年）

同会主催の連続講座の記録であり、野本三吉「子殺し、親殺し、仲間ころし」、池田浩士「あだ討ちと死刑」、戸次公正「そろそろ日本に引導を渡すとき」、鶴見俊輔「殺人を避ける方法」を収録する。

同『死刑の文化を問い直す――死刑制度と日本社会Ⅱ』（インパクト出版会、94年）

森毅「ぼくは正義がキライだ」、吉田智弥「死刑がなくなればこの世は闇だ」、なだいなだ「安心の危険より不安の安全」、新島淳良「中国の死刑」、内海愛子「死刑台から見えた二つの国」を収録する。

以上の二冊は、国家刑罰権としての死刑に限定するのではなく、死刑を支え、望んでいる民衆の側の問題としての死刑を問い直し、死刑廃止論の思想的位置をも算定し直し、「死刑のある社会」を生きる自らの生と人生を串刺しにする著作である。抓み出されたのは誰なのか。この社会が咥え込んでしまった腐食の解明作業が始まった。

池田浩士『死刑の［昭和］史』（インパクト出版会、92年）

現代日本史のなかでの死刑制度の機能と本質を見つめ直す強靱な知的営為である。著者は、死刑廃止に情熱を傾けることではなく、死刑そのものに正面から向き合って、人間と社会の小さなきしみに目を配し、「遠い外野席」から時にゆっくりと必要な遠回りをしつつ、時にグサリと熱く発言する。それがまぎれもなく秀れた死刑廃止論となっている稀有の著作である。その内容を要約することは到底できない。

目次を並べると「虎ノ門事件と〈昭和〉の開幕」「死刑と日本の近代史」「戦争――日常化する死刑」で死刑論の基本視点を開示し、『『法』が死刑囚をつくる』『『世間』が死刑囚をつくる』『『凶悪犯に重刑を！』――死刑と世論』で国家・社会が死刑を必要とし、死刑囚をつくり出す、死刑の逆説を描く。また「死刑囚から『世論』へ」「死刑廃止論の現在」「死刑を執行する側から」などで死刑論の理路をていねいに論じた上で「死刑廃止の彼方へ」において「死刑の壁に穴をうがつこと」の意味を模索している。

死刑廃止論者にとっても必読書だが、日本現代史や文化論においても逸することのできないメッセージの森であろう。「死刑」という窓口から「昭和」という時代を鮮やかに切開し、ほとんど血飛沫をあげんばかりに分析する。読者は幾度捻られ、幾度唸らされるだろうか。

菊田幸一『Q&A死刑問題の基礎知識』（明石書店、04年）

長年に渡って死刑廃止運動の先頭に立ってきた刑事法学者による死刑論である。

「死刑問題がわかる20問」と参考資料からなる。「Q1　国際的視野から見た死刑廃止の状況は？」「Q2　国連の死刑廃止条約の内容は？」「Q3　アメリカの死刑廃止状況は？」に始まり、死刑廃止運動の状況、「個人の尊重」と死刑、死刑存置論と廃止論、国民世論の問題、被害者感情、被害者補償、死刑と無期懲役の選択基準、死刑囚の日常、執行の具体的状況などを手際よくまとめている。ここでも終身刑論が説かれる。

「端的に言えば、死刑代替手段としての終身刑であり、死刑を廃止した後においては、仮釈放の可能性を含む具体的な終身刑の修正を検討することとなる。終身刑の採用は死刑存置論者を死刑廃止に導くための橋渡しの手段である」とし、「死刑廃止論者の中にも終身刑に反対する人が多い。それは死刑廃止が目的であり、その代替手段を死刑廃止論者が提示することは矛盾しているとの考えである。私も理論的にはそれは正しいと思う。しかし、ここで大事なことは理論闘争をしているのではない。死刑廃止をいかに実現するかの問題である。理論的に正当であっても、実現しなければ空論となる。死刑廃止は、つとに実践的な課題であり、いかに実現するかにある。その手段を提唱することが廃止論者としての良心を失ったものとはならない」と強調される。

「死刑から絶対的終身刑へ、そして条件付終身刑への流れ」で死刑廃止を実現しようという実践的関心は十分に理解できるが、死刑廃止論者の間でも議論は分かれている。それは「死刑廃止論者が代替刑の提案をすることの矛盾」だけに由来するものではない。死刑と絶対的終身刑の残虐性の比較論の問題でもないだろう。現代日本における議論状況を見るならば、「死刑から絶対的終身刑へ、そして条件付終身刑への流れ」そのものが見通せないような状況になっていることの方が重要である。

むしろ「死刑も絶対的終身刑も」という厳罰要求が登場し、「刑罰の重罰化」が法定刑の面でも量刑の面でも進行しつつあるのではないかと指摘された。仮釈放の運用実態も官僚の思いのままに変容させられた。「無期懲役から絶対的終身刑への流れ」がつくられようとしている。これは死刑の固定化、さらには死刑の増加（死刑事件の増加のみならず、死刑判決の増加、そして死刑囚処遇の悪化）をもたらしつつあるのではないか。こうした現状では、せっかくの著者の問題提起が困難を抱えることになった面があるように思われる。

だが、著者はその後も、死刑廃止のために精力的に理論と運動をリードしていった（菊田の死刑廃止論について本書第4章参照）。

郷田マモラ『モリのアサガオ――新人刑務官と或る死刑囚の物語』（双葉社、05年～07年）

二〇〇七年度文化庁メディア芸術祭大賞を受賞した漫画である。『漫画アクション』に二〇〇四年から〇七年にかけて連載され、単行本は二〇〇七年八月に完結した。

主人公は、なにわ拘置所死刑囚舎房に配属された新人刑務官・及川直樹と、両親のあだ討ちをした後に出頭し裁判で死刑を言い渡された渡瀬満。二人は五日違いで生まれた同年齢で、ともに少年野球の道を歩んだ。捕手だった直樹は、強豪チームのエースの満に微かにあこがれていたが、二人が出会ったわけではない。後に逆恨みによる殺人事件で両親を殺害された満は、服役後出所した犯人をつけねらい、ついに殺害する。現代版あだ討ちはメディアをにぎわし、直樹は満を英雄視しあこがれる。刑務官となり死刑囚舎房に配属された直樹は、さまざまな死刑囚に出会い、ぶつかり合いながら、死刑について、凶悪犯罪について、人間について悩み、悩み、悩み、そして考える。

その拘置所に満がやってくる。最初は裁判中の未決囚として、後には死刑確定者として。直樹と満の出会いと、すれ違い、そして激突の末に互いを理解しあう煩悶と苦悩の日々。

脇を固めるのは、拘置所に勤務する刑務官たち。彼らも、温情刑務官だったり、死刑囚に冷たい仕打ちをしたり、体育会系の熱血漢だったり、型にはまらず個性的である。それぞれの人生を抱え、悩みながらの勤務である。死刑確定者もさまざまである。貼り絵の仏を作り続ける世古利一、凶悪な深堀圭造、反省などせずお菓子を食べまくる星山克博、反省して遺族に手紙を書き続ける香西忠伸。いずれも個性的であるにとどまらず、影におびえ、凍りつき、自分を殺し、泣き、笑い、暴れ、そして自分に帰っていく。

抽象的な死刑論議ではなく、一人ひとりの死刑囚に向き合って思索を深めることができる漫画である。しかも、死刑に賛成か反対かの結論を出すことが重要なのではなく、読者が自分で考えることこそ重要だというメッセージが随所に込められている。このように強調すればするほど、この作品の良さを伝えられなくなるかもしれないが。「直木賞作家三浦しをんさん号泣！」との宣伝文句にあるように、いくつもの感動的なシーンがあり、全七巻にわたって読みどころ満載の「煩悶漫画」である。

死刑をなくす女の会編『死刑は誰を救うのか――中山千夏と語る』(一葉社、04年)

長年死刑廃止に取り組んできた中山千夏の対談・座談集である。死刑をなくす女の会としては、『女たちの死刑廃止「論」』『女子高生コンクリート詰め殺人事件――彼女のくやしさがわかりますか』に続く三冊目の出版である。モチーフは「いったい死刑は誰を救うのだろう？」である。「『人間は変わる』という希望」(坂上香)、「被害者と加害者が向き合うことから始まる真の〝救い〟」(原田正治、日方ヒロコ)、「『人間は何をするかわからない』という豊かさ」(玉光順正、十二雅子)、「永山則夫さんがペルーの子どもたちに遺したこと」(市原みちえ、奥地圭子、須永祐慈)、「(獄壁突破対談)死刑制度を廃絶するために」(大道寺将司)、「死刑は誰も救わない！」(植村眞樹子、大道万里子、広瀬直子、丸山未来子)が収録されている。

❷……死刑をめぐる旅――森達也

二一世紀に入って以後の論壇における死刑論議の主役の一人が森達也である。

森達也対談集『世界と僕たちの、未来のために』（作品社、06年）

映画『A』『A2』、著者『下山事件』『世界が完全に思考停止する前に』『ドキュメンタリーは嘘をつく』で知られる森達也の対談集である。綿井健陽、田原総一朗、大沢真幸、長谷正人、宮崎学、安田好弘や、是枝裕和、原一男、矢崎泰久、小室等、あるいは菊田幸一、姜尚中、朴慶南、野中章弘等、多彩なメンバーとの対話である。死刑との関係では『麻原断罪で終わらせるのか』（宮崎学、安田好弘）、「死刑文化からの抜け道を求めて」（鵜飼哲）、「それでも『死刑』に反対する」（菊田幸一）があるが、死刑を直接取り上げていない対談も含めて、社会の奇妙な複雑さと単純さが人々に思考停止を迫っているかのような時代に抗する対談集であり、どこから読んでも「楽しめる」一冊である。ドキュメンタリーは嘘をつくかもしれないが、ドキュメンタリスト森達也は少なくともつまらない嘘をつかないだろう。

森達也『死刑』（朝日出版社、08年）

森達也監督・主演の書き下ろし「ロードムービー」である。

「死刑という制度の裏には何かが潜んでいる。その何かの、形や色、質感や温度など、具体的な要素を、今のところ僕は何ひとつ明示できない。つまり不可知な何かだ。でもしぶとい。そしてとても重い。この『何か』を考察するためには、死刑を制度的に捉えるだけでは不充分だ。歴史的に捉えるだけでもまだ足りない。人が人を殺すということを、今よりももっと強く、もっと真直ぐに見つめることが必要になる。言い換えれば、『死』そのものをもっと強く実感することを、この執筆は僕に強いることになるはずだ。同心円の周縁には、罪と罰、加虐や報復、贖罪や暴力、怨嗟や憎悪、哀切や悲嘆などの要素が並び、そしてこの中心に、『死』がぽっかりと、虚無の深い口を開けている」。

死刑の謎は、国家の謎であり、人間の謎でもあるが、切り口によって、立場によって、まったく異なる見え方をする。「不可知な何か」が議論を複雑にし、紛糾させる。「しぶとい」著者はそうした問題を意識しつつ、「重い」死刑をめぐる旅に出る。

「深淵を覗くとき、その深淵もまた、こちらを覗いているとニーチェは言った。たぶん僕は覗かれているのだろう。その実感はある。でも同時に思う。覗かれているのは僕だけじゃない。誰もが覗き返されている。死刑は概念ではない。実存している。僕らが暮らすこの日常に地続きとなって。しぶとく重いままに、制度として存在している。拘置所という名の収容所に彼ら確定死刑囚は暮らしている。彼らが吸う空気は、僕らが排出した空気でもある。彼らが排出する空気は、僕らが吸う空気でもある」。

死刑から目をそらすことなく、直視するために、著者は人々に会う。死刑廃止を推進する市民団体「フォーラム90」のメンバー、『モリのアサガオ』の郷田マモラ、名古屋拘置所所長（ただし面会拒否）、死刑廃止議員連盟事務局長の保坂展人、池田小学校事件被告人宅間守の弁護人だった戸谷茂樹、元大阪高検公安部長の三井環、死刑再審無罪の免田栄、元刑務官の坂本敏夫、被害者遺族に取材してきたジャーナリストの藤井誠二……。さまざまな立場で語られたそれぞれの意見に耳を傾けながら、著者は死刑について思いをめぐらす。立ち止まり、時には振り返ったり一歩後戻りしたり、手探りを続ける。結論はささやかだが、明快だ。

「みんなが願っている。ささやかな願いもある。大きな願いもある。でもみんなが願っている。遺族も、死刑囚も、廃止派も、存置派も、刑務官も、教誨師も、元裁判官も、元検事も、弁護士も、そして僕も、きっとあなたも。願いはかなえたい。あなたがもしも存置派だとしても、僕はあなたを説得しようとは思わない。この本はそういうことのために書かれた本ではない。それにたぶん存置を主張する人の多くは、こんな本の内容では変わらないだろう。でも僕は、あなたにこれだけは伝えたい。僕は彼らを死なせたくない。論理ではないし情緒でもない。水が低きに流れるように、冬が来れば春が来るように、昼食を抜けばお腹が空くように、父や母が子供を慈しみ、子供が父や母を慕うように、僕は願う。彼らの命を救いたい」。

理論に偏することなく、かといって既成事実に屈服するのでもない。出会いの中での言葉を反芻し、折り返し、事実に重ね合わせ、既成事実を理論の篩いにかけなおし、理論をさまざまな思いに照らし合わせる作業の積み重ねが本書の魅力である。

森達也『A3』（集英社インターナショナル、10年）

ドキュメンタリー映画『A』『A2』の作者が活字で「オウム」と「麻原彰晃」に迫る意欲作である。二〇〇五年から〇七年にかけての雑誌連載を一冊にまとめたもので、裁判傍聴記を中心にしつつ、オウム真理教の全体像を描き出しながら、現代日本を問う。

オウム裁判傍聴記など類書は多数あるが、付け焼刃のものが目立つ中では、本書は群を抜いたドキュメントといえよう。右に紹介した『死刑』の著者だけあって、単にオウム関係者への死刑判決の問題に限定することなく、近似の判例における死刑基準の変容と死刑判決の増加、したがって確定死刑囚の増加という現実に着目する。

「かつても今も死刑を決めた判決文の多くには、『死刑を求めざるをえない』との常套句が、とても頻繁に使われている。つまり死刑は『突出した刑罰である』との前提が存在していた。実際に他の刑罰のすべてが教育刑であることを考えれば、死刑は例外的な刑罰だ。でも光市母子殺害事件において最高裁が出した『死刑を求めない理由はない』との二重否定が意味することは、まずは『死刑ありき』という前提だ。例外が例外でなくなった。

もう一度書くが、変化を一概に否定するつもりはない。変化は必然だ。でも変化していることは知るべきだ。以前とはずいぶん離れた場所に来ていることくらいは自覚するべきだ。そのうえで考えたい。この距離と方向で本当にいいのかと」。

最高裁や検察もポピュリズムに巻き込まれて司法判断がずれていったのはオウム事件の狂騒のためであったことを著者は書

き留める。

地下鉄サリン事件は「戦後最大級の事件」であるのに、そして多くの裁判が行われ、多くの死刑判決が相次いで出されたにもかかわらず、事件の真相は闇に葬られようとしている。「あらためて考えれば、いやあらためて考えるまでもなく、とても異常な事態だ」。

しかし、世間はこれを異常とは考えず、裁判所も検察も関心を示そうとしない。地下鉄サリン事件の直前に、警察当局が陸上自衛隊の協力を得て、サリン事件対策の準備をしていたにもかかわらず、サリン事件を阻止しなかった事実から、著者は「警察は地下鉄サリン事件の発生を見逃しただけではなく、結果としては、地下鉄サリン事件を誘発したことになる」と明言し、「オウム憎しの世相に萎縮した警察の危機意識を、同じ国家機関で人事交流もある検察庁や裁判所は共有する。多くの人が注目する麻原法廷でこの事実関係が明るみに出ることだけは、絶対に避けねばならない。もしも裁判を打ち切ることができるなら、こんなに都合のよいことはない」と推測する。こうして麻原裁判は中途半端に打ち切られ、すみやかな死刑判決への道を歩むことになった。このことが他の死刑事件を含めて刑事裁判に悪影響を及ぼしていることは言うまでもない。

森達也『「自分の子どもが殺されても同じことが言えるのか」と叫ぶ人に訊きたい』(ダイヤモンド社、13年)

発行元のPR誌『経』に連載された『リアル共同幻想論』の六年ほどの文章をまとめたものである。プロローグ「知らなかった。クマバチに謝らないと」で、信州の山の中でオオスズメバチやクマバチに出会い、刺されたら危険だと引き返した経験を紹介し、オオスズメバチは恐いが、それより一回り太いクマバチはもっと怖いと考えたが、調べてみるとクマバチは攻撃されなければ人を襲わないと知った経過を紹介し、「害虫に限ったことではない。世界はあらゆるステレオタイプで溢れている。危険だとか有害だとか思い込んだり口にしたり攻撃したりする前に、もう少しだけ直視したほうがいい。あるいは違う視点から見たほうがいい」と述べる。

本書は死刑、犯罪と刑罰、領土問題、ナショナリズム、レイシズム、メディア、原発問題、監視社会など現在の日本を対象とした社会時評である。多岐多様なテーマに及ぶが、死刑論議が占めるウエイトはかなり大きい。

冒頭の「『殺された被害者の人権はどうなる』このフレーズには決定的な錯誤がある」では、加害者の人権と被害者の人権をめぐる議論について「この二つは、決して対立する権利ではない。どちらかを上げたらどちらかが下がるというものではない。シーソーとは違う。対立などしていない。どちらも上げれば良いだけの話なのだ」と説く。当たり前のことを当たり前に唱えているだけだが、当たり前のことが通じなくなっている社会が目の前にある。一般の市民だけではなく、刑事法研究者の中にさえ、両者を対立させて論じる見解が見られるのだから、ネット上では著者への攻撃が続いているようだ。「自分の子どもが殺されても同じことが言えるのか」という糾弾に対して、著者は「ならばあなたは本当に被害者遺族の思いを想像できているのか」と反問する。

「自分の愛する人が消えた世界について、確かに想像はできる。でもその想像が、被害者遺族の今の思いをリアルに再現しているとは僕には思えない。あなたはその思いを、自分は本当に共有していると胸を張れるのだろうか。ならばそれこそ不遜だと思う。

被害者遺族の思いを想像することは大切だ。でももっと大切なことは、自分の想像など遺族の思いには絶対に及ばないと気づくことだ」。

当事者の思いを簒奪することの問題性が明らかにされる。

「刑事罰を寛容化したノルウェー　治安が向上した理由は何か」では、修復的司法の専門家ニルス・クリスティ（オスロ大学教授）に取材して、「アメリカやイギリスと並んで厳罰化先進国である日本とは、ほとんど対極の位置にある。知れば知るほど疑問が増える。なぜ世界中が厳罰化に向かっているのに、ノルウェーはその反対の進路を選ぶことができるのだろう」と悩み、修復的司法で寛容化することによって治安が向上した理由を探る。

その後、二〇一一年七月二二日、オスロで政府庁舎爆破・銃乱射により七六名が殺される悲劇が発生した。しかし、ノルウェーでは「暴力に対して暴力で立ち向かう」という風潮にはなっていない。「暴力やテロを絶対に許さない」と同時に、「さらに民主主義と人道主義を推進し、開かれた社会を作ることがテロへの解答だ」（ストルテンベルグ首相）という。死刑や厳罰主義ではなく、民主主義と人道主義を深めることにしか道はない。一方的な視点、ステレオタイプから他者を裁断するのではなく、視線を変えること、複雑な社会をそれとして受け止めて、多様な思いや論理が錯綜している社会の複雑さを読み取りながら考えることの重要性を示し続ける。

森達也『クラウド——増殖する悪意』（dZERO、13年）は、『「自分の子どもが殺されても同じことが言えるのか」と叫ぶ人に訊きたい』に続く社会時評であり、現代日本を生きる著者の「違和感」の総集編である。

水俣病の悲劇に学ぼうとしない国家と社会、誤判・冤罪を量産しながら再審をなかなか認めようとしない刑事司法、死刑弁護人に対する常軌を逸した社会的バッシング、自主規制と横並びのメディア、「悪意や憎悪が正義や善意の鎧をまとう」異様さ、外に敵を作り管理統制を行いたがるメンタリティ、高校球児の丸刈りにまで見られる同調圧力、日の丸君が代強制に見る強制と抵抗、表現することの政治性と中立性をめぐる誤解……「これが日本なのか、日本人なのか」。

著者は日本人論を展開しようと言うのではない。目の前に起きる一つひとつの出来事に向き合いながら、違和感を覚える自分と社会の間の距離を測りながら、違和感の根源を追いかけているのだ。著者は異議申し立てに専念しているのではない。自らの中に潜む「クラウド」をあぶり出し、悪意を増殖させてしまうこの社会を問い続けているのだ。

死刑については、日本では例えば二〇一二年の七六人殺害の連続テロ事件について、「事件を契機に死刑復活を求める声がノルウェーでも高まっている」という報道の真偽を探るためストールベルゲ法務大臣にインタヴューしている。ストールベルゲは次のように語ったという。

「確かに一部のメディアや市民からは、刑事司法政策を変更すべきだと言う声があがりました。要するに寛容すぎると。しかし犠牲者の遺族たちはみな、そうした動きや声に対して、はっきりと『ノー』を表明しました。これまでノルウェーが歩んできた道を変えてはならない、という反応でした。（中略）もちろん事件後には、死刑を復活すべきだと個人的に考えた人はいたとは思いますが、じっさいには、とても少数です。政党の反応も同様です。日ごろから犯罪対策にもっと力を入れろと主張する右派政党ですら、この事件に乗じて厳罰化をはかろうという議論には傾きませんでした。結局のところ死刑を復活させるという選択肢は、俎上にすら載りませんでした。

むしろ事件後に国民的な議論になったのは、犯人を死刑にすべきとか、できるだけ長く刑務所に閉じ込めろなどの観点ではなく、裁判によって事件の構造を徹底的に解明することと、同じような事件が再び起きないようにすることについての考察でした。いくら刑を重くしたところで、亡くなった人たちは戻ってきません。再発防止のために何をすべきかを考え続けること。それが、優れた『知恵』なのだと思います。」

❸……妥協なき精神を——辺見庸

21世紀における死刑論議のもう一人の主役である辺見庸は、死刑廃止論の底のまた底を過激なまでに掘り抜いていく。

辺見庸『自分自身への審問』（毎日新聞社、06年）

現代世界の圧倒的な暴力に徹頭徹尾、言葉をもって立ち向かい、不服従と抵抗を実践してきた著者の決意である。「死、記憶、恥辱の彼方へ」と題して、死の実感と制度の殺人について語り、腐った民主主義国家を告発し、自分自身への審問を始める。グローバリゼーションという現代帝国主義の進行のさなか、あらゆるものが商品化される現在、物語、理想、夢、正義……といった心的価値までもが「資本主義の生き残りをかけた商品化のターゲットになっている」。反テロ戦争が世界を覆い、政治は生活を脅かしつつある。

「私はある種の中毒症状のようにのべつ腹を立てていた。何に？　世界のすべてのからくりに、だ。天皇制または天皇制利用主義者に、だ。天皇家の大きな慶弔事日には、それが平日でも死刑を執行しないからくりに、だ。第九条護持主義者が憲法第一章にあまりにも無批判なことに、だ。第一章を放置したまま、前文や第九条を実現できると思っているばかげた楽天主義に、だ。……この国に思想などあるものか、と私は腹を立て、人に当たりちらした。何の関わりもない人にも泰然としているというだけの理由で腹を立てた。しばしば激怒した。学者やジャーナリストにはのべつ怒っていた。したり顔でテロを憂えてみせるテレビ文化人を腹のなかで罵倒したり嘲弄した。私は怒ってばかりいた。ほとんどすべてのことに怒っていた。笑い流して済ませばいいものを、いちいちしつこく怒っていた。何よりも私自身に、だ」。

戦争、テロ、大量虐殺、侵略、死刑、天皇制……現実に対峙しながら発する言葉は、世界を切り裂き、自分自身を切り裂く。

「神意は、いにしえから二十一世紀現在まで、戦争発動や死刑、大量虐殺、帝位継承の正当化などにしきりに利用されてきた。私はだから、誰より臆病だけれど、神意を語らない。もしも戦争にも死刑にも徹底的に反対する神意ならば、私はそれを信じるだろう」。

このアイロニカルな表現の彼方に、審問する辺見と審問される辺見の闘争が、ある。しかし、言葉が手垢に塗れ、ろくな思考もないこの国で辺見はいったい誰に向かってこの文章を紡いでいるのだろうか。まだ失われていない未来の希望への精神のリレーが企図されているのだろうか。

辺見庸『愛と痛み——死刑をめぐって』(毎日新聞社、08年)

「死刑」という制度がこの国家と社会においていかなる意味を有するのかを粘り強く問い続けてきた辺見の「死刑廃止国際条約の批准を求めるフォーラム90」主催の講演会における講演である。

「死刑を論じることについて私はすでにたじろぎつつ感じていることがある。それは、少なからぬ思想家も詩人も宗教家も平和運動家もアーティストも慈善家も法律家も、いや永年の死刑反対運動のメンバーや死刑囚自身でさえもが、こと死刑にかんして考えるところをいったん口にしはじめるや、ほぼきまって存外に鈍感で浅い思念の底をかいまみせ、世界観と人間観のまずしさ、せまさ、不備さをさとられてしまう、ということだ。私もその例外ではない。これは、おもえば、まことに不思議であり、戦慄すべきことでもある。たとえば、死刑制度反対の立論のなかにはときに死刑を最終的に受容したり傍観したりしかねない弱点や無意識がかくれていたりする。死刑問題とはかくもきびしい思念の試薬なのである。それは根源的人間論にいきつく。同時に、特殊日本のばあいは、日本型ファシズムや天皇制とその遺制文化、天皇制的エトス、死生観、『個』を決定的にすりつぶした民衆世界=世間、スターリン主義的な発想を原型とする左翼・市民運動、空洞でしかなかった戦後民主主義……にもふかくかかわり、いまだかつて醒めた眼で対象化されたことのない私たちの自画像でもありうる」。

本書は、「愛と痛み」を主軸に、個人の感性に浮き彫りにされる人間観を正面から扱って、死刑に向き合う主体そのものを問い返す試みであり、光市事件における弁護団バッシングや鳩山邦夫法務大臣の発言などをめぐる最近の動向に顕著に現れている「世間」について考察を加え、「日本はなぜ死刑制度を廃止できないか」を論じる。日常、諧調となっている世間のリズム、問わずがたりに国家と結んでしまっている黙契。そこから逃れる術を模索しながら。

刑罰ポピュリズムは日本だけの現象ではない。メディアの発達した社会では同様の現象が見られることは言うまでもないが、その現象形態には多様性があるだろう。日本的刑罰ポピュリズムの特質の分析が求められる。

辺見庸『いま語りえぬことのために——死刑と新しいファシズム』(毎日新聞社、13年)

オリンピック東京招致決定後の二〇一三年九月一二日の死刑執行を「お・も・て・な・し」が一変して「こ・う・しゅ・け・い」と表現することで、死刑を支持・容認するどころか、

「死刑執行のニュースなど、たとえ聞いていたとしても、蚊が刺すほどの影響も」ないこの社会とマスコミを浮き彫りにする。

副題の「死刑と新しいファシズム」は二〇一三年八月三一日の「フォーラム90」(四谷区民ホール)の講演タイトルである。講演の予告では「いま語るべきこと、語ってはならないとされていること、語っても詮ないとみなされていること、語ろうとして語りえないこと、とりわけ、死刑とファシズムについて、心中の解けない塊を吐こうとおもいます。状況の全般的悪化の中で、わたしはいま、次の絞首刑の執行が用意されていると予感せざるをえません。国家はかつて以上に暴力化しつつありますす。これにただ口をつぐみ、目をそむけ、すべてを冷殺するだけでよいものかどうか……。わたしたちの日常が、真剣に想いをいたすべき大状況から、いまほど断絶させられているときはありません。生身の個が大状況に突き刺さり、沈黙と忍従よりも不確実な反抗に賭けてみることとは、いったいどういうことなのか、それは可能か不可能か」と、執行の予感を述べていた。

講演は、大道寺将司・死刑囚からの手紙が当局の検閲によって八行にわたって塗りつぶされていたことに始まり、三八年間もの獄中生活を過ごしている死刑囚の状況を想像しながら、死刑や検閲による塗りつぶしの意味を問い直す。

「われわれはいままで簡単に言ってきました。『国家権力』という言葉、あるいは『警察権力』、『拘置所当局』、という言葉を言ってきました。そこにいる者らを『反動』であるとか言ってきました。でも、本当にそうなのか。対象からもっと引いたり、対象にもっと近づいたりしてみて、もっとにおいのある、手触り感のあるものとして、ひと=われ=他者というものを眺めなおす必要があると感じるのです」。

かくして辺見は「死刑囚は人間か」という問いに辿りつく。「複雑にからまりあっている、陰湿で、どこか執拗で、言語の通じないツタ類の植物のような、人間的というよりはある種の植物のような社会」における死刑囚とは「生きた無機物」とでもいうしかない不合理な存在ではないか。日の丸・君が代問題や天皇制をめぐる出来事を取り上げて「原ファシズム」に突き当たり、「不自由を強制する」社会において「不自由を希求する」人々のメンタリティを、「慰安婦」問題に象徴される無責任、安倍政権の倒錯した茶番、特定秘密保護法案に確認して「あらかじめのファシズムの国」を論じ、その「真犯人」としての「われわれ」に迫る。

❹……死刑囚の母となって――向井武子

向井武子『死刑囚の母となって――この病は死に至らず』(新教出版社、09年)

仁保事件及び牟礼事件を通じて死刑冤罪にかかわりをもってきた牧師の向井が、死刑囚・前田伸二と養子縁組をし、死刑囚と向き合ってきた魂の記録である。

三人の命を奪う残虐な犯行に走った伸二は、実の母親から「産みたくなかった」と言われ、入籍には六年もの空白があり、家庭は崩壊状態で、不良少年となって転落していった。事件後、何度も立ち直ろうとするが、その度に打ち砕かれていった。

「彼は死刑判決で崩れたと申しましたが、やはり再びやり直すことで回復するのです。生きていることの希望がここにあります。自分の捨て鉢な感情を私にぶつけてくる。私も疲れて傷つく。もう縁を切ってしまいたい。彼に対する憎しみも湧いてきました。本当に冷酷な冷たい気持ちにもなりました。こんな時、どうやって私の心を癒そうかと、私は苦しみました。祈ってもみるのですが、感情は癒されません。そして最後に自分を責めだす。本当に自分は愛のない人間だ、無力だ、そういうふうに自分を責めるようになってくるのです」。

「私はこの伸二君との向き合いの中でいろいろなことに気づかされました。その一つは、これは私にとって一番大きな収穫ですが、私も罪を犯した人と同じく脆い人間であるということでした。私も、人間関係のもつれやさまざまな条件がそろえば、罪を犯す。宗教的な意味の罪ではなくて、社会的な罪を犯す。人を殺さないということも保証できない。そういう人間であるということを、彼との向き合いの中で実感として知りました。このことによって、より深いところで伸二君に深い共感を覚えるようになったのです。同じ人間として同質の悲惨の中を生きている。そういう人間だということです」。

再審請求のための新しい精神鑑定書ができ上がった。伸二は「もう一度がんばる」と言う。弁護士に連絡をとらなくてはならない。

「しかし、その時はすでに拘置所は一丸となって、伸二処刑の準備をしていたのである。どのような遺言が残されていようとも、裁判をおこしても、私たちは伸二の養父母なのだから、その最期は引き受けようとかたく決意していた。最後の面会を迎える、それが、生きて会う最後とは知らず」。

そして、二〇〇三年九月一二日、伸二は処刑されてしまった。

いま向井は、伸二との出会いを振り返る。

「一対一でする伸二との面会は、お産をするような産みの苦しみを伴った。面会は、新しい生命を産み出すときであった。互いの中に育ちゆくいのちの芽、愛の芽を神は見守っていて下さった。その芽を踏み躙ったこの世の制度に私は敗北したのではなかった。」

「伸二とともに生きた十七年間は、私の求道の人生だった。私は〝いと小さき者〟伸二に導かれて暗闇から光の中へと歩いて来たのだった。この求道の道は私の生きている限り続く」。

凶悪犯罪者にして死刑囚となった伸二に徹底して向き合うことで、自分自身に向き合う。苦しみも喜びも分かち合い、思いを重ね合わせてゆく「求道の人生」は、伸二が一人旅立った後も続く。

向井伸二の生と死を記録する会『子よ、甦れ——死刑囚とともに生きた養父母の祈り』（明石書店、05年）

向井伸二を養子にして、ともに生きてきた養父母をはじめとして、支援に関わった人々の文章などを編集した一冊である。

第一部「死刑囚、向井伸二に寄せて」では武田和夫、向井武子らが向井伸二の生と死を伝える。少年時代に家庭が崩壊し、自殺未遂や犯罪を繰り返して育ったが、ついに母子殺害事件をひき起こした。自首して出たのに死刑を言い渡され、反省もできずにいたが、後に養父母となる向井夫妻からの手紙によって改心し始めた。しかし、改心のチャンスは国家によって奪われてしまった。「死刑判決は、真の生き直しの前に揺れ動く伸二を、絶望の責め木にいわば釘付けにしたのだった」。

第二部では「向井伸二のために寄せられた助命嘆願書」（松下竜一、菊池さよ子、水田ふう、山際永三など二一本）が収録されている。第三部は座談会「死刑を超えるもの」（大河原礼三、武田和夫、平山正実、向井武子、向井憘夫）である。

「処刑の当初は、怒りと悲しみと、喪失感、一方で何もしてやれなかったという罪責感で、正常な精神状態ではなかったのではないかと思いますが、人間不信に陥っていました」（向井武子）。

「命で責任を取るということではなく、死刑囚が生きようとする場合、ではなぜ生きるのかということで、ある死刑囚とのかかわりの中で感じたことがあるんですが、ただ生きたいから生きるんじゃなく、自分の義務として、償いの生き方をする。ある意味で自分が死んでまた生き直すということはあっていいと思うんです」（武田和夫）。

巻末に向井伸二が書いた葉書と手紙が写真版で収録されている。

松下竜一『汝を子に迎えん』（河出書房新社、97年）

三人殺害事件の確定死刑囚との内面的交流を重ね、養子に迎えたキリスト者の半生を描く。三歳で母に捨てられ、一七歳で父を亡くした青年が検挙歴を積み上げたあげく、強盗殺人へと追い込まれていったが、獄中で精神的に支えられ、養母との手紙や面会を通じて人間性を回復していく様は、それだけを紹介すると単なるヒューマニズムの物語になってしまうが、家族とは何か、社会とは何か、そして死刑制度はなぜあるのかを考えさせる、分泌したばかりの樹液のようなノンフィクションである。

❺……傷だらけの記録——日方ヒロコ

日方ヒロコ『死刑・いのち絶たれる刑に抗して』（インパクト出版会、10年）

名古屋の同人誌『象』に四年間連載した文章をもとに大幅に圧縮・削除して一冊にまとめた記録である。

一九八二年に名古屋拘置所の門を初めてくぐった時から、一九九五年一二月二一日、木村修治が死刑執行されるまでの「闘い」の記録だが、単に「闘いの記録」と呼んだとたんに本書の意義が見失われてしまうかもしれない。重厚な内容の一端を紹介することも、本稿の手に余る。

拘置所での思索を通じて自分と向き合い続け、手記『本当の自分を生きたい』（本書60頁）を残して死刑執行されてしまった木村修治の「魂の再生の記録」を、「死刑囚の姉」の側から追体験し、寄り添い、検証し、煩悶しながら書き綴った「傷だらけの記録」であり「未完の記録」である。命とひきかえに死刑執行の実態を公表しようと願った修治だが、「教誨師の守秘義務」に阻まれ、弁護士への第一報も「嘘」から始めなければならなかった。

「私が書かなければならないと思ったのは、木村修治さんの闘いが多くの人々との共闘で成り立っていたにもかかわらず、最後まで力をつくした修治さんからのバトンを渡す役割を果たす者は私しかいないからだった。共同作業に携わる一人一人に試行錯誤があった。私も含めて」。

本書は木村修治という一人の死刑囚との出会いから始まった日方の人生の記録であり、死刑廃止運動の記録である。最高裁での闘い、支援者たちの苦悩と闘い、弁護士たちの奮闘、出版妨害訴訟の経過、死刑執行への抗い、死刑執行後の状況を含めて、当時の膨大な文書や記憶を緻密に再整理している。ここまで書くのか。ここまで書けるのか。ここまで書かなければならないのか。読者は感嘆し、瞠目し、ある意味では茫然としながら頁をめくる。

「人間とは、何と恥知らずな動物なんだ」——罪の償いを続けている人間を殺す制度。同じ屋根の下で暮らした人間の首に縄をかける制度。拘置所に通い続けた母親をいたわりながら、嘘をつかなければならない制度。死刑廃止を願いながら死刑執行をさせられる制度。死刑執行の実態を公表させない制度。守秘義務という名の無残な孤独を強要する制度。ありとあらゆる不条理にとらわれた人々の苦闘が続く。不条理に抗いながら翻弄され、立ち上がるたび押し倒され、それでも「失意から『希望』へ、前進させるために」、再び歩き始めなくてはならない。

「いのち絶たれる刑に抗して」生きること——木村修治が完遂したその闘いを、日方は今もなお引き受け、語り続ける。

日向ヒロコ『死刑囚と出会って——今、なぜ死刑廃止か』(インパクト出版会、15年)

『死刑・いのち絶たれる刑に抗して』のブックレット版・死刑廃止論である。蝶になって花を送り届ける希いを表現した表紙イラストも日方の手による。

「今、なぜ死刑廃止か、私はあらためて問いたいと思います」と切り出す日方は、特定秘密保護法批判を開陳する。情報公開を妨げる国家の秘密主義が民主主義を危機に陥れ、自由と人権を制約することを、海上自衛隊三佐自死事件訴訟をもとに明らかにし、「この法をつぶさなければ、日本列島そのものが監視され、自由な発言も出来なくなるでしょう。それは日本列島が今の監獄並みになると言えるのではないでしょうか」と問う。監獄体制の秘密主義と官僚主義、とりわけ死刑執行の秘密主義が、この国の民主主義をズタズタにしていることに気付く必要性がある。

死刑廃止運動にかかわったきっかけは一九八〇年、中山千夏らの「死刑をなくす女の会」発足に際して入会したことだが、具体的なかかわりは一九八二年、愛知県立大学学生に誘われて木村修治の控訴審支援を始めたことにあった。女子大生誘拐殺人事件で話題の木村は、八二年三月、名古屋地裁で死刑を言い渡されたばかりであった。仲間とともに木村に連絡を取り、担当弁護士と会い、東京の安田好弘弁護士に依頼に出かけるなど、取り組みを始める。死刑囚の中には、再審無罪を勝ち取った免田事件の免田栄もいれば、いまだに再審の闘いを余儀なくされている名張毒ぶどう酒事件の奥西勝(後に獄中死)もいれば、埼玉県愛犬家連続殺人事件の風間博子、和歌山カレー事件の林眞須美などもいることに触れて、「司法の権威を保つため、再審を棄却し続けているとしか思えないのです。再審への道に閉ざされた大きな壁があるのです」と批判する。

獄中で「部落民宣言」をした木村は「部落差別、死刑制度差別とはっきり闘う決意」をする。日方も木村に寄り添うだけでなく、自分の思想を鍛え直す。木村との出会いが安田弁護士との出会いにつながり、宗教家たちとの出会いにつながる。死刑廃止フォーラムの運動にかかわっていく。死刑という巨大な不条理に付き合うには、一人一人の人間は小さすぎるが、日方は、小さくても命をつなぎ、未来に向けてささやかな一歩を踏み出し続ける人生を選ぶ。木村が一九九五年一二月に処刑されて以後も、死刑廃止運動の灯をともし続ける。

「今、犯罪は減っているのに、死刑判決が次々に出る。多くの人が『自分が人を殺していながら死刑廃止なんてずるい』という。

それは死刑の実態を知らないからです。知らないという事は死刑に携わる人々に、守秘義務があるからです。守秘義務を負わされた人たちは、生涯誰に相談することもできず苦しんでいます。

今、日本では裁判員制度になって、裁判員を経験した多くの市民が守秘義務を負って苦しんでいるといいます。

人を殺すか殺さないかの制度を検討する段階で、与えられた情報だけで判決を下すことに対する不安で苦しんでいるのです。

死刑に携わる人の意見を守秘義務で縛ってしまって、本当の制度の検討が出来るはずがありません。

今でさえ死刑囚の一割ぐらいの人が冤罪で苦しんでいるのに、秘密保護法が実施されるようになったら、冤罪でろくな審議もせず処刑される人が増えるのではないでしょうか。」

❻……時代を引き受ける知性——鈴木道彦

文学者・鈴木道彦が死刑存廃論議で参照されることはほとんどない。だが、現代日本における死刑論議の重要論点である「死刑と非国民」という問題圏に常に向き合ってきた文学者として重要である。

鈴木道彦『越境の時——一九六〇年代と在日』（集英社新書、07年）

『失われた時を求めて』などプルースト文学の翻訳者として知られるフランス文学者の回想記である。

鈴木は一九六〇年代から七〇年代にかけて、在日朝鮮人の人権擁護活動に従事していた。李珍宇の小松川事件とその歴史的社会的背景を論じ、ベトナム戦争の脱走兵・金東希の救援活動を行い、金嬉老事件にも関与し、八年半に及ぶ裁判支援を続けた。日本人による在日朝鮮人の人権擁護がごく稀であった時代に、日本人と在日朝鮮人の間に横たわる境界線を果敢に踏み越えようとした知性の記録である。

ジャン・ポール・サルトルやフランツ・ファノンの翻訳・紹介を通じて、西欧における植民地主義との闘いを日本に伝えた鈴木は、自ら日本における植民地主義との闘いに乗り出していく。アルジェリア人のフランス植民地主義との闘いの現場に触れた鈴木は、「アルジェリアは遠くない」と心に刻む。アルジェリアにおけるフランスの民族責任を問う課題は、鈴木自身の課題となる。

「仮に日本人としての『民族責任』を問われる事態に直面したら、言い換えればもし日本人の名で抑圧する状況が存在したら、あるいは日本人でないということが抑圧される理由になるような状況があったならば、いやおうなしに抑圧者に組み込まれる自分はどうしたらよいのか?」。

この問いに誠実に向き合い続けた精神の記録が本書である。単に憲法や法律による人権擁護ではなく、文学者としての自己を賭けた闘いは「否定の民族主義」への沈思から、「加害と被害、抑圧と被抑圧、差別と被差別、といった枠組みだけでは、民族責任などと言ってもまだ不十分であること、そこに同時に他者の主体と向き合う努力が必要とされることを知ったのである」という自覚へと向かう。鈴木はさらに続ける。

「この難問の解決は、どこにも転がってなどいはしない。在日朝鮮人は依然として、自分のことしか眼中にない日本社会によって、きわめて不当な地位に留めおかれている。この両者の関係のなかで、このうえもなく困難な選択を強いられるのは、彼らの側である。彼らをこのような立場に追い込んだ日本という政治共同体に属する私たちは、この状況を生きる彼らの心に、反省を込めてできる限りの想像力を働かせながら、文字通り紙一重のところで暴発を思いとどまる彼らの寛容な主体に、謙虚に相対する以外にないだろう。そのような際どい努力を積み上げた末に、いつかは『民族責任』などということも越える相互関係の可能性が見える地点を目指すのが、私たちにできる唯一のことではないだろうか」。

半世紀の歳月を経たにもかかわらず、こうした認識に立ちえている者はこの社会にはいまだに少数である。

鈴木道彦『私の1968年』(閏月社、18年)

一九六八年の五〇周年に、多くの回想録や資料が出版されたが、もっとも読まれるべきは本書であろう。

鈴木は一九六八年四月から一年間フランスに滞在していたため「五月革命」を体験した。前年の一九六七年の「第一次羽田闘争」にかかわって活動していたので、日本及びフランスの「政治の季節」のただ中で発言を続けた。『アンガージュマンの思想』(晶文社、69年)及び『政治暴力と想像力』(現代評論社、70年)を再編集した本書は、全五部構成であり、「一〇・八羽田闘争と山崎博昭の死」、「パリ、1968年5月」、「脱走兵の思想」、「二つのファノン論」、「日本のなかの第三世界」からなる。いずれも激動する時代の尖端と深部をつなぎあわせる貴重な証言だが、死刑に関連するのは、小松川事件の李珍宇を論じた「日本のジュネ——または他者化した民族」である。

「私はいま、民族について語るなら挑戦から目を避けることはできないと書いたが、さらに言うなら、日本人が朝鮮について考えるときに小松川事件から目を避けてはならないと私は考えている。これは戦後日本の最も衝撃的な思想事件の一つである。誤解をおそれずに言えば、李は天才的な人物だった。むろんここでいう天才とは、よく言われる彼の知能指数の高さや生得の能力などを指しているのでは毛頭ない。サルトルが『天才とはその生の条件を果てまで生きぬくという不動の意志と一体をなしている』というその意味で、李が自己の条件を徹底的に生きたことを指しているのである。処刑の一ヵ月前に『生はこの瞬間にも全体的なものだ』と記した人間の短い一生が、非常に独自な形で（独自であればこそ）その普遍的なものを照らし出した、そのような生の緊張を指しているのである。」

二人の日本人を殺し、死刑を宣告された李が「私は朝鮮人の死刑囚だ」と述べるとき、鈴木は「李の最大の敵であるわれわれ」の位相を問い直すことを余儀なくされる。朝鮮人であるから悪をなしたのではなく、「他者化した朝鮮人でなくなるために」犯罪に至った李の「否定の民族主義」に直面することになる。民族などと言う問題は避けて通りたいが、そのためには「少なくとも在日朝鮮人六〇万人を抹殺する覚悟が必要になる」という鈴木は、自己欺瞞を拒否するために、思想的事件・小松川事件にこだわり続ける。

「李の一生は挫折した一生である。それは、創造世界を現実にそのまま転化したところからおこる一つの悲劇であった。もしそうだとすれば、この少年の悲劇を逆転させて、現実を最も緊迫した想像に変貌させること、言いかえれば李の想像としての犯罪を、犯罪としての想像に転化させて、他者化したわれわれの姿を更にえぐり出すことはできないか。現在、想像は李の犯罪に遠く及ばない。想像は永久に犯罪性を喪失したのであろうか。私はそうは思わない。むしろわれわれの他者化が陰微に、だが確実にわれわれを冒しつづける限り、想像の復権こそが生きのびた文学者の課題となるに違いない。」

李珍宇との出会いによって「死刑と非国民」という問題圏に引きずり込まれた鈴木は、民族問題と民族差別問題を「日本問題」として受け止め、金嬉老事件の裁判支援に突入していく。

❼……死刑事件弁護人――安田好弘

弁護士として多くの死刑事件を担当し、死刑廃止運動の先頭に立ってきたのが安田好弘である。

安田好弘『「生きる」という権利――麻原彰晃主任弁護人の手記』（講談社、05年）

死刑廃止運動をリードしてきた安田の闘いの記録である。オビの惹句は「山谷暴動。新宿駅西口バス放火事件。山梨幼児誘拐殺人事件。北海道連続婦女暴行殺人事件。滝田修、鎌田俊彦、泉水博、丸岡修、坂口弘ら新左翼の闘士たち。そして、オウム真理教教祖・麻原彰晃。……これらすべての法廷で弁護人となった男がいた」である。

死刑と闘い、人権無視の刑事裁判と闘ってきた弁護士活動を振り返った安田だが、もちろん回顧などではなく、いま現在の闘いの書である。麻原被告人の主任弁護人となり、世論から叩かれながらも、適正な刑事手続きを実現するために懸命の努力を続けた。それどころか、スンーズエンタープライズ事件では自ら逮捕され、弁護士資格剥奪の危機にさらされながらも敢然と闘い続け、冤罪を晴らした。

他人の冤罪と闘い、自分の冤罪も晴らすという離れ業をなしとげてきた安田だが、本書は闘士の語りではなく、「弱い人」たちの語りである。事件の加害者や被害者になるのは「弱い人」たちであることが多いからだ。「弱い人」たちが何かの弾みで当事者となり、司法の場に引き出されてきたとき、法律専門家たる裁判官、検察官、弁護士はいかにあるべきなのか。その基本が今の日本では忘れられているのではないか。刑事司法改革がますます権力的な司法を実現しつつある現在、弁護士としていかに闘うべきかを示す安田でもある。筋金入りの語りは静かで抑制されている。目線の低さと志の高さが見事なバランスを示している。光市事件裁判でも権力とメディアが安田に襲いかかったが、気負うことなく人権と適正手続きをていねいに訴える姿勢は変わらない。

❽……映画に見る死刑——京都にんじんの会

各地の市民グループが死刑廃止のためにたゆみなく努力を続けてきた。

京都にんじんの会編『銀幕のなかの死刑』（インパクト出版会、13年）

死刑廃止を求める京都にんじんの会が二〇一二年四月に開催した「死刑映画週間」の記録である。京都にんじんの会は、二〇〇八年一一月に死刑廃止全国交流合宿を京都で開催する際に集まった市民のグループが、二〇〇九年に結成したという。

死刑廃止全国交流合宿後も、死刑に関するシンポジウムや映画上映会などを継続し、死刑再審の袴田事件を描いた映画『BOX　袴田事件　命とは』上映をきっかけに、死刑映画と講演を組み合わせたイベント企画を映画館に持ちかけて、討論した結果としての「死刑映画週間」実現である。二〇一二年死刑映画週間で上映した映画は『死刑弁護人』『サルバドールの朝』『私たちの幸せな時間』『少年死刑囚』であった。

各回の講師陣は豪華である。冷静な法律論あり、激しい怒りの表明があり、時代と文化を横断する思索があり、死刑のはざまで揺れる思いの反省があり、さまざまな問いが投げかけられる。問いを立てた時に答えが半分見えて来ることもあるが、したたかでややいじわるな講師は、答えがないかもしれない問いを次々と投げかける。時に参加者の気持ちを逆なでするような発言も繰り出す。答えがあるとわかっている問いならば、誰でもいつかは答えられる。悩むこと、揺れること、反芻することを通じて、より強靭な理論を紡ぐためには、答えがあるかないかわからない問いに向き合って、真摯に考え続ける必要があるからだろう。講師陣の言葉の中には引用したくなる箇所が実に多いが、とうていその紙幅がない。ごくごく一部に限って、紹介しておこう。

「麻原氏を死刑執行するとなると、みんなの怒りをそこに集中していって、権力にとっては大変いいことをやるんだと、支持率を上げる起死回生のイベントとしてならやると思う。死刑執行というのは、そのときの権力者にとっては、庶民、市民の支持を得る行事ですから、それをいずれやるんだと思います」（安田好弘）。

「スペインと同じ時期に独裁時代を経験した韓国や台湾では、植民地時代すでに日本によって独立運動弾圧のために死刑が乱用され、戦後も独裁体制によって、何人もの政治犯が死刑囚として処刑されていきました。……韓国でも台湾でも、その時代を人々が知っているということが、現在なお死刑が完全に廃止されてはいないとしても、執行はしない、あるいは極めて抑制的であるという状態を作り出すひとつの歴史的要因になっています」（鵜飼哲）。

「うちの国のほうが暗いですよ。言いたいことを外に表現する国に生まれて、あの人たちは良かったですよね。フランコを倒せって、最後に刑務官、言ったじゃないですか。日本の刑務官は言いません。言えません」（石塚伸一）。

「全斗煥に死刑宣告が下された時に、私、その前からその時、その時から今まで、それから今から後も、二度と同じことはあって欲しくないのですが、誰かに死刑宣告が下されて喜ぶ経験はそんなにないと思うのですが、率直に言って、私は滅茶苦茶嬉しくて、皆で喜んで泣いたんです。うれしい涙だったのです」（ペ・ヨンミ）。

「実はこの新聞記事にはひとつ大切なことが書かれていません。何かというと、死刑でも許せる、ということです。法廷が死刑判決を下した死刑であっても、遺族が許すと言えば、死刑は執行されないんです。そのことが書かれていない。この新聞記事を読むと、イスラーム法にのっとって目には目を、歯には歯をで、二一世紀の現代社会で、こんな野蛮なことをやっていて、いかにも西洋的な人権の価値観とはぜんぜん違う社会であるかのように思えてしまうのだけれども、イランの場合は、死刑であっても被害者が加害者を許すことができるんです。日本の場合はどうでしょうか」（岡真理）。

「刑罰というのはやはり、抽象的に応報だからではなくて、法律上の処分である以上、やはり、人間の社会生活、共同生活にとって必要、役に立つものとして、必要悪として置いてあるものだからです。人々のより良い暮らしのために必要のないような刑罰は、改めた方がいいのだろうと、自分自身としては思っております」（高山佳奈子）。

「人を殺すということは本当に取り返しがつかないんだけども、取り返しがつかないことをしてしまった以上は、なんとかして取り返さなければいけないわけですよね。／それは生きることによってしかできないというのが、私が今までの短い一生を生きてきて、本当にまだ青二才みたいな年で言うのは僭越ですけれども、生き直すこと、つまり、もういっぺん新しく生きることを自分に課して、別の自分になるということ、これによってしかできないというのが、私の思いです」（池田浩士）。

「死刑廃止運動は一五％の後ろ盾を持っているんです。こんな甘っちょろい運動、本当にめったにないのではないですか。そうではありませんか。これは馬鹿にして言っているのではありません。本当に私もこの現実を変えたいから言っているわけです。一五％も批判があるということはすごく大きなことなんだと私は思っています」（池田浩士）。

京都にんじんの会編『死刑映画・乱反射』（インパクト出版会、16年）

二〇一四年一〇月に京都にんじんの会主催で開催された「死刑映画週間Ⅱ」のアフタートークの記録であり、前作『銀幕のなかの死刑』に続く第二弾である。上映された映画は『休暇』（門井肇、07年）、『軍旗はためく下に』（深作欣二、72年）、『執行者』（チェ・ジンホ、09年）、『再生の朝に』（リウ・ジエ、09年）、『A』（森達也、98年）である。選定基準は、第一に死刑執行を具体的に描いた作品、第二に東アジアを舞台にした作品である。

アフタートークから若干の引用をしておこう。

「全世界的に見ると、死刑廃止への動きがここ数十年で急速に広まっています。アジア諸国の中でも、たとえばカンボジアは一九八九年に死刑を廃止しましたし、これにネパール、ブータン、フィリピンも続いています（その後モンゴルが廃止）。香港も廃止しています。ミャンマー、ラオスは事実上の廃止国となっています。イスラム教徒の多い中央アジアのキルギスタン、カザフスタン、ウズベキスタンといった国々でも二〇〇七年から二〇〇八年にかけて死刑が廃止されました。同じくイスラム教徒の多い南アジアのブルネイ、モルディヴは事実上の廃止国です」（高山佳奈子）

「日本の場合、被害者に対する国家補償は長らく低い額に抑えられてきました。最近になってようやく労災補償とほぼ同額になりましたが、それでも十分と言えない場合も少なくないと思います。ネックとなってきたのは、財源です。日本の場合、一般財源から支出されているのでなかなか予算を増額することができなかったのです。／打開策として、財源を確保するのが手っ取り早いと思います」（永田憲史）

「戦後、ドイツで何がまず言われたか。『個人の尊重の前に人間として尊重されなければならない』。人間の尊厳をいったわけです。残念ながら日本の憲法には個人の尊重はあるけど人間の尊厳はないわけです。ここに私は日本の法制度の中に死刑が残りうる余地を憲法が自らつくってしまったのではないか、そう思っています」（金尚均）

「今回『死刑』を題材にして作品（戯曲『沈黙』）を創った感想は、やはり、死刑問題に対する理解がないなかで作品を作ることの難しさでした。作品を観に来てくれた友人の『面白かった。でも、死刑はやっぱり必要だと思う。』との言葉に打ちのめされたりもしました。結局、死刑は廃止すべきなのか、残すべきなのかの議論に阻まれて、先に進めない感覚も味わいました」（石原燃）

「映画（『軍旗はためく下に』）が描いていないと言って批判するのは正当かどうかというのは議論の分かれるところかもしれませんが、それは別の問題として、描かれていない問題と言うのは日本が明治以降の過程の中で、植民地支配を行って、その植民地における人々を軍人として徴用した場合、日本兵として当然、あの時代の中では死んでいったわけですが、その人たちに対して、遺族援護法というのは、どのように機能してきたのか。そういう問題です」（太田昌国）

かくして死刑論は権力論となり、歴史論となる。時間的にも空間的にも議論の射程が広がらざるを得ない。議論を飛翔させ、爆発させ、その彼方で収縮させていく。その繰り返しが死刑論議の特徴と言えよう。

第2章

死刑の現場へ

一　秘密主義と現場の苦悩

法務当局は行刑密行主義と称して死刑情報を秘匿してきた。死刑囚のプライバシーを配慮するのであれば必要な措置である。ところが、プライバシー保護とは無関係に、死刑執行手続きも執行現場も秘密にされ、死刑囚の外部交通も制限されてきた。執行の有無自体すら秘密とされた時期が長かった。しかし、情報遮断の規制をかい潜る様々の努力によって死刑実態や死刑囚処遇の実態が明らかにされてきた。貶められてきた昏い世界の相貌が見え始めてきた。

こうして死刑に関する情報が様々な形で明らかにされてきた。しかし、法務当局は今日も行刑密行主義の名のもとに、かたくなな態度を維持しつづけている。一九六三年通達以後、死刑囚の処遇もますます劣悪化し、外部交通は厳しく制限されている。その一方で、一九九三年の死刑執行に当たっては一部マスコミにリークするなど奇怪な情報操作まで画策している。このような不当な姿勢を糾し、死刑論議を本格的に行なうための基礎的な情報を公開させることが望まれる。

死刑に関する議論がしばしば空転してきたのは、死刑実態が知られずにきたためである。世論調査における「死刑支持」の数値に意味を見出せないのは、死刑に関する具体的な情報が隠されてきたからだ。死刑とは何なのか、誰もが知っているようで実は誰もが跨ぎこしてきたのではないか。近年では、執行する側、される側双方の情報が徐々に白日の下にさらされ、事実にもとづいた議論が徐々に可能になってきている。死刑の現実から出発した議論を積み重ね、こぼれ落ちてきたかもしれない何者かを掬うことが必要だ。

二　処遇と執行のはざまで

1　死刑執行

合田士郎『そして、死刑は執行された（正・続・3）』（恒友出版、87年～）

いったん死刑となりながら無期懲役に減刑された後、死刑囚の身辺の世話係となった著者が、処刑前後の様子や処刑後の遺体の後始末の仕事内容などを明らかにして衝撃を与えた問題のベスト・セラーである。

合田士郎『そして、死刑は執行された［増補改訂版］』（恒友出版、06年）

一九八七年に出版されてベストセラーとなった同シリーズ一冊目の増補改訂版である。元無期懲役囚で死刑囚棟掃夫であった著者の体験記であり、死刑執行を待たされる死刑囚の状況や、執行現場の悲惨さを明らかにした獄中手記である。ロングセラーとして読まれ続ける意義がある。

田丸美寿々・テレビ朝日「ザ・スクープ」取材班『死刑の現在――今、何が行なわれているのか』(太田出版、94年)

一九九三年の執行再開はマスコミにも死刑問題への取組みを生み、死刑の現場への動きを作り出した。アメリカの死刑囚との対話、宮代事件や袴田事件の冤罪の可能性などとともに、八六件の処刑に立ち会った元看守部長の証言を収録している。

朝日新聞死刑制度取材班『死刑執行』(朝日新聞社、93年)

日本における死刑制度執行の周辺、死刑廃止条約をめぐる内外の動き、死刑とマスコミについて報告し、死刑問題とマスコミの責任にも一考を寄せている。マスコミが今後も死刑問題に正面から向き合うことが望まれる。

村野薫『死刑って何だ』(拓植書房新社、92年)

「まだ死刑は必要と考える人たち」のための死刑問題入門書である。同『戦後死刑囚列伝』(宝島社、93年)、同『ドキュメント死刑執行〔新版〕』(洋泉社、95年)は、古今東西の死刑制度と執行の実際を描く。

原裕司『なぜ「死刑」は隠されるのか?』(宝島社新書、01年)

小さな解説書であるが、死刑を廃止できない日本で、しかも死刑が隠される現実との闘いの書である。新聞記者として死刑問題を追いかけて、『殺されるために生きるということ』(現代人文社)、『極刑を恐れし汝の名は』(洋泉社)を公表してきた著者は、東京拘置所のスケッチから書き始め、獄中の死刑囚の生活と恐怖を呈示し、法律における死刑制度を確認し、執行なし一二〇〇日の後の執行再開後の状況を振り返り、死刑存廃論争をまとめる。その上で、被害者遺族の思いを受けて真の救済はどのようにあるべきかを模索し、「被害者の人権と死刑確定囚の人権」という問題構制に迫り、「死刑問題を問うことは人間の生き方を問うこと」であると確認する。

「私は長い間、死刑問題をウォッチしてきたが、この国で自由に死刑問題を論議することの難しさをつくづく感じる。たとえば死刑反対を唱えると、陰湿ないじめにあったりする。これまで私が取材した人たちのなかには、新聞に死刑反対と投書しただけで無言電話が何回もかかってきた、頼んでもいない出前が来た、なんていうこともあったという。民主主義の国なのに、自由な論議もできず、陰湿になってしまう。そういうことが、ますます死刑問題について語ることをタブーにしているのではないか」。

これは福田雅章のいう日本の社会文化構造の問題と同じことであろう(本書124頁)。

「戦後の日本では、なぜか死刑制度は極端に情報公開を阻まれ、密行主義が貫き通されている。私は、法務当局の密行主義には辟易している。そこまで隠す必要があるのかと、何度も思ってきた。日本で死刑問題がタブーのように扱われてきた一因は、法務当局の密行主義にある。実態を明らかにしないままで死刑制度の是非を問われても、われわれは感情論で語るしかない。死刑制度の情報公開が進まないかぎり、有意義な死刑論議は生まれないはずだ」。

三國隆三『死刑囚』(展望社、04年)

ミステリー評論も手がける著者が、オウム真理教事件や名古屋刑務所事件などの現在を踏まえて、死刑問題に向き合った一冊である。第一章「死刑と向き合った人たち」では、刑務所や拘置所の様子を紹介しつつ、数々の著作を引用しながら死刑確定者の様子を描いている。第二章「開かずの扉との長い闘い」では、帝銀事件などを素材に死刑冤罪の再審請求の困難性を明らかにしている。第三章「死刑はかくして執行される」では、「ライフ・オブ・デビッド・ゲイル」などアメリカの死刑をテーマにした映画などを紹介しつつ、死刑執行方法の検討を行っている。第四章「刑務所はどう変わる?」では、名古屋刑務所事件以後の刑務所改革の動向を論じている。

佐久間哲『死刑に処す——現代死刑囚ファイル』(自由国民社、05年)

ジャーナリストによる二一人の死刑囚に関するレポートである。そのうち二〇〇五年の本書出版当時すでに執行されたのは、宅間守、藤本松夫、永山則夫、小野照男、長谷川敏彦、宮脇喬、藤原清孝、川中鉄夫、古谷惣吉、島秋人である。獄死は冨山常喜。収容中が、袴田巌、益永利明、宮崎和子、奥西勝、陣代偉、何力、渡辺清、萬谷義幸。減刑恩赦が、石井健治郎。そして再審無罪が谷口繁義である。あとがきにおいて裁判員制度に触れ、裁判員が実際に機能するのは量刑であり、従って事件によっては裁判員は死刑か無期懲役かを決断することを迫られるので、改めて死刑について考える機会であると指摘している。

青木理『絞首刑』(講談社、09年)

『日本の公安警察』『国策捜査』で知られるジャーナリストによる死刑の現実への接近である。冒頭で「かくしてボタンは押される」として、具体的な死刑執行の様子を描き出している。文献資料と取材に基づいて「第一人称の視座」で構成したものだが、これまで明らかになってきた死刑の実際を的確に描いたものといえよう。これ以上のことは実際に処刑を担当した刑務官でなければ書けないだろう。

本編では、木曽川・長良川連続リンチ殺人事件の「少年」を縦糸に、他方、栃木・今市四人殺傷事件、愛知・半田保険金殺人事件、埼玉・熊谷四人拉致殺傷事件、福岡・飯塚女児殺害事件を横糸に、凶悪犯罪にいたる経過、被告人らの生育歴や、事件にのめりこんでいった心理状態などを順次明らかにしていく。青木は「なぜこの事件なのか」を語らないし、結果としてこのような構成になったのかもしれないが、対象事件の選定と全体の構成が巧みである。

今市事件では、覚醒剤によって転落した「くだらない男」藤波芳夫が、独房の中でキリスト教に帰依し、悔悟の念を深めていったにもかかわらず、自分で歩くこともできない車椅子状態にもかかわらず、しかもわざわざ一二月二五日のクリスマスに強引に処刑してしまった異常さを浮き彫りにする。この非常識こそ日本の死刑の現実である。

半田事件では、主犯格の長谷川敏彦と、弟を殺された被害者遺族である原田正治の「交流」が描かれる。犯人に対する憎しみを抱きつつも、なぜ弟は殺されなければならなかったのかを問い続け、長谷川と文通や面会を続けてきた原田は、長谷川の処刑よりも、長谷川と対面し、向き合い、ともに考えることを願ったが、当局によって面会は禁止され、ついに長谷川は処刑されてしまった。被害者遺族の意思に反して強行された処刑。ここに日本の死刑の理不尽がある（原田について本書139頁）。

熊谷事件では、「死刑判決で死をもって償えと言うのは、俺にとって反省する必要ないから死ねということです」と言う尾形英紀を取り上げる。尾形は二〇〇三年の事件について二〇〇七年に一審死刑判決を受け、いったん控訴したが、後に控訴を取り下げて死刑判決が確定した。自ら外部との交流をほとんど絶って、独房に篭った尾形は、「本当に心から反省している死刑囚を執行する事で本当に罪を償うことになるのでしょうか？」と死刑制度の矛盾を撃つ。

飯塚事件では、二〇〇八年一〇月に執行された久間三千年の有罪立証の柱となった科学警察研究所のDNA鑑定の信用性に多大な疑問が生じたことを問い返す。二〇〇九年六月、DNA鑑定の誤りが明らかになって釈放された足利事件の菅家利和――彼が誤った無期懲役判決を受けた時の根拠とされた、誤ったDNA鑑定。久間を死刑に追いやったのも、同じメンバー、同じ鑑定であった。しかし、無実を訴える久間の声に一切耳を貸すことなく強行された死刑。死刑という「裁き」に「懊悩する側の人々に近づいた。裁かれる加害者と、それを息を呑んで凝視しつつ悲嘆と逡巡に喘ぐ被害者の遺族。そして、その『裁き』の結果としての刑罰執行に現場で関わらざるを得ない人々の心象風景」を提示することによって、読者に死刑について考えさせる著作である（飯塚事件については本書203頁）。

近藤昭二『誰も知らない死刑の裏側』（二見書房、08年）

一九九八年に刊行された同書の改訂改装新版である。「なぞだらけの死刑の真実に迫る」「見せしめの残酷刑から人道的処刑」「日本の死刑も時代とともに変貌」「最期の日までの死刑囚の日々」「死刑制度の危険な落とし穴」の各章に、「死刑確定囚が刑を執行される期日の謎」「死刑か無期かにゆれる被告たち」「ねつ造された証拠ゆえに死刑判決を受けた男」「無実の男に死刑判決を下した自白調書の恐怖」「死なずにすんだかもしれない死刑囚の謎」といった文章がおさめられている。

佐藤大介『死刑に直面する人々――肉声から見た実態』（岩波書店、16年）

共同通信記者によるドキュメントである。死刑執行についての「密行主義」や、死刑囚処遇を含めた全体的な秘密主義のため、死刑の実態が社会的に理解されていない。死刑の現場に迫る試みは従来からさまざまになされてきたが、到底十分とは言えない。

「そうした状態をすこしでも解消するためには、裁判で罪が認定され、死刑判決を受けて確定した死刑囚たちの姿に迫るとともに、刑務官や弁護人、法務官僚、被害者家族など、死刑に関わる人たちの声に耳を傾けていくことが必要だ。そうしたことによってはじめて、日本の死刑制度について、存廃も含めた本格的な議論が可能となるのではないか」。

そこで佐藤は、まず袴田事件で再審開始決定を勝ち取り、釈放された袴田巌の日常を手掛かりに、閉ざされた壁の中に収容されている死刑囚へのイメージを問う。遮断された世界に身を置くことの意味、そして執行の恐怖を具体的に考えるためである。

また、「死刑執行上申書」、「死刑執行命令書」、「死刑執行始末書」の実際を確認し、執行手続きと、関与する刑務官の側にも視線を送る。「その日」の刑務官たちの緊張や苦労も語られる。松田治処遇部長へのインタヴューは異例のことだ。インタヴューの二ヵ月前の死刑執行に関する質問では具体的な言葉を引き出せなかったが、「こわばった表情からは、拘置所内で日常的に死刑囚と接しながらも、いずれその死を見届けなければならないという刑務官の厳しい現実がにじみ出ているようだった」という。

死刑と償いに関しては、死刑囚と無期懲役囚の対比で考えるとともに、被害者遺族にも多様性があることが示される。今後に向けた議論として、まず残虐性を取り上げ、大阪地裁で問われた残虐性論、ヴァルテル・ラブル博士や、元最高検検事だった土本武司・筑波大学名誉教授の見解に学ぶ。土本武司は、不必要な肉体的、精神的苦痛、不必要な身体損傷、一般人がもつむごたらしいという心情という三点を検討している。二〇一二年四月、法務省の政務三役会議で執行方法に関する議論が始まったが、具体的な進展はなく、議論は「消滅」した。

他方、死刑と世論について、圧倒的多数が死刑を支持しているとされてきたが、設問や選択肢などに疑問があることを指摘する。二〇一四年一一月に実施された世論調査では死刑の代替刑としての終身刑に関する質問が盛り込まれるなどの変化があった。世論調査結果をていねいに読み取れば、単純に死刑支持八割ではなく、「情況が変われば、将来的には、死刑を廃止しても良い」が増加しており、四〇%に達している上、「死刑もやむを得ない」という人の間にも死刑制度への躊躇がみられると言う。

欧州における死刑廃止に加えて、アメリカでも死刑廃止州が増え、世界的にも事実上の廃止国が増えていることを紹介し、「死刑モンロー主義」は限界に達していると言う。

篠田博之『ドキュメント死刑囚』（ちくま新書、08年）

死刑関連記事、とりわけ死刑囚の手記や冤罪問題を積極的に取り上げてきた雑誌『創』編集長による死刑論である。幼女連続殺害事件の宮崎勤、奈良女児殺害事件の小林薫、池田小学校事件の宅間守——三人の死刑囚との面会、文通、法廷傍聴を通じて得た情報を中心に、死刑囚の生育歴、家族、事件の経過、事件後の心理状態、その変遷を明らかにしている。

手記『夢のなか』の宮崎勤の場合、亡くなった祖父への思い、両親をニセモノと決め付けて「本当の両親」を求める心理、事件や事件後の「異常」な言動の背後にある本人の性格や意識を追いかけながら、「宮崎勤とは何者なのか」を理解しようとするが、二〇〇六年六月一七日、執行されてしまった。

小児性愛と反社会性人格障害とされる小林薫の場合、母親の死、父親への憎悪、孤独感、そして規範意識の低さが指摘されるが、『創』掲載の手記によると、本人にとっての真実と、裁判における事実認定との齟齬が最後まで尾を引いている。法廷内外での言動がメディアで取り上げられたことも含めて、さまざまな揺れ動きの結果、当初は無期懲役と見込まれていたのに、死刑判決が下された。いったん控訴するも控訴取り下げにより確定。その間の動揺も見逃せない。

「死刑に犯罪の抑止効果があるという主張が死刑制度存置のひとつの論拠だが、少なくとも家族に、そして社会に疎外され、もう死んでしまいたいと思っていた小林薫に関する限り、それは全くあたらない。むしろ、これでもう自分は死刑になるのだと覚悟した瞬間から、小林薫は、少女の遺体損壊など残虐行為に突っ走っていった」。

和歌山カレー事件の林眞須美、北九州監禁殺人事件の緒方純子も含めて、本書で取り上げられた死刑囚のキーワードは「家族」である。残虐な事件が起きてしまった時に、善玉と悪玉を二分して物事を単純化するのではなく、事件の背景をていねいに明らかにし、再発防止のために真剣な議論を行う必要がある。

「絶望の中で希望を見出す」ために。

篠田博之『増補版ドキュメント死刑囚』（ちくま文庫、15年）

『ドキュメント死刑囚』（ちくま新書、08年）の増補版である。前著出版直前の二〇〇八年六月一七日、連続幼女殺害事件の宮崎勤死刑囚が予想外に早く執行されたが、再審請求の準備をしていたという。また、二〇一三年二月二一日、奈良女児殺害事件の小林薫、土浦無差別殺傷事件の金川真大が執行されたが、著者はこの二人の死刑囚とも深い付き合いがあった。二人の共通点は、一審の死刑判決の後、自ら控訴を取り下げて死刑を確定させたことである。このことが執行時期を早めることにつながったのではないかと思われるが、小林薫の場合は、その後、再審請求を考えていたと言う。

宮崎勤、小林薫、そして池田小学校事件の宅間守など本書で取り上げた人物について、「社会的に弱い存在である子どもに対して向けられた犯罪であることや、反社会性人格障害という診断を受けたことなどのほかに、その家族との関係によく似た点がみられる。三人とも父親を激しく憎悪していた」と言う。

「家族とは社会の雛形であり、彼ら三人の家族との関係が崩壊していたことは、彼らと社会の関係が崩壊していたことの反映だろう。我々の社会のどこかが壊れ始め、家族が崩壊し始めている現実を、彼らは体現していたといえる。家族の崩壊と言う点では金川真大死刑囚も同じだった。それが彼の人間形成に影響を及ぼしたのは明らかだ。しかし、小林薫や宅間守と違って、金川死刑囚は家族を決して非難しなかった。もしかすると、それは諦めの境地だったのかもしれない。」

以上に加えて、増補版には和歌山カレー事件の林眞須美死刑囚の章が追加されている。二〇〇九年四月二一日に最高裁上告棄却決定、五月一八日に不服申し立てが却下されて死刑が確定した林眞須美死刑囚だが、いまもなお冤罪を訴え続けている。家族もそろって支援を続けている。支援する会は、当初は三浦和義、後に鈴木邦男が代表をしている。再審請求では、使用された毒物のヒ素をめぐる鑑定が新たな論点となっている。現場に捨てられた紙コップに付着していたヒ素と、林家の台所にあったヒ素が同一であるという科学鑑定が疑問にさらされている。「スプリング8」という最新鋭の大型放射光装置によって確認されたと言うのが有罪認定の重要ポイントだったが、実は、林家以外から押収されたほかのヒ素も同一だったことが判明した。周辺地区でシロアリ駆除をはじめとする用途でヒ素が用いられ、同一物が和歌山市内で大量に販売されていたからだ。しかも、紙コップのヒ素は濃度七五%だったが、林家のヒ素は四九%だった。四九%のヒ素を紙コップに入れたところ七五%に濃縮されたなどと言うことはあり得ない（本書２０５頁参照）。

篠田博之『生涯編集者——月刊『創』奮戦記』（創出版、12年）

長年、雑誌『創』編集長を務めてきた篠田の回顧である。「新左翼系＝総会屋系雑誌の壊滅」といった懐かしい話題に始まり、『創』の歴史をたどっているが、雑誌で多くの死刑囚の手記などを掲載し、著書『ドキュメント死刑囚』（ちくま新書）の著者でもあるので、当然のことながら死刑に関する記述も多い。「麻原元教祖三女の入学拒否事件」は死刑そのものの話題ではないが関連するし、「和歌山カレー事件・林眞須美死刑囚」、「奈良女児殺害・小林薫死刑囚の手記」、「宮崎勤死刑囚の突然の執行」が収められている。

二〇〇八年に執行された宮崎死刑囚について、「親の訃報を聞いた時と同じくらい衝撃を受けた。宮崎死刑囚とはもう一二年ほどにわたってつきあいを続けてきたのだが、死刑確定から二年、そんなに早く刑が執行されるとは思っていなかった」と振り返る。

「宮崎死刑囚と長年つきあっていて、私はふと、彼はどのくらいわかってそれをしているのか、と考えさせられる行動に直面することが何度もあった。彼は世間的には、精神的に崩壊しているという見方と、いやそれは実は詐病で全部わかって装っているのだという見方と、ふたつの見方をされていた。作家の佐木隆三さんなどは後者の詐病説だった。

私自身の見方を端的に言えば、そのどちらでもないと思う。全部わかっていて精神病を装っているという解釈では説明できないことも多かったからだ。しかし、では精神的に崩壊しているかというとそうでもない」。

長年、死刑と死刑囚に向き合ってきた篠田にして、「最後まで理解できなかった」のである。

2 残虐性をめぐる新研究

中川智正弁護団＋ヴァルテル・ラブル『絞首刑は残虐な刑罰ではないのか——新聞と法医学が語る真実』（現代人文社、11年）

オウム真理教による地下鉄サリン事件で二〇〇三年一〇月二九日に東京地裁で死刑を言い渡され、二〇〇七年七月一三日に東京高裁で棄却された中川智正の弁護団による死刑の残虐性をめぐる問いかけである。

死刑の残虐性は古くから議論されてきたが、死刑を合憲とした一九四八年と一九五五年の二つの最高裁判決によって司法上の決着がついたこととされたため、その後は正面からの議論が十分になされてきたとは言えない。しかし、一九五五年最高裁判決で絞首刑の残虐性を議論する際に引き合いに出された電気椅子による処刑は二〇〇八年、ネブラスカ州最高裁によって残虐な刑罰であると判断されている。絞首刑も世界的に見れば消えかけた執行方法である。他方、裁判員制度が始まり、市民が死刑判決を言い渡す事例が出始めた。最高裁判決から半世紀を超えた現在、死刑の残虐性を改めて問う必要がある。

中川弁護団（後藤貞人・前田裕司・渡邉良平）は、「わが国で隠され続けてきた絞首を、抽象的な理念でなく具体的な事実にもとづいて考え、死刑の現実がどのようなものか明らかにしなければなりません」として、内外の死刑をめぐる情報を改めて収集し直し、その過程で出会ったヴァルテル・ラブル博士（オーストリア・インスブルック医科大学）の論文に着目し、ラブル医師の協力を得て、絞首刑の残虐性を具体的に解明する挑戦を始めた。その成果を弁護団は、最高裁への上告趣意書と補充書として提出し、それが本書の柱となっている。

「本当に絞首刑は残虐な刑罰ではないのか」と問う弁護団は「上告趣意書」において、絞首刑による頭部離断が生じたカリフォルニアのサン・クエンティン刑務所、カナダ・トロントのドン刑務所、イラク・バグダッドのティクリティの事例を参考に、落下式の絞首刑の場合、落下の衝撃で頭部離断が生じる可能性と条件を論じ、執行現場の具体的情報が隠蔽されていることに疑問を提起し、一九五五年最高裁判決の前提が崩れたことを示す。

さらに「上告趣意書補充書（1）」において、一八八三年七月七日付「読売新聞」記事に見られる執行による頭部の部分離断事例を提示し、オーストラリア・ニューサウスウェールズ州、ウェスタンオーストラリア州フリマントル、イギリスのゴルウェイ刑務所、アリゾナ州フローレス等における事例も指摘して、頭部離断の可能性を指摘している。

他方、「上告趣意書補充書（2）」において、ラブル博士の見解により、「死刑囚が絞首刑ですぐに気を失うから苦痛を感じない」という古畑種基鑑定の誤りを明らかにしている。絞首刑でほぼ瞬間的に死亡するのはわずかな例外にすぎず、「意識が五〜八秒、長ければ窒息しながら二〜三分間意識が保たれる」という。

「絞首刑が『理想的』に行われても、絞首された者の意識は一定の時間保たれ、同人にその間不必要な苦痛と傷害が起こる。しかも、いくら慎重を期しても、『理想的』に絞首刑を執行できるとは限らない。頭部離断や一〜三分間意識を保ったままゆっくりとした窒息死が発生しうる。絞首刑の結果は科学的な予測が不可能で、それに対する対応が困難だからである。これらの点において、絞首刑は銃殺や致死薬物注射と比較して残虐である」。

次いで、「上告趣意書補充書（3）」において、「首の骨折で瞬間的に死亡する」という見解が誤りであることも解明する。

「絞首刑において、受刑者の頸椎を意図的に骨折させることは困難である上、仮に骨折が発生しても、同人の意識が消失するとは限らない。絞首刑で頸椎が骨折するから受刑者は瞬間的に死亡するとしばしば語られるが、それも誤りである」。

こうして弁護団は、絞首刑が憲法三六条に違反することを論証している。第一章には「死刑囚一〇四人の最後——新聞記事は伝える」として、明治時代の執行に関する新聞記事の内容、第九章には「明治刑死者一一八四人——官報登載全リスト」が掲載されている。

著者らが指摘する通り、死刑の残虐性をめぐる従来の議論は抽象的なものにとどまっていた。執行現場が闇に閉ざされ、ごく一部の刑務官らの手記などが公表されてきたとはいえ、具体的な状況が不明のまま議論をせざるを得なかったためである。本書は内外の文献を徹底調査するとともに、ラブル博士の協力を得て法医学的に再検討を行うことで、絞首刑の残虐性を浮き彫りにしている。一九五五年の最高裁判決は当時から前提を欠いていたし、そうではないとしても、今日もはや前提が崩壊して維持しえないものとなっている。

永田憲史『ＧＨＱ文書が語る日本の死刑執行――公文書から迫る絞首刑の実態』(現代人文社、13年)

右の中川智正弁護団ほか『絞首刑は残虐な刑罰ではないのか?』によって提示された死刑の残虐性をめぐる議論を前にして、「研究者として絞首刑の執行方法に取り組んでこなかったことについて深く後悔」し、「なお死刑は存置すべきだと考えている」が、「そうである以上、死刑がどのような方法で執行されるべきかを検討することは必要不可欠」という立場から、「絞首刑は死刑の執行方法の中で最善のものか」を問うために資料を得る努力をした結果、国立国会図書館にマイクロフィッシュに複写されて保管されているＧＨＱ資料を調査し、死刑の執行方法自体に直接関するものではないが、死刑執行起案書と死刑執行始末書を入手した。本書は「資料：日本の死刑執行に関するＧＨＱ／ＳＣＡＰ文書」として、死刑執行始末書(整理番号01〜46)、死刑執行起案書及び添書(整理番号42、43)、死刑執行起案書及び添書(整理番号46)、大韓民国籍の者に対して下された判決の再検討、死刑執行に関するＧＨＱ／ＳＣＡＰ文書の覚書を収録している。

死刑執行起案書は当時の法務府内部の文書で、法務総裁宛であり、ほぼ統一的な書式である。本籍地、職業、罪名、生年月日、人格、生育歴、財産状態、前科、親族、犯行の動機、犯行の要旨、捜査の経緯、事実認定のデータ、起訴日、第一審裁判所、第一審判決日、第二審裁判所、第二審判決日、第三審裁判所、第三審判決日、判決確定日、死刑判決執行予定刑事施設、死刑判決執行予定日などが記載されている。

死刑執行始末書は、施設の長作成のもので、やはりほぼ統一的な書式である。氏名、年齢、本籍地、現住所、職業、罪名、判決日及び裁判所、前科、執行日、執行立会者、遺体の取扱、存命中の通信、特記事項である。そして、「執行日には、執行年月日だけでなく、執行開始時刻と執行終了時刻が分又は秒まで記載されていた」。永田はこれらのデータを分析しているが、特に「資料解題：死刑確定者を絞首して死亡させるために要する時間」として、これら文書などをもとに分析した結果を記述している。

「執行終了時刻が判読不可能な一件を除いた四五件のうち、執行開始時刻と執行終了時刻から死刑確定者を絞首して死亡させるために要する時間を算出すると、最も短いものは一〇分五五秒(整理番号19)、最も長いものは二一分〇〇秒(整理番号35)であった。最も長いものは最も短いものの二倍程度の時間を要していることが明らかとなった。死刑確定者を絞首して死亡させるために要する時間の中央値(二三番目の値)は一四分〇〇秒であり、単純平均は一四分一五秒であった。この時間は、これまで死刑執行に携わった職員が述べてきた数字とほぼ一致する。絞首して死亡させるために要する時間が公文書により明らかにされたのは日本で初めてである」。

　実際には、執行開始時刻と終了時刻をどのように決めて、どのように計測しているか必ずしも明らかではないが、おおよその数値としては信頼に値するであろう。となると、次の問題は残虐性議論である。

「被執行者を絞首して死亡させるために平均一四分余りを要し、さらに幾ばくかの時間にわたって被執行者の身体は縄に吊り下げられていることになる。このような執行方法が『残虐な刑罰』に当たるのか否かが問われることになる」。

　さらに、永田は「執行の成否が分かれるような執行方法が『残虐な刑罰』に当たらないのか、さらには『法の下の平等』に反しないのかも問題となろう」と述べる。以上の資料から直ちに結論が出るわけではない。永田の総括は「今回発見された文書が示す内容のみから、絞首刑が『残虐な刑罰』であると判断することは困難である。絞首刑が『残虐な刑罰』であるのか、『残虐な刑罰』に当たらないとしても死刑の最善の執行方法であるのかについて判断するためには、より多くの情報が必要である。／死刑の内実の一端が日本で初めて明らかにされたことにより、人の生命を奪う死刑という刑罰が是か非かというこれまでなされてきた抽象的観念的な議論だけでなく、死刑執行の在り方に関する具体的な議論が深化し、死刑制度、特にその残虐性に関する議論が進展することが期待される。／死刑執行の内実の全てを秘密のベールの向こう側に隠しておくことはできなくなった。法務省の積極的な情報公開を今一度期待したい」となる。

　これまで非公開とされてきた死刑執行起案書（書式は知られていたが）と死刑執行始末書を公にし、それに基づいて執行に要する時間を検討するという、貴重な研究である。死刑廃止論者からすれば「鞭打ちでさえ残虐に当たるのに、死刑が残虐でないなどということはありえない」という声が出ることになるが、執行方法の残虐性という従来からの議論にとって重要な貢献である。「今回発見された文書が示す内容のみから、絞首刑が『残虐な刑罰』であると判断することは困難である」とはいえ、これまでは議論の素材すら手にすることができなかった。他の執行方法と比較して、絞首刑の位置と意味を検討する議論は必要である。また、永田が当局の秘密主義を批判し、情報公開を求めていることも当然のことである。死刑論議を学問レベルに載せることは、学問のためだけではなく実践的にも重要である。

3 死刑囚処遇

佐藤友之『死刑囚の一日』（現代書館、92年）
現在の死刑囚の獄中生活を一日にたとえて、朝・昼・夜に分けて描く。獄中処遇の実際、請願作業、手紙等の検閲、教悔、執行のお迎え・処刑などを手際よく描いている。

佐藤友之『死刑囚の妻』（現代書館、93年）
死刑囚の妻を中心として家族の側の苦しみ、悩みを通じて死刑制度のもう一つの側面を提示する。死刑は死刑囚の心と体を破壊するだけでなく、死刑囚が愛する人々の心と体をも徹底的に痛めつけるのだ。この当たり前だが、一般には気づかれにくいテーマがきちんと位置づけられた。

日本弁護士連合会編『改革を迫られる被拘禁者の人権』（現代人文社、07年）

二〇〇七年五月にジュネーブの国連欧州本部において行われた、拷問等禁止条約（正式名称は「拷問及び他の残虐な、非人道的なまたは品位を傷つける取扱い又は刑罰に関する条約」）の第一回日本政府報告書審査の記録である。本条約は一九八四年国連総会で採択され、八七年に発効しているが、日本政府の批准は一九九九年まで遅れた。さらに条約上では、第一回の締約国政府報告書は条約発効後一年以内に提出を義務づけられている（同条約一九条一項）が、日本政府が実際に第一回報告書を拷問禁止委員会に提出したのは二〇〇五年一二月であった。本書には、審査に至る経過、NGOの努力、審査の様子、勧告の全文、解説などが収録されている。死刑については次のような勧告が出た。

「19．最近の立法が死刑確定者の面会及び通信の権利を拡大したことに注目しつつも、委員会は、死刑を言い渡された人々に関する国内法における多くの条項が、拷問あるいは虐待に相当し得るものであることに深い懸念を有する。とりわけ、(a)確定判決の言渡し後、独居拘禁が原則とされ、死刑確定後の長さをみれば、いくつかの事例では三〇年を超えていること、(b)死刑確定者とその家族のプライバシー尊重のためと主張されている、不必要な秘密主義と処刑の時期に関する恣意性。とりわけ委員会は、死刑確定者が自らの死刑執行が予定されている時刻のわずか数時間前に執行の告知を受けるため、死刑確定者とその家族が、常に処刑の日にちが不明であることによる精神的緊張を強いられることを遺憾とする。締約国は、死刑確定者の拘禁状態が国際的な最低基準に合致するものとなるよう、改善のためのあらゆる必要な手段をとるべきである」。

「20．委員会は、死刑確定者の法的保障措置の享受に対して課された制限、とりわけ以下の点に関して深刻な懸念を有する。(a)再審請求中であっても、弁護人と秘密接見をすることが不可能である点を含めて、弁護人との秘密交通に関して死刑確定者に課せられた制限、秘密交通の代替手段の欠如、及び確定判決後の国選弁護人へのアクセスの欠如、(b)死刑事件における必要的上訴制度の欠如、(c)再審手続ないし恩赦の申請が刑の執行停止事由ではないという事実、(d)精神障害の可能性のある死刑確定者を識別するための審査の仕組みが存在しないこと、(e)過去三〇年間において死刑が減刑された事例が存在しないという事実。締約国は、死刑の執行をすみやかに停止し、かつ、死刑を減刑するための措置を考慮すべきであり、恩赦措置の可能性を含む手続的な改革を行うべきである。すべての死刑事件において、上訴権は必要的とされるべきである。さらに、締約国は、死刑の実施が遅延した場合には死刑を減刑し得ることを確実に法律で規定すべきである。締約国は、確実に、すべての死刑確定者が、条約に規定された保護を与えられるようにすべきである」。

解説を担当した田鎖麻衣子は次のように述べている。

「なかでも、勧告の筆頭に、死刑執行のすみやかな停止が掲げられていることの意義は極めて大きい。日弁連はこれまで、日本の死刑制度が国際人権基準に照らして様々な問題点を有していることを踏まえ、死刑の執行を停止し、死刑制度の存廃を含めて広く国民的議論を行うことを提唱してきた。今回、委員会は、再審請求や恩赦が執行停止に対してなんら法的効果を持たず、かつ、刑事訴訟法上は執行停止事由とされる心神喪失ですら、精神障害を識別する審査の仕組みがないために、実際上は心神喪失か否かを確認することができない点を取り上げ、死刑執行のすみやかな停止を勧告した。こうした点はまさに、日弁連と同様の問題意識に立ったうえで、それらの問題点の深刻さゆえに、死刑執行の『すみやかな』停止を求めているものといえる。死刑執行停止法制定に向けた日弁連の取り組みを推進するうえでも、極めて大きな意義のある勧告である」。

「最後に委員会は、『締約国に、確実に、すべての死刑確定者が、条約に規定された保護を与えられるようにすべきである』として、日本の死刑確定者は条約による保護を与えられていないという点を明確にした。この勧告の優れた点は、条約に照らして、何が日本の死刑制度の欠陥であるかを示すと同時に、その克服のためには喫緊にどのような改善策が必要なのか、という方向性を具体的に明示したことである。日本政府に対しては、施行されたばかりの刑事被収容者処遇法のみならず、刑訴法改正を視野に入れた取り組みへの課題が具体的に与えられた一方で、日本のNGOとりわけ日弁連としても、この勧告を生かしていく重い責任が生じたといえる。勧告と目前の現実との乖離が甚だしい現状において、地道かつ不断に、より一層の努力をしていく必要がある」。

中島直『犯罪と司法精神医学』(批評社、08年)

刑務所法務技官の経験を有する著者による「司法精神医学」再構成の試みである。「第五章　死刑執行への精神科医の関与についての文献的調査」において、無能力者に死刑を執行しない理由、精神科医の死刑執行への関与についての議論の背景、死刑適応能力の鑑定をめぐる問題(鑑定の是非、死刑適応能力とは何か、鑑定を行なう際に留意すべきこと、本邦における司法判断)、能力回復のための治療をめぐる問題(治療の是非、強制治療、無能力死刑囚の治療に伴う混乱、減刑の主張)などを紹介している。最後に、「最大の問題は、死刑囚の問題を含め、刑事施設内での精神科医療の問題に関する、法務省を始めとする関係諸機関の秘密主義であろう」と指摘している。

高岡健・中島直『死刑と精神医療』(批評社、12年)

精神科医、弁護士、憲法学者、心理学者などによる共同研究である。法務省における「死刑の在り方についての勉強会」報告書「まとめ」は「表層をなぞっただけの両論併記であり、いかにも深みに欠ける」うえ、精神障害者への死刑執行、及び少年への死刑執行という重大論点が無視されている。本書は死刑と精神医療をめぐる主要な論点を取り上げて考察を深めようとする。

冒頭の座談会「死刑と精神医療——精神障害者への死刑にまつわる問題」で、主な論点を拾い上げ、その後に諸論文が続く。「精神障害者の場合を含む死刑問題と日弁連の見解」(小林修、弁護士）は、法務大臣に対する執行停止要請行動、会長声明、人権擁護大会シンポジウムと決議を紹介する。

山本真理（全国「精神病」者集団会員）「死刑と精神障害者」は、無実の死刑囚だった島田事件の赤堀政夫さん支援の取り組みと、障害者権利条約などについて論じる。

中島直（多摩あおば病院副院長）「死刑と精神科医にまつわる問題」は、刑法三九条論や、死刑事件の鑑定における診断、日本精神医学会における議論を取り上げる。

横藤田誠（広島大学教授）「憲法から見た精神障害者と死刑」は心身喪失者の執行は許されるかを問い、アメリカのフォード判決を紹介する。

多田元（弁護士）「少年事件と死刑判決」は少年法の健全育成の理念、目的に照らして量刑論、死刑判決について論じる。

芹沢俊介（評論家）「死刑および死刑囚についての覚書」は、「平和喪失者」とされる死刑囚につき、国家装置としての死刑の意味を問い直す。

浜田寿美男（立命館大学特別招聘教授）「光市母子殺害事件の事実認定と死刑判決」は、事件発生から死刑確定までを辿り直して、「モンスター」と決め付けて排除する意識のありようを批判する。

木村一優（一陽会こころのクリニック石神井院長）「死刑と精神科医」は、死刑判決に直面する被告人などとの出会いの経験を通じて、精神科医にとっての死と死刑の意味を問い続ける。

高田知二（多治見病院精神科部長）「刑法三九条を巡って」は、刑法三九条問題を、起訴便宜主義、裁判を受ける権利、責任能力の虚構性などの観点で論じる。

高岡健（岐阜大学医学部准教授）「死刑論の辺縁」は、戦争と死刑、裁判員裁判と被害者・遺族の心情、死刑と臓器移植、少年死刑囚の実名報道に即して考える。

「翻って考えるなら、私たちもまた、縊り残された存在ではないのだろうか。なぜなら、自由や革命を目指す意志的な行動であろうと、政治社会思想とは無縁に映る殺人などの行動であろうと、あらゆる人間は、それらの行動から先験的に免れているわけではないからだ。私たちは誰でも、契機さえあれば大量殺人を起こすことはありうるし、また冤罪によって絞首台へと向かわされることもありうる。その意味では、私たちもまた、確かに死刑囚から縊り残された存在であるといえよう」。

本書は執筆者間の意見の調整を行っていない。議論がかみあっていないような印象を与えるかもしれないと断り書きが付されている。それというのも、「死刑と精神医療」という問題設定自体が十分な検討と議論にさらされてきていないこと、そして死刑に関する密行主義のために開かれた議論が成り立っていないことによる。こうした現状を打開することも本書の意図に含まれているだろう。

丸山友岐子『逆うらみの人生――死刑囚・孫斗八の生涯』（インパクト出版会、17年）

獄中で法律を勉強して、監獄法の違憲性を問い、監獄処遇の改善を求めて闘ったことから、アメリカで同様に法廷闘争を続けた死刑囚チェスマンにちなんで「日本のチェスマン」と呼ばれた孫斗八の物語である。

本書は、これまでに四回出版されている。『逆うらみの人生』(社会公論社、68年)、『さかうらみの人生』(三一書房、70年)、『逆うらみの人生──死刑囚・孫斗八の生涯』(社会評論社、81年)、『超闘死刑囚伝──孫斗八の生涯』(社会思想社、93年)である。毎回、出版社を替えて五回目の出版となるロングセラーである。

同情や憐憫の感情ではなく、「孫が悔い改めることを拒否した死刑囚だからこそ、彼に近づいたのだ。彼は死ぬのがイヤだと猛然と全身全霊でもって死と格闘していたから、彼のいのちの叫びに共鳴するものがあった」と言う著者は、数年間、拘置所に通って孫と面会を続け、孫から大量の訴訟資料を受け取り、孫のために奔走した。

「不幸な運命を生きる人間に対する安直な同情なんて、介在する余地が全くなかったといっていい。孫は嘘つきでゴーマンで、鼻持ちならぬくらい自己肯定の強い男だった。その意味では、英雄の英雄たる資格を十分備えていたとはいえるだろうが、全くイヤなヤツだった」と言いながら、孫に本を差し入れ、パンフレットの印刷を手伝い、「監獄闘争」を支援し続けた。その監獄闘争の経過を著者の立場から描き出したのが本書である。著者は中山千夏らと「死刑をなくす女の会」を立ち上げ、マスコミ報道による女性差別、女性への凌辱に抗議し続けた。著書に『女子高生コンクリート詰め殺人事件──彼女のくやしさがわかりますか?』、『報道の中のおんなの人権』などがあり、一九九五年に死去した。

孫は、一九二五年生まれで、一九三三年に日本に渡った。一九五一年に殺人事件を起こし、同年、神戸地裁で死刑を言い渡され、一九五五年、大阪高裁で控訴棄却、同年、最高裁で上告棄却となり、死刑が確定した。

大阪拘置所に収容されたが、獄中から訴訟を起こし、恩赦を申し立てるなど、いのちと尊厳を守る闘いを続けた。

一九五四年に大阪地裁に提訴した「文書図画閲読等禁止処分に対する不服事件」では、通信の差し止め、抹消、検閲、原稿用紙の使用禁止、ノート・用紙の使用制限、書籍制限、新聞購読禁止等の禁止や制限の処分無効の確認を求めた。一九五八年、大阪地裁は、図書・新聞の禁止・制限や原稿用紙使用制限などについて、読み、書き、発表する基本的人権を認め、監獄法による制限は必要最小限度の合理的制限でなければならないと判断し、孫の勝訴となった。監獄法・同施行規則の違憲性を断罪した判決は日本行刑史に特筆される快挙であり、世紀のニュースとなった。これにより、孫の助命運動が巻き起こる。

その後、孫は「外国人登録証明書記載事項変更請求事件」、「謄写印刷製版印刷行為許可請求事件」、「国家賠償請求事件」、「死刑受執行義務不存在確認等請求事件」など、次々と提訴した。その多くは結審することなく終結したが、死刑訴訟については、一九六一年、大阪地裁で訴訟救助とともに死刑執行停止命令が出た。一九六二年の第一審判決で事件そのものは敗訴したが、控訴審でも訴訟救助と死刑執行停止命令が出た。合計一年半ほどの間は執行停止期間となった。しかし、一九六三年七月一七日、孫は大阪拘置所で死刑執行された。

一面ではわがままで身勝手な男の性格に辟易し、糾弾しつつも、その人間臭さに愛着を感じ続けながら、人権を求める闘いに同伴した著者の「愛情」が溢れる著書である。

もっとも、巻末には辛淑玉による厳しい解説が収められている。辛淑玉は「本書は孫斗八の記録ではない。書かれているのは、若き日本人女性丸山友岐子の自己主張の記録である。彼女は、在日との関わりはあっても、在日社会に理解が深かったわけではない」と言い、「現代までも続く日本社会の視線」で書かれた「自己陶酔的」な物語だと論定する。孫斗八という人物を生み出した背景に迫ることができていないとも言う。

おそらく当時の日本で、丸山友岐子は在日社会をもっともよく理解しようとした者の一人であっただろう。しかし、辛淑玉によれば、その丸山にして在日社会を基本的に理解し得ていない。

「日本社会に、何の後ろ盾もなく裸で放り出された一匹狼の人生は、彼らの想像を超えていたのだ」。

旧植民地宗主国に生きることを余儀なくされ、祖国が分断された状況で在日が直面した「昭和の『闇』」は、日本社会がその内部に抱えた底知れぬ「闇」であるにもかかわらず、あたかも「在日の闇」であるかのごとく押し付けられた。払いのけることも、拭うこともできない「在日の闇」を生きたのは、孫斗八だけではない。多くの名も知れぬ在日朝鮮人たちがいた。

それは今も続いていることである。その意味で、死刑囚の闘いを描いた本書の「解説ならぬ解説」として「在日の闘い」を打ち出したことには重要な意義がある。「日本人の在日化」という不思議な言葉で辛淑玉が言おうとしたことを、本書の読者は自分の頭で考え続けなければならないだろう。


斎藤充功『恩赦と死刑囚』(洋泉社、18年)

二百年ぶりの天皇生前退位を迎えようとする段階で、天皇退位と恩赦の関係を考え直すため、恩赦によって死刑から無期懲役に減刑された事例を紹介するドキュメントである。昭和天皇裕仁の死去、大喪に際して死刑恩赦は実施されなかったが、現行の一九四八年の恩赦法の下で、これまでに一二回の恩赦が実施された。本書は、恩赦の概要を解説しながら、実際に死刑から無期懲役に減刑となって出獄した元死刑囚の人生を描く。

明治から昭和戦前までに実施された恩赦は、英照皇太后大喪(一八九七年)、昭憲皇太后大喪(一九一四年)、大正天皇大礼(一九一五年)、裕仁親王成年式(一九一九年、ただし減刑令は実施せず)、韓国皇太子李垠・皇族梨本宮方子女王成婚(一九二〇年)、裕仁親王成婚(一九二四年)、大正天皇大喪(一九二七年)、昭和天皇大礼(一九二八年)、昭仁親王誕生(一九三四年)、大日本帝国憲法発布五十周年記念式典(一九三八年)、紀元二千六百年祝典(一九四〇年)である。そして死刑囚が減刑されたのは英照皇太后大喪恩赦、大逆事件特赦(一九一一年)、朴烈・金子文子恩赦(一九二六年)、昭仁親王誕生恩赦の四回である。

そのうち二回が大逆事件関連であり、「天皇に対する畏敬の念は『天皇大権』によって国民を慰撫する一方、不遜な行為に対しては『不敬罪』や『大逆罪』による最高刑である『死刑』を以って対処するという刑罰体系が構築されていたわけである。大逆事件は、天皇大権の両面――死刑と特赦、恐怖と慈悲――を国民にアピールする、絶好の機会でもあった」という。

一九四五年から二〇一七年一〇月までの最高裁での確定

死刑囚は、ある資料では八三二人であるが、そのうち「恩赦」によって無期懲役に減刑されたのは一四人とも二四人ともいわれるが、著者が確認できたのは七人だという。例えば、一九四六年一月の和歌山一家八人殺害事件で死刑となったKは、一九五二年のサンフランシスコ講和条約恩赦の対象となり、無期懲役刑に減刑され、一九六八年四月、仮釈放になった。一九四七年五月の福岡事件では、石井健治郎と西武雄の二人が強盗殺人の共犯とされ死刑を言い渡された。二人は無実を訴え再審請求や恩赦の請求を出したが、一九七五年六月一七日、西武雄は死刑を執行され、石井健治郎は恩赦で無期懲役となり、一九八九年に仮出所となった。死刑と恩赦がこれほどドラスティックな運用を見たのは本件だけではないだろうか。

他方、昭和天皇死去の際、獄中では「恩赦」の期待が膨れ上がり、控訴や上告を取り下げて、死刑を確定させ、恩赦を待った死刑囚もいた。一九七八年五月の銀座ママ殺人事件で死刑を言い渡された平田光成と野口悟は、一九八八年、上告を取り下げて死刑が確定した。一九八四年五月の夕張保険金殺人事件で死刑となった日高安政・信子夫妻も、一九八八年、控訴を取り下げて死刑が確定した。いずれも天皇死去の恩赦を期待しての上訴取り下げ・死刑確定だったが、昭和天皇死去に際して恩赦は実施されたが、死刑囚は対象とならなかった。

二〇一九年の天皇代替り日程が決まった（二〇一九年五月一日）。二六年ぶりの恩赦は行われるのか。死刑囚は対象となるのか。著者は『皇室と恩赦』の関係は、〝象徴〟としての天皇となった今日においても、『天皇の国事行為』として憲法で定められている。その法的な整合性について、どう理解すべきか。それは、恩赦という制度が私たちに投げかける、最大の課題といえるかもしれない――」という。

4 執行官と教誨師

一九六〇年代に死刑存廃が国会で取り上げられた時期には、拘置所職員からの発言が多数なされた。しかしその後、現場からの声は閉ざされて時期が長い。一九八〇年代以後、ジャーナリストの努力によって、元職員の声が届き始めた。さらに、元職員自身による手記や著作が世に問われるようになってきた。

大塚公子『死刑執行人の苦悩』（創出版、88年［角川文庫、93年］）実際に死刑囚の生命を奪う死刑執行の職務を課せられた拘置所等に勤務する刑務官の苦悩と現実を描いて話題となった。執行の苦しみ、家族にも話すことのできない悩みが重く迫る著作である。読者を暫く立ち竦ませずにはいないだろう。かつては行刑実務家の中で死刑廃止論が唱えられたが、近年では思想統制が隅々まで行きわたっており、現場の声が伝わらなくなっていた。こうした状況を打開するための手がかりとしても重要な著作である。

大塚はその後次の二冊を著わしている。『あの死刑囚の最後の瞬間』（ライブ出版、92年）、『57人の死刑囚』（角川書店、95年）。後者は一九九五年九月現在の死刑確定囚に関するルポルタージュである。一人ひとりに関する情報は少なく、中にはほとんど情報がない者もいるのだが、これまでまとまって明らかにされると、この国のあり方に改めて考え込まされる。また、この時点では十七人の死刑囚が再審請求ないし準備中であるという。

高橋良雄『鉄窓の花びら――死刑囚へのレクイエム』（三一書房、90年［求龍堂、83年の再刊］）

東京・大阪拘置所所長を歴任した高橋が死刑囚の思い出という形で静かに死刑の見直しを語る。疼くものの正体に気づいた魂が見える。

戸谷喜一『死刑執行の現場から――元看守長の苦悩と死刑存続の可否』（恒友出版、97年）

執行に何度も立ち会った元看守長の手記である。東北地方・S拘置所における死刑囚処遇は厳正独居拘禁で、執行の言い渡しは処刑直前であった。関西地方・O拘置所では集団処遇で、当時は二日前に処刑を告知していた。両者の比較をもとに死刑の意味を見直そうとする。「刑務官という公務員の職務に『殺人』もしくは『殺人幇助』という仕事があることが、ある意味において、刑務官の仕事からプライドを奪い取ってしまっている」とし、死刑廃止を展望する。

坂本敏夫『元刑務官が語る刑務所』（三一書房、97年）

一九六七年に大阪刑務所の看守となり、一九九四年に広島拘置所総務部長を辞職するまで刑務官を勤めた坂本の刑務所改革の書である。四部構成からなるが、第一部が死刑を扱う。坂本が見た死刑台、死刑囚舎房の見習い実務体験、死刑執行計画書（起案用紙）が紹介される。刑務官の恐怖と執行される側の恐怖にも視線が投げかけられる。死刑執行に捕獲された精神の緩慢な「死」の意味を覚知しながら。拘置所に勤務する「死刑執行官」の積極的発言が期待される。

当局の秘密主義により死刑の実態や死刑囚の生活がわかりにくくなって久しいが、近年、執行の現場からの報告も刊行されてきている。

坂本敏夫『元刑務官が明かす　死刑はいかに執行されるか』（日本文芸社、03年）

二七年間法務事務官を務め、現在はノンフィクション作家である坂本の「実録」である。「第一章　二〇〇一年　死刑執行はかくなされた」では二〇〇一年一二月二七日の死刑執行をもとに、執行命令から執行までの経過を紹介する。「第二章　これが現在の処刑だ」では超極秘事項としての死刑執行を劇画で示す。「第三章　拘置所の日常と死刑囚の生活」は、確定死刑囚や刑務官らの日常を紹介する。「逃がすな、自殺させるな、証拠隠滅を阻止せよ！」。東京拘置所・死刑確定者処遇内規全文が紹介されている。「第四章　初めて明かされる死刑囚監房の真実」は、ノンフィクション・ノベルの形式で死刑囚監房の様子を明かす。「第五章　殺人犯、その裁きの現場」は、執行再開後の執行増加と死刑判決の増加を指摘する。「第六章　死刑を執行するということ」は、執行担当の刑務官の心情を描く。死刑執行の現場からの報告として、戸谷喜一の著作とともに、貴重な著作である。

坂本は、執行の現場を紹介するとともに、死刑廃止運動に忌憚のない注文をつけている。一つには、「外圧」頼みの運動への批判である。

「死刑廃止を唱える活動家たちの活動は、国内だけでなく遠くヨーロッパにも及んだ。つまるところは外圧をもって日本政府に圧力をかけようとしたのである。ところが、世の中そんなに甘いものでも、統治体系に一本筋が通っているわけでもない。……死刑廃止運動が活発になればなるほど、時期を合わせてタイムリーな見せしめ的執行を繰り返している。私に言わせれば、『外圧を使え！』と勝算もなく動き回った死刑廃止の市民グループと死刑廃止議員連盟の動きこそがYの死を早めたのである」。「市民グループの今後の活動には重大な見直しが迫られている」。

ここには議論の飛躍と混乱がある。第一に、死刑廃止運動は単なる「外圧頼み」であるという決めつけには根拠がない。死刑廃止運動は国内運動として長年取り組まれてきた。近年、国際的な取り組みがなされているのは、死刑廃止条約以来、死刑が生命権に対する侵害という国際人権法違反の問題であるから、むしろ当然のことである。それは単なる「外圧」でなく、生命は人権であるという基本認識に由来する。死刑廃止運動の展開を「外圧頼み」としか見ることができない認識のありように問題があろう。

第二に、死刑廃止運動がYの死を早めたというのは、因果関係の転倒である。恣意的な処刑がタイムリーに行われているとすれば、そのような恣意的な法務官僚の異常さこそが問題なのであって、死刑廃止運動に責を帰することができるはずもない。もし著者の法務官僚認識が正しいとすれば、死刑廃止運動がいかなる戦略に立とうとも、偶然的恣意的な処刑が続行することになる。

第三に、終身刑論に対して「死刑囚でさえ更生させる刑務官を信用できないのか？いやいや、その前に終身刑を導入したらどうなるか。今の裁判官たちは終身刑を乱発。日本の刑務所人口は十万、二十万人にふくれあがる」と批判し、裁判官・検察官の増員、陪審制導入、交番警察官の大幅増員による安全大国・日本の再生を唱え、無期懲役の運用を提唱する。終身刑論への「危惧」には共感をもてるが、坂本の想定する安全大国は監視国家・監視社会の別名にならないだろうかと危惧する。

坂本敏夫『実録死刑と懲役——刑務所の中の真実』（ぴいぷる社、03年）

「第一部　死刑」と「第二部　懲役」からなる。第一部は、序文にあたる「死刑のことだけは嘘を書くな！」で「死刑に関する本はノンフィクションの形で結構な数が出版されている。獄中体験者の話や死刑囚からの手紙などをもとに書いたのだろうが、ほとんどのものに嘘がある」とし、「死刑制度を見直そうという大事な時期だけに、誤った情報だけは正しておきたい」と述べる。

「第一章　あれこれいうのは真実を知ってからにしてほしい」では、乱歩賞受賞作『13階段』の映画化の話、死刑に関する基礎知識、死刑判決の現状、死刑囚の処遇が記される。「第二章　死刑囚の遺言」では、正田昭、木村修治、永山則夫の事件と執行の遺書が紹介されている。「第三章　死刑と懲役の間」では、「判決文に真実はあるか？」と問いかけ、五十四人の死刑囚リストを示したうえで、死刑と無期懲役を分ける基準のあいまいさを考える。死刑の実態や死刑囚や執行する刑務官の現実は長い間、闇に閉ざされてきた。それが一九九〇年代以降の死刑廃止運動の高まり、死刑問題への注目によって、徐々にではあるが情報が伝わってくるようになった。死刑冤罪から帰還した免田栄や斉藤幸夫の情報、死刑執行官への取材記事、死刑囚の手紙や遺書、弁護士などの情報である。坂本が言うように、「死刑囚の処遇、死刑の執行については、刑務官すら知らないことの方が多い」のであれば、誰も死刑について語ることができなくなってしまう。もちろん本書はそうした現状を前に議論の素材を提供するために出版されたもので、読者にとって有益である。ただ、最近の死刑に関する本は「ほとんどのものに嘘がある」というのであれば、具体的な指摘が欲しかった。

坂本敏夫『死刑執行人の記録——知られざる現代刑務所史』(光人社、06年)

本書はこれまでと違って小説風にしてある。主人公の副看守長とその恋人の物語を中心としつつ、拘置所勤務の実態、工場における傷害事件やさまざまなトラブル、死刑執行指揮書、処刑前夜の思い、抵抗する死刑囚の様子を描く。収容者の処遇についても処遇する側の意識を含めて描いているし、拘置所職員の人間関係も描かれているので、貴重な記録である。主人公が上司から職場におけるスキャンダルの濡れ衣を着せられるなど、拘置所という職場がどこにでもある職場の一つでありながら、同時に死刑執行という極度に特殊な空間であることが見えてくる。死刑廃止運動の中では、死刑執行職務との関連での人権問題が語られてきたが、より広く看守やその他の職員の生活や人権を射程に入れる必要がある。拘置所の組織図や、執行場のイラストも読者には参考になる。

坂本敏夫『元刑務官が明かす東京拘置所のすべて』(日本文芸社、06年)

拘置所とは何かの解説・入門編から、知られざる実態まで広くカバーしている。坂本自身も団塊世代のためか、団塊世代受刑者の増加の時期に言及している点は興味深い。「団塊世代のスーパーヒーロー受刑者」として、大道寺将司、丸岡修、浴田由紀子の名前も登場する。「彼らの生き様は相変わらずきれいだ。行動の結果は罪なき人を殺めるなど重大な結果をもたらしたが、地球が悲鳴をあげている今の時代を見れば、愛と勇気と正義に基づいて行動した彼らを理解はできるだろう」と言う。

また、団塊世代受刑者は、①貧困と差別の中で育った早期非行型のアウトロー群、②公安関係の活動家、③最近の熟年初入受刑者、に分けられるという。世代論一般に科学的な意味があるか否かはともかく、現場で組み立てられた世代論にはそれなりの説得力がある。他の世代についても同様の試みが可能だろうか。

坂本敏夫『死刑執行命令——死刑はいかに執行されるのか』(日本文芸社、10年)

本書では、永山則夫の死刑執行を素材として、執行にかかわった東京拘置所幹部職員のほとんどが顔見知りであることに悲しみを表明し、神戸須磨の少年による殺人事件の騒動にあおられて進められた永山処刑の準備過程がかなり異例のものであり、しかも予定数日前にまさかの面会人が来たため異様な緊張状態になったこと、必死で抵抗する永山を多数の刑務官で制圧し、意識のない状態になった永山を処刑し、証拠隠滅のために遺体を焼却したと述べたうえで、「最も改心した死刑囚・永山則夫を誰が殺したのか?／死刑の執行命令を他人事として議論するのはやめよう。われわれが殺したのだから」と問いかける。さまざまな死刑囚の様子、死刑囚舎房の様子も紹介し、さらに冤罪・免田事件に及び、多数の死刑冤罪、無期刑冤罪があると指摘する。「死刑制度はあるが死刑の執行が停止されている。そんな状態が最も誇るべき姿だと私は考える」という。

藤田公彦『大阪拘置所「粛清」刑務官』(光人社、07年)

主要部分は、大阪拘置所における腐敗と不正との闘いである。篭絡の常習犯、暴力団金融、隠語、アブノーマル・グループ、ヤクザに牛耳られた刑務所等々、刑務所の異常な実態が暴かれている。最近の宮城刑務所、徳島刑務所などの事件に照らし合わせて読むことができる。冒頭第一章は死刑執行と死刑囚を扱っている、

藤田公彦『元死刑執行官だけが知る監獄の叫び』(徳間書店、08年)

前著を引き継いで、特に死刑囚に焦点を当てた一冊である。「これが死刑囚の素顔と実態だ」「革命家とやくざ」などでは、著名な死刑囚の状況なども紹介しつつ、死刑囚処遇の困難性を指摘している。弁護士や死刑廃止論者への感情的反発が目立つが、現場からの意見として有益であろう。「腐敗刑務官を根絶せよ」「追い詰められる拘置所・刑務所」では、刑事施設が抱える困難をさまざまに取り上げて、改革の重要性を唱えている。「治安の最後の砦」としての刑事施設が崩壊してしまえば大変なことになるとの思いから、古巣の刑事施設の立ち直りを期待する警告の書である。

小笠原和彦『刑務官佐伯茂男の苦悩』(現代書館、14年)

犯罪・刑事裁判・刑罰について数多くのルポルタージュをものしてきた著者が「遺言書を書くつもりで精魂込めて書きました」という「小説」である。著者にはまだまだルポルタージュや評論を発表し続けてもらいたいが、他方で古稀を迎える年代で「遺言書」としての「小説」を書いたところに、小笠原の思いが表れているのだろう。

主人公佐伯茂男は高校卒業とともに刑務官になり、勤務のかたわら私立大学の通信教育を経て司法試験を目指すが失敗し、四十年間、刑務官人生を送った人物である。佐伯のカウンターの位置に、キャリア官僚で所長の衛藤正人を配置しているが、冒頭で佐伯の人事異動(死刑囚のお守り役と言われる教育担当への配置換え)があり、佐伯が心の中で衛藤を罵倒するシーンである。階級社会として知られる刑務官の世界の人間関係を、所長と教育担当の対立構図で、まず読者に提示する。続いて、佐伯がかつて担当した死刑執行の様子が描かれ、一緒にボタンを押した相原は後に抑うつ状態となり退職したと、刑務官の仕事の厳しさが明らかにされる。

家庭には妻と二人の子どもがいて、子どもたちは独立しているが、妻との夫婦喧嘩が絶えないという。刑務官は普通の公務員であり、官舎に住んでいるが、仕事の性格が家庭に大きな影

を及ぼすことも示される。

そして、幼稚園のバス運転手が車内で園児十三人と付き添いの女性教諭を出刃包丁で刺し、さらに灯油をまいて放火した「平成の無差別大量殺人」の犯人として死刑を言い渡された石堂俊也が、もう一人の主人公として登場する。

教育担当（死刑囚担当）の佐伯と、一四人殺しを自慢する鬼畜の殺人鬼の石堂の心理的対決が一つの基調となる。

「佐伯を注意するのは衛藤の任務だが、佐伯が死刑囚の処遇を任された教育総括であるため口出しができない。それと佐伯が刑事政策研究会の評議員であることもある。それだけではない。佐伯にも石堂と似て、ある種の狂気が感じられ、いざとなったら何をやらかすかわからない、と衛藤は恐れていた」。

看守と死刑囚が対立すると同時に、相似している構図である。石堂は一審死刑判決に対する控訴を取り下げ、早期の死刑執行を願うが、獄中で描いた絵は素人の域を脱して鮮やかであり巧みであり、見るものに訴える。弁護士と佐伯は石堂の絵の個展を開催することで、世間へのアピールとするとともに、石堂の内面への働きかけを試みる。これに世間からの早期処刑論と、死刑廃止運動家が絡む。外と内をつなぐ死刑囚処遇の様子も描かれる。処刑を求めてハンガーストライキに突入する石堂に翻弄される拘置所の組織的弱さもあぶりだされる。

海原卓『刑壇に消ゆ——典獄・高橋良雄と12人の死刑囚』（日本経済評論社、15年）

元東京拘置所所長、福岡・名古屋矯正管区長を歴任した高橋良雄の遺品として残された死刑囚からの手紙をもとに死刑とは何かを再考する。一二名の死刑囚の執行に立ち会った高橋は死刑廃止論者だったと言う。本書は死刑論が主題であり、高橋の伝記ではないが、高橋の軍隊時代の経験を紹介している。二・二六事件のクーデター事件に関与した栗原安秀中尉と、高橋は事件の三、四年前に歩兵第一連隊で起居を共にしていたが、ある時、部下が軍律に触れて重営倉に処された時、罰室に入れられた部下のもとに栗原中尉が訪れて、コーヒーをふるまい、自らも同じ罰室で終夜座禅をしていたと言う。「部下を罰するは、まず己を罰するにはじまる」という考えを実践したのである。高橋は、拘置所長として死刑囚を収容する己に重ね合わせていたと言う。

かつては死刑の執行は前日までに死刑囚に告知されていた。告知を受けた死刑囚は所長あてに手紙を書いたという。

「冠省、いよいよ最後の夜を迎えました。自分でも驚く程平静です。これも皆み仏の大悲のお育ての賜とよろこんでおります。明日は、静かに参ります。最後にこれまでの御恩情と御導きに感謝し、御健康をお祈り申し上げます。」

こうした手紙が残されている。また、執行前に家族との面会も許されていたと言う。面会者を選ぶのは教育課長の任務だった。「死刑囚の最後を平穏に、かつ感動をもって逝かせるための配慮でもあった」と言う。現在は当日直前まで告知されないし、家族との面会も許されていない「死刑囚の最後を平穏に、かつ感動をもって逝かせるための配慮」を止めて久しい。

拘置所や刑務所には被拘禁者の情報を記録した「身分帳」があるが、身分帳に似た個人的な記録が残されている。これを著者は「身分帳・控」と呼んでいる。

「身分帳・控は、B4判の用紙を二つに折って、表の頁と次頁が作られて、収容されている者の本籍・住居・出生地と、職業、教育程度、生年月日、事件概要、第一審判決・最終審（多くは最高裁判所）・執行時間等が記載され、次頁には顔写真（正面の）が貼ってある。

ところが、右に述べる情報のほか、高橋良雄所長が現場で拾った彼らの情報を、まるい米粒大の文字で、それも色鉛筆まで動員して、記録している」。

一九五八年一月の東京・三鷹におけるタクシー強盗殺人・死体遺棄事件の野原義信（仮名）の場合、同年一一月に東京地裁八王子支部で死刑を言い渡され、一九六一年二月に最高裁の上告棄却によって確定し、一九六七年一〇月二六日午前九時一〇分に執行され、刑死した。前日の二五日に所長、教育課長、教誨師、母親と特別面会し、「お母さん、しっかりしてね。僕のことは、これで区切りをつけて、……お母さんが嘆いていると、心残りだからね。／僕は書き置きみたいなもの、残しませんが、家の皆んなには感謝している、と伝えてください。」と言い残している。高橋所長は次のように「付記」している。

「刑場では彼は、バナナ一本を食べた後、立会いのS教誨師に『喝を入れてください。』と願った。

S教誨師は立って、『喝！』と。彼、『オーッ！』と応えて力強く立ち上って、刑壇に向かう。

目かくし、手錠、少しも震えず。二十数秒後、スイッチ！

記録には、『少しも震えず、ほとんど動かず、両掌の合掌も崩れず、垂下と同時に手錠を解く』とある。」

一九六〇年四月の新潟市の新聞店強盗殺人事件の下瀬義雄（仮名）の場合、一九六一年一二月に新潟地裁で死刑を言い渡され、六四年七月に最高裁の上告棄却によって確定し、一九六七年一一月午前一〇時三七分に刑死した。前日の一一月一二日に所長、管理部長、教育課長、兄、教師、教誨師と特別面会し、賛美歌を歌ったのち「僕の働いた金は、神父さんに渡して教会のために使ってください。では、おそくなったので、これでお別れしましょう。」と述べて、握手して別れている。高橋所長は次のように「付記」している。

「当日の朝、小菅に行くバスの中で、T教誨師と明るく語り合っていた。途中、富士山を遠望できたことを喜んでいた。

彼は、収容房を出るとき、『信頼できるものは、宗教だけだ』と訴えている。

刑場に入って、彼は、監房に、新しい紺のセーターを置いてきたので、『もったいないから、貧しい人にあげて下さい』と言い残して逝ったのだった。」

堀川惠子『教誨師』（講談社、14年）

『死刑の基準――「永山裁判」が遺したもの』、『裁かれた命――死刑囚から届いた手紙』、『永山則夫――封印された鑑定記録』に続く著作である。東京・麻布十番の近くにある浄土真宗の綱生山當光寺の第三〇世住職である渡邉普相は、二八歳ころから半世紀にわたって拘置所の教誨師を務め、住職の座を息子に譲って以後も教誨を続けてきた。東京拘置所の教誨であるから、そこには死刑囚が収容されている。

「間近に処刑される運命を背負った死刑囚と対話を重ね、最後はその死刑執行の現場にも立ち会うという役回り。それも一銭の報酬も支払われないボランティアだという。渡邉ほど長いキャリアを持つ死刑囚の教誨師は全国どこを探しても見当たらないし、恐らく今後も現れないだろう。理由は、その任務の過酷さである。身体よりも心がもたなくなる者が多いという。／そんな務めをなぜ半世紀も続けているのか、いや続けることができたのか。／死刑囚との面接、そして死刑執行の現場という社会から完全に隔絶された空間で、彼がその目で見てきたこと、宗教者としてやってきたこと、そして半世紀を経て自身の職務についてどう考えているのか、本音を聞いてみたいと思った。」

一九三一（昭和六）年、広島県三次市三和町の浄土真宗・光永寺の次男坊として生まれた渡邉は、一四歳の夏にヒロシマの原爆に遭遇して悲惨な地獄絵を体験する。何もできず、多くの人を見捨てて逃げたという思いを引きずりながら原爆症の恐怖を抱え、龍谷大学に学び僧侶への道を歩み、一九五七年、當光寺の副住職となり、ベテランの僧侶・篠田龍雄と出会う。福岡の僧侶だが頻繁に上京して、東京拘置所の教誨師をしていた篠田の紹介で渡邉は教誨の仕事を始めることになった。「逃げてはならない」という思いから、死刑囚と向き合う日々が始まった。

三鷹事件の竹内景助、ホテル日本閣事件の女性死刑囚小林カウをはじめとする数多くの死刑囚のエピソードが語られる。死刑という権力行使のもとでの人間図絵、権力関係の厳しさ、執行の現場が語られる。精神的に追い込まれて、浴びるように酒を呑むようになり、自らアルコール依存症になり入院生活を余儀なくされる。死刑囚に隠すことも苦痛であり、アルコール依存症で入院していることを打ち明ける。隠したい弱みをさらけ出すことで、渡邉は教誨師としてだけでなく、人間として死刑囚にいっそう向き合うようになる。大量連続殺人事件の大久保清の執行にも立ち会った渡邉は、二〇一二年一二月一日、他界した。

「彼が見つめた『死』はいずれも、自然の摂理がもたらしたものではなかった。若き日に広島で見たのは、戦争という人間の愚かさが作り出した無用の『死』であり、東京で見たのは、人間が法律という道具で作り出した罰としての『死』であった。渡邉は、自らに課された固い守秘義務を忠実に守りながら、人間が定めたその掟の中で懸命に務めを果たした。自らが携わった行為を『人殺し』と呼び、それが本当に正しいことかと苦しみながら、いや、それが現実にある以上、逃げてはならぬと現場に立ち続けた。

年老いて小さくなった背を丸め、本堂の阿弥陀仏に身を投げ出すようにして一心に祈っていた後ろ姿——。教誨師の職を離れ、ひとり人間に立ち戻った時、渡邉が抱えたであろう矛盾に満ちた哀しみの深さには、いまもって想像が及ばない。

ただ見送ることしか出来なかった、ひとつひとつの命。自分が語らねば誰も知ることのない人生。そして、彼らに向き合った自身の生き様。心の奥底にしまい込んだ半世紀の記憶を、渡邉は語り尽くした。善でも悪でもない、正でも邪でもない、人

間とはみな、弱い生き物であるということを彼は伝えたかった
のだと思う。」

第3章 死刑囚からのメッセージ

近代日本の死刑は統治と人民支配の手段であり、臣民又は国民として認められる人間と、非国民として排除される人間を分かつ手段であった。非国民として排除されることを逃れるために臣民又は国民として承認されることが必要な社会が形成された。

非国民として排除された人々にもいくつかの系譜を見ることができるが、代表的な存在を確認しておこう。第一に、政治的に排除された人々である。大逆罪による幸徳秋水らの排除、治安維持法による小林多喜二の排除である。第二に、「外部」から臣民に編入されたがゆえに、辺境の扱いを受け、人間性を否定された植民地出身者である。朝鮮民族、アイヌ民族、琉球民族をはじめとする人々への激しい差別を想起せよ。第三に、何らかの障害を持っているとされた人々である。精神的又は身体的に「健常者」と異なる存在としてくくりだされた。第四に、死刑囚である。重大凶悪犯罪を犯したがゆえに反社会的であると烙印を押され、排除されてきた。

それゆえ、自分の人生をいかに生きるかという個人的課題は、臣民又は国民として承認を得た後に初めて可能となる。このことに疑問を抱かない人々は「幸福な人生」を過ごすことになる。しかし、臣民又は国民として承認を得ることとは、いかなる事態か。そのことに気づけば、臣民又は国民には自分の人生をかけがえのない人生として生きることは最初から認められていないことが了解されるはずだ。

本当の自分を生きることとは、何を意味するのか。どうすればそれが可能になるのか。

一　本当の自分を生きたい——木村修治

木村修治『本当の自分を生きたい』（インパクト出版会、95年）

今もっとも読まれるべき、聞かれるべき死刑囚の声である。人間が人間であることの喜びと悲しみと苦しみの総体を、生きられた半生と生きられなかった本当の自分とを行きつ戻りつしながら、自由でも軽やかでもない精神の深みにおいてたどり、なぞり、そして綴った手記だからだ。読者を驚愕と震撼に引きずり込む感動の書物だからだ。

木村は一九八〇年一二月、三〇歳の時に借金苦から逃れるために身代金目的で女子学生を誘拐し殺害した。名古屋地裁で死刑を言い渡され、控訴・上告も破棄されて一九八七年七月に死刑確定。当初は死んで償うことしかできないと考え、裁判でもまったく弁解せずにいた。

しかし獄中で自分が犯した罪の責任を考え始め、傲慢で不遜な自分の人生を問いつめていくなかで、自らの精神と身体の痛みとこわばりという形で現実社会の矛盾と国家権力の暴力犯罪に出遭う。

「被差別部落民」である出自から逃げ続けてきた自己の弱さをみつめ、主体性の再獲得への一歩を踏み出した木村は「麦の会」に入会し、獄中の仲間とともに死刑廃止運動を闘い始めた。

被差別部落民として生きることの意味を自覚して以後の木村はすでに「本当の自分」を生きていたのではないか。怠惰で無責任な評論が溢れ、愚鈍で恥を知らない大小無数の「権力」たちがひしめきあうこの時代を、まぎれもなく事柄の本質を射抜いて「限られた生命」をもっとも豊かに生きぬいたのではないか。ほとんど懐死したような人生たちとは対照的に。なお、本書の出版に対する当局の妨害に対して、死刑確定囚の外部交通権の確立をもとめて「本当の自分を生きたい」出版妨害訴訟が提訴され、木村も原告として当局を相手に闘っていたが、その被告の手によって「報復」的に死刑を執行されてしまった。

読者は考え込まざるを得なくなるだろう。木村修治とはいったい何者なのか。たまたま殺人犯となり死刑囚となり、処刑された一人の若者なのか。それとも、この国で「本当の自分」を生きることのできなかった無数の若者の一人なのか。

日本死刑囚会議・麦の会編著『死刑囚からあなたへ(1・2)』(インパクト出版会、87年・90年)

未既決の死刑囚の声で市民社会を擦り、死刑廃止運動の広がりをもたらした書である。法務当局は死刑囚の外部交通を厳しく制限し、黙っておとなしく死を待つことを強制しているが、それにもかかわらず生命の叫びを文字通り叫び続ける死刑囚、死を待つことの不安と自らの半生への透徹した思索を紡ぎ出す死刑囚、国に殺される死刑の意味をどこまでもリアルに考え抜く死刑囚がいる。

その声を聞こうとしない政治家、押し潰そうとする法律家、たとえ聞こえてもそのことの意味も理解せず、それどころか「死刑囚のわがまま」と括ってすます凡庸かつ雑ぱくな精神たちを相手にして闘うことの困難はますます巨大となりつつあるように見えるが、それだからこそなお死刑囚の訴えが市民社会を切り裂くような鋭さと激しさを持つことになる。自分の殻を破った死刑囚の声は、どんなに小さいものであれ市民社会の奥底にまで必ずや響き渡る力を持っている。死刑という恐怖の上に成り立つ日本社会の表層を掠める彗星群のごとく。

加賀乙彦『ある死刑囚との対話』(弘文堂、90年)

小説『宣告』(新潮文庫)のモデルであった死刑囚、「メッカ殺人事件」の正田昭との往復書簡で、一九六七年八月から始まり、六九年一二月の処刑直前まで続く。なお、同『死刑囚の記録』(中公新書、80年)がある。

死刑廃止国際条約の批准を求めるフォーラム90編『命の灯を消さないで——死刑囚からあなたへ』(インパクト出版会、09年)

七六人の死刑囚からのメッセージを収録している。一〇月一〇日の世界死刑廃止デーに東京で集会を開催してきたフォーラム90は、二〇〇八年に「響かせあおう死刑廃止の声」と題して、死刑囚からのメッセージを紹介する企画を立て、一〇五人の死刑確定者にアンケート用紙を送った。弁護人や家族が送った用紙が「交付不許可」とされたり(東京拘置所)、本人に交付はされたが回答の発信が不許可となったり(大阪拘置所)と、当局の妨害が続いたが、福島みずほ参議院議員の協力を得て、アンケートが送り届けられた。袴田巌、永田洋子、麻原彰晃の三名はアンケートに回答できる状態ではないため、病状報告がなされたが、それ以外の死刑囚からの回答が集会で朗読・紹介された。時間の制約から一人一分に限定しての紹介だったが、本書には全文が収録された。回答したうち七名が処刑され、二名が獄死させられたという。

アンケートは、事件の裁判経過、弁護人、再審請求や恩赦申立、健康状態、外部交通に関するデータに加えて、「獄中生活で、一番楽しいこと、うれしいこと」「一番苦しいこと、つらいこと」「処遇の変化で悪くなったこと」や、「今、一番訴えたいこと」を尋ねるものである。死刑確定の年代順に配列されている。

冒頭はマルヨ無線事件の尾田信夫で、被害者死因の一つとされる放火を否認して四回再審請求をしているが却下されている。再審事由の緩和や、検察官の未公開証拠の開示などを求める意見が掲載されている。

続いて名張毒ぶどう酒事件の奥西勝で、二〇〇五年七月に第七次再審請求で再審開始決定が出たにもかかわらず、検察官の異議申し立てにより、二〇〇六年、再審開始決定が取り消され、現在、最高裁で闘っている。「私は無実です」と、支援を訴えている(後に獄中死)。

連続企業爆破事件の大道寺将司は、死刑廃止運動への謝意を述べ、益永利明は、死刑は人心を荒廃させ、凶悪犯罪を抑止しないと述べている。プロ野球の巨人戦は楽しみだが、いつ処刑されるかわからないのが苦しい(渡辺清)。被害者にまことに申し訳なく悔悟しているが、右半身不随で腕の麻痺に苦しんでいる(石田富蔵)。被害者だけでなく、多くの人に迷惑をかけて心苦しい(宇治川正)。

数々の死刑囚のメッセージに、死刑囚の個性が反映されていると同時に、死刑制度の矛盾や、刑事司法の機能不全や、死刑囚処遇の非人間性が見て取れる。

社会から排除されるべきと認定された死刑囚が、執行を待つ日々に自分に気づくこと、自分を見つめること、自分を生きること。そこから他者を尊重することの意味を初めて自覚すること。人間を軽視し、抑圧することに全精力を傾けているこの国では、このことに気づけるのは死刑囚だけかもしれない。

木村修治の問いと闘いは、数多くの死刑囚によって再審＝再演され続けることになる。

二

死してなお闘う――永山則夫

一九九七年八月一日、東京拘置所で永山則夫の死刑が執行された。

事件を起こした永山が〈事件〉そのものとなり〈歴史〉となったように、永山の死刑執行もまた〈事件〉とならざるをえなかった。狼狽した時代の欠片のように。執行から一年の間に永山関連の著作が多数出版され、〈事件〉としての永山が現代史に刻み込んだものをめぐっての思索が重ねられている。

永山の著作としては、『華I・II・III・IV』(河出書房新社)、『遺稿集日本』(冒険社)、『文章学ノート』(朝日新聞社)、『死刑確定直前獄中日記』(河出書房新社)が出版された。また、多くの著作が再刊された。『無知の涙』(河出文庫)、『人民をわすれたカナリアたち』(河出文庫)、『木橋』(河出文庫)。

『文芸』は「永山特集」を繰り返し、永山の「確定直前獄中日記(抄)」その他の文章を掲載し、〈事件〉としての永山の存在を多角的に考察する試みを続けている。「小特集・永山則夫再考」『文芸』三七巻一号(98年)、『文芸別冊・完全特集永山則夫』(河出書房新社)。また、佐木隆三『死刑囚永山則夫』(講談社文庫)は、永山事件の裁判を詳細に追跡する。

永山事件裁判自体も、無期懲役か死刑かをめぐって法律論争を呼んだように、無視しえない重大裁判である。死刑執行が再開された今日の目から見て、永山事件が死刑実務の「転換」の役割を果たす位置にあったことは明らかであり、そのことを通じて今日の死刑存廃論議の出発点ともなっている。この時代の在庫品にまとわりつくかのような呪詛の言葉ではなく、装置としての死刑制度のさらなる検証が必要である。

鵜飼哲『償いのアルケオロジー』(河出書房新社、97年)

償うこと、赦すこと、博愛と受難に関する思索である。死刑、暴力、虐殺や日本軍「慰安婦」をめぐる意識とイデオロギーの根底にあるものを探る試みは魅力的である。

「永山則夫の最後の抵抗の痕跡は炎のなかに抹消された。これは通常の火葬ではない。この出来事にはホロコーストという言葉こそふさわしい」。

あとがきのこの言葉は単なるレトリックではない。

崎山政毅・田崎英明・細見和之『歴史とは何か』(河出書房新社、98年)

「自由主義史観」論争をこえることをめざす「気鋭による繊細にして過激な徹底討議」と銘打つ。阪神大震災、ペルー事件、永山事件などの〈事件〉を素材としつつ、歴史社会が現実に生み出してきた、あるいは生みださざるをえない「暴力」に思想的に挑む意欲的な討論集である。読者は日本社会の退嬰と貪婪に不可避的に幾度も邂逅することになろう。

大谷恭子『死刑事件弁護人』(悠々社、99年)

永山則夫の弁護人だった著者による「総括」である。永山の弁護人は、一審一次弁護団から上告審まで七つの弁護団、二十三人の弁護士が関わったが、名だたる個性の永山の弁護に力を注いだ弁護士たちも個性派であり、有能であり、献身的であった。大谷は控訴審・上告審・差戻控訴審を闘った弁護団の一員である。

控訴審は有名な船田判決で、死刑について「その事件については如何なる裁判所がその衝にあっても死刑を選択したであろう程度の情状がある場合に限定」するべきとし、永山に無期を言渡した。この至極当たり前の言葉に対して、最高検は過敏に反応して上告し、最高裁は無期判決を破棄し、死刑か無期かにつき最高裁なりの基準を示した(一般的な基準に過ぎず、批判が多い)。そして差戻控訴審は当然のごとく死刑を言渡した。

大谷はこの時期に永山の弁護人をしており、死刑から無期へ、そして再び死刑への過程をつぶさに体験した。それゆえ本書の圧巻は「量刑事情—死刑か無期か」である。犯行の態様、被害の大きさ、生い立ち、改悛の情、獄中結婚、母との融和、遺族の宥恕、少年事件といった要因について逐次吟味して、最高裁の論理を批判的に解剖している。

本書は弁護士による最高裁批判の書であり、死刑廃止論であるが、永山弁護の中での出会いにも触れている。被害者遺族に会いにいった各地での風景の素晴らしさに「これは永山君からのプレゼント？　もしかしたら無償の弁護の報酬？　永山君は私に、日本の最高の風景を次から次に見せてくれたのだ。そこでの会話はつらくて重かったけど、それを慰めてくれるかのように風景は素晴らしかった。でも、永山君は私に、ちゃっかりと負担も残した。死刑廃止という重い課題。これをきっと負担付贈与というのだが、あのひとつひとつの情景が私の瞼から消えない限り、私は、永山君からのこの負担を受けていこうと思っている」と綴る。

「死刑事件の弁護人は、被告人がどのような状態であろうと、また、たとえ凶悪犯罪として社会から総批難を浴びていようと、被告人の側に立ち、被告人の眼に映った事実を呈示し、そして、被告人の命と、私はこれを目的とすることを望まないが結果として魂を救うための弁護をするのである。死刑制度がある限り、誰かがこれを引き受けなければならないのだが、報われることは少ない」。

大谷恭子『共生社会へのリーガルベース』（現代書館、14年）『死刑事件弁護人――永山則夫とともに』、『それでも彼を死刑にしますか――網走からペルーへ　永山則夫の遥かなる旅』の著者である弁護士による差別との闘いの著作であり、女性差別撤廃条約、障害者権利条約、人種差別撤廃条約など国際人権条約の実施のためのテキストである。

「第８章　死刑のない社会へ」において日本の死刑制度を概括し、人権規約委員会や拷問禁止委員会などからの勧告を紹介し、特に死刑の残虐性と、永山基準として知られる死刑の基準について論じている。また、永山の遺言に基づいて、永山の著作の印税をペルーの子どもたちに送り始めて二〇一三年で一五年になるという。印税が少なくなってきてからも、毎年チャリティコンサートを開いて、ペルーの子どもたちの奨学金としている。子どもたちが「ナガヤマは過ちは犯したが、困難を乗り越え、変わった。もし、ナガヤマが子どもの時、僕たちのような子どもの労働組合があったら罪を犯さずにすんだかもしれない」と言っているという。

最後に、大谷は永山の日記が隠されていると言う。

「彼の死刑確定後からの日記は隠されたままである。逮捕されてから大学ノートに書き続けていた日記、確定されるまでのものは宅下げされてあるが、確定後のものが遺品の中にないのである。日記を書くことを習慣とした人が、裁判が確定したら日記をつけなくなった、などということはあり得ない。拘置所は、確定から執行までの死刑囚の心情が外部に漏れることを嫌ったとしか考えられない」。

日記を引き渡さずにいることによって「永山さんは肉体だけではなく精神までも恣に抹殺され、冒瀆されたと思う」と述べる。

『東京シューレ・ナソップ訪問記――ペルーの働く子どもたち：ある遺言の行方』（東京シューレ、発行協力：永山子ども基金、02年）

永山則夫の「本の印税を日本と世界の貧しい子どもたちへ、特にペルーの貧しい子どもたちのために使って欲しい」という遺言に従って設立された「永山子ども基金」の活動記録である。

永山則夫がなぜペルーの子どもたちなのかは「ある死刑囚の遺言」（大谷恭子）に示されている。なお、「永山君の散骨」（遠藤誠）によると、永山の遺骨は、一九九八年八月一日、本人の遺言に従って北海道網走沖一キロのオホーツク海で散骨されたという。

永山子ども基金編『ある遺言のゆくえ――死刑囚永山則夫がのこしたもの』（東京シューレ出版、06年）

永山則夫の遺言をめぐるドラマである。

「印税は……世界の貧しい子、特にペルーの貧しい子どもたちのために使うこと」。

貧しく悲惨な少年期を過ごし、後に「連続ライフル射殺魔」と呼ばれることになった永山は『無知の涙』や『木橋』をはじめとする多くの著作を残して死刑執行された。その印税を自分と同じように貧しい暮らしを余儀なくされているペルーの子どもたちのために使って欲しいという遺言である。

大谷恭子（弁護士）、太田昌国（民族問題研究家）、奥地圭子（NPO法人東京シューレ）、棚原恵子（NATSOP基金）らは、永山の遺言を執行するべく、フリースクール東京シューレの子どもたちとともに、ペルーの子どもたちに永山の遺言を送り届けてきた。日本とペルーの子どもたちの出会いは、厳しい状況の中でも絶望することなく自分を変え、社会を変えていこうとする人間のあり方を教えてくれる。

「彼らは永山が幼年期から経験した貧困をリアルタイムで生きている。それは、今、豊かになった我が国で想像するよりもより現実的に犯罪と隣り合わせの生であるに違いない。彼らは私たちが永山を理解するよりも、より深く、より身近な存在として感じ、とらえたのだ。私は彼らが彼らの言葉で『永山が自分たちのような仲間と出会うことができていれば――』と永山を擁護しようとしたとき、永山は死してなお、仲間と出会え、そして私は彼の遺言が最もふさわしいところに届いたと、安堵とともに確信した」。

永山がのこしたものは「印税」ではない。永山という一人の表現者がその思念を通じて世界を表象した、その先に微かに輝く「希望」である。

「私たち子ども基金はこれからも、印税収入がある限り、あるいは志のある方がおられる限り、チャリティコンサートの収益がある限り、死刑囚永山則夫の遺言を世界の貧しい子ども、特にペルーの子どもに届け続けていきたいと思う。それは、世界の片隅で犯罪と隣り合わせの生を生きている子どもらを、加害者にも被害者にもさせないための、ほんのささやかな、しかし確実な実践である」。

朝倉喬司『涙の射殺魔・永山則夫と六〇年代』（共同通信社、03年）

「永山の『逃走』が、いったいどこからどこへ、彼自身前途に何をイメージしてのものだったかを探っていくことが、あの活気に満ちた六〇年代という時代の、後から振り返っただけでは決して見えてこない、生々しい断面にわれわれを直面させてくれるはずだ」という問題関心から永山事件を改めてフォローしている。六〇年代論が繰り返し流行してきたので、それも関連付けて読める。死刑についての論考というわけではない。

薬師寺幸二『永山則夫——聞こえなかった言葉』（日本評論社、06年）

永山と同い年で、三〇年以上家裁調査官として少年非行に取り組んできた薬師寺が、永山が残した作品群を通じて、永山の非行の意味を探る。

「もし、少年司法の関係者が永山事件にもっと多くを学んでいたら、どれだけの少年事件を防止し、再犯を阻止できたことだろうか。これは決して私ひとりだけの思いではないと思う」。

薬師寺は『木橋』『捨て子ごっこ』などの作品を分析することで「連続射殺魔永山則夫」誕生に至る「負の連鎖」を浮き彫りにし、「家裁調査官は永山少年の『再犯』を防げなかったか」と問う。

「『少年永山則夫』のために最後に涙したのが、家裁の裁判官ではなく調査官でもなく検事だけだったとしたら、『少年法』とは何だろうか。もちろん、この永山則夫の言葉を言い訳だとして聞き流すのは簡単だろう。永山の流した涙を自己憐憫だとして捨て去るのも簡単だろう。しかし、この日担当検事が涙するまで、誰一人少年永山則夫のために涙しなかったのは事実である。／いずれにしても、この日、永山則夫に対する少年法（調査官）の闘いは敗北のうちに終わった。永山則夫は三度少年鑑別所に入った。永山則夫が殺人犯になるのを防ぐ機会は何度もあったはずなのに、少年法による家裁の少年事件保護手続き（私にとっては家裁調査官制度）とそれに続く保護観察制度は、ついにそれを果たしえなかった」。

結論には異論もあるかもしれないが、真摯に受け止めるべき問題提起である。

見田宗介『まなざしの地獄——尽きなく生きることの社会学』（河出書房新社、08年）

一九七三年に雑誌『展望』に掲載された「まなざしの地獄」を中心に編まれた小著である。死刑についての論稿ではないが、連続ライフル射殺事件の永山則夫を素材に時代を読み解く。

「われわれはこの社会の中に涯もなくはりめぐらされた関係の鎖の中で、それぞれの時、それぞれの事態のもとで、『こうするよりほかに仕方がなかった』『面倒をみきれない』事情のゆえに、どれほど多くの人々にとって、『許されざる者』であることか。われわれの存在の原罪性とは、なにかある超越的な神を前提とするものではなく、われわれがこの歴史的社会の中で、それぞれの生活の必要の中で、見すててきたものすべてのまなざしの現在性として、われわれの生きる社会の構造そのものに内在する地獄である」。

細見和之『永山則夫——ある表現者の使命』（河出書房新社、10年）

「死刑執行の直前までノートや小説を書き継いだ『連続射殺魔』にとって『表現』とは何だったのか。死刑と犯罪、そして文学を根底から問う」ために、永山の著作を読み込んでいる。

まず遺作『華』における獄中と獄外のアイデンティティのずれを見出し、次に一九八〇年代の作品、特に「なぜか、アバシリ」「捨て子ごっこ」における家族の問題、家族における加害—被害関係を問い返す。次に『反—寺山修司論』をもとに永山と寺山の「同一化」——嫌悪と交錯を読み取り、最後に『無恥の涙』に「模倣と逸脱、あるいはプロトコル」を見る。

「あとがき」で、細見は「今にして永山則夫論をまとめることに、後ろめたさがないと言えば嘘になる。自分を支援する作家や批評家を『ハイエナ文化人』と一時期罵倒しつづけたのが永山だ。もちろん、ハイエナとは死体を貪る動物の意である。死刑執行されたあとになって永山論らしきものを書きはじめた私はさしずめ、『ハイエナのハイエナ』のような存在に違いない」と書く。しかし、支援とは無縁のところから書き始めた「ハイエナ」のほうが、永山の著作に新しい光を当てることが可能かもしれない。誰もが「ハイエナ」となって永山の闘いを咀嚼し、反芻することこそ、永山の願いだったのかもしれない。細見の次のような記述は、今後の議論にとっても重要だろう。

「その意味において、最終的な『無知の涙』とは、永山ではなくむしろ『私たち』、少なくとも私たちのうちに現前するかもしれない『絶対的な他者』こそが、永山の『普遍の涙』にたいして流すべき涙だったと言うべきなのだ。とはいえ、私がここで考えていることは、被害者の遺族が永山にたいして『赦し』を行なうべきだったとか、ましてや私たちが永山を赦すべきだったというような分かりやすいことではない。どのような関係においてなら『絶対的な他者』が現前しうるのか、私たちは粘り強く探求するほかないのである。少なくとも永山にたいする死刑執行は、その探求を決定的に中途で断ち切ったのだ。そしてその流れはいま、不吉なまでに加速している。私たちは『絶対的な他者』の現前を恐れるかのように、ほとんど秒速で事態に対処しようとしているのではないか。それは、永山の獄中での彷徨を全面的に無化することだ」。

永山則夫『反―寺山修司論〈復刻版〉』(アルファベータブックス、17年)

一九七七年に出た同名書の復刊である。一九七六年一二月の雑誌『現代の眼』に寺山修司による永山批判の文章「永山則夫の犯罪――連載　さらば、津軽2」が発表された。同じ「津軽」の出身である寺山と永山を比較する手つきで、「私は、私自身の原因である」という「主体性」を突きつけた。

これに対して、永山は獄中で一気呵成に膨大な反論を書いた。「原文は便箋二六〇枚にびっしり書き込まれていたといわれる。四百字詰め原稿用紙換算では、おそらく千枚を優に超えるだろう」。

その『反―寺山修司論』の出版が一九七七年であり、それから二〇年後に永山への死刑執行がなされた。さらに二〇年後に復刻版が送り出された。

細見和之の「序」は次のように始まる。

「本書のタイトルから読者はどんな書物を想像するだろう。永山則夫と寺山修司、この二つの名前はおそらくいまも多くのひとびとのなかで、それぞれに記憶されているだろう。永山は十九歳で連続射殺事件を起こし、獄中で『無知の涙』を著し、死刑執行された人物として。一方寺山は、短歌にはじまって、詩、演劇、映画にわたって世界的に華々しく活躍していた人物として。二人は水と油のように思える。しかし、一九七〇年代、両者には交錯するところが確かにあったのだ。『連続射殺魔逮捕』のニュースがセンセーショナルに報じられていたとき、寺山はそもそも、当時の若手知識人の代表としていくつかのコメントを発表していたのである。同じ青森県出身者として、十四、五歳年下の永山をあたかも自分の暗い半身ないしは弟のように捉える、それが当初の寺山だった。」

事件直後には永山への共感を示していたが、七年後には寺山は強い反発を持つようになった。それは永山が資本主義批判を基軸に、市民社会批判を展開し、自分が起こした事件の原因を社会に求めたからである。これを責任転嫁と受け止めた寺山は「主体性」を問う。

これに対して、永山は、寺山の生涯全体を引き合いに出し、その階級性を手始めに、存在のあらゆる面で徹底批判する。永山の筆鋒は、寺山にとどまらず、事件後に支援してくれた知識人たちを「ハイエナ文化人」「ハイエナ売文屋」と罵倒し、「粉砕」する。ただ、死刑論としてみるべき考察はない。

堀川惠子『裁かれた命――死刑囚から届いた手紙』(講談社、11年)

『死刑の基準――「永山裁判」が遺したもの』(日本評論社、05年)の著者・堀川によるノンフィクションである。一九六六年、東京・国分寺市での強盗殺人事件で死刑となった長谷川武が独房から捜査検事に送った手紙がモチーフである。長谷川武は裁判で弁明らしい弁明もせずに、わずか半年後に死刑判決を受け、五年後には速やかに執行された。その長谷川が捜査検事の土本武司に送った手紙が、人が人を裁くことの意味を再考させる貴重な資料となった。長谷川二二歳、土本三一歳。当時、東京地検八王子支部の若手検事の土本である。土本は検察を代表する理論家として知られ、著書・論文は多数、日本刑法学会会員として検察理論を発展させ、後に筑波大学教授として活躍した。

本書は「死刑囚が遺した手紙から、長谷川武という一人の青年の人生をたどってきました。命の重みを受け止めようとしなかった司法の現実が明らかになり、戦前、戦後と時代の渦の中を生きた、ひとつの家族の姿が浮かびあがってきました」と述べているが、同時に、死刑を求刑し、裁く側の人間にも照明をあてている。死刑囚からの「手紙に動揺し、悩み、彼が生きていることに安堵し、恩赦まで願い出た日々があった」という元捜査検事は、堀川が群馬県にある長谷川の墓を見つけ出して来るや、ただちに墓参りに出かけたという。

堀川惠子『永山則夫――封印された鑑定記録』(岩波書店、13年)

石川義弘医師の「永山則夫精神鑑定書」と、その作成のために録音された四九本のテープをもとに、さらに取材を重ねて執筆した著作である。前著では、事件を起こし、刑事裁判に翻弄され、最後は死刑を言い渡され、処刑された永山に向き合ったが、今回は事件に至る永山の歴史、成育歴や意識、思想形成に遡って全体像を押さえようとする。

永山の個人史はすでに十二分に知られているはずだった。何よりも本人の手記『無知の涙』にはじまり、その後の多くの小説によって永山の人物像は、他の死刑囚よりもはるかに明瞭に社会に提示されていたはずだ。

とはいえ、手記や小説が伝えるのは、いかに赤裸々に書かれたとしても、本人が文章を連ねて社会に伝えようと選択し、加工した事実である。それらの事実の中に、本人が意図しないまま読者に伝えることになった事柄も含まれるであろうが、そうは言っても、執筆者の意図が強く反映する。

それに対して、録音テープはインタヴュアーと話者の間の会話のやり取りをもとにしている。それもまた、複数の人間の意識が介在し、加工された事実の記録に過ぎないともいえるが、他面、本人が思わざる事実を語る場合もないわけではない。本人が伝えようとしたことと、インタヴュアーが聞こうとしたことと、社会が知りたがったことの間にはさまざまな齟齬もあっただろう。

その記録をずっとのちになって、堀川が聞き取り、「精神鑑定書」を読み解くことによって新しい光を当てることになった。本書は、冒頭に永山が使った拳銃が二二口径という極めて小さなものだったことを取り上げる。殺人には不向きな小型拳銃のため、それまで殺人事件では使われてこなかった拳銃による犯行に、当時の捜査陣は戸惑ったという。逆に言えば至近距離から射殺しないと人を殺せない拳銃で、永山は四人を射殺している。被害者に共通点がなく、犯人の動機を絞り切れず、捜査は膨大な対象を相手にせざるを得ず、しかも実は永山には及んでいなかった。

なぜなら、永山は「あらゆる人間関係の磁場からはじき出され、孤立していた」からであり、逮捕されるその日まで、誰も永山に目を向けることさえしていなかったという。永山の逮捕は、原宿駅で二二口径の拳銃で自殺しかねたのちに偶然の結果として実現している。そこから始まった怒涛のような報道によって、集団就職で上京してきた貧しい少年の物語が構築されていった。しかし、と堀川は考える。物語が誤りでないとしても、もう一つ別の物語も併存しえたのではないか。

その答えを探して、堀川は当時の八王子医療刑務所の技官による精神鑑定書と古びた録音テープの世界に没頭する。連続射殺魔と精神鑑定医が向き合った時、そこにいかなる「理解」と「誤解」が生みだされ、ないまぜになり、「人生」が描き出されていくのか。少年の犯罪の背後にある「家族」という普遍的なテーマは本当に顧みられてきたのか。鑑定書作成は、精神科医の人生までも変えていく「力」を有する。その「力」の秘密を堀川は、「治療」の舞台となった八王子医療刑務所が閉鎖される年に描き出し、世に送り出した。

「被告人に全身全霊で向き合い、結果として治療的でもあった石川医師の試行錯誤には、事件について本質的な洞察を深めるためのヒントが随所にちりばめられています。核心を衝いたその取り組みは司法の場であまりに軽んじられましたが、それを生かしていくのに手遅れということはないはずです」。

武田和夫『死者はまた闘う』(明石書店、07年)

武田は永山則夫の支援活動に加わり、死刑存廃論を突き詰めながら、この社会において生きることの意味を問い直す。永山支援の記録であり、支援「失敗」の記録であり、死刑廃止運動の一面を伝えるが、本書は単なる永山救援運動史ではなく、単なる死刑存廃論でもない。

やや長いが次の引用に武田の思いが綴られている。

「永山則夫が処刑されたという知らせは、その日、一九九七年八月一日の、夜遅く届いた。それまで何人もの死刑囚に対して繰り返されてきた死刑執行のときと同じように、一瞬、周りが凍りついたように感じ、思考が停止した。心の腑を暗闇の底へ持って行かれるような喪失感。そこにあるのは、合法性のもとでの『死』ではない。あるのは紛れもなく、理不尽で巨大な何物かによって『殺された』という感覚だ。それは、何人もの死刑囚に対して繰り返されてきた死刑執行のときと、同じ感覚だった。私は、一九七七年から六年間、永山則夫の裁判を支援した。一審が最も紛糾した最後の三年間と、そのあと一審での死刑判決を無期懲役に減刑した二審判決の約一年後までの三年間だった。しかし、その二審の減刑判決が破棄された最高裁判決のときには、私は彼の支援者ではなかった。その直前に、支援から『追放』されていたのだ。最高裁が二審無期判決を破棄、差し戻したとき、私はその『敗北』の意味を、だれよりも理解したと思う。それが事実上、死刑を免れる可能性を奪う判決だからというのではなかった。単に生き死にだけを考えていたなら、彼は、一審のときから情状にすがっておとなしくしていたはずだ。そしてもしそうだったら、高裁での減刑もなかったろう。『ただ生きれば勝ちというわけではない!』彼はそう言って、『これ以上の弁護団は望めない』と言われた、一審の二度目の弁護団（いわゆる第二次弁護団）から決別し、独自の闘いを始めたのだ。それまでかかわっていたジャーナリスト、文化人たちは彼の周囲から去り、敵意と冷笑、黙殺のなかでの、孤立無援の闘いが始まった。安易な連帯は求めない、いっさいの妥協のないぎりぎりの状況での裁判闘争——そしてその結果、ひとつの刑事裁判が、死刑存廃を左右する『政治裁判』となったのだった。」

　こうした地点から武田は永山裁判を振り返り、永山裁判とともに生きた自分が、そこで何を考え抜くことができたのか、何を突き詰めることができなかったのか、思索の旅を始める。武田はここですでに読者を「敵」にまわしている。敵視しているのではなく、敵視されても仕方のない状況をあえて作っているのだ。

「彼に直接かかわった人の多くは、『永山則夫』の中に自分を見ていた。そして、『永山則夫の中の私』と、現実の彼自身との違いに気づき、あるいは気づかないゆえに傷つき、『去っていった』のである。彼を語る人の多くも、『永山則夫』に投影された自己の問題意識を語ったに違いない。それは責められるべきことではないだろう。問題は、彼とのどのような関係性のなかでそれをするのかということだ。『等身大の彼』を語った場合でも、同じことが言えると思う。心に踏み込める者が、味方とは限らない。私は、『彼の中』に私を見たことはなかった。つねに『永山則夫』と自分との〈距離〉を見つめていた。共に闘っている間、彼は私にとっては『他者』、しかもかけがえのない『他者』だった。ただ私は、その過程で、『私の中の永山則夫』を育てていったのかもしれない。しかしそれは、彼がそう生きようとした姿であり、私の主観によってではなく、彼自身によって、私の心に刻まれた『永山則夫』にほかならなかった。それは、彼から『追放』されても、私の中に生き続けているのだ。彼との決別は、私にとっては、あるがままの永山則夫自身による、私の心に刻み込まれた『永山則夫』との決別だったのである。」

武田は巧みなレトリックを用いて、自己と永山の〈距離〉を示そうとする。「そう生きようとした姿」「あるがままの永山則夫自身」。かくして武田は特権的な位置に立つ。しかも／ただし、自己を批評的に切り裂くために。永山とかかわった人々が、著者の回想と位置づけをどう受け止め、理解し、あるいは反発するか。それはわからない。しかし、「永山則夫」という一つの〈出来事〉に遭遇し、引き寄せられ、押し戻され、煩悶した人々それぞれの回想があってよいだろう。そして、本書はそうした回想のなかでもっとも良質のものとなりえているのではないだろうか。

「——そんな『一人』をつくるな！　今、社会からはじき出され、死ぬ気で怒りを爆発させる『一人』が出たら、『連続射殺事件』以上の大量殺人となるんだ!!……　私は、永山氏の言葉をもう一度、聞いた気がした。彼も、自棄と絶望のなかで『死』と背中合わせの殺人を犯し、裁判の当初は、『俺はやるだけやった。死刑をくれ』と言っていたのだ。しかし彼はそこから、『二度と繰り返されてはならない』と、独力で獲得した『言葉』によって、市民に訴えた。それを多くの市民や国家権力は、『社会への責任転嫁だ』としか見ず、彼を抹殺した。犯罪者は、もう市民に呼びかけることはしないのだろうか。永山氏の減刑破棄判決を、私は『敗北』と言った。しかし……彼はほんとうに負けたのだろうか？　では、だれが『勝った』のか？　自ら控訴を取り下げた、池田小事件の宅間被告は、こう問うているのではないか——『この社会は、生きるに値するのか？』それは、永山氏自身の言葉でもあっただろう。死刑廃止とは、ただ死刑囚を生かすことではない。すべての人が、共に生きられる社会をつくることなのだ。私はやはり、この社会が、どのような人にとっても、生きるに値する場所であってほしい。それを願いつつ、一人の生活者として、運動者として、生き、行動していきたい。」

出口のない問いに捉えられ、問いそのものを自らのうちに取り込みながら、出口をつくり出す営みを始めた武田は、死者とともに闘い続ける。死者をして闘わせているのではない。この闘いの果てに、武田は何と出遭うのだろうか。

嵯峨仁朗『死刑囚永山則夫の花嫁——「奇跡」を生んだ461通の往復書簡』（柏艪舎、17年）

永山則夫とその妻・和美との往復書簡を柱に、嵯峨の補足解説を加えた著書である。

「一九六八年秋、東京や京都、北海道、名古屋で四人を拳銃で殺害し、当時の日本を震撼させる事件を起こした永山則夫元死刑囚・沖縄出身で米国在住だった和美さんは、その『殺人犯』と文通で心を通わせ、妻となった。永山元死刑囚は結婚を機に大きな心境の変化を見せる。そして二審の東京高裁では、一審の死刑判決がくつがえり無期懲役の判決を受ける。和美さんが送った第一通から無期懲役判決までの一六ヶ月間に二人がやり取りした手紙は四六一通に及ぶ。本書は、関係者の許諾と理解を得て、そのほとんどを所収・公開する初の書簡集だ。二人がどうして絆を深めていったのか、厚い透明なプラスチックで隔てられ手を握ることもできない結婚をなぜ選んだのか――。手紙はその二人の愛の形を浮かび上がらせていく。」

永山の遺骨は、本人の遺言に従って、元・妻の和美の手で故郷網走の海に撒かれた。その最後の写真が本書に収められている。寒さと飢えの記憶しかない網走の海。

「それは、彼の悲しみの始まりがここだったから。ここに何があるのかを確かめたかったのよ。」

世界一わがままな死刑囚だった永山則夫だが、執行後も永山の著述の印税による「永山こども基金」でペルーの子どもたちに支援金を送り続けている。その事業に手を握り合う弁護士、市民、ジャーナリストが今もいる。

三

虹を追いかけた狼――大道寺将司

大道寺将司は一九四八年に釧路に生まれ、一九六九年に法政大学に入学したが、大阪では釜ケ崎で働いたり、東京に出るとベトナム反戦のデモや集会に参加し、大学を実質的に中退して、各種の仕事を転々としながら、民族・植民地問題の学習を続けた。

一九七一年、侵略と植民地支配の反省のない興亜観音像や殉国七士の碑を鉄パイプ爆弾で爆破したのに始まり、朝鮮やアイヌに対する植民地主義者の侵略行為を顕彰している施設等を破壊していった。一九七二年一二月、〈東アジア反日武装戦線「狼」〉と名乗る。一九七四年、本格的な武装闘争を始め、八月一四日、虹作戦（昭和天皇特別列車爆破作戦）を企画するが中止。八月三〇日、東京丸の内の三菱重工爆破事件（死者八人、負傷者三八五人）。その後も「狼」「大地の牙」「さそり」が、各地で爆弾闘争を続けた。

一九七五年五月、一斉逮捕され、一九七九年一一月一二日、東京地裁判決で死刑を言渡され、控訴審を経て、一九八七年三月二四日、最高裁の上告棄却によって死刑が確定した。獄中で三菱重工事件の過ちを問い詰め教訓とする一方、判決が三菱重工事件における被告人の殺意を認定したのは誤りであるとして再審請求を続けたが、二〇一七年五月二四日、東京拘置所で獄死させられた。

また、獄中書簡集を公表したり、死刑制度についての見解を明らかにしてきた。また、松下竜一『狼煙を見よ』（河出書房新社、87年）が詳しい。

大道寺将司『死刑確定中』（太田出版、97年）

三菱重工爆破事件で死刑が確定した大道寺の日記である。第一部では死刑囚の生活が紹介される。第二部の日記では、日本の戦争責任、PKO等の問題、Tシャツ訴訟、死刑廃止などについての思索が綴られる。一九九七年八月一日朝九時頃「隣の舎棟から絶叫が聞こえ」、翌日の新聞は一部墨塗りされていた。「前日、誰かが、東京拘置所で処刑された」。編集部の註では「永山則夫さんだと思われる」とある。死刑囚たちは秘密主義の処刑の前に臓腑の隅まで恐怖に慄いているのだ。

『友へ――大道寺将司句集』（ぱる出版、01年）

「事件の被害者との関係性において存在する自分が、晴れがましい句集など」という本人の固辞があったことも紹介しつつ、世に送り出された句集である。斎藤慎爾の解説「すべての人に代わって叫んでいる一人の声―」が選んだ「ベスト15」を紹介しておこう。

花影や死は工（たく）まれて訪るる
蒼ざめし馬の来たれる梅雨寒く
しがらみを捨つれば開く蓮の花
辺界に風巻き上がる昼寝覚
心中に根拠地を建つ不如帰
身のうちの虚空に懸かる旱星
天地に齟齬ありぬべし秋暑く
己が身を虫干しに出す死囚かな
目瞑れば霧のなかなる吾が荒野
まなうらに死者の陰画や秋の暮
風に立つそのコスモスに連帯す
蛇穴に入る孤り身の現なり
すさまじき日の丸揚がる学府かな
狼は檻の中にて飼はれけり
時として思ひの滾る寒茜

大道寺将司『鴉の目――大道寺将司句集II』（海曜社、07年）

『友へ』に続く第二句集である。研ぎ澄まされた言葉のナイフが音もなく虚空を切り裂く。引き受けようのない出来事を引き受け続ける精神の結晶が読者をも凍らせるかのようだ。

石塔の鴉群れ啼く原爆忌
たちまちに虫の地球に戻りけり
わが胸に杭深々と風光る
一条の日矢凍雲を突き刺しぬ
狼の吠ゆれば燃ゆる没日かな
狼の夢に撃たれて死なざりき
階段の天辺見えぬ孤狼かな
シリウスや虚空の玄の窮まりぬ
下闇の刻しづまりて不穏なり
秋の日を映して暗き鴉の目

『棺一基――大道寺将司全句集』（太田出版、12年）

一九九六年から詠み始められた大道寺将司の全句集である。大道寺将司くんと社会をつなぐ交流誌「キタコブシ」、文芸総合誌「イリプス」、季刊俳誌「六曜」、季刊雑誌「リプレーザ」、『友へ　大道寺将司句集』、『鴉の目　大道寺将司句集II』に収録されたすべてを収めている。「棺一基（かんいっき）」は、次の句から採られたものだ。

棺一基四顧茫々と霞けり

序文と跋文を寄せた辺見傭によると、「本書の上梓を望んだのは、正確に言えば、著者である大道寺将司ではない。そうではないのだ。僭越にもわたしが勧めた。なにかがわたしをそうさせた。そのなにかをうまく言えない。最初はたしか、大道寺がからだを痛がりはじめてからではなかったか。ヘルニアと思われたそれは後にがん（多発性骨髄腫）と判明したのだが、痛みは尋常ではなく、一時は自力での歩行も困難になった」という。

他方で、辺見は「マスコミはときとして、モッブの再生産装置である。忘却を奨励し、残虐、猟奇性、憎しみ、悲しみを、常に新しいそれらを、売り買いする。そのマスコミが――わたしの杞憂だろうか――大道寺処刑の予定原稿を、そろそろ準備しつつある気配がある」と書き記す。一九七四年八月一四日に試みられ、中止された昭和天皇暗殺計画の「虹作戦」について思索を巡らせた辺見の「虹を見てから」（『眼の探索』から。本書跋文にも収録）をいかに読むか、読者には重い課題だ。本書第一句と最終句のみ引用しておく。

友が病む獄舎の冬の安けしを

若きらの踏み出すさきの枯野かな

大道寺将司『最終獄中通信』（河出書房新社、18年）

一九九七年から二〇一七年に至る書簡の集大成である。

本書は「大道寺将司くんと社会をつなぐ交流誌・キタコブシ」に掲載された大道寺の手紙を編集したものである。一九九七年九月三日の最初の手紙は、直前の八月一日に死刑執行された永山則夫が、執行直前に再審請求の意向を示していたことから始まる。一〇月七日の手紙は、ゲバラ没後三〇年であることに触れ、第一次・第二次羽田闘争を想起している。一一月一二日の手紙は、獄中での敷布団の乾燥の話である。東京拘置所の舎房における死刑囚の暮らし、死刑囚の状況、死刑執行情報、獄外から受け取った手紙への謝辞、読書記録・感想文、日本政治に関する論評、世界の政治や戦争への時評など、多彩な話題に及んでいる。また巻末に『残の月』未掲載の最後の六〇句が収録されている。

事件に関連して次のような記述もある。

「三菱重工爆破によりお亡くなりになった荻野さんの御身内の方のインタビューを拝読しました。一日も早く大道寺たちを殺してもらいたいし、自分でできるのであれば刑場の踏み板を落とすハンドルを何十回でも回したいとおっしゃっておられますが、かけがえのないお兄さんの命を理不尽に奪われたことへの自然な感情だと思います。ただただ申し訳なく、お詫びするほかありません。死刑に反対しているぼくが、ぼくに対する死刑の要求を〝自然な感情〟と書くことに疑問を持たれる方があるやもしれませんが、加害者本人として被害に遭われた方々、遺族の方々の怒りや悲しみをありのままに受け止めなくてはならないのです」（二〇〇四年一一月三日）という。

還暦を過ぎた二〇一〇年頃から体調、病状に関連する記述が増える。体温や脈拍の数字が並び始める。二〇一六年一一月一一日は「３６・３度、脈８４。真冬並みの寒さです。胸骨も背中も痛みます。それでも骨折は当初より幾分ですが楽になってきました。回診時、『年のわりに若い』と言われましたが、骨がスカスカなのにそういわれても。

一身の骨軋ませる咳ひとつ」

右のように手紙の文章に続いて俳句が提示されている。従来の句集では、句のみが切り取られて掲載されているが、実際には日記風の手紙の中に句が位置付けられている。前後の文章から独立した句もあるが、多くは文章の流れの中にあって、文章と一体となっている。これまで大道寺の句集それだけをもとに評価がなされてきたし、それはそれで正当なことであったかもしれないが、前後の文章とともに句を読むことで見えてくる情景は大きく異なるだろう。本書は「書簡の集大成」という編集方針で、文章と句を一体のものとして出版している点が特徴であり、意義がある。

辺見庸『記憶と沈黙』（毎日新聞社、07年）

既刊の諸著作から再編集した「辺見庸コレクション1」である。「魂の在りか」は『友へ――大道寺将司句集』の、表題になった。「記憶と沈黙」は『鴉の目』の、それぞれ〈序文〉である。

「句によって呼びおこされた想像を停止してはならない。大道寺将司はどこにいるのか。どこの闇にうずくまっているのか。いま、なにを想うのか。かつてなにがあったのか。なにがなかったのか。これからなにがなされようとしているのか―をあなぐりつづけなくてはならない。そして、私よ、読者よ、〈時の共犯者〉よ、大道寺将司と私たちを結ぶ視えない糸を、できることならば、哀しい縁として手繰り、なでさすらなくてはならない」。

辺見は二つの〈序文〉の間に「虹を見てから」（『眼の探索』）を配している。日本による侵略と植民地支配の加害責任が果たされていないため、その責任を国家と社会に突きつけようとして練られた天皇暗殺の「虹作戦」――未遂のうちに終わった「大逆の赤い虹」を幻視しつつ、辺見は、腐乱した日本の現在に抗する「最期の、最終の言葉」を編み出し続け、最近の死刑執行急増について深刻な危惧を抱く。

「獄外の現在が、とても乱暴な現在が、たえず記憶を食い破っている。忘却が記憶を黙らせようとしている。記憶を日々奪われている世間の無意識のヒューブリス（無知の傲慢、暴力）が、死刑の連発と記憶殺しを後押ししている。ヒューブリスが、いま、司法をも社会をも動かしている。平気で世界を裁いている。表面はいかにも正気そうに、公平そうに、自由そうに、かつ、しごくもっともらしくも見えるけれど、しかし、内実は、憎しみと嫉妬とおためごかしの温情と濃淡の殺意がめぐりめぐる娑婆世界。あの恥知らず、あの傲岸、あの知ったかぶり、あの付和雷同、あの酷薄、あの疑りのなさ……。市民でも民衆でもない、私たちは単に、記憶をごっそり抜かれた人の群れ、モッブ（暴徒）ではないか」。

言うまでもなく「虹を見たかった」という言葉は大逆であり、不敬であり、この国の言説空間から排除されている。

益永スミコ『殺したらいかん――益永スミコの86年』（影書房、10年）

三菱重工爆破事件の死刑囚の養母となった益永スミコの闘いを記録したドキュメンタリー映画『死んどるヒマはない――益永スミコ86歳』（ビデオプレス）の、いわば副産物である。便宜上ここで紹介しておこう。

関東大震災とその直後から始まった朝鮮人虐殺の一九二三年に大分県の貧しい農村に生まれた著者がたどった人生を振り返り、著者の闘いを提示し、僅かな頁にもかかわらず、近代日本の国家と社会の闇に光を当てる。死刑制度について次のように述べる。

「悪いことをしたんだから死刑になって当たり前という人が多いけど、戦争のときには、悪いことをしていない人も日本は殺してきた。人を殺したんなら殺せー、と言ったら、日本人は全滅だよ。

あんだけ中国の人たちを殺した日本軍を、中国の人たちは殺さずに人間に戻してくれた。もちろん、罪を許してもらったわけではない。許されはしない。

でも、わたしらは殺されずに、ここにこうして生かされている。その思想から学ばないけんとわたしは思う。

生かされればこそ、人間は罪をつぐなって、人間らしゅう生きることもできる。

人は、普通に、食べていけて、いじめられない、差別されないで生きていくことができれば、人殺しなんてしない、人はだれでも人間らしさを取り戻せる、ということを、中国の人から教えてもろうたんや。

みんなが人間らしゅう生きられる社会をつくろうよ、とわたしは思うわけ。」

「人間が過ちを犯さないように、そういう社会をつくっていけばいいことなのに、冬に路上に追いやられている人たちを社会は見殺しにしている。

国が憲法を守っていれば、犯罪は減るはず。そういう方向へわたしらがもっていけばいい。国が間違ったことをしているときは、私らが正していけばいい。

国は憲法を守らないで、人が生活できないようにして、人をいじめて、追い詰めて、それでやむなく犯罪をする人に、厳罰を与えるなんておかしいんよ。

それで、わたしは、殺すなー、殺すなーといい続けてるんだけど、人殺しは殺せー、殺せーという声のほうが、まだまだ大きい。」

他方、三菱重工爆破事件の被害者側の著作もある。

宗像善樹『三菱重工爆破事件』（幻冬舎、18年）は、一九七四年八月三〇日、三菱重工社員として現場にいたために被害を受けた宗像が、「爆弾テロの犠牲者となった同僚、通行人の方々の霊を弔う鎮魂の想いと、事件を風化させず教訓を後世に伝えたいという願い」からドキュメントドラマ『爆風』（アルマット社、10年、沖島信一郎名義）を発表したが絶版となっていたため、加筆訂正のうえ改題した「改訂新版」である。

突然の爆風によって床にたたきつけられた記憶、阿鼻叫喚の地獄絵図と化した現場、恐怖と苦痛と大混乱の中で必死に立ち上がろうとした人々。黒焦げの死体、血だらけの同僚、泣き出す女性たち。右の鼓膜が破れ血まみれになりながら、懸命に同僚の救出作業に携わった体験。右耳を失い、最大の親友を奪われた宗像は、事件の現場を振り返り、危機管理の在り方を問い続ける。社内のその後の人間模様も描かれる。凄惨な歴史的経験をした者だけが語れる時代と青春と、その後である。

東アジア反日武装戦線・狼の思想と行動は簡潔に示されるが、その後の裁判経過や、死刑論への言及はない。宗像は死刑囚となった実行犯らの裁判、死刑判決、その後の表現をどのようにみているだろうか。そこまでの記述を求めることはできないが、気になることではある。

四 暗黒世紀を見据えて——坂口弘

坂口弘『歌集常しへの道』（角川書店、07年）連合赤軍あさま山荘事件の死刑囚による二冊目の歌集である。佐々木幸綱の解説が明らかにしているように、坂口には石川啄木の影響が強い。もちろん、坂口独自の思いを歌い上げているのだが。佐々木があげる佳作を引用しておこう。

これが最後
これが最後と思ひつつ
面会の母は八十五になる

隠れ家に星見るアンネを
思ひ居り
目隠しの間に月見つつ吾は

雨の日は
傘の中をし恋ふるなり
寸時たりとも監視ゆるまず

気配せる
闇の外の面に目を凝らせば
ああ落蝉の羽撃きなりき

さらに佐々木の解説を引用しておこう。
「短歌という詩は、或る立場に立つ〈われ〉が立場にはおさまりきれない〈われ〉へ向かって歩みだす詩である。短歌はつまり、しばしば人間の本音を引き出す。これらの歌には坂口弘という人物の本音が引き出されていると読む。死刑囚・坂口弘という枠組みでこの歌集が読まれるのはよんどころないことながら、彼の短歌をずっと読んできた者としては、枠組みを外して読んでもらいたいという気持ちはある。そうでないと、こういう短歌は読み過ごされてしまうだろう。かなわぬ望みながら、同じく短歌を愛する者の一人として、そんな読まれ方を願うのである」。

坂口弘『歌集暗黒世紀』（角川学芸出版、15年）
収録作品は二〇〇〇年から二〇〇七年に制作された七八四首のうち三三四首である。二〇〇七年までで終わっているのは、選者・佐佐木幸綱によると、二〇〇八年に坂口の母親が他界したことにより、坂口が区切りとして「歌を終わらせた」ためではないかと推測されている。坂口によるあとがきではそのことに触れていない。あとがきで言及しているのは、二〇〇〇年六月に申し立てた再審請求のことと、書名『暗黒世紀』の由来の説明である。

再審請求は、裁判確定から七年目に申し立てたが、請求に至るまでに弁護人が交代したという。歌集冒頭の一首は「二〇〇〇年一月一日午後一時弁護辞むると怒りの手紙きぬ」である。

「交代前の弁護士さんはとても優秀な方なのですが、そのような方であっても摩擦が生じざるを得ないところに連合赤軍裁判の難しさがあります」。

再審請求したことで、作品にも影響があり、過去を振り返り、「遠い昔に、過激な路線ともまた組織とも手を切り、その結果として出国拒否にいたったこと（一九七五年）、一審死刑判決（一九八二年）と同判決をめぐる出来事、そして長年の間筆者を支えて下さった恩ある方への追悼」などを作品化したという。

書名については、「実は歌集の内容を反映したものではありません。それは新世紀である21世紀を特徴づけるのにふさわしい言葉」として選んだという。二一世紀は同時多発テロで開幕したが、著者はむしろ地球温暖化の急激な進行を最大の特徴とみている。熱波・寒波、氷河溶融と海面上昇、砂漠化、台風の激化などの暗澹たる状況をもとに工業文明の限界を考え、「悲しいことに、人類は地球温暖化の危機を脱却する有効な手立てを未だ見出していません。まだ間に合うとか言っても、多分に希望的観測が含まれていることは明らかです」という。地球温暖化をテーマにした作品はないが、あえてタイトルにしている。

なお、作品はいずれも石川啄木にならって三行書きだがスペースの関係で一行書きとなっている。選者と出版社としてもやむを得なかったであろうし、坂口も了解してのことではあるが、上下二段組みでもよいから三行書きにしてほしかった。

「生存死刑囚」としてまとめられた二〇〇七年の数首を以下列挙する。

森恒夫と田中義三の重なれる元日死去の不思議なること
凍るべき冬にも凍らずうち寄する塩湖の波は切なかるらむ
いかにして車椅子の人を吊るししや吊るしし者の酷さ思へる
次次にわが知れる人ら刑死せり戦場に立ちて斃さるるごとく
新聞に生存死刑囚と書かれをり魂すでに亡きがごとくに
夜の明けは北南むすぶ子午線の上にて一斉に鳥啼くらむか
キラリキラリ硝子の欠片が夏の陽を目に射返せる運動場かな
妖気だつ古き舎房の三階に夜は入りきて蝙蝠飛べり
三階の独房の窓をかすめ飛ぶ飛行船を見き垂れ紐も見き
深山に入りふと見上ぐれば神のごと岩の上につと羚羊の立つ

永田洋子『獄中からの手紙』（彩流社、93年）

連合赤軍事件で死刑を言い渡され、一九九三年の上告棄却判決によって確定した著者の手紙である。著者が脳腫瘍にもかかわらずまともな医療措置を受けられず苦しみ続けていることは、国連人権委員会の拷問問題特別報告者ナイジェル・ロドリーの一九九四年報告書でも取り上げられている。本書は病状日誌とともに、連合赤軍とは何であったか、苦悶の思索も収録する。『十六の墓標（正・続）』『私生きてます』（いずれも彩流社）に続く時代の涙である。

五

こんな僕でも生きてていいの——河村啓三

河村啓三『こんな僕でも生きてていいの』(インパクト出版会、06年)

一九八八年のコスモリサーチ殺人事件で二〇〇四年九月に死刑が確定し、大阪拘置所に在監する著者の手記である。死刑廃止のための大道寺幸子基金第一回死刑囚表現展受賞作である。執筆動機は次のように述べられている。

「人を殺したと、その死体をコンクリート詰めにしたというあの忌まわしい出来事から十七年もの歳月が過ぎてしまうと、事件そのものが風化してしまい、当事者の私ですら細部の記憶が次第に薄れていっている。あれほど被害者の顔や声を鮮明に覚えていたはずなのに、それがだんだんぼやけてくるのだ。これでは亡くなられた被害者とその遺族に申し訳ないし、そんな浅ましい自分にも腹が立つ。

また、家族を残したまま理不尽な形で人生を断ち切られた被害者の無念さを間近で見た私は、今一度当時を振り返り深く考えずにはいられなくなった。それはとりもなおさず、自分の記憶を風化させてはならないことにも結びつく。だからこそ、きちんと自分の本性を見極めて思索したかったのである」。

大阪の西成に生まれた著者は、不良生徒として夜の世界に入り、サラ金業界で働くが、五億円強取話にのって共犯者となり、誘拐、監禁、殺害事件をひき起こす。犯行準備から、尾行の様子、殺害の様子、死体の処理まで詳細に描かれているが、逮捕され取調べが始まった時点で終わっている。最後に次のように述べている。

「いまは孤独と闘いながら『生と死』を考え続けている毎日である。こうして死という問題を真剣に考えるようになったのは、やはり自分が犯した驚天動地の大事件が大きく影響している。いずれにせよ、自分もいつ死ぬか分からないが、静かな足音とともに死が近づいているのも確かである。そういう死と隣り合わせの中で生きる喜びと、時間の尊さを感じている。そして、死の直前になったら自身の心にまた違ったものが見えてくるのかも知れない……」。

逮捕後の状況や裁判にも向き合って再考するようになれば、木村修治『本当の自分を生きたい』に匹敵する思索になるのではないだろうか。

河村啓三『生きる——大阪拘置所・死刑囚房から』(インパクト出版会、08年)

死刑廃止のための大道寺幸子基金第三回死刑囚表現展(二〇〇七年)奨励賞作品に加筆訂正を施して出版された。前作『こんな僕でも生きてていいの』では自身の死刑判決にいたった人生と事件の様子が描かれていた。第二作となった本書では、大阪拘置所における確定死刑囚の生活状況、死刑執行の状況を取り上げている。

近年、死刑執行が常態化し増えているため、大阪拘置所でも死刑執行が相次いだ。このため収容者の心情は相当乱れていることが予想されるが、実際、執行時期が迫っていると感じた死刑囚はもとより、ほかの死刑囚にとっても気の休まる暇のない状態が続いているし、刑務官にとっても精神的に厳しい状況が続いている。

本書は、死刑囚自身による拘置所レポートであり、さらに死刑存廃論、犯罪対策論であり、人生論である。

「思うに、『生きざま』を書くことと『死にざま』を書くことでは、てにをはが合わないような気もするが、人生の総括という意味では始まりと終わりは合うのではないだろうか。こう考えると、一日たりとも無駄にできない。とくに死刑囚は普通の人とは違い絞首刑で死ぬ。絞首されるとわかっているのに、のどかに暮らしている部分もある。それを私は奇妙に思う。さこそ死刑囚の人生とは、残された短い人生の中での一瞬一瞬の累積にすぎないのかも知れないが、そのわずかな瞬時を大切にしているのだと思う」。

死刑囚の手記は決して珍しくないが、死刑囚という共通点はあっても、それぞれの人生、事件、思索はみな異なり、さまざまである。死刑囚がどのように「生きる」ことが可能なのか。「戻れぬ道」をいく度も反芻し、悔悟しながら、どのように暮らしているのかを具体的に知るために重要な著作である。

河村啓三『落伍者』(インパクト出版会、12年)

第七回死刑囚の表現展優秀賞受賞作である。『こんな僕でも生きてていいの』『生きる』に続く三冊目の著作である。

「自分探しの最終章」に入り、二三年に及ぶ獄中生活を迎えて、自分の過去を振り返りながら獄中生活を記録している。

「閉鎖社会と権力」では、絶対的支配権を握る看守と死刑囚の関係を紹介し、「人格者」では、りっぱな刑務官も紹介している。続く「権力者」では、差別的処遇や厳罰主義の実態を描く。また、「縋る者、躓く者」では、「職員の非情、冷酷、傲慢、横暴、非道、この手の熟語をいくら上げてもきりがない。簡単に言ってしまえば、死刑確定者の身に落ちてしまえば、弁護士以外からは誰にも相手にされず、もはや死を待つことしかない。なかには外部支援者や親族がいる場合もあるが、こうした恵まれた死刑囚は数少ない。多くの死刑囚が支援もなく、差入れもなく、お金もなくて孤立している」と述べる。そうした状況で「事故(暴力事件)」を起こす死刑囚も少なくない。また、二〇〇九年八月八日、暑い大阪の夏に、大阪拘置所は突如として近隣住民との交流を名目に「お祭り騒ぎ」を行い、鉦や太鼓の音が響き渡った。静かにしてほしいという死刑囚の苦情は聞いてもらえず、二名の処刑の後であっただけに、死刑囚の心情がおおいに乱された。「再開と迷走」では、娘からの手紙や、一五年ぶりの対面(面会)に触れ、拘置所外部と家族や社会とのつながりについてさまざまな思索が述べられる。娘の結婚と離婚、その後の生活を思い、心配する父親としての日々もつづられる。

「最後の時間」では、「とかく人の世には辛く冷たい冬がある。しかし来るべき春を思えばこそ、その厳しさに耐えられるものである。だが永遠に春の訪れぬことを知りながら生き抜く辛さはいかばかりか……。ある人は耐えてこそ大義王道があるという。はたして現在の締め付け厳しい監獄で大義王道が通じるのかは甚だ疑問だ。もう何も彼もが変わってしまった。もはや私は時代にそぐわない人間になってしまっている。端的にいって全てについていけないのだ」という。

本書執筆のさなかに起きた3・11を踏まえて、「価値観や世界観に革命を起こさないといけない」という。

「現在の私は、すべてがもうけだるいという気持である。今は一日も早く死がおとずれることのほうが、この苦しい緊張の連続から逃れるただ一つの道のような感じさえする。もう生きることも信仰について悩むことも物憂い。そしていま、自分がこの闇の囲いのなかで、死を前にして胸しめつけられるような感情を味わっているとき、死刑囚獄舎で別の人間が笑い、そして呑気な声を出すことがたまらなく滑稽に見えてくる。これが人間の世界なのである。こうして地獄の入口に立ってみて、それまで天国にいたのだと実感している」。

河村の心境は諦念という言葉に近いようで、いささか異なるようにも見える。

六

死刑囚の表現

死刑囚の短歌・俳句等文芸作品に優れたものがよくあることは知られているが、最近は有名事件の死刑囚の作品に焦点が当てられがちだったように思う。しかし、短歌にせよ俳句にせよ、死刑囚が遺した作品は多く、そして人々に生と死について考えさせる働きをしてきた。

田中雪枝『死刑囚のうた』（新風社、98年）

牧水夫人若山喜志子に師事した著者が、死刑囚・石浜彬の歌百首と自身の歌などを併せて編んだものである。

手をのべて染めたき空の青さなり五月ふたたびは来ぬかも知れぬ

つひの日の呼びだしかとも鍵音にこの身一瞬鳥肌のたつ

狂ひなば生き易からむ監房の窓を頻りに冬の風打つ

つらぬけば寂しき独りと思はぬに鉄窓の冷えは心凍らす

断罪に果つべきわれが生かされて地の上暗く秋雨の降る

どのやうな虫にてもあれ懸命に逃げまどふ見ればかなしくてならぬ

異空間の俳句たち編集委員会（代表・西村都）『異空間の俳句たち』（海曜社、99年）

戦後半世紀に及ぶ時期の死刑囚の句を七十六句収録し、その対象やテーマ毎にまとめて編んでいる。巻末に編者、向井孝、水田ふう、稲尾節の座談会があり、本書の価値を高めている。

冬晴れの天よつかまるものがない
待つということ恐ろしく春の闇
人生のぎりぎり一杯秋の汗
春雷や冷たき母であればよし
己が身を虫干しに出す死囚かな
ひな鳥になってみたい——俺も
一秒をきざむ命やさくら散る

田所妙子編著『復刻版・ある死刑囚の歌――蟲になりても』（文芸春秋企画出版部、06年）

死刑囚・平尾静雄の短歌を中心に、平尾の短歌を指導した編集ら高知歌人たちの文章などを集めた一冊である。宮城拘置所の平尾から編者に、歌を詠みたいので高知歌人クラブに入会したいと手紙が届いたのが一九九五年一〇月のことである。それから一年、高知歌人クラブの指導を受けて、平尾は歌の世界に入った。

独房の薄暗き灯りに見るなれば蕾も花も黒き白菊
良き友に支えられつつ生くる日よ死刑囚われの今日もくらしぬ
夕立が過ぎてすずしき独房に見えかくれするこほろぎの子一匹
十日月独房に差し込むその光眠れとやさしき亡母のごとくに
訪ねくるる人も無ければ思うこと暗し獄舎にかさねる明け暮れ
つきつめて思えば哀しこわれたる器にも似し吾がうつしみは
刑場に果てる命を嘆きつつ蟲になりても生きたしと思う

「蟲になりても」の一句が平尾の最後の歌となった。一九六〇年一〇月、「蟲」になることも許されず、平尾は執行された。わずか一年の歌人人生であった。その後、本歌集が出版されたが、今回は、編者の息子たちの努力で復刻版が出版された。

なお、巻頭に橋本大二郎（高知県知事）の文章が収録されている。二十歳代のときに、死刑廃止論者である団藤重光の著書を読んで死刑制度について考えたと書いているが、年代が合わない。橋本の記憶違いであろう。当時、団藤は死刑存置論者であった。団藤が死刑廃止論者になったのは、最高裁判事を定年して以後のことである（本書118頁）。

海原卓『死刑囚島秋人』（日本経済評論社、06年）

「獄窓の歌人」と呼ばれた島秋人の生涯をつづる。一九五九年四月五日の強盗殺人事件で、一九六〇年三月一日に一審死刑判決を言い渡され、一九六二年六月一日に最高裁で上告を棄却された。控訴審・上告審の弁護人は土屋公献（後の日弁連会長）であった。

貧困の中で母を失い、非行に走って故郷を出奔し、強盗殺人未遂のため少年院に収容された島は、医療刑務所から釈放後も転落の道を歩み、死刑囚となった。

中学のときにたった一度だけ褒めてくれた教師に獄中から手紙を書いたことがきっかけとなって短歌に親しむようになった。一九六一年から六七年一一月二日まで短歌を詠み、「毎日歌壇賞」「まひる野年間賞」を受賞した。処刑後、歌集『遺愛集』（東京美術）が出版されている。

「悔いから反省へ、反省から実際に自己を真実に生かしたい、と思っています。死刑囚としてではなく、殺人犯としてつつしみをもっときびしく見つめる事だと思います。死刑は当たり前のものなのに、何か不当なものを受けさせられると思っている、いた、考えを捨てることです。死刑囚である前に強殺犯であること、僕の死より被害者のいのちは何百万倍も惜しい尊いいのちであることを反省しなければならない」。

島は、三三歳の若さで執行されてしまった。弁護士業を経て脚本家・作家となった海原は、島の人生を芝居の台本にした後、本書を執筆した。島の短歌を列挙しておこう。

この澄めるこころ在るとは識らず来て　刑死の明日に迫る夜温し

土ちかき部屋に移され処刑待つひとときの温きいのち愛しむ

詫ぶべしとさびしさ迫るこのいのち　詫ぶべきものの心に向くる

養母の愛師の愛君の花差入し情うれしと　憶ひ優しむ

七年の毎日歌壇の投稿も最後となりて　礼ふかく詠む

遺品にと賜ひし赤きほうずきを　われと思いて撒と分ちぬ

岡下香『歌集・終わりの始まり』（未来山脈、06年）

一九八九年一〇月の資産家殺人事件で、一九九八年三月に一審で無期懲役判決を言い渡されたが、二〇〇一年五月に東京高裁で逆転死刑を宣告され、二〇〇五年三月三日、最高裁で上告棄却となり、死刑確定囚となった岡下の歌集である。

岡下は獄中で短歌誌『未来山脈』にめぐり合って、短歌を詠むようになった。歌集を残さないかとの話を悩んだ末に受け容れた理由を次のように述べている。

「尊い命を奪うという赦されぬ過ちを犯した死刑囚であるがゆえに、その過ちの重大さを多くの人に伝えなければいけない。私にはその責務がある」。

反面教師として役立てばとの思いである。

夢を見て今日という日に行き止り　開ける怖さよ未来の扉

天国へ登る資格の無い身でも　夢を背負うて今も階段探している

天国へのパスポートもう期限切れなのか　何処で乗るのか駅も分からぬ

「生きてます」生きていることを　伝えたく自画像を贈るわが影も添えて

人の道どこまで行っても迷い道　歩いて歩いて歩き疲れてまた歩く

獄舎にもあるささやかな幸せ　米粒ほどの蜘蛛が顔を見せたとき

そっと祈ってみる　語りたくない過去の魂までがほぐれてゆく

市川悦子『足音が近づく』（インパクト出版会、97年）

一九五八年に死刑を言い渡され、一九七〇年に執行された小島繁夫が獄中から妻に宛てた秘密通信である。約七年間に秘密通信が千五百枚、検閲済みの手紙が約七千枚で、その一部が収録されている。一九七九年に出版されたものの復刻である。死刑囚の生活、苦しみ、恐怖、悔恨、闘いの意思など、死刑囚の実態が明らかにされる。処刑される仲間との別れの場面も詳しく描かれ、死刑制度への鋭く鮮やかな批判となっている。死刑囚の処遇の観点では、今日の状況は却って悪化しているように見える。

田島恵三『天国への凱旋門』（教文館、97年）

一九五〇年代の二人の死刑囚からの手紙を収録する。小学校の同級生が戦後の混乱期に強盗殺人で死刑を言い渡された。クリスチャンの新保満は元同級生と面会し、手紙のやり取りを始めた。聖書をすすめ、説教を書き送る。そのほとんどは失われたが、死刑囚からの手紙は保管され、本書のもとになった。獄中における信仰について考えさせる著作である。

佐藤友之『死刑囚のうた』（現代書館、96年）

『死刑囚の一日』『死刑囚の妻』に続く作品であり、数多くの死刑囚たちの詩、短歌、俳句を紹介しながら、死刑囚の心象風景を描き、そこから死刑の本質に迫る試みである。

『天国への死刑囚——石井藤吉ざんげ録』（真菜書房、96年）

一九一八年、四七歳で処刑されるまで犯罪と監獄の人生をすごした石井藤吉のざんげであるとともに、鈴ヶ森おはる殺し事件でおはるの情夫が無実の罪に問われていることを知り自ら犯人と名乗り出て冤罪を防いだ稀有の記録でもある。

来栖宥子『勝田清孝の真実』（恒友出版、96年）

一九七二年から八三年にかけて強盗殺人七、殺人一、強盗致傷三、強盗二などの罪を犯したとされる「警視庁指定一一三号」の勝田清孝の「たった一人の心友」である来栖の交流の記録である。死刑判決後、人間不信となり、獄外との連絡を断った勝田清孝に手紙を送り面会を繰り返した来栖の、戸惑いながらたゆたいながらの「凄惨な心の闘い」である。「人間は善い方に変わりうるという可能性を真っ向から否定する世界、死刑制度というその世界の真ん中に私たちはいた。そこでは、人間への希望や信頼、いのち、共生……そういった善きもののすべてが失われていた。荒涼とした負の世界」との闘いを来栖と勝田清孝は共に進む。

澤地和夫『東京拘置所　死刑囚物語——獄中二〇年と死刑囚の仲間たち』（彩流社、06年）

一九八四年に二件の強盗殺人事件をひき起こし、元警視庁警部の殺人事件として知られるとともに、一九九三年の後藤田法務大臣による死刑執行再開に抗議して上告を取り下げて自ら死刑を確定させたことでも話題になった澤地の執筆である。死刑廃止のための大道寺幸子基金第一回死刑囚表現展受賞作である。

澤地はこれまでにも『殺意の時』『監獄日記』『拝啓江副さん』（彩流社）を出版しているので、文章を書きなれている。死刑囚が死刑について語る著書だが、他の死刑囚による作品と異なって、死刑囚の視点だけではなく、「外部」の視点も盛り込まれている点に特色があると言えよう。

第一章では、上告を取り下げたものの、マルヨ事件判決を手がかりに再審請求事由を発見して進めている再審の状況が報告されている。二件の強盗殺人とは別に有印私文書偽造等の事実認定がなされているが、これには関与していないので再審事由に当たる。再審が認められても死刑が覆るわけではないとしても、再審請求によって執行を少しでも遅らせることは可能である。澤地は再審請求のために確定記録の閲覧申請を行い、拘置所において閲覧するという異例のことも実感している。また、新東京拘置所における処遇の改善要求運動も報告されている。

第二章では「わが死生観」が語られる。第三章では執行された死刑囚の仲間が紹介され、第四章では袴田巖、荒井政男、益永利明らの状況が紹介されている。

袴田巖については、「残念ながら、この大先輩は、……近くで見る私の観察によっても、やはり普通でない人間になっていることがわかりました。それは第一に、目に輝きがないこと。第二は、ほとんど戸外運動にも出ることなく、一日の大半を自房で歩き回っていた点」と書いている。

三崎事件の荒井政男については、「数年前から車椅子を必要とするようになるとともに、今度は目が見えなくなり、死刑確定者に対する最大の特典の一つでもある、月三回のビデオ鑑賞さえ不可能な状態になっています」という。

益永利明については、「彼こそ、法務官僚のだれよりも、日本の悪しき監獄組織・監獄行政の改革に取り組んでいる人間である」として、その獄中訴訟の闘いを紹介している。

澤地和夫『なぜ死刑なのですか――元警察官死刑囚の言い分』（つげ書房新社、06年）

前著『東京拘置所　死刑囚物語』に続く手記である。一九八四年一〇月の強盗殺人事件によって死刑を言い渡され、一九九五年七月に上告取り下げにより死刑が確定した著者が、改めて死刑について考察し、「なぜ死刑なのですか」と社会に向けて訴える。澤地は自身を「死刑囚のくせにやたら自己弁護し、かつ小理屈をたれる男」と分析し、「大方の世の人は、『おう前さん、まだそんなことを言っているのか……』などとあざ笑うでしょう」と書く。死刑囚に対する世間の目を十分認識しつつ、それでもなお主張するべきことは最後まで主張していく構えである。

矢貫隆『刑場に消ゆ――点訳死刑囚二宮邦彦の罪と罰』（文藝春秋、07年）

一三年間に一五〇〇冊もの点訳書を仕上げた死刑囚の人生と犯罪を追跡したノンフィクションである。二宮邦彦は、一九五六年九月五日、仲間二人と強盗殺人事件を引き起こして、一九五八年九月一日に一審で死刑を言い渡され、一九六〇年六月二八日に最高裁で上告を棄却された。

獄中でキリスト教信者となった二宮は、やがて点訳奉仕に励むようになる。福岡拘置所には、免田事件の免田栄、福岡事件の西武雄と石井健治郎なども収容されていた。免田栄の点訳も知られるが、二宮も祈りと点訳の日々を過ごした。二宮は広島で被爆した被爆者でもある。また、免田から再審請求の方法を教わりながら、「冤罪」ではなく、犯行は認めるものの殺害の実行犯ではないと「事実誤認」を主張して再審請求に賭けた。しかし、一九七三年五月一一日、福岡拘置所で執行された。矢貫は、二宮が残した膨大な手紙や再審請求書、上申書などを手がかりに、免田栄をはじめとして二宮と獄中生活をともにした人々、点訳奉仕と祈りの日々を支えた人々に取材して本書をまとめている。

林眞須美『死刑判決は「シルエット・ロマンス」を聴きながら』（講談社、06年）

一九九八年七月の和歌山カレー事件の被告人として、二〇〇二年一二月に一審死刑判決を言い渡され、二〇〇五年六月に控訴棄却され、最高裁に上告中の林の家族との書簡集である。書名だけを見た読者には反発を買いそうだが、獄中の林のために四人の子どもたちがラジオ番組にリクエストの葉書を出したエピソードがもとになっている。

「ママの大好きな曲、シルエット・ロマンスをリクエストします」。

獄中でラジオを聴いた林は、子どもたちの名前が読み上げられたのを聞いて、声を出して泣いた。その頃、子どもたちは「殺人犯の子ども」として差別されいじめられていた。家族へ宛てた一千通を超える手紙をもとに編集された本書は、林の人間像を知る大きな手がかりでもある。動機も不明、直接証拠も提示されていない事件で、著者は最高裁に上告し、家族との絆を握り締めながら闘いを続けている（事件について本書二〇五頁）。

一審死刑判決に対する弁護人による控訴を自ら取り下げ、二〇〇九年七月二八日に死刑執行された山地悠起夫に関するノンフィクションが二冊出版されている。

池谷孝司編著『死刑でいいです――孤立が生んだ二つの殺人』（共同通信社、09年）

共同通信記者である編者らによる連載企画の単行本である。連載は「疋田桂一郎賞」を受賞した。最初の母親殺害、そして少年院の処遇、二度目の犯罪に関して、関係者への取材に基づいて事件を追いかけている。山地は広汎性発達障害だと診断されながら、何のフォローもないままに孤立して事件を起こした経過をたどり、山地だけの問題ではなく、発達障害をもつ人々が置かれている状況に目を向け、孤立を防ぐ方策を探っている。また、近年「死刑になって構わない」「生まれてくるべきではなかった」と述べる重大事件犯罪者が増えているとし、「彼らは、自分の生と死が、本当には実感できていなかったのではないか。そんな人が事件を起こす前に、少しでも誰かに相談できる環境を用意することが求められている」という。

小川善照『我思うゆえに我あり――死刑囚・山地悠紀夫の二度の殺人』（小学館、09年）

フリーライターの小川による作品で「小学館ノンフィクション大賞優秀作」である。死刑執行から始まり、一転して山地の誕生に眼を移し、不登校、初恋など事件への道を辿り、母殺し、少年院、二度目の殺害へと運ぶ。

本書でも、山地が死刑について、自分の生と死について、さらには被害者の生と死についてどのように捉え受け止めていたのかがわからないことが指摘されている。一六歳の山地の「我思う、ゆえに我あり」というデカルトの言葉が持った意味の探求は、「犯人のたった一度の恋」という以外には不明のままに終わる。長期にわたる取材の成果だが、本人が心を閉ざしたまま処刑されてしまった。

岡崎正尚『慈悲と天秤――死刑囚・小林竜司との対話』（ポプラ社、11年）

東大阪集団暴行殺人事件の小林竜司との面会・文通を続けてきた岡崎が、小林の事件、裁判、死刑基準、拘置所処遇、マスコミ、贖罪を幅広く描いたノンフィクションである。

同時進行している死刑をめぐる社会的論議や、死刑執行情報をにらみながら、小林の上告取り下げを撤回させ、獄中で変化した小林の姿を世間に伝えようとする努力は、岡崎自身の人生にも反省を迫る。法科大学院で学ぶ岡崎だが、いわゆる「未修者（法学部を経ていない）」であり、成績優秀とは言い難く単位を落として悩んでいるため、法科大学院という制度、司法試験・法曹養成のあり方にも筆が及ぶ。自分の将来と小林の「将来」の大きな落差と意外な近さを測りながら、死刑基準や執行の実態に迫る。法科大学院生だけあって、ていねいに資料を収集し、活用している。

「小林はもはや社会にとって脅威ではない。だから、その死が社会に与えるものはなにもない。この死刑は不当であるだけでなく、完全に無意味だ。そして、再生を果たそうとする人にわずかばかりの慈悲を注ぐことは、そこまで大きな罪悪なのだろうか。

私の『これから』は完全な空白だ。法科大学院に希望はなく、最近の就職事情は極めて厳しい。まともな職につけるかわからないし、豊かな人生を歩むことができるかは、さらに不透明だ。だが、小林の『これから』は、わずか数ヵ月後に結論が指定されてしまった。

それでも、死を突きつけられた小林は、澄み切った心の平穏を得て、静かに未来を見つめている。命を失う恐れはない私は、余裕をなくし未来に慄いていた。なんとも滑稽な対照だ。しかし『これから』が恐ろしくても、希望が見えなくても、私は歩き続けなければならない。私自身が、私の人生を掴み取るために。そして、小林の『これから』を見届けるために」。

第4章

死刑存廃論

一　主要論点の再認

1　尽きない論点

「死刑存廃をめぐる論争は長期にわたるので、論点は出尽くした」と何度も指摘されてきた。

確かに法哲学的論点（あるいは国家論的論点）、憲法的論点（適正手続き、残虐な刑罰等）、刑事政策的論点（抑止力）などの主要な論点は、あらゆる観点から論じられてきたと言えるし、存置論・廃止論の双方とも精緻で詳細な議論を組み立ててきたと言って良いだろう。

時々新しい議論だと唱える論者が登場するが、そのほとんどが旧知の論点のバリエーションにすぎず、論者の不勉強を示すにとどまることが少なくない。

しかし長い目で見れば、常に新たな論点が追加され、あるいは古い論点に新たな光が当てられて議論が新たな様相を呈してきたのも事実である。その意味では死刑存廃論争にはまだまだ多くの未墾の土地があるかもしれない。筆者は死刑廃止論者であるので、実践的な廃止こそ重要であって、理論的開墾に力を注ぐことに本来的な関心を有するわけではないが、理論的問題をおろそかにするわけにもいかない。

例えば最近、「死刑囚の子ども」について国際的に議論が始まった。二〇一三年九月一一日、ジュネーヴの国連欧州本部で開催された国連人権理事会第二四会期において「死刑を言い渡された親、執行された親の子どもたちの人権に関するパネル・ディスカッション」が行われた。パネルの目的は、①死刑の言い渡しや執行が子どもの人権に与える否定的影響を検討し、②死刑囚の子どもの人権に関連する国際人権規範を再確認し、③死刑囚の子どもが人権を享受するために必要な保護と援助を検討することである。司会はベルトラン・デ・クロンブルッゲ（ベルギー政府代表）、パネラーはマルタ・サントス・ペ（国連子どもに対する暴力特別報告者）、ジョージ・カンドナ・ローレンス（国連子どもの権利委員会委員）、サンドラ・ジョーンズ（ルーヴァン大学准教授）、ニスリーン・ゼリカト（ヨルダン国家人権センター）、フランシス・スービ（ウガンダ・希望のためのウェルス事務局長）である。

結論として、子どもの権利を保障するための最善の方法は死刑廃止であると確認された。死刑存置国では、死刑囚の子どもが被る害悪を最小化する措置を講じることが必要である。子どもの権利条約批准国一九三カ国は、子どもの最善の利益を考慮することになっている。そのために必要な措置を講じて、量刑に際して子どもの権利が考慮されるようにしなければならない。刑事手続きにおいても子どもの最善の利益が保障されるよう考慮することが重要である。さらに親、保護者、市民社会のグループに支援と助言を提供することが必要であり、子どもへの援助には学校の役割が重要なので、この問題には学校の関与も不可欠であると強調された。

最後に次の五項目が勧告された。

①この問題をさらに検討するために、国連専門家セミナーを開催する。

②子どもの権利条約第一九条及び第二〇条に関連する援助を実現するためのガイダンスを発展させる。

③二〇一五年以後の国連の課題として、すべての暴力からの子どもの保護に関心を注ぐ。

④国家、国内人権機関、市民社会組織その他の関係者が、子どもが人権を享受できるように何をなしうるかを調査する。

⑤死刑存置国に、子どもの権利委員会の決議に従って、子どもに情報を提供し、子どもが面会やコミュニケーションできるように保障するよう呼び掛ける。執行された遺体を家族が埋葬できるように、家族に経費負担をかけずに引き渡すよう呼び掛ける。死刑に関する秘密主義を直ちに止め、国内法を国際基準に合致させるよう呼びかける。

続いて二〇一四年三月一一日、ジュネーヴの国連欧州本部で開催中の国連人権理事会第二五会期において、ベルギー・ノルウェー・モンテネグロ・メキシコ各政府とNGOのクェーカー国連事務所（QUNO）主催で「死刑を言い渡された者の子どもの人権に関する討論会」が開催された。司会はレイチェル・ブレット（QUNOメンバー）、パネラーはメキシコ政府代表、マルタ・サントス・ペ（前述）、アン・クリスティン・ヴェルヴィク（子ども保護専門家）、ザヴェド・マフード（国連人権高等弁務官事務所員）、及び筆者である。筆者に報告依頼があったのは、ベルギー政府代表が、日本における死刑の状況、特に死刑囚の子どもの状況を知りたいと考えたためである。

このテーマは、NGOのQUNOが調査した成果をパンフレットにまとめ、国連人権理事会や子どもの権利委員会に持ち込んだと言う。そのパンフレット『死刑囚の子ども達の未来に向けて』は日本語で読める（『死刑囚の子ども達の未来に向けて』田鎖麻衣子訳、QUNO、13年）。筆者は、パンフレットの翻訳者である田鎖麻衣子（弁護士）の助力を得て、死刑囚の子どもの状況として、①オウム真理教教祖の子どもの人権侵害に関する情報、②父親が母親を殺害した事件の長男（加害者と被害者の子ども）が執筆した著作として大山寛人『僕の父は母を殺した』（本書159頁）を紹介した。

二つのパネル・ディスカッションの発言者は死刑廃止論者ばかりであったが、今後、死刑存置論者からも死刑囚の子どもの状況に関する所見が提示されることになるだろう。また、日本でも加害者家族の状況への関心が高まり、優れた研究書が出始めた（阿部恭子編著・草場裕之監修『加害者家族支援の理論と実践』本書160頁）。

このように死刑存廃論争にはまだまだ新しい論点の可能性があるが、本章では、まず古典的で、代表的な論点を垣間見たうえで、現代的な論点について検討することにしよう。

2 古典的論点

日本における死刑存廃論は、明治維新後の近代化の時期に西欧における議論を学びつつ展開された。基本的論点は当初から現在までほぼ同じと言って良いので、古典的論点として一括してみたい。もっとも、古典的論点であっても、最近になって新たな光が当たっている例もある。

①法哲学的論点

死刑を法哲学的に正当化することができるか。あるいは、国家は死刑を執行できるか。この問いは西欧近代の市民法の文脈で多様に問われた。

ジャン・ジャック・ルソーの名に代表される「社会契約論」では、市民たるべき諸個人は自分の安全を確保するために、自分の自由の一部を差し出して社会契約を取り結ぶという理論仮説を前提とする。自由の一部しか差し出していないのに生命を奪われることは背理ではないのか。しかし、他者の生命を奪った以上、自らの生命を奪われないと主張することこそ背理ではないか。

国家に即して言えば、国民たる諸個人の生存を保障することが近代国家の責務であるから、いかなる場合でも国家は国民を殺すことができないのではないか。しかし、犯罪被害に遭って生命を奪われた者を保護できなかった国家は、いかにしてその責務を果たせばよいのか。社会契約の論理そのものを破壊する残虐な凶悪犯罪をどう見るのか（本書第5章参照）。

②憲法的論点

日本国憲法は近代民主主義、個人主義、平和主義を掲げている。このため憲法の諸条項に即した議論が積み重ねられてきた。

（1）憲法前文及び九条は平和主義と平和的生存権を掲げる。戦争放棄を謳っていることは、戦争をせず、諸外国の国民を殺さないことを意味する。外国の国民さえ殺さないことにしている国家が、平時に自国民を殺すことは許されないのではないか。他方、憲法前文や九条の精神はその通りだとしても、そこから具体的に死刑廃止を導出できると言えるのか。

（2）憲法三一条は法定手続き、適正手続き（デュー・プロセス）を定めると解釈されてきた。ここでは主に二つの論点が浮上した。

第一に、「何人も、法律の定める手続によらなければ、その生命…を奪はれない」という条項をどう読むか。反対解釈をすれば「法律の定める手続きによれば、その生命を奪われる」と読めるのではないか。

第二に、誤判・冤罪問題である（本書第6章参照）。古くは一般論としての誤判・冤罪の指摘であったが、一九八〇年代に免田事件、松山事件、財田川事件、島田事件という四つの死刑冤罪で再審無罪が確定したことから、まさに具体的な問題として議論されるようになった。近年でも、①再審開始決定の出た袴田事件、②一度は再審開始決定が出たにもかかわらず覆され、再審請求人である死刑囚が獄中で亡くなった名張毒ぶどう酒事件、③再審無罪となった足利事件と同じDNA鑑定に基づいて死刑を言い渡された死刑囚が性急に死刑執行されてしまった飯塚事件等がある。死刑冤罪の具体的危険性はかなり高い。

二〇世紀後半に死刑判決と執行が増加したアメリカでも、D

NA鑑定技術の発展により誤判・冤罪が明らかになったことから、死刑判決の見直しが急速に進んでいる。これに対して、誤判・冤罪問題と死刑存廃問題を直結する論理的必然性があると言えるのかとの指摘もある。

（3）憲法三六条は「公務員による拷問及び残虐な刑罰は、絶対にこれを禁ずる」とする。第一に、死刑は拷問に当たるのではないか、第二に、死刑は残虐な刑罰ではないかが問われてきた。

第一の拷問については、必ずしも日本における存廃論の焦点とはなってこなかった。拷問問題と残虐性問題とが密接不可分のものとして論じられたことから、残虐性論争に焦点があてられたからである。しかし国際人権法の分野では、拷問等禁止条約の解釈をめぐって、死刑そのものが拷問又は非人道的な刑罰に当たるのではないか。つまり、いかなる死刑も拷問に当たるのではないかが問われている。絞首刑という執行方法が非人道的な刑罰に当たるのではないかが問題になる。

第二の残虐性については、かつて最高裁判所が絞首刑の残虐性を否定して以後、議論が鎮静化しつつあった。しかし最近、絞首刑の残虐性をめぐる新たな研究を踏まえて議論が活性化している（本書第2章及び第5章）。

死刑の残虐性は古くから議論されてきた。死刑を合憲とした一九四八年と一九五五年の二つの最高裁判決によって司法上の決着がついたとされ、その後は議論が十分になされてきたとは言えない。しかし、一九五五年最高裁判決が絞首刑の残虐性を否定する際に引き合いに出された電気椅子による処刑は、二〇〇八年、ネブラスカ州最高裁によって残虐な刑罰であると判断されている。絞首刑も世界的に見れば消えかけた執行方法である。最高裁判決から半世紀を超えた現在、死刑の残虐性を改めて問う必要がある。

死刑事件の中川智正弁護団は、ヴァルテル・ラブル博士（オーストリア・インスブルック医科大学）の論文に着目し、ラブル博士の協力を得て、絞首刑の残虐性を具体的に解明する挑戦を始めた。その成果を弁護団は、最高裁への上告趣意書・補充書として提出した。

「本当に絞首刑は残虐な刑罰ではないのか」と問う弁護団は、絞首刑による頭部離断が生じたカリフォルニアのサン・クエンティン刑務所、カナダ・トロントのドン刑務所、イラク・バグダッドのティクリティの事例を参考に、落下式の絞首刑の場合、落下の衝撃で頭部離断が生じる可能性を指摘する。執行現場の具体的情報が隠蔽されていることに疑問を提起し、一九五五年最高裁判決の前提が崩れたと主張する。さらに、一八八三年七月七日付『読売新聞』記事に見られる、執行による頭部の部分離断事例を提示し、オーストラリア・ニューサウスウェールズ州、ウェスタンオーストラリア州フリマントル、イギリスのゴルウェイ刑務所、アリゾナ州フローレス等における事例も参考にして、頭部離断の可能性を指摘している。他方、ラブル博士の見解により、「死刑囚が絞首刑ですぐに気を失うから苦痛を感じない」という古畑種基鑑定の誤りを明らかにしている（本書40頁）。

第三に死刑囚処遇の問題がある。執行の残虐性とは別に、獄中で執行を待つ日々を死刑囚はどのように過ごしているのか、それは過酷な日々ではないのか。刑事施設における日本的処遇の特徴が死刑囚処遇にも貫徹されている。

③刑事政策的論点

死刑の抑止力をめぐる議論は「水掛け論に終わる」と指摘されつつも、重要論点であり続けている。刑罰の意義や役割について、純粋な応報刑論をとる場合ならいざ知らず、国家・社会は犯罪抑止を追及せざるを得ないため、刑罰の抑止効果はつねに再審に付されなければならない。

死刑があるから凶悪犯罪が少ないと判定するべき証拠はあるのか。死刑を廃止したら凶悪犯罪が増えるのか。アメリカの死刑存置州と廃止州の間の比較や、欧州における死刑廃止国の廃止以前と以後の比較が行われてきた。社会学的研究が積み重ねられてきたが、その他の諸条件が一律でない以上、一義的な比較は不可能であるうえ、データの読み方が多様になされるため、ただちに結論を引き出せるわけではないとされてきた。それでもこのテーマの重要性から多様な研究が続いている。

3 現代的論点

古典的論点について存置論と廃止論の対話が続いているが、それに加えて現代的論点が浮上してきた。例えば、死刑囚の人権だけでなく、死刑執行官の人権も問われるようになり、死刑制度が関係者に与える様々な影響を測定することも課題となった。国際人権法の形成・発展により、議論の前提を問い返す必要性が生じた。

①国際人権法

現代的論点の第一は、国際人権法が死刑廃止を求めているか否かであり、さらに死刑廃止が国際的潮流であるか否かである。国連が一九八九年に死刑廃止条約（市民的政治的権利に関する国際規約第二選択議定書）を採択したことから、日本では死刑廃止運動が大きな論拠を手にした。「世界が決めた死刑廃止」をスローガンとして死刑廃止運動は攻勢に出た。これに対して、廃止論者は「国際法は死刑廃止を義務としていない。死刑の存廃は主権国家の判断に委ねられている。過半数の諸国が死刑を維持している」ことに着目した。

一九九〇〜二〇〇〇年代にかけて、欧州はもとよりアジア・アフリカ・ラテンアメリカにおいても廃止国が増加した。法律上の廃止国に加えて、事実上の廃止国も含めた廃止国が過半数を超えると、廃止論者は「廃止が国際的潮流である」と唱えた。存置論者は「廃止国と言っても完全廃止ではなく、軍刑法など一部に死刑を存置している」と指摘した。続いて、欧州死刑廃止条約には平時のみならず有事に際しても死刑廃止を定める条項ができ、完全廃止を目指す動きもが加わるとともに、廃止国が存置国をはるかに凌駕するようになった。

国際的に調査・活動する人権NGOのアムネスティ・インターナショナルの資料「死刑に関する世界の動き（二〇一九年四

月一〇日)」によると、二〇一八年段階で、死刑全廃国が一〇六、法律上または事実上の死刑廃止国は合計で一四二であり、死刑執行を行った存置国は二〇である。

死刑全廃国は、二三(一九八〇年)、四六(一九九〇年)、七五(二〇〇〇年)、九六(二〇一〇年)と増加し、二〇一五年には百カ国を突破した。

死刑執行上位十カ国は、中国、イラン、サウジアラビア、ベトナム、イラク、エジプト、アメリカ、日本、パキスタン、シンガポールである。日本が世界でも数少ない「死刑愛好国」であることを認識している市民がどれだけいるだろうか。

②世論の支持、裁判員制度

一九八九年から九三年にかけて執行ゼロが続いたのち、執行を再開した際の日本政府の論拠は「世論が死刑を支持している」ことであった。死刑に関する世論調査方法の妥当性が問われたが、他方、その後も日本社会では死刑支持圧倒的多数となってきた。

二〇一五年一月二四日の内閣府の発表によると、死刑廃止が九・七%、死刑もやむをえない八〇・三%、わからない九・九%である。これは厳罰化キャンペーンの成果とも言われるが、人の命を奪う死刑制度の是非を多数決で決するべきなのかも議論された。

さらに、裁判員制度導入以後は、死刑事件に臨む裁判員に焦点があてられた。死刑事件では廃止論者が裁判員から排除される問題や、死刑事件を担当した裁判員がストレスから病気になった事案もあり、議論が続いている(本書第11章参照)。

③代替刑論と終身刑論

死刑を廃止した場合の代替刑をめぐる議論も活発になされてきた。筆者は、代替刑は必要なく、端的に死刑を廃止することが必要であると考えるが、一般にはむしろ代替刑の構想が重要と考えられている。そこで終身刑が焦点となってきた(本書第7章参照)。

同時に、死刑と終身刑を分かつ分水嶺は何かという「死刑の基準」に議論が差し戻される(本書第7章)。

4 死刑のない社会をイメージするために

存廃論議は数多くの論点をめぐって激しく闘われてきたため、一見すると非妥協的な関係にあると考えられがちである。加害と被害の関係を大前提にして、それぞれの論点に絞り込んでいくと、対立点ばかりが目立つことになる。

しかし、存置論も廃止論も、市民の人権と社会の安全をいかにして守るかという関心を共有している。人権や安全をどのように設計するのか、その方法論では鋭く対立するが、凶悪犯罪を減らし、重大犯罪被害者を減らすことに異論があるわけではない。

生命剥奪という極限の刑罰であるために、存置論も廃止論も容易に譲ることができないのはやむを得ない。その意味では、存置論と廃止論は厳しく論争を続けつつ、私たちはどのような社会に生きたいのかをめぐって、より根本的な対話を社会的に継続していくことが必要である。

死刑のない国家と社会をイメージすることは存置論にとっても廃止論にとっても必要なことではないだろうか。一人ひとりの市民の自由と人権が保障されるための前提は、権力による殺人がないこと、生命権がしっかり保障されていることのはずである。生きるに値しない非国民をつくり出す国家と社会に基本的人権があると言えるだろうか。

二　文献に見る存廃論

1　存置論

日本は存置国であり、制度としての死刑を維持し、死刑を是としている。立法・行政・司法のあらゆるレベルで死刑が是認され、現に運用されている。死刑存置国としての国家意思が常に貫徹している。

それゆえ論壇や刑事法研究レベルで死刑存置論を改めて表明するのは、死刑廃止論が強まったり、死刑の妥当性について社会的に疑念が表明されたときに限られるといって良いであろう。論者は、自ら死刑積極論を唱えるまでもなく、国家機関が現実に死刑を言い渡し、執行しているからである。

重松一義『死刑制度必要論』（信山社、95年）「待望の書」である。近年の死刑存置論は「法律で決まっているから」と法律のせいにしたり、「世論が支持しているから」と世論のせいにしたりして、廃止には時期尚早と唱えるのがパターンとなっていた。怯みながらの存置論である。ところが本書は、長年の行刑実務体験を持ち、執筆当時は中央学院大学教授の重松が「刑事政策ならびに刑事法制史を生涯の研究対象として取組んできた者」としての見識を示した著作である。ある種見事な挑発であり、死刑廃止論者にとっても、存置論者の本音と理論を明快に知るための必読書といえるかもしれない。

重松は「哲学的論拠」として荀子の人間性悪説や荻生徂徠や太宰春台の死刑存置論を紹介し、西洋の原罪論やヘーゲルの刑罰論を紹介する。次に「理論的論拠」として従来の存廃論の対立を紹介して、誤判問題、教育効果論、犯罪抑止論等に反論したうえで、判例の死刑合憲論を紹介する。さらに「現実的論拠」として凶悪事犯の増加を指摘し、少年法五一条見直し問題に言及し、死刑執行方法の人道的配慮も確認する。

かくして一万三千字ほどの検証（！）の旅は終着駅に着いた。重松は「人類の巨視的反省・回顧」として「永遠不動の哲理を見据え」て、圧倒的なまでの自信と確信を抱いて結論に至るのである。

すなわち「私は死刑制度は人類と獣類とを区別するレフリー、分岐点として存在すべきものとの認識にあり、たとえ千年、万年凶悪犯罪が起こらぬとも、人類自身の戒めとして、錘しとして、法として掲げつづけて置くことが、人類の叡智であり、見識であり、人間の尊厳と考えるからに他ならない。（略）死刑制度は恒星のごとく永久に存在してこそ人間の真価を問うものなのである」。

そこで重松は、死刑廃止条約やアムネスティ・インターナショナルの『日本の死刑』に対して「内政干渉」「おせっかいな踏み絵」「まことに無責任な発言」と唾を吐く。国連総会の決議だろうと、国際人権法で積み重ねられてきた議論の成果であろうと、気に入らないものは「内政干渉」と論難する。人権問題は国境を越えた関心事項であることも、重松にとっては理解の外である。

以上が死刑制度永久必要論の全貌である。嗤ったり、呆れたり、悔ったりしてはいけない。いかに稚拙で凡庸であり、いかに憤飯物であっても、現実に絡み付いてまごうかたなく力を発揮する「理論」というものが、確かにあるのだから。粗雑であることがマイナスとは限らないのだ。「人類の叡智」「人間の尊厳」がこのような文脈で語られることの異和感をもすっぱりと裁断し、おそらくは語り手自身の自己陶酔に浸った薄笑いを想像させられてしまうことなしに読むには耐えない無神経ぶりこそが、重松の「強み」ともなっているかもしれない。こうした「理論」を受け止めて、一つひとつ解体していく辛抱強い作業が死刑廃止論の課題なのである。

池田晶子・陸田真志『死と生きる——獄中哲学対話』（新潮社、99年）

一九九五年一二月に東京で強盗殺人事件を犯した被告人が、『新潮45』編集部に出した手紙から始まった往復書簡を同誌に掲載したものである。

一審判決は死刑が予想されたが、控訴はしないとしていた被告人に、「命を大事にするなどという陳腐な言葉を、じつは私も、生まれてこのかた口にしたことがありません。そんな恥ずかしい言葉は、口が裂けても言えない。そう思っていたのでした。けれども、今は、ためらわずにこの言葉しかありません。自分の命を大事にしてください」と呼びかけ、一九九八年六月五日の死刑判決後に「控訴」し、高裁に係属することになった。その一点だけでも〈息詰まる言葉の劇〉という宣伝に嘘はない。往復書簡の内容は「哲学ごっこ」の域を出ないが、時に挑発的に書かれた次の文章などは案外、議論の素材として有益かもしれない。

「死刑になるかもしれない人が、死刑は人道的だ、なぜなら気づきの機会を与えてくれるからだと言い、また、少年法は非人道的だ、なぜなら気づきの機会を奪うからだと言う。この言葉の正しい重さの前には、死刑廃止論者の人道主義も、少年法廃止論者の反人道主義も、それこそ屁みたいな観念論と化します」。

中野進『国際法上の死刑存置論』（信山社、01年）

信山社の「学術文庫」の一冊として公にされた。中野は富士大学経済学部教授、博士（法学）とのことであり、著書に『現代の国際政治』（共著、東海大学出版会）、『国際法上の自決権』（信山社）、『国際法政策学』（信山社）がある。本書は中野が構想している「中野進・研究著作集・国際法論集・全一〇巻」の三冊目にあたる。

構成は次のようなものである。序言、第一章　生命権を規定している条約の内容及び問題点、第二章　死刑廃止を規定している条約の内容及び問題点、第三章　死刑存置を規定している条約の内容及び問題点、第四章　死刑制度に関する各国の見解、第五章　死刑廃止論に対する疑問、結語、参考文献、索引。

一九九五年に同じ出版社から、重松一義『死刑制度必要論』が出版された。法哲学の旅と称する思索の書である。「待望の書」「見事な挑発」「死刑廃止論者にとっても、存置論者の本音と理論を明快に知るための必読書」ではある。それから七年、今度は「国際法上の死刑存置論」である。これはもちろん重要テーマである。

著者は、世界人権宣言、欧州人権条約、国際人権規約自由権規約、米州人権条約、アフリカ人権憲章、児童の権利条約、イスラムにおける人権に関するカイロ宣言、独立国家共同体人権条約が、いずれも生命権を規定していることを確認したのち、これらや死刑廃止条約、ICTY規程、ICTR規程、ICC規程等が死刑廃止を規定していることを紹介する。続いて、死刑存置を規定しているものとして、極東国際軍事裁判所条例、一九四九年ジュネーヴ条約、欧州人権条約、米州人権条約、死刑廃止条約等を列挙する。死刑廃止条約も戦時の重大犯罪には死刑を存置していると解釈して、死刑存置論の「根拠」の一つとされている。死刑制度に関する各国の見解については、死刑廃止条約採択当時の国連における見解を国別に列挙している。

その上で本論として「死刑廃止論に対する疑問」を七つ提示している。

批判対象は、誤判説、生命尊重説、死刑残虐説、国際的潮流説、治安良好説、抑止無力説、捕虜説である。中野はこれらに対する疑問を列挙した上で、重松一義の『死刑制度必要論』を引用し、「死刑禁止(廃止)、特に全面的死刑禁止(廃止)という内容の規範が、慣習国際法やユース・コーゲンスとして成立しているとは、言えないであろう」とまとめ、さらに死刑廃止論への疑問を繰り返し、「いずれにせよ、死刑の存廃は、あくまで手段であって、決して〃目的〃ではない」とする。

日本は死刑存置国であるから、通常は、死刑存置論者はとりたてて意見表明する必要に迫られない。「凶悪」事件が大々的に報道された時や、刑法改正や少年法問題の時にコメントを出す程度である。これに対して死刑廃止論者は、現実の制度を廃止しなければならないから、積極的に廃止論を唱えなければならない。出版物の多くは廃止論であり、存置論と銘打った著作はあまり多くはない。死刑制度を当然の前提とした議論はいくらでもあるからだ。その意味で死刑存置論の本が出ることは、廃止論者にとっては、存置論の現状を知るために重要である。

本書は「国際法」に即して議論を展開するスタイルで、新奇性がある。これまで「国際法」に依拠する議論といえば、死刑廃止条約を旗に掲げたり、国連人権委員会の死刑問題決議を紹介したりするものが一般的であり、いずれも死刑廃止論であったからである。死刑存置論は、死刑廃止論の本拠にすら見えた「国際法」の分野での死刑存置論は、これまでとはいささか異なる展開であり、興味深い。特に、死刑廃止が慣習国際法になっているか否かについての検討や、死刑廃止が直ちに国際的潮流といえるかの検討については、本書出版当時にはまだ中野の議論にも一理あるといえたのかもしれない(全面廃止国の増加について本書95頁)。廃止論はこの点を受け止めて、次の議論を展開していく必要がある。

もっとも死刑存置論としての説得力という点では、本書にはさして見るべきものがない。重松一義『死刑制度必要論』も同じであったが、死刑は当然という中野の思いを繰り返すだけで、論理的な説得力をもった文章を書こうという姿勢は最初からほとんど見られない。現に死刑のある日本での議論はこうなるしかないのであろうか。二七字二二行、目次から索引まで含めて一五二頁、全体で七万字にも満たない小著という限界をおいても、議論を誘発する叙述であればと惜しまれる。

中野は、バイオ工学とロボット工学の発展により人間でもなくロボットでもない、第三の生命体が誕生する可能性や、クローン人間が生まれる可能性を繰り返し、被殺害者がクローン人間として再生する可能性を論じ、「殺害者に人間としての再生を認めるにもかかわらず、被殺害者に人間としての再生を認めないのは、法の下の平等に反するのではなかろうか」といった楽しい議論を展開している。これが果たして「国際法」といかなる関係があるのかも興味深い。

そもそも「国際法」といっても、中野は条約レベルのものだけを紹介して、近年の国際機関における議論はまったく射程に入れていない。後半の死刑廃止説への疑問呈示の部分の大半は実は国際法の議論ですらない。

巻末の「参考文献」には一二〇点の文献が列挙されているが、かなりアドホックな印象を与える。内外の関連文献の収集・整理ができていない。アムネスティ・インターナショナル日本支部、菊田幸一、団藤重光の本はあがっているが、『年報・死刑廃止』は「98」しかあがっていない。多くの重要文献があげられていない。一二〇点のうち三四点は英語文献であるが、なぜこれらが参考文献となっているのか意味不明である。ほとんど引用も言及もされていないからである。本文で利用しているのは、ウィリアム・シャバス『国際法における死刑廃止』(ケンブリッジ大学出版)ほか数点だけである。列挙されている文献のほとんどは本書と関係ない。「国際法上の死刑論」に関するものはわずかしかなく、死刑の現状に関するものや、抑止効果に関する研究などがあがっているにすぎない。何のために註にあげているのかわからない。

国際法についても条約の条文を引用するレベルにとどまる。死刑をめぐる国連人権機関や地域的人権機関の判決への視線は見られない。各国の立法や判例の動向にも一切関心が向けられない。国際法学における学説も、シャバス以外は取り上げられない。

石川真介『死刑、廃止せず』(河出書房新社、02年)

鮎川哲也賞受賞作家によるミステリーであり、死刑存廃論が縦糸として織り込まれている。「本郷大学法学部教授として長く刑事法を講じ、定年退職とともに最高裁判事となり、昨年末にこちらも退官している。現在は本郷大学名誉教授として死刑廃止に向けた社会活動を精力的に推進」している刑法学者・東積と、凶悪犯罪により息子を殺された被害者との対決を柱に、死刑存廃論を展開し、最後は「偉大な刑法学者」に「死刑、廃止せず」と語らせることで死刑存置論の勝利とともにミステリーのエンディングを迎える構成である。

死刑廃止論者である刑法学者を懸命に貶めて醜く描く姿勢が一貫している。死刑存置論の刑法学者に「死刑制度を廃止せよというのは、二つの点で問題があるわけです……一つは、国も法律である刑法に死刑という刑罰が規定されている以上、死刑という判決を確定することも、死刑囚に死刑を執行することも、どちらも正しい行為なのです。……これを認めない東先生の主張は、法治主義を明白に否定するものといえます」と語らせて「この上なく難解なクロスワード・パズルが次々と見事に埋まっていくようで、聴衆は論理の快感に酔いかけている」と書くあたり、法制度の改廃と実定法の解釈の相違も分かっていないことが読み取れて「没論理の快感」に酔っているのではないかと心配になる。

長田鬼門『死刑のすすめ——積極的死刑拡大論』(中央公論事業出版、05年)

表題から明らかなように、単なる死刑存置論ではなく、死刑拡大論である。意欲的かつ挑発的な表題といえるが、時代風潮が本書を生んだといってもいいかもしれない。

冒頭の「本書では、互いにその意見が対立する死刑廃止論者たちと死刑存続論者たちの何れが正しいかを検証する。本書では、死刑実施の是非とともに、刑一般の軽重も論じられる。というのは、死刑廃止論者と死刑存続論者との対決は、刑一般をより軽くして欲しいと願う人々と、刑一般をより重くして欲しいと願う人々の対決であると考えるからである」という言葉で本書は始まる。本書は死刑廃止に関する冤罪はあまり取り上げず、被告人の有罪に疑いのない場合だけを念頭において論じている。

本書が検証対象とする死刑廃止理由は、第一に死刑よりも無期懲役のほうが実は重いという理由、第二に死刑に犯罪抑止力がないという理由、第三に死刑があると却って犯行を重ねてしまうという理由、第四に冤罪説、第五に死刑は人権に反するという理由である。報復、情状、性悪説、人権及び更生、抑止力についてそれぞれ議論が展開されている。基調は単なる凶悪犯罪増加論であり、実質的には社会防衛論である。

長田はあとがきで「本書は単に面白い読み物として企画された。私は本書で、自分の思考能力に挑戦してみたのである。ただし死刑問題については、死刑廃止論者たちの説は、一般に面白くない。愛と赦しで犯人に接することをひたすら説くその姿勢は、見上げたものであるが、話の内容は平凡すぎる。単純で、深く考えられた跡がなく、分析力に極めて乏しい。本書のほうが、読み物としては、死刑廃止論者たちのそれよりは、はるかに面白いものになったと確信する」と締めくくっている。

本書は死刑問題について「最終回答を与えた」とも言う。仮に本書が「面白い」としても、論理的でなければ何の意味もない。本書の第一の特徴は、単純化である。死刑廃止論者と死刑存置論者、刑を軽くして欲しいと願う人々と重くして欲しいと願う人々という過度の単純化が一貫している。

第二に、批判対象が不明確であり、文献の引用も指摘もほとんどない。「死刑廃止論者たちは……と言う」「似非弁護士や死刑廃止論者たち、人権擁護者たちは……と叫ぶ」といった非難や侮蔑の言葉が頻出するが、いつどこで誰が言っているのか、叫んでいるのか、具体的な指摘が一度もない。問題の設定も、立論の仕方も、廃止論者の見解も、それに対する反論も、すべて長田の空想の世界の中だけで成立している。これでは議論になりようがない。

とはいえ論理性の欠如が長田の議論の意義を低めるわけではない。俗情死刑存置論の社会意識を十分に反映した著書であり、死刑廃止論者にとっても重要である。

長田鬼門『死刑のすすめ――積極的死刑拡大論』（東洋書房、10年）

「裁判員裁判において、死刑は避けて通れない」とし、死刑は犯罪を抑止できるか。加害者の人権は被害者の人権より重いか。死刑は廃止すべきか存続すべきかといった議論を展開する。二〇〇五年の中央公論事業出版版の再版だが、冒頭の「新版刊行に当たって」以外はほぼ同じ内容のままである。現実に関心のない長田は、時効が廃止されたことも知らないようである。

森炎『死刑肯定論』（ちくま新書、15年）

裁判官を経て弁護士となり、刑事司法に関する多くの著作を世に問うてきた森による死刑肯定論である。これまでにも『死刑と正義』（講談社現代新書）、『なぜ日本は世界の中で死刑を是とするのか』（幻冬社新書）を出しているので目新しくはないが、従来からの存置・廃止論を踏まえつつ、「これまで誰もなし得なかった方法で死刑の根拠を問い、死刑廃止論が違っていることを示して見せる」と述べる。全一二章からなる構成の中で、冤罪と死刑、被害者の復讐感情、人数基準、死刑と「安全な社会」、戦争と死刑、国際社会と死刑など多くの論点に視線を及ぼしつつ、現代思想の成果に学びながら論述を進めている。

森自身の概説（まえがき）では本書の内容を大きく四つにまとめている。「第一に、従来の死刑存置・廃止の論議は、実は、アナクロニズムに陥っている」。この点は「第一章　死刑の二律背反」「第二章　死刑論の時代的限界」で詳述される。「第二に、従来の死刑存廃論議は、正義論上の絶対的な根拠を提示し得ていない。そのため、いつまで経っても平行線で終わっていた。本書の死刑論は……死刑の究極的根拠を追い求める」。その実質は次の権力論となる。「第三に、従来の死刑論議は、いわゆる正義論に当たるとされているが、死刑問題は、正義論だけではとらえきれない」ので、「権力論の次元がどうしても必要である」。「市民の観点で死刑制度をとらえる場合、国民に死をもたらす『死刑権力』という見方が欠かせない」。権力論が不可欠というのは正当な指摘である。従来の廃止論でも繰り返し提起されてきたことであり、現に数百年にわたって議論されてきたが、森は「この点がそっくり落ちていた」と言う。最後に現実の裁判に対する評価である。「第四に、死刑裁判という観点が必要になる」ので、「訴訟構造上、①被害者の側、②犯罪者の側、③われわれ（社会）の側に配分されている」とし、被害者の復讐感情、犯罪者の悪性、安全な社会の理念の三つの原理を踏まえつつ、「それら三テーマが死刑の正義論といかなる関係に立ち、権力論上いかなる問題点を内包するのかを明らかにして、『正義論―権力論―市民裁判論』の道筋をつけた」という。

その中心命題の一つは「共存在」である。

「死刑は、人間が『共存在』であることを法の力(強制力)をもって想起させる唯一の社会制度にほかならない。殺人者が他人を殺める前に死刑を想起するならば、他人の死が自分と重なる。それを知る限り、自分の生が他人の生とともにあることを知ることになる」。

「死刑制度が廃止されてしまうと、どうなるか。殺人者が他人を殺める瞬間に、このような機制は起こりようがない。他人を殺めても、はじめから死刑はない。他人の死は自分の死に何らつながらない」。

「もっとはっきり言えば、死刑が廃止された社会では、『自分が殺されるのは絶対にいやだが、自分が他人を殺すのはかまわない』という逸脱倫理が、法の門をそのまま素通りしていくことになる。実際、アウシュビッツでは、この現象が大掛かりに出現した。アウシュビッツの特徴は、大量殺戮によって機械的に殺される側の生命を無意味化しただけでなく、殺す側さえ意味なく殺人者となる点で、殺人規範を無意味化したことになる」。

かくして、死刑制度を廃止した社会はアウシュビッツに比肩される。死刑を廃止した現在の欧州諸国を、死刑を存置していた時代のアウシュビッツと同列に並べる異様なレトリックである。

①被害者の側、②犯罪者の側、③われわれ(社会)の側に分節された権力論的考察は、「管理社会の新しい権力」への視線を媒介として、②犯罪者の側からの死刑正当化には限界があるが、①被害者の側、及び③われわれ(社会)の側からの正当化が可能であるとし、特に社会の安全について論究する。

もっとも、「すでに正義論、権力論を通してみたように、結局のところ、それを肯定するのが、いまの日本の社会であり、国民意識なのだろう。通り魔殺人をはじめ、連続殺人、同時多数殺人などは、人命を軽視した挙句に、われわれの社会自体に大きなダメージを与える。このような犯罪に対しては、その人命を奪うことでしか対処できないという考え方ないしは意識は、やはり、自然にして強固である」としているので、社会の安全論と国民意識論がセットになっているのは論旨が混乱している。なお、秋葉原通り魔事件については、①被害者の側からも③われわれ(社会)の側からも死刑を正当化することができないとしている。

森は非常に意欲的で、縦横無尽に古今の思想を渉猟する。カント、アウグスティヌス、ルター、ハンムラビ法典、ベッカリーア、ルソー、モンテスキュー、プラトン、キケロ、セネカ、ホッブズ、ロック、ウルピアヌス、ベンサム、ロンブローゾ、ヘーゲル、マルクス、ハイデガー、バタイユ、ドストエフスキー、ホルクハイマー、アドルノ、デュルケーム、フーコー、デリダ、バウマン、ハーバーマス、ベンヤミン、ネグリといった調子で、実に華々しい博引傍証ぶりを発揮するが、ほとんど何でもありの作法であって、まともな思想研究者なら読む前に本書を放擲してしまうだろう。

2 廃止論

日本は存置国なので、死刑廃止論の著作は数多く、多様な論点を提示してきた。主要な論点に変わりはないが、それぞれの個性的な論述がみられる。日本社会に大きな影響を与えてきた死刑廃止論としては、アムネスティ・インターナショナルによるそれであろう。

アムネスティ・インターナショナル日本支部編『死刑廃止』(明石書店、99年)

三部構成である。第一に「死刑廃止」であり、松下竜一「最後の面会」、柳重雄「国際人権基準から見た日本の死刑」、金田誠一「死刑廃止臨調法案を作り、開かれた国民的議論を」、平川宗信「死刑と日本国憲法」、向井武子「死刑囚の立ち直りを阻む死刑制度」、スティーヴン・トロンブレイ「家族の価値と死刑」が収められている。

向井武子の一節だけ引用しておこう。

「死刑制度で人間がよくなることはないと思います。養子縁組みした彼も死刑判決が下される度に打ちのめされて、立ち直ろう立ち直ろうという気持ちをくじかれていくわけです。私ともう一度生きてみようという気持ちが、死刑判決で打ちのめされ、もう一度立ち直って生きてみようと思っても、また死刑判決が打ちのめします。死刑囚が残したいろんな本や文章などを見て『死刑制度があるから死刑囚はあれほどまでに人間性が高められたんだ』と言う人がいますけれども、私はむしろ逆に、彼らが残した文章を見て、日々何かに打ちこまなければ気が変になるほどに死刑制度が彼らを追いつめているということを読み取るんです。玄人が詠むほどの水準の高い短歌などを詠む人もおりますけれども、私はそういうものから彼らの追いつめられた精神状態というものを逆に感じ取らずにはおられないんです。」

第二部は「98年世界の人権」であり、一四一カ国の人権侵害を詳細に記述した九九年度「アムネスティ人権報告」の概観である。フォーカスとして、犯行当時一八歳未満だった三人を含む六八人の死刑囚に死刑執行を行った米国、何百人、おそらく何千人かの活動家や、政府に反抗的だという疑いを持たれた人びとが拘禁された中華人民共和国、少なくとも三二人が死刑を執行され、死刑判決が増加傾向の台湾、政治改革は始まったものの深刻な人権侵害が続いたインドネシアと東ティモール、約一〇〇名が死刑判決を受け、六名が執行された日本が挙げられている。また、「98年国際人権(自由権)規約委員会での日本の報告書審査をめぐって」という報告や「98年国際人権活動の動向」も掲載されている。

第三部は「アムネスティの人権活動」である。「普遍的な人権のためのキャンペーン」「後退する難民保護」「アムネスティをもっと知りたい方」「アムネスティ日本支部の主たる活動カレンダー」「ニュース発表」「アムネスティ調査団派遣記録」などが収められている。巻末の資料編も充実している。

アムネスティ・インターナショナル日本支部編著『知っていますか？　死刑と人権』（解放出版社、99年）

「知っていますか？一問一答」のシリーズの一冊であり、二二のQ&Aからなる。例えば「人を殺したのだから、死刑になっても仕方ないのではないでしょうか？」「死刑制度は私たちの社会を守るために、やはり必要なのではないでしょうか？」「死刑がなくなると、凶悪犯罪が増えるのではないでしょうか？」「被害者遺族の気持ちを考えると、死刑は絶対に必要なのではないでしょうか？」など、基本的な論点を一つひとつ取り上げて、人権の観点から死刑について考えるための工夫をしている。

国際的にも国内的にもアムネスティ・インターナショナルが死刑廃止論の重要な役割を果たしてきたことは言うまでもない。国連人権機関や地域的人権機関における議論に際してはその他にも多くの人権NGOが関与してきた。日本でも死刑廃止運動に関わる団体、研究者が廃止を求めてきた。弁護士会及び刑事法学の動向は後述するとして、ここでは、それ以外の分野から多様な廃止論を紹介しておこう。

後義輝『死刑論の研究』（三一書房、94年）

死刑を根拠づける諸理論を批判的に分析し、死刑の残虐性に再び光を当てる。存置論はもとより、廃止論であっても死刑の残虐性についての洞察が欠けている場合があると言い、これをも厳しく批判する。

佐藤友之『さあ、死刑について話し合おう』（メディア・ルネッサンス、96年）

執行再開の現状とオウム真理教関連事件を前に、死刑で何が解決するのか、法の名であれば殺人も許されるのかと問い直し、秘密主義の死刑執行に迫り、「いまこそみんなで話し合おう」と呼びかける。

存置であれ廃止であれ、死刑について知ることが必要である。単に人の生命の剥奪という抽象的な理解ではなく、国家刑罰権の行使としての死刑が具体的にどのようにして行なわれてきたのか、執行される側と執行する側はどのように対峙しあうのか、死刑のある社会はその死刑の存在によっていかなる規定をうけているのか。一つひとつ冷静に議論していく必要があろう。

佐藤友之『死刑と宗教』（現代書館、02年）

死刑と宗教に関する多面的な考察である。「第一章　死刑台への道筋で」において、死刑冤罪を典型とする日本の司法と死刑への疑問を提起し、「第二章　宗教教誨とは」では、「人間金庫」ともいうべき死刑囚監房のありようを紹介しつつ、教会の歴史と現在を浮かび上がらせる。「第三章　キリスト教と死刑」では、キリスト教・イスラム教・仏教のうち死刑を廃止したのはキリスト教文化圏だけであるとし、キリスト教のもとでの死刑の歴史を素描し、「第四章　中世に発達した死刑廃止の思想」では、ベッカリーアの『犯罪と刑罰』やユゴーの『レ・ミゼラブル』『死刑囚最後の日』などを紹介する。「第五章　死刑廃止ヨーロッパの経験」では、一九八〇年代の欧州における死刑廃止と被害者補償制度に言及する。「第六章　宗教は死刑制度を変えられるか」では、先進国の中で死刑制度を維持しているアメリカと日本の相違を検討している。

その上で「宗教に死刑制度を変える力はないのか？　答えはとうに出ている。ヨーロッパはキリスト教の理念に従って、死刑を廃止した。暗黒の中世、神の名において残虐非道な拷問と死刑を企てたキリスト教は、現代にいたって、死刑廃止に重要な役割を果たした」とする著者は「仏教文化圏に属する日本は、仏教理念にもとづいて、死刑を廃止できるだろうか」と問いをたてる。そして「仏教文化圏では死刑を廃止できないのではない。すでに述べたように、日本は九世紀から十二世紀にかけて、三百五十年にわたって死刑を廃止していた。仏教の誕生したインドでは、アショーカ王の時代、死刑を廃止したといわれる」とし、現在の仏教思想においては死刑廃止論の声が弱く、仏教が死刑執行に利用されてきたことを指摘し、「仏教者は宗派を超えて、仏教に根づいた死刑廃止論を構築していただきたい」と期待する。

「死刑を止めよう」宗教者ネットワーク編『宗教者が語る死刑廃止』（現代書館、06年）

二〇〇三年にスタートした宗教者ネットワークの活動から生まれた一冊である。

シスター・ヘレンとの出会い、福岡事件再審請求と助命運動、袴田事件再審請求、人権のための殺人事件被害者遺族の会、更生・社会復帰のためのアミティなど宗教者の活動紹介に続いて、様々な宗教者による死刑廃止論が収められている。大本総長、イエズス会社会司牧センター、死刑廃止キリスト者連絡会、日本キリスト教協議会などのメンバーの論考が収められている。「死刑執行停止を求める―諸宗教の祈りの集い」における、真宗大谷派、天台宗、日本聖公会、大本のメッセージも掲げられている。

また、宗教団体への死刑問題アンケートの結果も資料として付されている。国内一〇七の宗教団体に実施し、回答は二四団体。「死刑制度に賛成か（賛成二団体、反対九、どちらともいえない七、無記述六）」、「死刑制度に代えて、新たに終身刑を導入することに賛成か（賛成四、反対五、どちらともいえない九、無記述六）」など。

中山千夏『ヒットラーでも死刑にしないの？』（築地書館、96年）

死刑廃止運動に永年携わってきた中山の死刑廃止論である。死刑について「徹底的に自分で、自分の言葉で考え」ることで「死刑廃止を唱えるには、しっかりとした論理が不可欠であるけれど、そのために専門的な思索や学識を必ずしも必要としない」として、「死刑は殺人だろうか？」「ヒットラーでも死刑にしないの？」「殺された人の人権はどうなる？」「被害者に悪くて……」「あなたの家族が殺されたらどうする？」と平易な言葉で語り、「強い死刑廃止論には、『人間は生きたい』ということへの情熱的な肯定がある。そして、『人はみんな同じ』という考えから、『誰もが生きたい』のだと知り、他人が生きたいことに熱烈に共鳴する感覚がある」とする。一見華麗で鮮やかな論理を駆使することよりも、佇みながら、綻びを繕いながら、自分の手のひらで紡ぎだす自分の言葉で語り続け、死刑廃止運動の情熱を分かち合うことの大切さを教えてくれる。

原裕司『殺されるために生きているということ』（現代人文社、97年）

朝日新聞死刑制度取材班のキャップだった原の新聞記者としての死刑論である。二〇年間に及ぶ死刑問題の取材を通じて張り巡らした情報網を頼りに、「執行再開」はないと信じつつも、万が一再開されるとしたら第一報を得るべく努力してきたはずが、一九九三年三月の執行再開を読売新聞に抜かれてアタフタする場面から始まる。本書は、「なぜ死刑なのか」「人を殺すことを禁止している国家が、合法的に人を殺すことの意味」を問いつづけた体験エッセーである。死刑廃止運動や、執行再開後の状況をわかりやすくまとめる一方、死刑囚の処遇や被害者遺族感情も取り上げている。

島田荘司・錦織淳『死刑の遺伝子』(南雲堂、98年)

本格ミステリー作家と元内閣首相補佐官の対談である。ロス疑惑(三浦事件)を導入として日本の裁判や事件報道への疑問を提示し、「日本民族が作る冤罪」の特質を検討した上で、死刑の歴史、終身刑論、国民アンケートの問題を論じて、「日本村の人権意識」を検証する。

「異端の存在を許さない。つまり、いったん異端になってしまったものは、かつて村八分という言葉があったように、徹底的にその存在を抹消してしまう。抹消することによって自分たちが生きている社会に同化していることを確認し、帰属意識を確認する。そして安心するという論理構造や心理構造があるとすれば、たいへんきびしい問題だということになりますね。」

「日本の死刑は、村社会延命のための方便、異端の抹殺なんですね。怯えが律する社会は結局ここに行き着きます。異端者への怯えです。そして抹殺が与える威圧の効果を横目で見て、全員を横一線並びの同じ人たち、つまり全部『自分』にしてしまうという、極限的安全策であると思います。」

この発想はさらに次のように展開する。

「威圧による被威圧、行儀強制を極限的な地点で意識しつづける日本人は、ある一点を突き詰めて発想すれば、真反対に結論しやすい倒錯体質を得ているという観察が、ここでも可能になる。女性と隣り合うことにさえ不道徳を感じた日本人は、一般雑誌に裸体の写真が掲載されることを国策として厳禁し、結果として世界に前例のない、一般週刊誌の大半にヘア・ヌード写真を掲載する地点に到達した。世界一の行儀統制を誇った道徳的日本軍は、敵国無抵抗市民の大量虐殺行為の点で世界有数となった」。

この「倒錯という威圧の緊急避難」からの脱却が本書の問題提起である。

亀井静香『死刑廃止論』(花伝社、02年)

死刑廃止議員連盟会長に就任した亀井の呼びかけである。アムネスティ・インターナショナル日本の二〇〇二年総会での記念講演を基にした「死刑はなぜ廃止すべきか」では「亀井静香がなぜ死刑廃止なのか、と思われる方もおられるかもしれません。しかしながら、私は、死刑廃止議員連盟の設立の頃からのメンバーでありますし、国会議員になる前の警察におりました頃から死刑は廃止すべきだと思っていました。実は、もっと前の少年の頃から、ずっとそう思ってきました」と始まる。

「人の命や自然環境を大事にしない社会は、健全な社会ではない」「死刑に犯罪抑止力はない」「常にあるえん罪の可能性」

を指摘し、「日本の風潮を憂う」では「他人の犠牲の上に立つ幸福や安全などない」「自分のことより他人の幸せのためにという、そういう人間が日本にいなくなってきた、私はそのことに日本の危機を感ずる」とし、「人を批判しておけばいいとか、少々えん罪が出たって、自分さえ危険でなければそれでいいんだというような、おかしな雰囲気が蔓延しているなかで、この流れを変えていくためにも、死刑問題について、全力をあげて取り組みたい」と述べる。

死刑廃止の方向としては「日本版終身刑」を念頭におきつつ、議員連盟の課題を整理し、死刑廃止と当面の執行阻止に向けた努力を提案する。二〇〇二年五月の「司法人権セミナー」での発言では、「死刑制度が存続するということは、ある意味では絶対矛盾である」「死刑廃止の問題は死刑をなくするということだけでなく、この運動は生きとし生けるものに対する価値観といったものを人類が共有していく、そうしたひとつの運動でもある」と述べる。

「特集・死刑を考える」『現代思想』三二巻三号（04年）

重要な問題提起を含み、注目される。死刑存廃論については議論が出尽くしたと何度も言われてきたが、本特集は死刑をめぐる思考はまだまだ豊かな論脈をもっていることを示している。〈討議〉〈インタヴュー〉〈死の文化〉〈死刑と世論〉〈死刑と暴力〉〈死刑廃止への道〉〈法〉〈戦争と死刑〉〈被害者の視点から〉という九つのパートに配置された論考は、次の一八本である。多彩な思考の一つひとつを紹介する余裕はない。ぜひとも直接読み込んでほしい特集である。

森達也・鵜飼哲「死刑文化からの抜け道を求めて（対談）」は、戦争、宗教、復讐、文学などの観点から死刑を論じて、「死刑文化からの脱出」を模索している。

安田好弘「国家と死刑」は、日本の現状を「内務省政治の復活」と特徴づけ、同時に進行している司法の政治化に留意しながら死刑問題を語っている。「死刑があるかないかは、国家が何によって支配されているかということです。国家の強さの問題だとも思います。逆に言うと国家の中にいる市民がどれほど管理され統制された中で生活しているかなんです」。

池田浩士「死刑と正義とのあいだ」は、ナチス・ドイツの歴史や、日本の死刑を踏まえて、法＝正義という等号の裏側にある怨恨の深さに止目する。「死刑制度に身をゆだねるとき、何ものにも替えがたい恨みの念は晴らされぬまま、怨恨となって身と心をさいなむ」。「復讐譚の人物たちは、みずからの恨みが、晴らされぬまま怨恨となって他者に向かうことを、身をもって拒絶した人間たちなのだ。かれらは、悲嘆と痛恨と言う被害者感情が、怨恨として生きつづけることによって加害に転じることを、国家の法＝正義からすれば殺人でしかない行為によって、阻止したのである」。

鵜飼哲「死のかなたでいかに出会うか」は、死のかなたにある「アジア」とどのようにして出会うのかを問いかける。人権の普遍性は単なる統一ではなく、それぞれの文化的遺産の継承のなかで実現される普遍性であることを示す。

森毅「いくじなし宣言」は、死にヒロイズムを付与することを望まず、「ぼくはいくじなしと、ここに宣言する。サムライなどにはなりたくない」と述べる。

吉田智弥「死刑肯定と減刑嘆願のアナロジー」は、「人を殺したら死刑」という命題の恣意性を検討し、死刑肯定論が優生思想や排外主義とつながる秘密をかぎ当てる。

中山千夏「死刑と喫煙」は、人間の存在そのものを根本から破壊する死刑に反対する運動の意外な困難を乗り越える努力を語る。

港道隆「死刑の文字と精神」は、レヴィナスやデリダを参照系としつつ、近代国家の主権の意味を哲学的に捉え返す試みである。

澤野雅樹「死刑をめぐるいくつかのパラドクス」は、死刑執行人のエピソードを手がかりに死刑そのものが国家の内的な自己矛盾であるというパラドクスを提示し、監獄における規律と死刑囚のパラドクスを検討するなど、死刑問題を法的な死刑存廃論とは異なる地平に移し変えて、鮮やかに分析している。「次のように言うことが許されるだろうか。死刑囚は誰からも望まれていない」。この一文は単に死刑廃止論を唱えているのではない。死刑がもつ背理を端的に指摘しているのである。

萱野三平「暴力の合法性と非対称性」は、小浜逸郎の死刑肯定論を検証しながら、死刑廃止とは、「暴力による暴力の制御」をこえた暴力の制御の実践にほかならないとする。

J・ラプランシュ（郷原佳以訳）「人間性剥奪への道（死刑に関して）」は、「死刑とは、その性質そのものからして、人間の司法が必然的にそのなかに書き込まれているべき象徴的報いの枠組み、および、あらゆる規範の限界を超え出たものなのではないだろうか」とする。

郷原佳以「死刑存廃議論の沸騰のなかで」は、一九七〇～八〇年代フランスにおける議論状況を振り返りつつ、バダンテールの闘いの位相を探り、死刑廃止後の刑罰のあり方にも問いを差し向ける。

松葉祥一「死刑・主権・赦し」は、挙証責任が死刑肯定論にあるにもかかわらず、死刑廃止論に挙証責任が押し付けられていることを的確に指摘した上で、死刑論に乗り出すためにデリダの論理を参照し、「赦しえぬものを赦す」論理を模索する。「不可能なもの」を考え抜くことに、現代思想の論理と倫理の可能性も潜んでいる。

前田朗「死刑と国際人権法」は、「国際法においては死刑廃止といえない」という存置論からの反論に根拠がないことを明らかにする。

石塚伸一「終身刑導入と刑罰政策の変容」は、著者の後掲諸論考（本書125頁）と同様に、国際的な刑罰政策の流れの中で終身刑が持つ意味を解き明かし、日本における死刑代替刑として浮上している終身刑の問題点を指摘する。

内海愛子「戦争裁判と死刑」は、BC級戦犯として処刑された人々、とりわけ朝鮮人戦犯の歴史を踏まえて、戦争裁判の矛盾を指摘しつつ、将来展望を示す。

原田正治「弟を殺した加害者と僕」は、死刑廃止運動の現場で殺人事件遺族として語ってきた著者の願いをまとめている。

坂上香「被害者の声を聴くということ」は、被害者の声として語られることと同時に、語られない被害者の声、沈黙を強いられる被害者の声にも耳を傾ける必要性をていねいに指摘する。被害者も多様であり、変容可能性を持っているからだ。
以上の諸論考はほとんどが互いに無縁に執筆されたもののようであるが、互いに呼応しつつ、死刑存廃論の新たな地平を切り拓こうとしている。個別の死刑存廃論としてだけではなく、また世界の死刑存廃の情報だけでもなく、さらには、レヴィナスとかデリダの思想紹介という意味でもなく、これらの思考を通じて死刑存廃論の最前線で切り結ばれている論点をひととおりカバーしながら、同時に死刑存廃論自体を異化する試みを含んでいる。本特集を出発点として、さらに刺激的な死刑論が登場してくることを期待させる。哲学、社会学、刑法学など多面的な視点からの分析を試みることで、もはや議論が出尽くしたはずの死刑存廃論というイメージを払拭し、まだまだ考え抜くべきこと、考えられていないことの存在を教えてくれる特集である。

鴨志田恵一『残酷平和論』(三五館、11年)
法政大学社会学部における「平和論」講義の記録化で、人間は何をするかわからない、ある意味では残酷な存在であることを認めたうえで平和について考え、平和づくりを目指す。
第6章「人はなぜ死刑判決を下せるのか」では、裁判員制度により死刑が身近になったとし、死刑について議論することは戦争について議論すると同等であると言う。授業での学生アンケートでは、一般のアンケートよりも死刑反対派が多かったものの、「わからない」がかなり多いとし、「しかし、いま日本でいちばん死刑制度が『わからない』人は、千葉景子・元法務大臣ではないでしょうか。学生が思考のうえ『わからない』のとは、格段に意味の違う『わからない』行動をしたのです。弁護士であり、それまで死刑制度の廃止運動も進めてきた当人が、法務大臣の現職中の二〇一〇年七月末に死刑執行書に署名し、執行に立ち会いました」と述べている。
著者自身は「何をするかわからない人間でも、ひとつだけやってはならないのは、人間の生き延びようとする天命を絶ってはならないことです」と主張している。

萱野稔人『死刑　その哲学的考察』(ちくま新書、17年)
『国家とはなにか』『カネと暴力の系譜学』をはじめとする著作で現代世界に意欲的に挑んできた哲学者の死刑論である。
第一章「死刑は日本の文化だとどこまで言えるか?」では、文化相対主義と普遍主義の対立を整理して、文化相対主義の可能性の限界を示し、普遍主義的な説明が不可避であることを示す。死刑の是非は「文化相対主義による問いの射程をこえてしまっている」からである。肯定論であれ否定論であれ、普遍的なロジックで考えなくてはならないという。
第二章「死刑の限界をめぐって」では、死刑になるために実行される凶悪犯罪、終身刑と死刑の関連、犯罪抑止力の三つの論点が提示される。死刑になるために実行される凶悪犯罪は死刑の悪用という、やっかいな問題であり極端な事例であるが、だからこそここに問題の本質を見ることができるという。そうはいっても「本当は死にたくなかったはずだ」という指摘が終身刑論へとつながる。そのうえで犯罪抑止効が実証されていないことに及び、「抑止効果があるともないともいえないなかで、死刑が現実に凶悪犯罪を誘発する要因にもなっているという事態をどのように考えたらいいのか」と問いを差し戻す。

第三章「道徳の根源へ」では、「人を殺してはいけない」という道徳を出発点に、安楽死や人工妊娠中絶との比較論を瞥見し、カント哲学にさかのぼって「根源的な道徳原理としての応報論」にたどりつく。

第四章「政治哲学的に考える」では、死刑を実践する公権力の本質を問い、死刑と両立しえない冤罪をめぐる議論に踏み入る。死刑事件ではないが冤罪・足利事件をもとに、犯罪捜査は構造的に冤罪の危険性と隣り合わせであることを示し、「冤罪はニュートラルなものではない」として、「公権力の活動そのものから生み出されてしまう『権力的なもの』だ」という認識に至る。さらに、誤判の可能性が高いとみられながら死刑執行のなされた飯塚事件を素材に、冤罪の根の深さに突き当たる。

第五章「処罰感情と死刑」では、社会の処罰感情が被害者や遺族の気持ちに投影されることを指摘し、死刑廃止論が処罰感情に向き合ってこなかったとし、ジャック・デリダの「無条件な赦し」論では処罰感情論に応答しきれないと見る。その上で、死刑と終身刑は二つの選択肢ではなく実はたがいに両立が難しいのだと考える。かくして著者はベッカリーアに立ち返る。「終身刑を支持するベッカリーアの議論は、あくまでも刑罰としての『厳しさ』という観点から読まれなくてはならない。終身刑は、『死刑になるつもりならどんなことをしてもいいだろう』と考える犯罪者に対して、死への逃避を許さない。そうした、死刑にはない『厳しさ』こそ、ベッカリーアが終身刑を支持する理由なのである」。

新書一冊で死刑論議の初歩知識を概説した入門書である。

3 弁護士会

弁護士には死刑賛成論者もいれば廃止論者もいる。弁護士会は強制加入団体である。それゆえ、かつて弁護士会は死刑についての議論を呼びかけることはしても、死刑廃止論を打ち出すことはしてこなかった。

しかし、長い議論を経て、弁護士会として死刑廃止論を積極的に唱えるようになってきた。

関東弁護士会連合会『死刑を考える――平成七年度日弁連シンポジウム報告書（本編・資料編）』（95年）

一九九五年九月に浜松で開催されたシンポジウムのために作成された「本編」「資料編」あわせて九〇〇頁に及ぶ報告書である。「死刑をめぐる内外の動向」「死刑に犯罪抑制効果があるか」「死刑の残虐性」「犯罪被害者に関する問題点」「死刑と世論調査」「刑事裁判の現実と誤判」「死刑に代わる最高刑」「アメリカ視察報告」「欧州視察報告」から成る。多面的かつ徹底的な資料紹介がなされており、死刑論議のための資料として実に有益である。

以上の通り一九九〇年代に入ってからの死刑廃止論は陸続と、しかも多彩な論作を輩出してきた。野蛮が野蛮であり、屈辱が屈辱であることをそれぞれの文法で明晰に展覧し、人間が人間であり、学問が学問であるための条件作りに協働してきた。死刑によって保たれる空疎で索漠とした秩序と安全が同時にもたらす恐怖と居傲と人間疎外を克服するために。連帯と共生の思想を繰り出し、編み直し、着こなしていくために。

日本弁護士連合会第五九回人権擁護大会シンポジウム第三分科会実行委員会編『死刑廃止と拘禁刑の改革を考える――寛容と共生の社会をめざして』(緑風出版、17年)

日弁連が二〇一六年一〇月に開催した第五九回人権擁護大会シンポジウム第3分科会の基調報告書「死刑廃止と拘禁刑の改革を考える～寛容と共生の社会をめざして～」並びに「死刑制度の廃止を含む刑罰制度全体の改革を求める宣言」を収録したものである。

日弁連の死刑廃止宣言は大きな社会的話題となり、各メディアでも報じられた。メディアでは、死刑廃止論と存置論の昔ながらの対立として報じられるにとどまり、刑罰制度改革全体の中における死刑廃止の位置づけは後景に追いやられた印象がある。しかし、言うまでもないことだが、刑罰制度全体、ひいては国家と社会のあり方論を抜きに死刑廃止論が提起されているわけではない。本書をもとに、総合的な刑事政策論の再検証が求められている。

刑罰制度改革としては、「罪を犯した人が社会に復帰し、地域と共生し得る刑罰制度を」、「罪を犯した人を社会から排除しない」、「更生と社会復帰を刑罰制度の核に」、「刑務所における強制労働を廃止し、賃金制を採るべき」、「社会への再統合のための刑事拘禁以外の多様な刑罰メニューの提案」、「犯罪被害者・遺族の支援」といった問題意識から、更生と社会復帰を軸とした刑罰制度改革を提案し、「受刑者に対する基本的人権の制約を最小限にとどめるべきである」、「無期懲役刑受刑者を含む仮釈放制度の徹底した改革を」、「更なる施設内外の連携の強化を求めて」、「マンデラ・ルールに基づく刑事拘禁制度の再改革を」、「刑を終えた者に対する人権保障について」、「今こそ我が国の刑罰制度全体の改革を求める」などを要請している。

そのために「第1章　我が国における刑罰の現状と課題」、「第2章　国際社会から学ぶべき刑罰制度」、「第3章　死刑制度について」、「第4章　求めるべき刑罰制度」について非常に詳細な論述がなされている。

「第1章　我が国における刑罰の現状と課題」に関しては、国際社会から求められる刑罰制度改革、社会復帰・社会的包摂に資する刑罰制度、スペイン憲法の規定と「死刑」、社会復帰と社会的包摂の達成に資する刑罰制度実現を阻害するもの、国際社会における死刑制度、死刑事件の誤判・えん罪の現実的危険性、死刑の犯罪抑止力等の検討がなされている。さらに、我が国の犯罪状況、刑罰とその執行状況、及び受刑者像の実体の多角的分析を踏まえ、被収容者に対する処遇の現状と問題点、社会内処遇・被拘禁措置の現状と問題点、刑事施設と社会とを隔てている障壁・社会復帰への課題を見定める試みがなされている。

「第2章　国際社会から学ぶべき刑罰制度」に関しては、イギリス調査報告、スペイン調査報告を柱に、フランスの刑事施設医療改革、イタリアのレビッビア刑務所の演劇活動、フィンランドの刑罰制度を紹介し、改革の参考にしている。

その上で死刑廃止を要請しているが、死刑については後述するとして「第４章　求めるべき刑罰制度」に関しては、「いまなぜ刑罰制度改革が必要か」、「刑罰の理念は何か　応報と正義の実現・更生と社会復帰」、「受刑者に対する基本的人権の制約を最小限にとどめるべきである」、「強制労働の廃止と賃金制の採用」、「マンデラ・ルールに基づく具体的な改革課題の特定（規律秩序の維持、健康と医療、法的援助へのアクセス、スタッフ）」、「施設内処遇と社会内処遇の連携」、「社会内処遇・非拘禁措置の拡大」、「死刑に代わる最高刑の在り方について」、「資格制限等社会復帰への障壁の撤廃」といった提言を行っている。

「第３章　死刑制度について」では、まず「日本における死刑制度について」の概説を行い、日弁連のこれまでの人権擁護大会における宣言を総括したうえで、日本における死刑制度の論点・問題点として、冤罪の存在、戦前の死刑制度、死刑と世論、犯罪被害者支援との関係、国際機関からの勧告、日本の無期刑の現状等の論点をカバーしている。

次に「死刑についての海外調査の結果」として、イギリス調査（二〇一六年）、スペイン調査（二〇一六年）、大韓民国調査（二〇一二年）、米国調査（二〇一三年及び二〇一四年）を踏まえて、海外調査で判明した死刑制度廃止に至る経緯、死刑執行数減少の要因について論じている。

その上で「なぜ、今、日本は死刑制度を廃止すべきなのか」として、死刑制度についての最高裁大法廷判決の考え方、国民感情と期待される弁護士の役割、第五九回人権擁護大会での議論の土台と目標を設定して検討し、①「生命は、人の生存のみなもと」の視点、②「生命を奪う刑罰と自由を奪う刑罰の質的相違」の視点、③「有るべき刑罰と社会復帰」の視点を打ち出し、人権擁護大会で死刑廃止を目指す決議をする理由として、①行刑の目的は、罪を犯した人の更生と社会復帰、②死刑制度は、国の責務に反する制度、③国の犯罪被害者及びその家族や遺族に対する責務について、④誤判・冤罪による無辜の人に対する死刑執行のリスクを防ぐためには、死刑制度を廃止する以外に方策はない、とまとめている。

「死刑制度の廃止を含む刑罰制度全体の改革を求める宣言」は、三項目から成る。

①「刑罰制度の改革について」では、「刑法を改正して、懲役刑と禁錮刑を拘禁刑として一元化し、刑務所における強制労働を廃止して賃金制を採用し、拘禁刑の目的が罪を犯した人の人間性の回復と自由な社会への再統合・社会的包摂の達成にあることを明記すること」などを掲げる。

②「死刑制度とその代替刑について」では、「日本において国連犯罪防止刑事司法会議が開催される二〇二〇年までに死刑制度の廃止を目指すべきであること」、「死刑を廃止するに際して、死刑が科されてきたような凶悪犯罪に対する代替刑を検討すること」（仮釈放の可能性がない終身刑制度、重無期刑制度等）を掲げる。

③「受刑者の再犯防止・社会復帰のための法制度について」では、仮釈放要件の客観化、地方更生保護委員会の独立性強化、社会復帰支援、マンデラ・ルールに基づいた刑事被収容者処遇

法の改正等を提言する。

死刑廃止の提案理由は多岐にわたるが、次の箇所を引用しておこう。

「死刑は、生命を剥奪するという刑罰であり、国家による重大かつ深刻な人権侵害であることに目を向けるべきである。刑事司法制度は人の作ったものであり、その運用も人が行う以上、誤判・えん罪の可能性そのものを否定することは誰にもできないはずである。そして、他の刑罰が奪う利益と異なり、死刑は、生命という全ての利益の帰属主体そのものの存在を滅却するのであるから、取り返しがつかず、他の刑罰とは本質的に異なるものである。

そして、死刑は、罪を犯した人の更生と社会復帰の可能性を完全に奪う刑罰である。私たちが目指すべき社会は、罪を犯した人も最終的には受け入れる寛容な社会であり、全ての人が尊厳をもって共生できる社会である。」

全ての弁護士が加入しているため、弁護士会が死刑廃止を打ち出すのは難しかったが、それ以前、日弁連は死刑執行停止を呼び掛け、死刑についての本格的議論を求めていた。

日本弁護士連合会編『死刑執行停止を求める』（日本評論社、05年）

日弁連として死刑問題の議論を呼びかけ、研究してきた成果をまとめたものである。日弁連は二〇〇二年一一月、理事会において「死刑制度問題に関する提言」を採択した。死刑制度に関する議論は現実に制度としての問題点を解明して進められるべきであるという観点から、死刑制度について国民的議論を尽くしていくよう求めるとともに、死刑制度に関する改善を行うまでの一定期間、死刑確定者に対する死刑の執行を停止する時限立法が必要であるとする提言をしている。さらに、二〇〇四年一〇月、第四七回日弁連人権擁護大会において「二一世紀日本に死刑は必要か――死刑執行停止法の制定と死刑制度の未来をめぐって」というシンポジウムを開催し「死刑執行停止法の制定、死刑制度に関する情報の公開、及び死刑問題調査会の設置を求める決議」を採択した。決議は、死刑執行停止法の制定を求め、死刑制度に関する情報公開を求め、公開された情報をもとに広く議論を重ね、国会の衆参両院に死刑問題調査会を設置して、死刑存廃を含め、死刑に替わる最高刑などについても議論を行なうことを提言している。

第一部の「なぜ、いま死刑執行停止なのか」においては、死刑制度の問題点として死刑に直面する者の権利侵害、死刑冤罪、死刑か無期か（死刑適応基準の問題）を取り上げている。こうした問題を解決するために死刑執行を停止して、広く議論をすることが求められる。死刑に替わる最高刑の議論や、被害者感情を納得させるための対処や、死刑事件と弁護人の活動について検討している。

第二部の「日弁連はこう考える」には第四七回人権擁護大会のシンポジウムの基調報告要旨が収録され、「死刑制度問題に関する提言」が全文収録されている。提言の趣旨は次のようにまとめられている。

「日本弁護士連合会は、死刑制度の存廃につき国民的議論を尽くし、また死刑制度に関する改善を行なうまでの一定期間、死刑確定者に対する死刑の執行を停止する旨の時限立法（死刑執行停止法）の制定を提唱する」。

具体的には五項目である。①死刑に関する刑事司法制度の改善、②死刑存廃論議についての会内論議の活性化と国民的論議の提起、③死刑に関する情報開示の実現、④死刑に代わる最高刑についての提言、⑤犯罪被害者・遺族に対する支援・被害回復・権利の確立、である。いずれも詳細かつ具体的な記述がなされている。

①死刑が規定されている罪の被疑事件には、捜査段階から必ず弁護人が付されること

②死刑が規定されている罪の被疑事件で、被疑者を勾留する場合、代用監獄を勾留場所としない

③死刑が規定されている罪の事件については弁護人を複数とする

④テープ録音やビデオ録画等の方法による取調状況の可視化

⑤検察官手持証拠の全部を必ず事前開示する義務を課し、弁護人の検察官手持証拠へのアクセス権を保証する

⑥死刑の宣告は、裁判官全員一致による

⑦死刑を求刑する検察官の上訴を許さない

⑧一審・二審で死刑判決がなされた場合は、被告人側から自動的に控訴、上告がなされる扱いとする

⑨最高裁が有罪を認定しながら死刑判決を破棄する場合は、自判する

⑩死刑確定者の外部との通信・交通の制限を最小限とする

⑪再審制度の改善及び弁護士との立会のない自由な秘密交通権を保障する。

あるいは、死刑論議をするために必要な情報公開についても、次のように具体的に指摘している。

死刑問題に関する情報については、①死刑制度の是非をめぐる従来の議論の状況、②わが国における犯罪動向、死刑判決数や死刑執行数の推移、③死刑廃止国と存置国の数、国名等を含む世界の死刑制度の動向、死刑廃止条約の採択と国連の勧告、④死刑の犯罪抑止力に関する研究成果、⑤死刑確定者の処遇、生活状況、心情と心情形成過程、⑥刑務官など死刑執行に関与する者の心情、⑦各国における被害者救済制度や各種の被害者ケアの内容、⑧死刑廃止国での犯罪動向や最高刑の内容と運用状況、⑨死刑判決確定までにとられる刑事手続の内容、⑩処刑場の構造・しくみ、具体的執行方法、⑪死刑制度維持のための費用。

次に、具体的な死刑の手続き・運用について次のようにまとめる。

①いつ、どこで、誰に対して死刑を執行したのか

②死刑執行決定に関する基準――どのような基準により、当該死刑確定者がその時点で執行を受けることとなったのか

③死刑執行はどのような手続きを経てなされたのか――とりわけ、当該死刑確定者に対しては、いつ、どこで、誰が、どのようにして告知したのか

④執行そのものに関する情報

⑤死刑確定者の服役意思、最終意見などに関する情報

第三部「資料／死刑事件を徹底調査・検討」には、まず「死

刑と無期のはざ間で――検察量刑基準を斬る」として、基準の不明確さと混乱をあますところなく立証している。分析の元になった資料「永山判決以後死刑の科刑を是認した最高裁判所の判例一覧」（六七件）、「本件と同種性を有する類似事件に関する裁判例一覧」（一二四件）、「死刑求刑無期判決報道一覧」（七三件）、「無期求刑一覧」（五九〇件）の概要も収録されている。

4 刑事法学

❶……刑事法学者による存廃論

刑事法学者の見解も多様に分かれるが、筆者の印象から言えば、存置論が圧倒的だった時代から、廃止論へ次第に移ってきたと言えるのではないだろうか。死刑存置の代表格であった団藤重光が廃止論に転換した事例が象徴的である。

ただ「刑事法学者」とは誰か。その定義自体が難しい。日本学術会議に所属する学会としての日本刑法学会の会員が刑事法学者であると見るのが一般的と言えるかもしれない。しかしここには現職・元職の検察官や裁判官が多数含まれている。

他方、死刑存廃について著書・論文で意見表明をしていない例も少なくない。授業や講演等で意見表明しているかもしれないが、そこまで把握できるわけではないため、刑事法学者の存廃論と言っても、教科書、研究書・論文集、論文等で死刑について積極的に明示したものしか判明しない。

こうした状況のなか一九九三年に死刑執行が再開されたことをめぐって「死刑廃止を求める刑事法研究者のアピール」が公表された。アピールに名を連ねたのは約二八〇名。学界の歴史上かつてない数を数えた。この数を多いと見るか少ないと見るか。刑事法学者の中での比率をどのように理解するべきか。それも刑事法学者の定義問題に依存するため、結論は出しにくい。

当時、筆者はアピールを準備する事務局のお手伝いをさせてもらった。アピール文案まとめや手直し、刑事法学者への連絡、情報集約などの一部を間近で知ることが出来たのは、良い経験となった。

佐伯千仭・団藤重光・平場安治『死刑廃止を求める』（日本評論社、94年）

「死刑廃止を求める刑事法研究者のアピール」のメンバーによる著作である。アピールの呼びかけ人であった三人の編者のエッセイとともに、「死刑廃止論の現在」としてまとめられた九本の論稿が収録されている。①山中敬一「刑罰制度の本質から考える」、②名和鉄郎「生命の尊重と死刑は両立するか」、③高橋則夫「被害者（遺族）感情＝応報＝死刑に疑問がある」、④葛野尋之「科学的証明がない死刑の犯罪抑制効果」、⑤平川宗信「死刑の存続は世論で決まる問題か」、⑥辻本義男「世界では死刑をどう考えているのか」、⑦大出良知「誤判の可能性と死刑制度」、⑧村井敏邦「『三重の残酷性』をもつ死刑の現実」、⑨内藤謙「死刑廃止論の現況と課題」である。死刑存廃論の基本的論点を今日の理論水準から検証している。さらに「私の死刑廃止論（意見集）」として一〇〇名を超える全国の刑事法研究者の様々な意見が収録されている。一九九〇年代の死刑廃止論を代表する一冊といえよう。

「〈特集〉死刑制度の現状と展望」『現代刑事法』二五号（三巻五号、現代法律出版、01年）

学生・受験生向け法律雑誌の死刑特集である。次の論考を収める。①死刑存廃論の論争点について／ホセ・ヨンパルト、②死刑存廃論の法的理論枠組みについて／平川宗信、③日本の死刑制度について／椎橋隆幸、④人間行動論の見地からみた死刑廃止論の批判的検証／小田晋、⑤死刑の犯罪抑止効果／石川正興、⑥死刑の適用基準について／日高義博、⑦最高裁判所における最近の死刑判決の動向について／対馬直紀、⑧死刑の代替刑について／加藤久雄。

存廃論の双方をそれなりのバランスで掲載しているので、刑法学界における理論状況をある程度反映しているといえるだろう。繰り返し議論されてきた論点の再整理なので、一つひとつの内容紹介は省略する。

各論文の本文及び註に列挙された文献を見ると、互いの重複もいれて全部で一四〇ほどの論文・文献があげられている。古典もあれば最近のものもあれば、日本語文献も英語文献もある。ところがこれほど多くの文献があがっているのに『年報・死刑廃止』は一度も登場しない。「インパクト出版会」もアムネスティ・インターナショナルも一度も登場しない。その他の死刑廃止運動団体は一切登場しない。基本文献の調査すらきちんと行っていないと疑われる水準であり、学問的水準は高くはない。受験生や学生向けの雑誌であるから、理論的に高いものは最初から掲載されるはずもないのだろうが。

本特集の水準を示すという点でお勧めは、小田晋論文である。例えば次のような文句が見られる。

「あのオウムでも死刑にしないのかという国民のサイレント・マジョリティ（沈黙の多数派）の風圧の前に、それまで死刑廃止反対論者には個人攻撃さえ集中して沈黙に追い込んでいたノイジーマイノリティ（騒々しい少数派）とも言うべき人たちも絶句気味のようである。」

「死刑廃止論者は、むしろ、エリート意識から、国民の世論を無視して死刑廃止を強行することをすすめるのであり、殺される罪もない人たちの『痛み』はその視野に入っていない。」

もちろんこうした低レベルの文章ばかりではない。平川宗信論文の内容は廃止論者にはよく知られた「憲法的死刑論」である。日高義博論文と対馬直紀論文は永山事件判決以後の量刑基準の検討をしている。近年の無期懲役判決に対する検察官側の上告事件を含めて、現在の量刑がどのような構造を持っているかをコンパクトに示している。加藤久雄論文も勉強になる。代替刑論というと、死刑廃止論議では菊田幸一の議論にばかり注目してきたが、ドイツの処遇モデルを参照しながら代替刑論の展開を試みる加藤論文も参考になるのではないか。

井田良・太田達也編『いま死刑制度を考える』（慶應義塾大学出版会、14年）

慶応義塾大学大学院法務研究科（法科大学院）主催のシンポジウム報告を基に編集されたものである。「法律専門家、とりわけ犯罪や刑罰の制度を研究の対象とする刑事法研究者は、一般の市民にはない、死刑制度に関する専門的知見や学術的認識をもっており、例えば死刑という刑罰をおよそ刑罰全般に通じる基礎理論に基づいて検討したり、凶悪犯罪の動向や、制度運用の統計的実態を踏まえて現在の死刑制度の姿を描き出すことができる」として専門家の立場から一般市民に啓蒙する趣旨である。

①「序章　いま死刑制度とそのあり方を考える」（井田良）は、本書収録の諸論文を要約紹介して、論点を整理する。

②「第2章　死刑存廃論における一つの視点」（高橋則夫）は死刑廃止論の立場、とりわけ応報的正義から修復的正義へ視点を転じた廃止論を解説する。

③「第3章　日本の死刑制度について考える」（椎橋隆幸）は主に刑罰論に即して廃止論の誤りを厳しく非難し、存置論を唱える。以上の存廃論については従来の議論の確認であるが、論点整理が明快になされている。

④「第4章　わが国の死刑適用基準について」（原田國男）は永山基準とその後の判例の変遷を読む。光市事件最高裁判決の意味と射程を明らかにし、裁判員時代の量刑論を展開するために必要な手続きである。

⑤「第5章　死刑制度」（フランツ・シュトレング）は死刑を廃止して六〇年を超えるドイツの状況と議論を基に刑罰論に即して存置論の誤りを指摘する。

⑥「第6章　ドイツの無期刑と『責任重大性条項』」（小池信太郎）は死刑廃止後のドイツにおける無期刑と仮釈放の運用と理論を紹介・検討する。

⑦「第7章　ドイツにおける被害者支援活動」（ペトラ・ホーン）は民間における重大事件被害者支援の歴史と実践を紹介する。

⑧「第8章　被害者支援と死刑」（太田達也）は被害者支援や損害回復をめぐる現状を前に、被害者の刑事手続参加や被害者感情を論じ、これらの議論と死刑存廃論との混同を戒める。さらに、死刑執行方法や対象者選定基準について瞥見する。

被害者感情を重視するのは当然のことであり、被害者支援がなお不十分な現状を克服するためにさまざまな調査、研究、提案がなされてきたことも明らかにしつつ、「被害者感情を『制度論としての』死刑の正当化根拠とするということには、被害者支援の立場からも支持されない」という。「被害者支援は、被害者の個人の尊厳や基本的人権保障の要請から国や自治体が行うべき当然の責務であり施策であって、死刑廃止に向かう前提として被害者感情を融和するために行うものではないということである。もし後者のようなことになれば、被害者支援が被害者に死刑廃止を認めさせる手段に堕してしまう」とする。

的確な指摘である。死刑廃止運動の現場で二〇年以上前から語られてきたことが、「法律専門家」である刑事法研究者の著作にようやく取り入れられた。

編者は、存廃論の整理をした上で「死刑を含む日本の刑罰制度の背後に、人の生や死、そして罪と罰に関する、日本人の基本的な考え方があると考えることは自然である。日本人は特有の死生観をもっているとよくいわれる。そもそも死生観とは、日本語に独特の言葉であり、『死にどう向き合うか』、そして『死後についてどのような考え方をとるのか』という問いに対する考え方を示す言葉とされる。また、罪と罰に関する日本人の感覚も、独特なものである」として、「集団主義の社会」である日本における死刑意識のあり方を見た上で、だからと言って「これにより死刑制度そのものを正当化できるものではない」として、世俗化され、国際化された現代社会における死刑についてのさらなる論議の必要性を明らかにしている。

この点も重要である。ありきたりの日本文化論、日本文化特殊論をいきなり持ち込んで死刑存置論を展開する例は他ではよく見られる。日本文化特殊論は文化論や社会意識論の分野で長い歴史を有するが、学問的な説得力の疑わしい議論の代表例でもある。「法律専門家」が日本文化特殊論を振りかざしても素人談議にしかならない。日本文化論をそれとして追求し、検討することはそれなりに意義のあることであり、日本文化特殊論をもとに現状を解釈することはできるかもしれないが、それを死刑存廃論にいきなり持ち込むべきではないだろう。

本書の意義は存置論と廃止論の双方をていねいに論じてバランスのとれた構成をしているところにある。双方の議論が、ある程度までだが、理論的に噛み合っている。こうした試みの継続が望まれる。

❷……団藤重光

団藤重光『死刑廃止論』(有斐閣、91年[第四版95年、第六版00年])

元最高裁判事の死刑廃止論としてベストセラーになった。裁判官として死刑事件を担当し、心に残った疑念をきっかけとして積極的かつ具体的な死刑廃止論者となった経緯が綴られる。「第三版はしがき」では、九三年三月の死刑執行再開につき、官僚的発想の硬直を厳しく批判し、「第四版はしがき」では、三ケ月章法相による死刑執行を批判し、国際感覚と人権感覚の必要を説いている。

「第六版のはしがき」は次のように述べる。

「われわれは、死刑問題のような人間性に深くかかわる問題について、次世紀にそれを期待しよう。今世紀を特徴づけるのが人間性の喪失であるとすれば、次世紀には人間性の回復を期待しよう。現在の世界情勢を眺めてみると、ことにわれわれの属する地域の諸民族は、残念ながら、現在のところ、互いの啀み合いに明け暮れている観があるが、本文で考察するように、アジア諸民族の文化や民族性は、平和や道徳性の追求において、本来すばらしいものをもっていると思われる。私はアジア地域についても死刑廃止は十分に実現の可能性をもっているし、その方向へ向かって努力するべきものと思っている。」

新たに追加された「死刑囚の処遇」の項目では、「わが国で実際に行われている死刑囚の非人道的な処遇、ことに執行に至るまでの極端な密行性は世界的にも悪名が高い」と述べた上で、法務省通達を批判的に検討し、特に一九九九年一二月一七日の執行における再審請求中の死刑囚の執行について次のように述べている。

「これは法務当局自身もきわめて異例であったことを認めて

いるようですが、単に異例であったというだけのことでは済まされません。おそらく本人が同じような理由による再審請求を繰り返すために、いつまでも当局の予定どおりに執行ができなくて手を焼いたというような事情があったものと想像されます。しかし、同一事由によるものかどうかは、再審請求を受けた裁判所によって判断されるべきことではありません。法務当局にできることは、せいぜい裁判所に事情を説明して事件の処理の促進を申し入れるだけだと思います。今回の措置ははっきりと違法なものであったと言わざるをえません。」

団藤重光（伊東乾編）『反骨のコツ』（朝日新書、07年）

「東大法学部長、最高裁判事を歴任し、九三歳になった日本刑法の父は、反骨精神の塊だった！　天皇機関説事件、二・二六事件を見届け、刑事訴訟法起草でGHQと渡り合い、最高裁判事として書いた少数意見は数知れず。憲法改正、死刑廃止論、裁判員制度批判から、昭和天皇のことども。三島由紀夫との交流まで。法学界の最重鎮が、五二歳下の東大准教授と縦横に語る、ニッポンを元気にする反骨のススメ」との宣伝文句に明らかなように、死刑廃止論者としても著名な団藤の「反骨」の人生の語りである。

「反骨から見る日本国憲法」「死刑廃止は理の当然」「決定論をはね返せ」「裁判員制度は根無し草」「憲法九条と刑法九条」「お悩みは団藤説で」「革命のコツ・団藤陽明学」「若者よ、正義の骨法をつかめ！」と続き、数々のエピソードが織り込まれて、刑事法研究者にとっても一般の読者にとっても、それぞれの読み方ができる著作である。もっとも革命やら陽明学やらとなると、悪乗りがすぎないか。

「憲法史上、初めてフランス憲法が死刑廃止を決めた二〇〇七年」とあるのは、（素人の伊東乾の言葉とはいえ）いただけない。一九七九年ミクロネシア憲法以外にも一九九三年アンドラ憲法、一九九八年ルクセンブルク憲法をはじめとして死刑廃止憲法は珍しくない。「日本はアメリカの真似ばかりして、ヨーロッパのことをあまりに知らない」と随所で他者を批判している団藤が、この誤りを訂正もせずに出版している。団藤もヨーロッパのことを少しは勉強するべきではないか。世界の過半数の国家が死刑を廃止している現在、死刑廃止憲法が複数存在することくらい、素人でも当然予想できることだろう。

また「死刑廃止は理の当然」といい、「主体性の理論」で「決定論をはね返せ」というが、東大教授として数十年にわたって刑法を講じ、人格形成責任論や主体性論を展開していた時期の団藤は死刑存置論者であった。「死刑廃止は理の当然」というのなら、当時の団藤の著作は一体何だったのか。「主体性の理論」は死刑廃止にも死刑存置にも適合的な「鵺」的理論ではないのか。この疑問に答える努力もしてはいるのだが、説得力がない。理ではなく情の「主体性の理論」だからだろう。反骨もツボを間違えては意味がないだろう。本書は歴史の偽造と理論の混乱を露呈しているにすぎない。

本書の最大の「成果」は「団藤法学はポストモダン」という「発見」にある。伊東乾は団藤が「世代的にサルトルとバルトの間に位置される、地球規模で同時代的に最先端の知性として法学の知の営みを実践」していると強引に持ち上げ、「事典で調べると、戦時中にファシズムを根拠づけた『新派刑法学』が、戦後は否定されて『団藤重光らの旧派刑法学が復権した』などと書いてあるのですが、これが『新派＝モダン』以後の『ポストモダン』刑法学、まさにそのものだと、よくわかったのです」とまとめ、団藤が「ああ、そのように言われると、とてもよくわかります」と応じている。

これほどあっけらかんと歴史の偽造を見せつけられると「感動」ものである。団藤自身が明言したように、団藤の「主体性の理論」の源流の一つは小野清一郎の「日本法理」であった。一九三〇年代後半から四〇年代前半の東京帝国大学教授・小野清一郎と同助教授・団藤は「中華民国刑事訴訟法草案」などの作成に携わっていた。思想界において「近代の超克」が唱えられていたまさにその時に「日本法理」と「大東亜法秩序」を豪語した小野の「侵略の刑法学」。そのもとで学び、これに協力した団藤の「主体性の理論」。他者の主体性を問答無用に剥奪する団藤の主体性。まさに「ポストモダン」であり「とてもよくわかる」（詳しくは前田朗『ジェノサイド論』第5章「侵略の刑法学」青木書店、02年）。

最高裁判事を定年で終えて以後の団藤が死刑廃止論に転換し、多大の影響を与えたことは何度も確認する必要がある。死刑廃止運動にとって団藤は貴重な先達であるが、だからと言って歴史を偽造するべきではない。

❸……菊田幸一

刑事法学界においても死刑廃止運動においても死刑廃止の牽引車として走り続けてきたのが菊田である。

菊田幸一『死刑廃止を考える』（岩波書店、93年改訂）

死刑執行再開後に改訂版が出された。法律家として死刑の研究を進め、死刑廃止論者として「死刑廃止フォーラム」「死刑執行停止連絡会議」などの運動を進めてきた著者の廃止論のエッセンスである。同『死刑』（三一書房、88年）は、死刑執行の法的根拠に疑問を投げかけ、死刑は憲法違反とする。さらに、同『いま、なぜ死刑廃止か』（丸善、94年）は、「死刑廃止は人権を守るための闘いである。人権とは『ともに生きる』ための最低の条件である。『ともに生きる』ことのできない社会に人権はない」と位置づけて、死刑廃止論を展開する。存廃論を一つひとつ検証し、死刑代替策として、必要があれば裁判官が最低一五年は仮釈放の資格を与えない旨を付加する無期懲役を提案する。

菊田幸一編『死刑廃止・日本の証言』（三一書房、93年）

主として「JCCD（犯罪と非行に関する全国連絡会議機関誌）」に掲載された二七人のインタビューや講演を収録している。死刑議論のほとんどの論点が、一人ひとりの肉声で語られている。

菊田幸一編著『死刑と世論』（成文堂、93年）

菊田幸一・鈴木享子・辻本義男による、アメリカと日本における世論と死刑についての本格的研究である。

菊田幸一『死刑廃止に向けて――代替刑の提唱』（明石書店、

05年）

第一部の「日本の死刑」では「人間の尊厳と受刑者の法的地位」「国際人権（自由権）規約の政府報告書の検討――とくに生命に対する権利について」「国連規約人権委員会の死刑論議」「日本の死刑状況と政府報告書審議」「人権の国際基準と日本の現状」で、自由権委員会（市民的政治的権利に関する国際規約に基づく人権委員会）における第二回から第四回の日本政府報告書審議の様子をたどり、問題点を明らかにしている。一九九八年の第四回審査の結果、自由権委員会は、日本政府に対して、人権基準が世論によって決定されるものではないこと、日本における死刑適用犯罪の数が減少していないことを指摘し死刑廃止を目指した措置をとること、死刑囚の人権状況を改善することを勧告している。

菊田は審議状況を紹介した上で「今回の審議では、規約違反であるとの発言があちこちで見られた。こうした率直な発言が目立ったのは、NGOによる確実な証拠の提出にもとづく裏づけの存在があったからである」と記す一方、「日本が国際人権規約を批准した以上は、次の段階として選択議定書を批准するためにどのような努力をしているかを政府回答で明らかにしなければならない。ところが政府答弁はいかに規約に違反していないかの弁明に終始し、選択議定書の締結に向けての努力については、その方向づけすらしようとしていない」と批判する。

第二部は「アメリカの死刑」で「ニューヨーク州の死刑復活」「アメリカの死刑状況」「アメリカにおける確定死刑囚の扱い――ニュージャージー州立刑務所の例にみる」「死刑執行抗議集会へのメッセージ」で、アメリカの状況を概観している。アメリカにおける議論には人種差別問題が密接に絡むため日本と安易な比較はできないが、先進国における死刑存置国はアメリカと日本だけであるから、アメリカの情報をつねに紹介し、検討を加えておく必要がある。ニュージャージー州立刑務所の死刑囚に手渡されているハンドブックの紹介も確定死刑囚の人権保護を議論するために重要である。

第三部「日本における死刑囚」では二二件の事例分析から死刑囚になる状況を分析し、「死刑囚・拘置所生活の実態」「行刑改革会議の提言と死刑」「長期受刑者の諸問題」について論じている。「可能な限り一人の死刑確定者がどのような経緯から凶悪であるとされる事件を起こし、結果的に確定死刑囚になったかを個別的に分析することを意図した。その柱となるものは、㈠死刑確定者の生育暦、学歴、㈡犯罪行為時における知能、性格など身体的状況、㈢犯罪行為時における犯罪に至る状況、等である」。各事件の特徴を整理し、その問題点をまとめている。

「死刑という刑罰がなければ死刑判決はない。それではもし死刑という刑罰がないなら、この種の犯罪をした者はどうなっているか。いうまでもなく現行法のもとでは無期懲役である。無期懲役でも終身刑に等しい運用は可能であるが、現実には仮釈放の可能性があり、死刑との段落差がありすぎるとの批判がある。ここではこの点について論述するつもりはないが、ここで検討した事例から分析すると死刑に替えて終身刑を採用するなら、いわゆる無期懲役よりも終身刑が妥当と思われる事例がある」。

終身刑については、絶対的終身刑と条件付終身刑の区別を想定しているが、絶対的終身刑の「事例に該当するものは二～三例と推察される」のに対して、「他のすべての事例は、条件付終身刑もしくは現行の無期懲役で十分に対応可能である」とする。結論として「まず死刑に代替する終身刑を採用すること、その終身刑には二種類のものがあってよい。場合によっては現行の無期懲役を残存させてもよい。つまり、無期懲役、条件付終身刑、絶対的終身刑と条件付終身刑である。それは絶対的終身刑とする。これによって裁判における選択の幅をもたせることが可能である」とする。

第四部「死刑廃止に向けて」では「死刑に代替する終身刑について――アメリカでの現状を踏まえて」「死刑執行停止し終身刑の導入を！」「犯罪被害者救済の問題状況」「死刑と人権――世界の潮流と日本」で、死刑廃止に向けた取り組み、特に代替刑を「死刑存置論者への橋渡しとしての代替刑」という形で提唱している。基本的モチーフは「死刑廃止論者としての私見としては、基本的には死刑廃止論者が死刑の代替刑を主張することに論理的に矛盾のあることを承知している。死刑廃止実現の見通しには、楽観論、悲観論のいずれにもそれなりの客観的状況判断があるにしても、単に成り行きを見守るのではなく早期実現を具体的に手中にしなければならない。そのためには可能な限りの実現可能な施策を提唱しその段取りをしていかなければならない。それには、もっとも悲観的状況判断から対策をとることが短距離であるという認識も必要である。私は、率直にいって現行刑法典から『死刑罪名』を削除するという、いわば正面からの死刑廃止は困難であると考える。事実上の死刑執行停止を実現することに当面の課題がある。そのためには、こんにちの死刑と無期懲役の格差をなくする、いわゆる終身刑の採用を早急に実現する必要がある。またその採用に賛成する意見は各方面から出ている」というものであり、そのための議論の素材を提供している。そして日本の刑罰制度、犯罪者処遇の実態、社会意識などをも考慮している。

「このような現状認識のもとにあっては、死刑の代替刑提示は、残念ながら限りなく死刑に近い代替刑を提示することで一般多数の賛同を得るものでなくてはならない。現に死刑制度があり、定期的に死刑執行がなされている日本の現状からすれば、死刑に次ぐ、もっとも厳しい終身刑を自ずから選択せざるをえない。それは仮釈放のない終身刑である。仮釈放のない終身刑が死刑より残虐であるとする論理は通用しない」。

刑事法学者として長年にわたり死刑をめぐる法的問題や現実問題を分析・検討し、死刑廃止運動においてもさまざまな実践的取り組みをリードしてきた知識人の死刑廃止論と、そのための「代替刑としての終身刑論」である。あくまでも死刑廃止を目指した理論と実践としての終身刑提案である。

菊田幸一『Q&A　日本と世界の死刑問題』(明石書店、16年)
二〇〇四年出版の『Q&A　死刑問題の基礎知識』に大幅に加筆・修正し、改題したものである。

本書出版当時、カリフォルニア州における死刑廃止法案の住民投票が予定され、可決が期待されていたため、本書まえがきにおいてもアメリカにおける死刑廃止への展望が語られている。

実際には、大統領選と同じ日に行われたオクラホマ、ネブラスカ、カリフォルニアの住民投票で死刑制度の復活・存続が多数を占めた。

今回の住民投票は、近年の誤判・冤罪事件への注目などから、米国で執行された死刑の件数が一九九一年以降、最少となる見込みであったこと、死刑事件での再審請求が死刑以外の裁判よりも増加傾向にあり、死刑執行までの時間と費用が増大していることに加えて、執行方法が薬殺であるところ、死刑廃止が進んでいる欧州に拠点を置く製薬会社を中心に、自社製品の提供を拒んでいることなどから、実施されたといわれる。大統領選では争点とはならなかったので、死刑維持が多数を占めたからと言って直ちに刑事司法の運用に変化があるとは見られていないが、死刑廃止を求める運動家・研究者にとって痛手であることは間違いない。アメリカにおいても、その影響を受けやすい日本においても、死刑廃止の取り組みの立て直しが求められる。その意味でも本書出版の意義は大きい。

他方、日弁連が二〇一六年一〇月に福井で開催された「人権擁護大会」で死刑廃止を含む司法改革宣言を採択した（本書111頁）。本書まえがきでも日弁連宣言への期待が語られている。日弁連宣言は社会的関心を集め、死刑廃止論と存置論の間の激しい議論の応酬を招いた。議論は残念ながら相互の主張の繰り返しにとどまり、対話が実現する方向とはならなかった印象がある。しかし、日弁連宣言や本書を手掛かりに、刑事司法の任務・役割や、人間の尊厳、生命権など基本に立ち返った議論の活性化が望まれる。

本書は「死刑問題がわかる20の質問」を取り上げてのQ&Aである。Q1「国際的視野から見た死刑廃止の状況は？」では、事実上の廃止国を含む死刑廃止国が一三八か国（一六年六月現在）であり、三分の二を超えたこと、必ずしも先進国が廃止を優先しているわけではないこと、世界人権宣言、欧州人権条約、国際人権規約、同規約第二選択議定書（死刑廃止条約）等、死刑廃止の国際人権法が整備されてきたことを解説している。

Q6「死刑廃止運動の最近の状況は？」において、死刑廃止フォーラムや日弁連の動きを紹介したうえで、「二〇二〇年には、国連犯罪防止刑事司法会議が日本で開催される。同会議は数千人の政府関係者・NPO代表者が世界の刑事司法の方向を議論する大規模の会議である。同年における東京オリンピック大会開催とともに、この時期までに少なくとも死刑モラトリアムの実現が望まれる」という。続いて死刑存置・廃止をめぐる議論の状況を紹介し、犯罪被害者補償、死刑と無期懲役の選択基準、死刑囚の日常生活、死刑執行方法、死刑に直面する者の権利の保障、終身刑論をフォローし、最後にQ20「死刑廃止を推進する議員連盟の『死刑廃止法案』の内容は？」において、まずは死刑執行猶予の導入を訴える。

❹…………三原憲三

死刑存廃論の系譜と変遷を学術的に詳細に追跡した第一人者は三原憲三であろう。

三原憲三『死刑存廃論の系譜』（成文堂、91年）

日本における死刑存置論を一つ一つ検討・批判したうえで、廃止論を詳説する。死刑を廃止した場合の代替策の必要性については否定的である。同『死刑廃止の研究』（成文堂、90年）は、存廃論史を整理した大著である。

三原憲三『死刑存廃論の系譜・第四版』（成文堂、01年）一九九一年に初版が出たが一〇年後についに第四版となった。今回は「少年と死刑」の叙述が加わり、資料が追加され、四六四頁の大著となった。団藤重光『死刑廃止論』と並ぶ「定番」である。序論、第一章　死刑存置論の展開、第二章　死刑廃止論の展開、第三章　少年と死刑―第一節　いわゆるピストル射殺魔（永山事件）、第二節　名古屋の大高緑地事件、第四章むすびにかえて、資料。本文二六七頁のあとに一九〇頁の詳細な資料があり、「死刑関係文献目録」も充実している。

❺……………福田雅章

他にも数多くの刑事法学者による死刑廃止論をあげることができるが、日本の社会文化構造という視点から、日本はなぜ死刑を廃止できないかの謎に迫ったのが福田である。

福田雅章『日本の社会文化構造と人権』（明石書店、02年）福田が一橋大学を退官するにあたり、その弟子たちが発案して編集・出版されたものだが、副題にあるように著者が駆け抜けてきた問題群を一通りカバーするようにしたため、全七部の構成で二七本の論文を収録し、六八七頁の大著である。刑事法や少年法の専門家はもとより、一般の読者にも届けたい内容も多く含んでいるのに、これほどの大著にしてしまうと専門家以外は手に取りにくいのが残念である。出版事情が許せばコンパクトに絞った三巻本くらいにしたほうが良かったと思われる。

死刑については「死刑を廃止できない日本社会の論理―死刑制度廃止に向けて」（初出『法学セミナー』四二八号）、「日本はなぜ死刑を手ばなせないか―戦争裁判と戦後社会文化構造から考える」（初出『インパクション』八〇号）、「法務大臣に死刑執行の義務はあるか―死刑執行の停止に関する予備調査を踏まえて」（初出『刑法雑誌』三五巻一号）を収める。日本が死刑を廃止できない理由を次のように指摘している。

「これは日本の社会文化構造を維持するための最後の強面なのです。ですから、この場合にも、日本の社会文化構造の特徴がすべて備わっているのです。社会の文化目標が経済至上主義ですから、より大きな社会的利益の前に、生命や人間の尊厳を相対化し、自由意志にもとづく殺害者が自らの生命をもって償うということは、価値の相対化、コスト・ベネフィット、それに等価交換といった経済の論理のコロラリーとして論理必然的に承認されることになるのです。和の構造との関係では、どうしてもすり寄らない者は、社会のすみずみにまで張りめぐらされている、日本社会の統制・権益分配システムとしての和の構造を破壊する異端者として社会の外に排除しなければなりません。最終的に構成員の生命さえも剥奪する、すなわち和しない異端者として社会の外に排除する権能を国家が有していることを示すことによって、日夜自己規制とすり寄りによってかろうじてわずかばかりのご褒美を与えられているにすぎない国民のもっている、異端者に対する羨望の裏返しとしての処罰欲求を充たし、そのような巨大な権力を有している権益分配システムの一員として十分に庇護されているという安心感を与えることが期待されているのです。この場合死刑を多用することは逆に和している国民の恐怖や反感を醸成したり、あるいは自己の内なる権力の非倫理性を覚醒させたりする恐れがありますから、死刑は例外的・象徴的なものであればよく、またその限度ではわが国の社会文化構造を維持・再強化するために死刑制度は不可欠のものなのです。」

それゆえ著者のいう日本の社会文化構造を変化させることが死刑廃止への道ということになる。この課題に、本書を提案した福田の弟子達はどう応えるのだろうか。

❻……………石塚伸一

石塚伸一は死刑及び終身刑について一貫して論陣を張ってきた。

石塚伸一『刑事政策のパラダイム転換――市民の、市民による、市民のための刑事政策』(現代人文社、96年)

石塚刑事法学の出発点の一つであり、「市民の視点の欠落こそが、現在の刑事法学の沈滞の原因の一つではないか」とする「刑事政策改革論」である。小倉の死刑事件の傍聴活動中に国選弁護の空白期における控訴取り下げによる死刑確定という不条理に遭遇した著者は、刑事確定記録閲覧申請においてもう一つの不条理に遭遇し、敢然と闘いを始動させる。ところが、一研究者の量刑研究は、検察官による「思想調査」をあぶり出し、学問の自由の旗を掲げ、みごと最高裁で勝訴する。その主要記録が収録されている。また、ドイツにおける死刑廃止を紹介しつつ、死刑のない社会でこそ可能となる刑事政策という視点を提示する。死刑をもつ居丈高なこわばった社会では本来の刑事政策はできないのではないか――この問いに行刑の現場からの真摯な反応を期待したい。

石塚は死刑及び終身刑について膨大な論考を発表してきた。その一部を列挙しておこう。

「[資料] 死刑事件に関する刑事確定訴訟記録の閲覧」『法政論集』第二四巻四号(97年)

「死刑記録の閲覧と市民の知る権利」(年報・死刑廃止編集委員会編『年報・死刑廃止97(死刑―存置と廃止の出会い)』(インパクト出版会、97年)

「人権の国際化と死刑確定者の外部交通――いわゆる『Tシャツ訴訟』を素材に」『龍谷法学』第三四巻一号(01年)

石塚伸一監修『国際的視点から見た終身刑――死刑代替刑としての終身刑をめぐる諸問題』(成文堂、03年)

「死刑代替刑としての終身刑――その刑罰政策的意味について」『季刊刑事弁護』第三七号(04年)

「終身刑導入と刑罰政策の変容――終身刑は死刑の代替刑となりうるか」『現代思想』二〇〇四年三月号

「死刑をめぐる新たな動き――法務大臣！日本は孤立しています！」『法律時報』第七六巻一二号(04年)

「死刑縮減に向けた新たな展望――死刑事件検証活動(日本版

イノセンス・プロジェクト）実施に向けて」『小田中聰樹先生古稀記念論文集——民主主義・刑事法学の展望（上巻）』（日本評論社、05年）

「監獄法改正と死刑確定者の処遇」刑事立法研究会編『代用監獄・拘置所改革のゆくえ』（現代人文社、05年）

「死刑をめぐる内外の動き——事実に基づく死刑政策」『犯罪社会学研究』第三一号（06年）

「動く世界の死刑、孤立する日本——裁判員は、絞殺を命ずることができるのか？」『法律時報』第八〇巻三号（08年）

「命（いのち）の重み」村井敏邦＝後藤貞人編『裁判員になるあなたへ』（法律文化社、09年）

「和歌山カレー毒物混入事件最高裁判決——弁護人と市民の視点から」『法学セミナー』第五四巻八号（09年）

「和歌山カレー毒物混入事件最高裁判決の証拠構造と問題点」『季刊・刑事弁護』第五九号（09年）

石塚伸一＝堀川恵子＝布施勇如「死刑は残虐である——『此花パチンコ店放火事件』傍聴記」『龍谷法学』第四五巻一号（12年）

「法務大臣の職責——死刑執行を命じることは、法務大臣の職責か？」『龍谷法学』第四五巻二号（12年）

「アメリカ合衆国における死刑の公正と適正手続——ワシントンDC死刑調査報告 死刑適正手続プロジェクト」『龍谷法学』第四六巻四号（14年）

杜祖健＝河合潤＝小田幸児＝石塚伸一「刑事事件と科学鑑定——和歌山カレー事件における科学鑑定の意味」『龍谷法学』第四六巻四号（14年）

「和歌山カレー毒物混入事件再審請求と科学鑑定——科学証拠への信用性の揺らぎ」『法律時報』第八六巻一〇号（14年）

「地球的視野の下での日本における死刑の公正と適正手続——二〇一四年アジア犯罪学会（大阪）の死刑セッション報告」『龍谷法学』第四七巻四号（15年）

「一八歳の君に——あなたは、死刑を言い渡しますか？」『法学セミナー』第六一巻一号（15年）

「デリダと死刑廃止運動」高桑和巳編『デリダと死刑を考える』（白水社、18年）

以上の他にドイツ語や英語による死刑論もある。二一世紀に入って以後の死刑論（及び終身刑論）の第一人者は石塚と言ってよいだろう。

ただ死刑そのものを主題とした単著ではなく、論文、研究ノート、事件報告、翻訳など多彩な論説を専門学会誌、法律雑誌、及び一般向けのメディアに公表してきたため、この一冊をみれば石塚の死刑論がわかるという著書は見当たらない。

石塚には二つの注文を付けておきたい。一つは、死刑に関する専門研究書をまとめることである。もう一つは、死刑に関する一般向けの概説書（啓蒙書）を執筆することである。

❼……刑事法学の展開

一九九三年の「死刑廃止を求める刑事法研究者のアピール」から四半世紀を超える歳月が流れた。この間に刑事法学者にも一定の入れ替えがあったことになる。このため現在の刑事法学者の死刑存廃論の状況は必ずしも明確ではない。以下では、当時から現在までの代表的な研究者を確認しておこう。

足立昌勝『刑法学批判序説』(白順社、96年)

ドイツ・オーストリア刑法史研究の第一人者である足立の国家刑罰権力批判としての刑法解釈と刑事立法論である。近代刑事法成立の論理や犯罪論の現状の分析を通じての「刑法学批判」は死刑廃止論にたどり着く。啓蒙の理念が現実的なるものに絡めとられてきた歴史を透視して、原点の脆さと危うさに気づきながら、だからこそ啓蒙の地平をせめて一たびは確かなものとして見据えようという企てであろうか。

足立昌勝「『死刑廃止法』における遡及効の法的性格」庭山英雄先生古稀祝賀記念論文集『民衆司法と刑事法学』(現代人文社、99年)

一九五六年に国会で審議された「刑法等の一部改正案(死刑廃止法案)」に目をむけ、その提案理由において、死刑廃止法が制定されても遡及効はなく、法律制定以前に死刑の言渡しを受けた者については「従前の例による」とされ、その理由が三権分立に求められていたことに注意を喚起する。そして三権分立を理由として死刑廃止法の遡及効を否定するのは三権分立の形式的理解に過ぎないのではないかと問題提起し、国民主権と三権分立の意義を問い直し、司法権はどこまで及ぶのかを問い詰め、司法権は判決確定までであり、執行は行政権の問題であるから、死刑廃止法制定以前の死刑判決の執行を止めることは十分可能とする。結論として『死刑廃止法』の中に、死刑執行停止についての遡及効を設けることは、司法権を侵害するものではなく、単に行政権を抑制するものにすぎない」とする。

足立昌勝『近代刑法の実像』(白順社、00年)

ドイツ語圏を対象とする近代刑法研究を基点にしつつ、現代日本の刑法現象を解剖する。「現代の刑法現象を総括すると、あまりにもご都合主義的で、近代刑法の原則が無視されすぎている」という問題意識から、近代刑法の原則の形成と、現代刑法における原則のゆがみを批判的に検討するものである。

「第一部第七章　近代刑法における死刑」では、公刑罰の誕生の意義を検討し、啓蒙思想や人道主義の論理を再確認し、死刑には代替可能性がなく、「代替不可能なものを刑罰の種類に加えること、すなわち死刑は、国家の概念において、たとえ立法権であっても、認められてはならない」とする。

また、「第二部第七章　死刑廃止法の法的性格」では、一九五六年に国会上程されたが廃案となった死刑廃止法の審議を検討し、死刑廃止法や死刑執行停止法に遡及効を持たせることの可否を問い、国民主権と三権分立の関係から、刑罰の執行権は行政機関にあるから、「死刑執行停止についての遡及効を設けることは、司法権を侵害するものではなく、たんに行政権を抑制するものにすぎない」ので憲法上十分可能であると結論づける。

宗岡嗣郎『法と実存――〈反死刑〉の論理』(成文堂、96年)

既存の「死刑廃止論」とは異なり、近代刑法学の理論枠組みたる実証主義批判を徹底することで死刑廃止の法理論的基礎づけを提示しようとする。

「本書の目的は、『犯罪論』とのかかわりにおいて『死刑は法的に正当化されえない』ということを理論的に示すことにある。つまり、死刑廃止論にあらたな『ひとつ』の論拠を付け加えようとするものである。それは、ひとことであらわせば、『法は、自らが法である限り、自らの存在根拠である人間の存在を否定することはできない』という主張に他ならない。きわめて単純な主張である。しかし、この単純な命題は近代法のパラダイムと全面的に対立しているために、ひとたび具体的な考察にはいるや否や、かなり複雑な問題だということを知らされるだろう。」

冒頭の予告通り、実証主義刑法学の犯罪論を吟味し鍛え直しながら限界を超え出ようとする鮮烈な思索は、国家・社会・人間存在の歴史と本質へのあくなき問い直しとなる。死刑廃止運動が本書の果敢な理論闘争をどう読みこなしていくか、重要な課題である。

以上のように、近代刑法史研究から、刑事政策改革論から、実証主義刑法学批判から、死刑廃止論の収穫が続いている。雑誌論文なども加えるとまだまだ多くの論稿がある。これらは九〇年代の死刑廃止運動の成果でもある。

辻本義男『死刑論』（丸善プラネット、94年）

永年、死刑廃止に取り組んできた著者の書である。著者は『史料日本の死刑廃止論』の翻訳など、死刑廃止論に貴重な貢献を続けた。

宮野彬『揺れる絞首刑台』（近代文芸社、94年）

終身懲役刑を提言する。①仮釈放はない、②恩赦の適用はない、③一生、刑務作業に従事する、④刑務所から出られるのは獄死か自殺か再審による無罪のときのみ、というものである。

宮本弘典「死刑と民主主義」関東学院法学七巻三・四号（98年）

「死刑は正義の剣か?」との問いに始まり、啓蒙刑法思想の死刑廃止論から現在までの展開における「正義を装う暴力の剣」を批判し、再社会化という刑罰思想からも死刑には疑問があることを示す。そして一九九三年の最高裁判決における大野正男判事の補足意見を批判した井上検事の論文を批判的に検討し、死刑の残虐性、執行方法の残虐性、威嚇力、国民感情、国際的動向、誤判の可能性について論じ、民主主義的意志形成と情報の開示の重要性を強調する。

「死刑は、人間の尊厳を超えた国家の絶対性、権力の絶対性を前提にしてはじめて正当化される。そして死刑を手にする国家権力は、『正義』の実現のためにその剣を振るうと主張する。ところが、絶対的権力による正義は一元的真理とならざるをえない。その一元的正義理念を統治・支配の原理とし、市民の合意を強制することは、民主主義の多元的価値理念やリベラリズムに合致するのだろうか。一人ひとりの人間がかけがえのない存在だという人間の尊厳の観念、この観念を民主主義理念が前提とする以上、死刑は覆いようのない不条理だ。民主主義社会における死刑とは、まさしくパラドックスに外ならないのだ」。

宮本弘典「刑法における法史と不 - 法史の交錯——拷問と冤罪と死刑の刑法史・序説」『関東学院法学』一七巻三・四号（08年）

魔女裁判に始まる近代の「科学的」裁判＝「正義の裁き」の歴史を追跡し、拷問廃止に至る啓蒙の理性の登場を確認しつつ、啓蒙の「理性の暴力」をも析出する。

「人類史の青年期にある瑞々しい啓蒙的理性の中に既にカフカ的不条理に刻印される審判の許容が語られていた。道具的理性への頽落が理性の必然だとしても、それへの抵抗もまた理性による省察によってしかなし得ない。拷問と冤罪と死刑の歴史としての刑法史は、絶望的なこのパラドクスをも照射する。啓蒙的理性といい、近代的理性というも、理性そのものに必然的に伏在する暴力への省察が不可欠である。」

この視点から団藤の「主体性の理論」を読み替える作業もおもしろいかもしれない。

内田博文「団藤刑事法学と死刑廃止論について」(庭山英雄先生古稀祝賀記念論文集『民衆司法と刑事法学』(現代人文社、99年)

最近の死刑廃止論の中で「ひときわ光彩を放っている」団藤重光の刑事法学の死刑廃止論を俎上にのせる。

団藤刑事法学は戦後前半期には既に「通説」の位置を占め、その後団藤は最高裁入りして実務にも通じた。その思想が「主体性の思想」に基づく「主体性の刑事法学」であり、その中核が「人格形成責任論」であることはよく知られる。ところが、理論家として死刑存置論にたっていた団藤は、実務経験を踏まえて死刑廃止論に転じ、今や死刑廃止論の理論的かつ精神的支柱となっている。著者は団藤のこうした転換を「歴史的なものの理論化」という方法意識から読み込もうとする。著者によれば、団藤の死刑廃止論の特徴は、残虐な刑罰を禁じた憲法三六条解釈、罪刑均衡論による死刑廃止論、及び被害者救済論にある。しかし、団藤の「主体性の理論」が死刑廃止とどのような内的連関を持つかはついに明らかにならず、その意味で、主体性の理論は「実践の法理」とされるものの「法理の実践」には至っていないと評価されることになる。団藤の関心が民衆運動にではなく、「専門家」の主体性、「専門家の良心」に向けられていることにも疑問が生じる。「積極的な死刑廃止論に到る職業裁判官の如何に少ないことか」。

たしかに法律家も含めた「専門家の責任」は重要であり、それなりに期待を寄せるべきものでもある。しかし専門家の専門家たるゆえんは「大いなる責任」であり、「特権」や「独善」ではない。

「この責任をよく果たしうるためには、優れた能力・識見と高い倫理性などが要求されることになろう。非専門家による不断の批判、監視とそのための透明性の確保も不可欠である。しかし、わが国の場合、ヨーロッパに見られるような『Noblessoblige』の伝統は希薄である。むしろ、『専門家の無答責性』に逆転しがちである」。

こうして著者は、団藤刑事法学の死刑廃止論、主体性の理論が、この点でどのように発展させられうるのか注目する。

内田博文「死刑について」『渡辺洋三先生追悼論集・日本社会と法律学』(日本評論社、09年)

「被害者感情という構成要件外の結果を重視する『新結果主義』が、『体感治安』の浸透や被害者問題の深刻化を背景に、人々の支持を集めている」とし、それが刑事立法や裁判実務に影響を及ぼしているという観点から、死刑判決と執行の急増を読み解き、市川一家四人事件判決、光市事件判決、長崎市長銃撃事件判決を検討し、世論の支持を背景として、合法性の枠をはみ出しつつある刑罰権を制約するためには、「量の民主主義」には期待できず、「質の民主主義」による必要があるとする。刑法のあり方を、「量の民主主義」「質の民主主義」と交差させる議論については、内田博文『日本刑法学のあゆみと課題』(日本評論社、08年)参照。

村井敏邦「死刑廃止の具体策について・死刑の代替刑論に対して」(庭山英雄先生古稀祝賀記念論文集『民衆司法と刑事法学』(現代人文社、99年)

死刑は残虐な刑罰であり憲法三六条違反であり、死刑廃止は世論調査によるのではなく政治的決断の問題とする立場で、死刑廃止への途を検討する。まず死刑廃止への具体的な道筋を示す議論として段階的死刑廃止論を取り上げ、死刑適用犯罪の絞り、死刑言渡しの手続きの厳格化、死刑執行猶予・執行延期、再審査制を検討する。次に代替刑論を検討し、「死刑は残虐な刑罰だ、ということで廃止することになれば、残虐な刑罰を取り除いて、それに代わる刑を考えるということは理論的にはありえない」とし、現在の無期刑の実状を分析し、仮釈放なしの絶対的無期刑・終身刑を批判する。「絶対的無期刑採用論を典型とする代替刑論というものは、刑事司法全体を考え直すことを前提として、初めて成り立ちうる議論であることを認識する必要がある」とする。なお村井敏邦『民衆から見た罪と罰――民間学としての刑事法学の試み』について本書第10章参照。

生田勝義「死刑と生命権についての一考察」『立命館法学』三六〇号(15年)
生田勝義「死刑と生命権(再論)」『立命館法学』三六五号(16年)
生田勝義「死刑を克服するための羅針盤」『立命館法学』三七九号(18年)

『人間の安全と刑法』(法律文化社、10年)の著者による一連の死刑論であり、部分的に重複するが独自の三論文である。

生田は生命権を羅針盤として死刑廃止を展望するので、まず相模原市津久井やまゆり園事件を取り上げ、「生きる価値のない生命」論を問い直す。生命権は人間にとっての生命の価値ゆえに特殊な権利であり、実定法上の権利(憲法第一三条)でもある。「公共の福祉」によって死刑を是認する判例法理を批判し、憲法第三一条(適正手続き)及び第三六条(残虐刑の禁止)を検討し、「被害感情や国民感情は死刑を正当化できるか」を検証する。

「被害者の生命であれ加害者の生命であれ、両者の生命に変わりはない。被害者の生命が大切なら加害者の生命も大切なのである。被害者が人間なら加害者も人間である。人間であることにおいて享受できるのが人権であるが、あらゆる人権の土台をなすのが生命権である。そのような生命権が人間である限りすべての人の享受できるものであることに疑いはない。両者の対立・矛盾を止揚するにはそのような生命権を基軸に据える必要があると考える次第である。

生命権はすべての人権の土台・基礎をなす最も基本的な人権

である。人間の尊厳を支える生命権の保障や保護をすべての人に広げていく取組は、その他の人権の基礎・土台をなし人間としての存在に不可欠な生命を公権力が正義の名のもとに計画的に平然と奪うことが死刑である。今日このような不正義は人間にふさわしくない。死刑を廃止することはまさに、『人間に輝きあれ』なのである。」

生命権の高唱から死刑廃止を導き出すだけならありきたりの死刑論だが、生田の刑法思想は右の著書『人間の安全と刑法』に示されている。生田自身によるごくごく簡略化したまとめを引用しておこう。

「犯罪は不法な暴力である。刑罰は合法的な暴力である。暴力は多くの人を傷つける。刑法でこの傷を癒すことはできない。それをできるのは、社会的な福祉施策であり、相互信頼に基づく連帯と包容のコミュニティの力である。いま死刑問題に必要なのは感情を昇華する理性的な対応である。そのような対応を社会的に可能にするのは相互信頼に基づく連帯と包容の人間関係の広がりであろう。死刑廃止は人間らしい社会の在り方を追及する課題の一環でもある。」

岡本洋一「近代刑法における刑罰の近代化の一側面」『関東学院法学』一一巻(下)(02年)

近代刑法における刑罰の近代化を、とくに革命後の社会変動、新たな国家の基本体制のもとでの刑罰の変化を、一九世紀プロイセンにおける変容を通して検証する。プロイセン一般ラント法からプロイセン刑法に至る間の刑法草案について、公開死刑、死刑加重、名誉刑付加、告示、財産没収の変容を追跡する。一七九四年の一般ラント法に規定されていた公開死刑は、一八二七年草案、一八三〇年草案、一八三三年草案、一八三六年草案、一八四三年草案、一八四五年草案で維持されていたが、一八四六年草案において廃止されることになり、一八四七年草案、一八五一年草案を経て、同年のプロイセン刑法でも廃止された。公開死刑は民衆への威嚇思想に基づくものであったが、「民衆は、公開での処刑に慣れ、正義であるべき死刑が、演劇のように扱われ、処刑者への同情が刑罰の威嚇力を損なう」と指摘され、廃止の提案が登場するようになった。一八五一年草案の理由書でも「死刑の公開が、死刑を威嚇ではなく、民衆劇としている。これは、本来の目的ではなく、道徳的にも問題である」とされたという。

第5章

凶悪犯罪と被害者

一

主な論点

残念ながら凶悪犯罪が後を絶たない。許しがたい凶悪犯罪には死刑しかないのではないか。応報刑論に立てば、人の生命を奪った者はその生命を奪われるという結論を正当化しうる。教育刑論に立っても、あまりにひどい凶悪犯罪については、犯人の教育可能性、矯正可能性を否定することによって死刑が導かれうる。

生命権が人権として認められ、人間の尊厳が基本的価値とされる国家では、国家による殺人である死刑は国家の任務から除外されてきた。欧州諸国が死刑を廃止したのは人権論が最大の根拠である。

ところが日本では、加害者の人権と被害者の人権を対立させ、被害者の人権を擁護するなら死刑を正当化するべきだという思考が強まってきた。「人権による人権の否定」の論理が「殺す権利」を横行させる背理である。「殺すな」と唱える者が異端視される。

被害者の生命権や無念な思い、そして被害者遺族の悲しみや生活苦が論拠として打ち出される。それ自体は正当に見える。ところがその延長上に歪んだ「世論」が登場する。

世論は存置論にも廃止論にもなじむはずだが、日本では世論がひたすら存置論の根拠として機能させられてきた。重罰化キャンペーンの中軸に据えられたのも被害者論であり、世論であった。

日本犯罪社会学会編『グローバル化する厳罰化とポピュリズム』（現代人文社、09年）

専門家の意見が軽視され、刑事政策が世論の空気によって推進される刑罰ポピュリズム、ポピュリズム刑事政策がグローバル化している現状を分析する。アメリカ、ニュージーランド、日本、フィンランドの比較研究であるが、ニュージーランドとフィンランドは死刑廃止国なので、死刑に関してはアメリカと日本のポピュリズムの比較となっている。近い将来の予測として「日本のポピュリズム刑事政策は後退するであろうか」と問い、「ノーである」と答えている。検察、裁判所、議会を含めて政策形成過程においてポピュリズムが意識的に採用されてきたことと、反対者が近い将来に有効に反対運動を形成・展開できる見込みがないことによる。その意味で本書は、近年の厳罰化、特に死刑判決の増加、執行の継続がまだまだ続くであろうと予測している。

菊田幸一監訳『「被害者問題」からみた死刑』（日本評論社、17年）

二〇一五年に開催されたイベント「死刑からの脱却――被害者家族の声」を契機として編まれた研究書であり、国連人権高等弁務官事務所から出版された。出版当時の国連事務総長・潘基文による序文、国連人権高等弁務官ゼイド・ラアド・アル・フセインによるあとがきが付され、編集は国連人権担当事務次長補イワン・シモノビッチである。本書の特質は監訳者・菊田幸一によるあとがきに簡潔に述べられている。

「わたくしの死刑問題への課題のなかで、加害者とその被害者問題は個別的に論じてはきたが、本書は、単なる両者関係に留まるだけでなく、加害者も被害者であり、死刑執行に至る法的手続きに関与する検察官、裁判官も、さらに弁護人も遅かれ早かれ心理的に苦しむ観点から被害者である。そして究極的には、われわれ死刑存置国のすべての市民は、この国家による殺人『処刑』の犠牲者でもある、としている点にある。」

説明抜きで、あまりに圧縮された一節ゆえ誤解を招くかもしれないが、ここに本書のエッセンスが凝縮されている。その一つひとつの論証は本文において繰り返し、ていねいに論じ尽くされている。本書は三章構成である。

第一章「殺人被害者の家族たち」では「錯綜する被害者家族たちの地位」として、まず①マーク・グルーエンヒュイセンとマイケル・オコンネルの論文「被害者学の視点からみた死刑反対論」、②田鎖麻衣子論文「〝死刑は被害者のためか〟」、次に「被害者家族の視点」として、③ミケル・ブラナム「被害者の声を聞く」、④ミレヤ・ガルシア・ラミレス「死刑と生命に対する権利」、さらに「被害者家族と終結」として、⑤ジョディ・L・マデイラ「クロージャーの罠からの回避」、⑥デイビッド・T・ジョンソン「死刑は被害者たちに終結をもたらすか？」が収められ、数多くの重要な指摘がなされている。以上の諸論考だけでも被害者問題の多面性が明らかであり、死刑は誰のためなのか、被害者の声を聞くとはどういうことなのかを改めて考えさせられる。

第二章「被害者としての有罪判決？」では、まず「不当な有罪判決」として、①キャロリン・ホイル「死刑存置国における誤判の被害者」、②ブランドン・L・ギャレット「死刑制度の影響の下で」、次に「差別と精神障害」として、③ロス・クラインステューバー「差別と死刑」、④サンドラ・バブコック「死刑、精神疾患、知的障害――処刑に直面する精神疾患を有する個人への保護の不足」、そして「国際法違反のその他の死刑事例」として、⑤ソール・レールフロイントとロジャー・フッド「恣意の不可避性――死刑法における虐待というもう一つの側面」、⑥サリル・シェティ「国際法違反の死刑事例――アムネスティ・インターナショナルの懸念」、⑦ジエンス・モドビッグ「死刑――拷問か虐待か」が収められる。ここでは狭い意味での被害者問題からは離れる論点も含み込みつつ、死刑問題に多角的に光を当てている。

第三章「被害者としての〝隠された〟第三者」では、「死刑囚の家族たち」として、①スーザン・F・シャープ「隠された被害者――死刑に直面した人たちの家族」、②フランシス・スービ「死刑囚監房にいるかまたは執行された親を持つ子どもに対する死刑制度の影響」、③スザンナ・シェファー「沈黙の終焉、恥の終焉」、④フローレンス・シーマンガル、リジー・シール、リンジー・ブラック「カリブ地域における死刑がその家族に及ぼす影響」、⑤サンドラ・ジョイ「〝死刑囚家族〟への社会心理学的取組み」が収められる。

次に「死刑の訴訟手続と執行の参加者」として、①リジー・シール、フローレンス・シーマンガル、リンジー・ブラック「死刑とその執行過程に関与する専門家への影響」、②ロバート・ジョンソン「仕事としての死刑執行――死刑囚監房と死刑囚棟で働く公務員にとっての死刑執行の付随的帰結」、③ロン・マッカンドリュー「そのときも苦しく、今でも苦しい」、④スザンナ・シェファー「依頼者の命のために闘う――有罪判決への不服申立てに携わる弁護人に対して死刑が及ぼす影響」、そして「被害者としての社会」として、⑤ジェームズ・R・アッカー「死刑――われわれの未来を奪うこと」、⑥ウォルター・C・ロング「公衆衛生問題としての死刑」が収められている。ここでは「凶悪事件が生み出す被害者問題」に加えて「死刑が生み出す被害者問題」が浮き彫りにされ、事件及び刑事手続きに関与するすべての人々、ひいては市民全体への影響が語られる。

末尾のロング論文は国連に対して五つの勧告をまとめている。本書のまとめというわけではないが、本書の基本内容を反映していると思われるので、引用しておこう。

①「国連は死刑を暴力として認識すべきである」

②「国連は暴力に対する解毒剤として、人間への尊厳の文化的法律的追求を促進すべきである」

③「国連は、恥辱を誘発する刑罰の文化的法律的減少を促進するべきである」

④「国連は被害者の文化的法律的支援を促進すべきである」

⑤「国連は死刑について人間の安全保障あるいは人間の不安定との関係で問いただすべきである」。

本書は被害者問題を中心にして死刑存廃論議を深めているが、死刑存廃論の全体に射程を有する。世界的な視野を持ち、国際人権法その他の諸学問の成果を反映し、死刑の実態や実務との関連のもとに編集されている。

二　凶悪犯罪と厳罰要求

1　被害者の傷

死刑廃止と犯罪被害者支援とが交錯して新たな運動と理論成果を産み始めている。

犯罪被害者に関しては、特に地下鉄サリン事件や神戸連続児童殺傷事件などの重大事件の被害者への社会的関心が高まり、メディアによる取材の問題や被害者の心の癒の過程が問われるようになった。神戸事件に関する著作は多いが、ここでは次の一冊だけを取りあげたい。

山下京子『彩花へ――「生きる力」をありがとう』（河出書房新社、98年〔河出文庫、02年〕）

神戸事件の被害者の母が綴った手記である。娘の死という絶望から希望への道筋は、困難ではあるが不可能ではなく、「涙に明け暮れしながらも、顔を上げて、強く生きることができるようになる」ことを示す感動の一冊である。軋む心も華奢なままではいない。

小西聖子『犯罪被害者の心の傷』（白水社、96年［増補新版、06年］）

犯罪被害者相談室で被害者カウンセリングを行なう精神科医による著作である。トラウマやPTSD（心的外傷後ストレス障害）については最近は知られるようになってきたが、本書は単なる用語解説ではなく、日本の実例をもとにわかりやすく説く。犯罪被害者の心理に関する叙述も興味深いが、被害者へ援助する側の問題として「聞く人も傷つく」「バーンアウトをふせぐ」との指摘は重要である。本書を手がかりに、「死刑事件」被害者の支援の実践も始まった。

ディビッド・マス（村山寿美子訳）『トラウマ』（講談社、96年）

震災、交通事故、レイプ、幼児虐待等で心に傷を負った人たちが悩まされる不安、不眠、悪夢を取り上げ、「心の後遺症」を克服し、トラウマからの解放を目指す。PTSDの歴史と理論がまとめられている。

藤井誠二『アフター・ザ・クライム』（講談社、11年）

大阪市浪速区・姉妹殺害事件、沖縄・塾経営者殺害事件、横浜・OL殺害事件、名古屋老夫婦殺害事件、東京文京区音羽・女児殺害事件、栃木・牧場経営者殺害事件の、それぞれ遺族への取材を通じて犯罪被害者遺族の「被害後」の「語り」をディテールまでできうる限り削ぎ落とすことなく、社会に伝えようとする。

「怒った被害者」や「悲しむ被害者」といったステレオタイプにおしこめることなく、できる限り全体像を伝えようとする。大阪浪速区事件では、遺族は「死刑でなければ腹をかっ切る」と述べたという。それが取材したメディアとの間で誤解を生んだり、世間にも正しく伝わらなかったりする。この言葉に至る経過や状況、複雑な思いがなかなか伝わらない。加害者が死刑執行されたニュースに接して、「人間として最低の言葉かもしれないが、望んだ結果だった。それ以上でも以下でもありません」とコメントした被害者遺族の思いをどうすれば本当に伝えることができるだろうか。執行後も、「執行されたというのは、マスコミから聞いただけ」なので「半信半疑なんです」と言わざるを得ない実情をどう説明すればいいだろうか。栃木事件では、遺族は「ぜったいに更生できない、しようとしなかった悪人はゴキブリのように殺さなくちゃならない」と述べた。これも誤解を招く恐れのある言葉だが、単なる生理的拒否感だけではない遺族の思いがある。著者は被害者遺族の思いに寄り添い続けながら、さまざまな形で伝えようと努力する。

坂上香『癒しと和解への旅——犯罪被害者と死刑囚の家族たち』（岩波書店、99年）

TVドキュメンタリー・ディレクターがアメリカにおける〈ジャーニー・オブ・ホープ〉を三年にわたって取材してまとめた一書である。

ホロコーストの生還者であるエリー・ヴィーゼルからの引用で始まる記述は、『デッドマン・ウォーキング』のシスター・ヘレン・プレジャン（本書278頁）が私たちにもたらしたのと同質の驚きと感動を与えてくれる。冒頭の数行を引用するだけで、著者が出会った世界の不思議な〈魅力＝魔力〉を垣間見ることができる。

「ジャーニー・オブ・ホープ——希望を追い求める旅、と名付けられた二週間の『旅』が、毎年アメリカで行われている。

旅の主人公は、『殺人』という行為によって命を奪われた被害者の遺族、そして人の命を奪った側である死刑囚の家族という、本来ならまったく相いれない、両極の立場にいる人々だ。五〇人前後の参加者たちは毎年秋、全米各地から集まり、キャンプ場で寝食をともにし、車で移動しながら、一般市民に向けておのおのの体験を語り歩くのである。」

著者は取材を進める中で、人がどれほど深く傷つくことができるかを知る。被害者遺族の傷は、誰もが想像し、類型化してきたような傷とは限らない。加害者の家族もまた同様に深い闇を抱えている。そうした傷の深さを安易に「理解」しようとするのではなく、その表情を見つめ、言葉を聞き取り、理解できることも理解できないこともともにそれとして受け止めて、思索を旋らし紡ごうとする。

本書に登場する被害者遺族の「癒しと和解」の過程はそれぞれ異なる。加害者の家族の「癒し」も多様だ。被害者と加害者両方の子どもという立場でのトラウマに悩む例すらある。彼らの癒しと和解を直ちに理論化したり一般化したりできない。

この間、日本でも被害者遺族問題が大きくクローズアップされ、トラウマからの回復の困難さとそれゆえの切実さが確認された。さらに被害者遺族対策として、裁判情報の公開、厳罰化、刑事裁判への「参加」などが唱えられている。しかし、あまりにも単純化され類型化された被害者遺族イメージが語られている。被害者遺族は同じ様に傷つき、同じ様に憎み、同じ様に厳罰を求めるものと決め付けられている。そうではない被害者遺族には身を置く場所すら与えられない。

本書が優れているのはステレオタイプな思考から逃れていることだが、そう指摘しただけでは本書の真価を表現したことにならない。多くの被害者遺族と加害者家族の重い苦悩や激しい感情や落胆や爆発や恐怖や愛や絶望や悲惨や揺れ動きを、決して大袈裟にではなく、ていねいに一つひとつ事実を示す方法で読者に提示する作業がそのまま希望のありかを示唆しているところに本書の特質がある。読者は幾度も眼をしばたたかせ、時には心に手錠をかけるようにして、時には些細な記憶をフル回転で呼び起こして、それぞれの〈ジャーニー・オブ・ホープ〉を内に鎮めることができるだろうか。

坂上香『ライファーズ——罪に向き合う』（みすず書房、12年）

『癒しと和解への旅』に続くライファーズ（終身刑受刑者）をめぐる、そしてライファーズとともに歩んだ旅の記録である。

NHK番組『隠された過去への叫び——米・犯罪更生施設からの報告』、自主製作映画『ライファーズ——終身刑を超えて』を世に問うてきた著者は、再び、薬物依存者や暴力問題を抱える人々の更生施設アミティへの旅に出る。取り返しのつかない犯罪を犯してしまった受刑者の社会復帰を真剣に考える人々や施設のありようを正しく紹介することから、議論は始まる。刑務所長や、刑法学者や、検察官が上から語る刑罰論ではなく、最も重い罪を犯した人々が自らの人生をさらけ出して、自らの罪に徹底的に向き合うこと。受刑者同士の交流の中で、閉ざされた心を開いていくこと。暴力（再犯）の連鎖から解き放たれて、回復の途を自ら歩んでいくこと――

「アリス・ミラーによる一冊の本からスタートした旅は、私をアミティというTCに誘い、暴力やそこからの解放をめぐる、さまざまな出会いや気づきをもたらしてくれた。彼／彼女らは、私が素通りしていた場所に立ち戻らせ、そこで何が実際に起こっていたのかを、そして、いかに現在に行き着いたのかを体現してくれた。そして、これから進むべき道に光をあて、いくつかのルートを指し示してくれた。そして、何より、人はどんなに酷い人生を歩んできたとしても変わることができる。それぞれのストーリーが安全なコミュニティを形成する、ということをさまざまな形で体現してくれた」。

しかしアメリカでも日本でも現実は逆行し、厳罰化、矯正処遇の後退、そして社会的排除が進行している。受刑者が自らの罪に向き合っても、社会はそれを望んでいない。この現実をどう変えて行くのか、著者の問いは続く。

原美由紀『さよなら――死刑で被害者は救われるのか―名古屋保険金殺人事件』（新風舎、05年）

保険金殺人事件で弟を殺された原田正治を追いかけた一冊である。

一九八三年一月二四日の「事故」で死んだ弟は実は連続保険金殺人の被害者であったことが判明した。犯人らは、一九八五年一二月に一審死刑、一九八七年三月に二審で死刑を言い渡された。井田正道は上告せずに確定し、一九九八年一一月に執行された。長谷川敏彦は、九三年九月に最高裁で上告棄却となった。この最高裁判決には大野正男判事の補足意見が付された。二〇〇一年一二月二七日、長谷川は名古屋拘置所で執行された。

弟を殺害された原田のもとに長谷川からの手紙が届いたのは一九八七年のことだ。はじめは読まずに無視していたが、真摯な謝罪の手紙を読んだことから、被害者遺族と加害者の異例の交流が始まった。そして被害者遺族による死刑廃止の願いが法務省に届けられることになった。被害者遺族の願いは却下され、長谷川は処刑されてしまった。事件を知り、法廷を傍聴し続け、加害者と交流し、その加害者が処刑されるという過程をたどりながら、原田は死刑廃止運動に加わるようになっていた。死刑囚との出会いによって被害者遺族が変わっていった稀有の軌跡を本書は追いかける。加害者が罪を償うとはどういうことなのか。被害者遺族はどうすれば救われるのか。著者は悩み、迷いながら原田の声に耳を傾ける。

原田正治『弟を殺した彼と、僕』（ポプラ社、04年）

その原田正治自身の著作である。

一九八四年に愛知県で発覚した「半田保険金殺人事件」で、原田の弟を含む三人が保険金目当てで殺害された。主犯格の長谷川敏彦をはじめ三人が逮捕・起訴された。当初は事故死だと思われていた弟が、実は殺されていた事実を知り、原田は大きな衝撃を受ける。平穏だった暮らしは一変し、弟を失った深い悲しみは、時を待たず長谷川敏彦への憤怒と憎悪の念へと形を変えていった。「長谷川に極刑を望む」……原田の願いはただそれのみだった。

裁判が始まり、長谷川には一審・二審で死刑判決が下された。しかし、著者の心の中には「死刑とはいったい何だろう」という疑念が渦巻きはじめる。「罪を背負い、生き続けることこそが長谷川にとって真の意味での罰であり、弟への償いであり、被害者遺族である自分が望んでいることではないのか」。

　最高裁での判決の直前、著者はついに長谷川敏彦との対面を果たす。その過程を自ら綴った。

　被害者遺族の感情を根拠に死刑を正当化する論者は原田を無視してきた。被害者遺族は加害者の処刑を願うべきだというモデル被害者像に合致しないからだ。それだけではない。死刑を求めない原田に対する激しい攻撃が始まる。

2 オウム真理教事件

二〇一八年七月六日・二六日の二日間、オウム真理教教祖の松本智津夫（麻原彰晃）をはじめとする一三人の死刑執行が行われた。一九九五年の地下鉄サリン事件など一連の事件で死刑が確定した元教団幹部たちである。二〇一八年一月、元信徒の一人の判決が確定し、すべての裁判が終了したことから執行の時期が注目されていた。若干の論点だけ指摘しておこう。

　第一に、二日間で一三人という大量執行の問題である。同一事件での死刑確定者を同時に執行する方針によるとも言われるが、法的根拠があるわけではない。誰もが、幸徳秋水・管野すがらの大逆事件における大量執行を想起したであろう。大量執行の衝撃による恐怖支配がもくろまれたといってよい。これにより森友・加計学園問題をはじめとする安倍政権の一連の権力犯罪問題が吹き飛んだ。明治一五〇年、天皇代替り、東京オリンピック・パラリンピックへと続く支配の起爆剤として利用したということであろう。

　第二に、麻原死刑囚については精神鑑定・論争が行われたが、十分な審理を尽くさず、弁護団の特別抗告を強引に棄却した経緯がある。裁判の形式面すら整えることができないまま、何が何でも死刑にするという権力意思の強烈さにはめまいを覚えるしかない。

　第三に、再審請求中の執行である。とりわけ、多くの事件に関与し、その自白によって共謀認定がなされた井上嘉浩死刑囚が再審請求したばかりである。井上自白がなければ有罪認定・死刑判決は難しかった。再審請求が死刑執行停止理由と法定されていないため、法務大臣の裁量で強引に進められているが、疑問である。死刑確定者の再審請求の中には、死刑を遅らせるための手段と化している場合があるとの指摘がなされることもあるが、仮にそうした事例があったとしても、再審請求の可否は裁判所が判断するべきものであって、法務大臣が勝手に判断することはできない。


　森達也・深山織枝・早坂武禮『Ａ４または麻原・オウムへの新たな視点』（現代書館、17年）

　『Ａ』『Ａ２』『Ａ３』を公表してきた映画監督・作家の森達也（本書16頁）が、元オウム真理教信者の深山と早坂にインタヴューした記録である。二人は二〇一二年五月放映の「ＮＭＫスペシャル未解決事件 file02 オウム真理教」に登場した。オウム真理教初期からの古参幹部だが、それまでメディアの取材を受けていなかった。二人の話は『A3』に一部紹介されているが、本書では本格的なインタヴューが行われている。

深山はグラフィックデザイナーとして働いていたが、バブル期に仕事や人生に悩み、中沢新一『虹の階梯』などを通じて、一九八六年に「オウム神仙の会」に入会した。中堅幹部の「大師」となり、省庁制度下では「労働省次官」である。フリーの週刊誌記者だった早坂は、付き合った女性がオウムの信者だったため、彼女に押し切られる形で一九八九年に入信した。翌年にはその女性と結婚した。「正師」「広報局長、自治省次官」である。二人は一九九五年の地下鉄サリン事件後に脱会した。

入信の経緯、麻原との出会い、出家してからの生活が語られる。教団成長期の麻原や教団のイメージがつくられたものであったことも詳細に明かされる。一九九四年の松本サリン事件、翌年の地下鉄サリン事件に至る過程の教団の様子が内側から提示される。

オウム真理教事件の真相は何だったのか。なぜ暴走を止められなかったのか。オウム法廷では麻原を中心とした共謀共同正犯の論理ですべて解決したことになっているが、法廷に顕出された証拠を見るだけでも、真相解明がなされていないと言えるのではないか。こう問い続けてきた森は、オウム法廷の経過を二人に確認する。

「麻原がどの程度に事態を把握していたのか」について、深山は「そこは私にもよくわからないですけど、井上さんは自分をよく見せるためのポジティブな努力はすると同時に、それを守るために人を陥れる嘘を平然とつくような人でした。それで麻原さんは、彼の嘘つきのカルマを引き出して、それが自分自身の苦しみの因になることを理解させるというマハームドラーを仕掛けたんだと思います。彼に諜報省の大臣という地位を与えて有頂天にさせて、暴走をさせて失敗させた。井上さんは裁判で、すべてを麻原さんのせいにしたわけですけど、それを敢えて受け入れて、なおかつ自分自身が壊れていくのを放置することで、井上さんに自分のしたことがどのような結果を招くことなのかを教えたかった。これまでの経緯を見ていると、そういうことではなかったかと思っています」と語る。

日本社会における宗教への対応について、早坂は「もしも日本の社会が、メディアや法廷も含めて、オウムに対してもっと冷静に粛々と対応していたら、麻原彰晃やオウムの完全な負けで、あの事件以降に教団が存続する余地はまったくなかったと思います。でも結果として社会の側が冷静さを失ったことで、麻原さんの思うつぼになっている感じがしています。結局、この社会は自分たちのつくったルールさえ守れない未熟な社会で、それは救済すべき対象なんだという見方を許しているからです。そのことで麻原さんが始めたオウムの救済物語を終わらせることができなくなっているように見えます」と言う。

オウムにこだわり続ける森は述べる。

「本来なら麻原法廷はやり直されるべきです。何も明らかにされていない。あるいは間違った解釈が事実のように固定されている。そもそも被告人が法廷の中途から精神に異常をきたしていたのだから、これだけでも無効であることは明らかです。しかも有罪の最大の根拠にした証言を、証言した井上本人が後に何度も否定している。でもメディアも問題提起をしないし、社会は気づかない。おそらくNHKスペシャル放映時には蒼ざめていた判事や検察官たちは、その後に胸を撫で下したと思います」。

オウム事件を追いかけてきたジャーナリストの中にはオウム憎しのあまりデュープロセスを無視する例が見られる。

アンソニー・トゥー『サリン事件死刑囚――中川智正との対話』(角川書店、18年)

化学・生化学を学んだ毒性学や生物兵器の研究者だという著者アンソニー・トゥー(台湾名・杜祖健)が死刑囚となった中川智正と一五回の面会を重ねた記録である。

毒性学の研究者でコロラド州立大学名誉教授の著者は、一九九四年の松本サリン事件の際、日本の警察(科学警察研究所)から依頼を受けて、土壌の中からサリンの分解物を検出する方法を教示し、これによって上九一色村の土壌からサリンの分解物メチルホスホン酸が検出され、オウム真理教によるサリン製造の科学的根拠となったという。その後、日本を訪れ警察庁、法務省、自衛隊に協力を積み重ね、信頼を得た著者は拘置所で中川智正死刑囚と面会を許された。なぜオウムがテロの暴力に走ったか、いかにして化学、生物兵器のプログラムを作ったかを解明するためである。「化学兵器は戦争のみならず、むしろ防御手段を持たない市民に使われる可能性のほうが高い」ので、世界中の人々が民間防衛の重要性を認識することになったという。

本書の主たる関心はオウム真理教事件に至る経過、特に化学兵器を利用するために製造した過程にあるが、それだけではなく、死刑囚の獄中生活も紹介している。死刑囚の文通、面会、物品のやりとりが弁護士や親族等に限定されていること、手紙の発受信には検閲があること、本や雑誌の差し入れにも細かい規則があること、東京拘置所ではテレビは見られないがラジオは聞けること、面会相手や時間にも制限があることを初め、一般の読者にとっては懇切丁寧な本づくりになっている。写真やイラストも掲載されている。

法務省は二〇一二年にオウムの一三人の死刑囚の同時執行を予定していたが、その矢先逃走犯の一人・平田信が二〇一一年の大みそかに出頭し、逮捕されたために、死刑執行ができなくなった。刑事裁判が開始され、平田の法廷に証人として立つ必要性が出てきたし、事件の知られざる側面が明らかになるかもしれないからである。

中川は獄中で俳句を詠んでいたので、二〇句ほど紹介されている。三句引用しておこう。

先知れぬ身なれど冬服買わんとす
獄の虫コンクリートに棲みて鳴く
消えて光る素粒子のごとくあればよし

著者は中川以外に、生物兵器の責任者・遠藤誠一、化学兵器の中心人物・土谷正実を紹介したうえで、中川によるオウム信者への論評も提示する。

二〇一八年一月、オウム関係裁判がすべて終了した。三月三一日の一四回目の面会で、中川が「近日中に移送されるかもしれません」と語っていたが、翌朝のニュースで七人が仙台、名古屋、大阪、広島、福岡の拘置所に移送されたことが報道された。最後となった一五回目の面会は広島拘置所であった。そのための連絡として、「広島への移動中、故郷岡山の山々を見て懐かしかった」とメールが来たという。

「私は六年間にわたって、彼と文通や面会をしてきた。彼を死刑囚としてでなく一人間として付き合ってきた。彼の今迄の犯罪を私は知っている。これらの罪は許されるものではない。しかし人間には誰にも明暗、または光と影がある。私は彼の『明』や『光』の片側だけと付き合っていたのかもしれない。彼の死刑執行という事実で中川という個体がこの世から消されてしまったことに対し、私は一抹の哀悼を感ずる。」

田口ランディ『逆さにつるされた男』(河出書房新社、17年)

地下鉄サリン事件実行犯の林泰男との一四年間に及ぶ面会・通信による交流をもとに描かれた私小説である。

阪神淡路大震災と地下鉄サリン事件の年に家庭が崩壊の危機に瀕し、精神を病んだ兄が衰弱死した体験を作品化してベストセラーになった作家・羽鳥よう子が、確定死刑囚Yの希望により面会し、外部交流者となりYとの交流を重ねる。事件の真相を知るため教団関係者に会い、教義を学んだ羽鳥はやがて自らの運命として事件の真相を引き受け、小説『逆さに吊るされた男』を書き始める。東京拘置所で、富士山総本部で、麻原彰晃とは何者か、オウム真理教とは何か、地下鉄サリン事件の真相は何かを問い続け、独自の解釈を施していく。

「長いこと、私はシャーロック・ホームズ気取りで、いろんな角度からオウム真理教を見ては分析し、解釈し、理解しようとした。なぜあんな奇妙な事件が起こったのか知ろうとしてきた。裁判の証言記録を読み、教団の教義や、修行の内容も細かく調べた。教団内でどういう生活が営まれていたのかも、おおむねわかった。だからって、それがなにかの教訓になったかと言えばそうでもない。

知っても、知っても、事件のことはなにもわからない。

でも、唯一わかったことがある。

それはね、自分がどういう人間かってこと。

何度も言うように、私はこの事件に巻き込まれようとして自分から巻き込まれたの。この事態の内部に入って、この出来事を我が事として実感したいと熱望した。

この熱望、この世界実感への渇きが、Yさんとも、木田さんとも、もしかしたら他の信者の人たちとも共通しているのかも。」

こうして羽鳥は自分を「発見」する。その発見は自分の否定につながる。家庭崩壊の原因であった父親とのすれ違い、死んだはずの兄が返ってくる。罪悪感と公開と、不安と夢の中で、羽鳥の夢は壊れる。夢が壊れても夢の中。

「夜明け前で、風に乗って波の音がうんと耳元に聴こえた。ざざん、ざざん。打ち上げられた水死体みたいだった。プーもいなくて、一人きりの部屋は静かだった。淋しかった。死んだ家族たちが、とっても懐かしかった。」

その先に死刑執行が待っている。

一九九〇年代からオウム真理教及びその犯罪に関する著作はおびただしく出版された。その全体をフォローすることはとうていできない。死刑論に関連する重要文献の紹介にとどめざるを得ない。

渡辺脩『麻原を死刑にして、それで済むのか?』(三五館、04年)

オウム真理教事件の麻原教祖の弁護人である著者による裁判批判である。「速すぎる裁判の危険性」「麻原裁判の基本問題」「異常な捜査と不自然な証拠」「村井正大師とオウム事件の闇」「坂本弁護士事件の問題点」「松本サリン事件の問題点」「地下鉄サリン事件の問題点」「麻原裁判と私」の構成である。

著者が終始一貫して強調してきたのは、被告人の公正な裁判を受ける権利をきちんと保障してこそフェアな裁判が可能となり、民主的な社会を実現できるのであり、そのためには弁護権の実質的保障を果たし、事案の真相を解明する努力を行なうべきなのに、オウム事件においては、これらの原則がないがしろにされているということである。

一例を挙げると、松本サリン事件の犯行時刻は一九九四年六月二七日午後一〇時四〇分頃から一五分間とされているが、「松本市有毒ガス調査報告書」によると、同日午後八時から九時までの間に被害が発生している疑いがある。犯行時刻以前に被害結果が発生していたという奇妙なことになる。ところが検察官も裁判官もこの矛盾を無視して、何も答えていない。メディアもまったく報道しない。麻原裁判が「魔女裁判」と化して、被告人の権利を省みず、調べるべき証拠を調べず、踏むべき手続きを省略したりすれば、「麻原という一人の被告が基本的人権を失うことによって、国民が失う損失ははかり知れない」という。

「麻原弁護団のような闘う弁護士とその集団を国民の立場から真に必要とするのかどうかを私は本気で聞いてみたい。そして、権力側からの抑制を一切受け付けない在野の弁護士・弁護人というものの本当の姿を知ってもらいたいとも思う。弁護士稼業も弁護人も、在野でなければ値打ちがないのだ」。弁護士人生を賭けての闘いである。

佐木隆三『慟哭——小説・林郁夫裁判』(講談社、04年)

右の渡辺脩著に対する批判の書ということになる。

林郁夫裁判では、弁護人は検察側申請証拠にすべて同意し、何一つ争わなかったので「迅速裁判」が実現し、弁護側立証は鮮やかな被告人質問に凝縮され、おかげで死刑ではなく無期懲役になったと見る著者は、麻原弁護団に対して全面否定の厳しい視線を向けている。右に一例として紹介した松本サリン事件の発生時刻問題についても本書は一切言及しない。死刑に至る道を妨げることは許されない。他方、本書は林被告人の弁護人への取材も行い、他書では知られない事実も紹介している。

3 光市事件

「相次ぐ凶悪犯罪」を根拠に厳罰を要求する世論が煽られてきた。政府、警察、メディア、そして裁判所も厳罰化キャンペーンに乗り出した。もっともセンセーショナルだったのが、光市事件をめぐる死刑キャンペーン、弁護団叩きである。メディアはこぞって被害者遺族を英雄視し、「殺せ」と叫ぶリンチ社会を作り上げてきた。

現代人文社編集部編『光市事件裁判を考える』(現代人文社、08年)

こうした状況への批判的応答として編集されている。冒頭の座談会に続いて、さまざまな意見が収録されている。

「被告人は大弁護団に頼るのではなく、心の底から湧いてくる言葉を明かすべきだった。そうして『生きて償いたい』と訴えれば、人々の魂に響いたかもしれず、残念というほかない。判決期日は二〇〇八年四月二二日に指定されたが、わたしにとって虚しい限りである」(佐木隆三)。

「私は少年院に送れば罰が軽くなるから、こう論じているのではない。たとえ死刑であれ懲役刑であれ、被告人がより人間らしく変化して罰に服するほうが、被告人にとっても、被害者と遺族にとっても救いの可能性が開けると考えるからだ。逆説的な皮肉だが、いったん事件が起きてしまった後は、被害者の死の価値を左右するもっとも大きな要素は被告人の人格である。被告人の人格が荒廃している時、被害者の死はいっそう惨めで無価値なものになってしまう。そこで遺族は二次的な被害を受ける。被告人を死刑にすることは、国民に対して国家の威しい顔を見せつける側面が強くある。被害者と遺族が慰撫されることにつながるかどうかは微妙である。被告人の死に方は国家にとって何の関係もないことだが、遺族にとっては被告人の死に様こそが重要となるのではないかと思う。罪の深さを意識し、死を怖れながら、被害者に詫びながら死んでもらわなければ、償いにならない」(毛利甚八)。

「立場の『置き換え』が、いつの間にか被害者遺族と『一体化』した。被害者遺族からの視点だけによる報道が、遺族の望む『正義』までも絶対化・聖域化させていると言っていい。これによって、視聴者は被害者遺族の方にシンクロし、被告人の元少年と弁護団は憎悪と非難の対象でしかなくなっていく。直接取材をする者にとっても、読者や視聴者にとっても、自らと対象を『置き換え』てみる想像自体は重要だ。自らの情が目の前の対象とシンクロすることは当然あるだろう。私自身は確かに弁護側の主張や被告人の言い分を追っているとは言え、ときに被害者遺族の声や思いにもシンクロすることはあった。しかし、そこで私は自分自身にあえて言い聞かせる。自らが置き換えるべき対象は本当に『被害者・遺族』だけなのか。思考・想像すべき対象は『被害者・遺族』だけなのか。世の中に伝えるべき対象は『被害者・遺族』だけなのか。私たちが共有すべき感情や思いは『被害者・遺族』だけなのか。事件の教訓や再発を防ぐために考えることは『被害者・遺族』の声だけが基準なのか……。この光市裁判報道は、『被害者の立場』に自分を全面的に置き換えることによって、別の仮定や異論がすべて排除されている。被害者遺族の立場に立って初めて見えることは確かにある。だが一方で、父親による虐待・暴行を受けてきた被告人の生い立ちや彼を取り巻く社会的要因と、事件との関連性を探ろうとしなかった。事件現場での被告人の実行行為と動機、捜査段階での供述の信ぴょう性など、本来メディアが取材して探るべきことを、この弁護団が『取材』・提示したといえる。事件の全体像を見ずに、検察の主張する犯行の『残虐性』と一審判決後に被告人が友人に返信した手紙の内容だけが公判の度に繰り返し報じられ、『凶悪犯人像』のイメージだけができあがった」（以上、綿井健陽）。

「この事件と裁判をめぐる騒動が示しているのは、被告人と遺族男性の間にあるモラルの断層である。モラルの断層を埋める工夫なしでは、遺族男性の心のざわめきが鎮まるとは思えないのだ。刑法は近代国家を成立させるために輸入され改造された秩序維持の物差しだが、それを十全に機能させるのは共同体とそこに生きる人々が日々つくりだしている『共に生きている意識』である。『共に生きている意識』のなかに善悪の基準があってこそ、被告人の反省も生まれるし、法廷で裁判官や検察官の発する言葉が働いていく。私たちは、今、社会のなかで、その意識を育てながら生きているのか？　そうした社会意識を育てられなかった犯罪者を殺して、悪い心を潰していけば、社会は安寧に向かっていくのか？　被害者と遺族の心は救われていくのか？　私が光市の風景を眺めながら思ったのは、そういうことであった」（綿井健陽）。

二〇〇八年四月の広島高裁判決は、こうした疑問を封じ込めることだけを考えたようだ。

光市事件弁護団編著『光市事件弁護団は何を立証したのか』（インパクト出版会、08年）

二〇〇八年三月、つまり同年四月の広島高裁判決を迎える時期に開かれた集会の記録である。集会における報告のうち弁護団によるものがまとめられている。

第一部「光市事件の概要」では①「光市事件　検察・裁判所の主張」（安田好弘）が事件への導入を行なっている。第二部シンポジウム「光市弁護団に聞く」（司会・小林修、湯山孝弘）では②「被告人の供述を中心として」（井上明彦、山崎吉男、足立修一）、③「どのような殺害行為だったのか　法医学鑑定をめぐって」（新谷桂、松井武、新川登茂宣、河井匡秀）、④「犯行の計画性はあったか」（大河内秀明、村上満宏、石塚伸一）、⑤「この事件の情状について」（岩井信、本田兆司、山田延廣、岡田基志）が続く。さらに第三部には、⑥論考「司法の職責放棄が招いた弁護士バッシング」（安田好弘）が収録されている。

「物言う」被害者遺族を前面に押し立てたマスメディアの異常な攻撃に抗して事件の真相を明らかにすべく獅子奮迅した弁護団によるコンパクトな問題点の整理がなされている。業務妨害と言うべき異常な非難キャンペーンの矢面に立たされながら、刑事弁護の基本に立ち返って証拠の徹底吟味を訴え続けた弁護団の闘いの記録である。シンポジウムでは、事件報告だけではなく「自己紹介をかねて、どんな気持ちでこの裁判に取り組んでいるか」を話すように求められている。

「私自身も、マスコミから得る情報しか持っていませんでした。ただ、被告人に現実に会ってみて、そして記録を検討してみると、まったく事実が違うではないかというところから受任していったということであります。その後、いろいろマスコミを通じて、また、そのマスコミを見た人たちからいろいろなことを言われていますけれども、私としては、あくまでも通常の刑事弁護と同様にやるように努めております」（湯山孝弘）。

「正直、私が就いていた段階で、今、問題になっているような事案の真相を彼から聞けなかった、聞くことが出来なかったというのが、私自身の、率直に言って、私のミスだというふうに、ずっと思っています。ですから、この差戻控訴審でもう一度弁護人になることを彼から許してもらえて、弁護人になることができたということで、なんとか、少しでも力になりたいという思いで、弁護に努めてきたつもりです」（井上明彦）。

『弁護士だから』と、某事件のときにも、なんでそういう事件を受けるのかというふうに言われると、私は必ず『弁護士だから』と答えることにしております」（松井武）。

「実は私は横浜で起きた強盗殺人事件の、有罪であれば死刑になる可能性の高い、無実を主張している被告人の弁護を二〇年間やっているんですが、その間、警察での証拠の捏造、検察官が被告人に有利な証拠を隠して弁護士に見せない、あるいは裁判所がいろいろな弁護人の主張に対してこれを無視するというような、権力が牙をむいたときの恐ろしさを経験するところが多かったものです」（大河内秀明）。

「弁護士になる前にアムネスティという国際的な人権団体に十年ほど職員として関わってきました。アムネスティでは死刑制度の廃止に向けて活動してきました。ですから、いろんな写真週刊誌や週刊誌では、『死刑廃止を訴えるアムネスティの元職員』という形容詞が付いて紹介され、自意識過剰で言えば、この『分かりやすい』経歴が、この弁護団の活動が死刑廃止のためというふうにいわれてしまって申し訳ないと思っています。私がこの事件に関わったのは、これが刑事事件だからです」（岩井信）。

「マスコミのバッシングはすごかったですね。朝、行ってみると弁護士会から懲戒申立というのが山ほど来るわけですね。とんでもない弁護人になったものだと、頭を最初抱えておりましたが、だけど私自身、この弁護団の手弁当の活動に積極的にやっていない面もあるのですが、大変感動しました。いまではこの弁護団の一員になっていることを誇りにさえ思っております」（山田延廣）。

「福岡県警がらみの事件が起こったときに安田先生が松井先生と一緒に参加していただいた、安田先生は決して言わなかったけど、他から聞いた話によると、弁護士が孤立しているときに行かずにおられるかと。安田先生はシャイな人ですから言わないけど、それ聞いて、これだと思ったわけです。ですからこの事件、声かけてもらったときに、一番孤立している人、一番非難されている人、一番ダメだと言われている人、この人につくことこそが弁護士だろうと。未熟ながら私も参加しようと思ったわけです」（岡田基志）。

実名・写真つきでさらし者にされるだけなら、弁護士は自ら立ち向かうことも難しくはない。権力をかさに「殺せ」と叫ぶ「大衆」が襲いかかる。嫌がらせ電話、脅迫電話、膨大な数の懲戒申立がえんえんと続く。検察側の捏造と闘わなくてはならない。マスメディア、裁判所も結託したかのような激しい攻撃にさらされながらの弁護活動は、したたかで、しぶとくて、しつような弁護団をつくりあげた。広島高裁判決は不当に厳しい、最低の内容であったが、弁護団は逆境に挑み続ける。しなやかでも、華麗でもなく、時に過激で、苛烈で、しかし軽やかな精神の行く手をさえぎることは誰にもできないだろう。褒めてはいけない。おだてる必要もない。安田好弘とその仲間たちの強靭な精神にただただ注目し、半ば呆れながら感動するべし。

『橋下弁護士VS光市裁判被告弁護団——一般市民が見た光市母子殺害事件』（STUDIO CELL、07年）

テレビ番組で光市事件弁護団への非難キャンペーンを煽った橋下徹弁護士（当時・大阪府知事、その後大阪市長を歴任）が弁護団に訴えられたことに端を発して、インターネット上のデータを調査して書かれた一冊である。一見安直なつくりに見えるが、一般市民の弁護士イメージがどのようなものであるかを知るには便利であろう。

門田隆将『なぜ君は絶望と闘えたのか——本村洋の3300日』（新潮社、08年）

光市母子殺害事件の被害者遺族として、メディアに露出して被告人に死刑を求め続けた青年の苦闘を描いた記録である。

メディアに露出して発言し続けたがゆえに、本村洋は「有名人」となり、被害者遺族であるにもかかわらず冷静な語り口で事件に向き合い続けた。事実認定や裁判経過についての主張の内容もよく知られる。しかし、メディアを通じてはわからない、さまざまな葛藤があり、時には死をも考えるほどの苦悩があり、精神的に支えてくれた友人たちもいる。そうした、知られざる秘話を伝えるノンフィクションである。

光市事件関連文献の多くが、本村対弁護団の対立に焦点を当てて図式化しがちなのに対して、本書は本村の側に身を寄せて弁護団批判をしているが、単に感情的な批判をするのではなく、裁判経過の変遷の中で弁護団がどのように選択したのか、それが本村にはどのように見えたのか、世間はどう反発したのかを明らかにしてバランスをとる努力もしている。死刑そのものへの考察と呼べる記述はない。

井上薫『裁判官が見た光市母子殺害事件』（文藝春秋、09年）

元裁判官で弁護士、そして『死刑の理由』の著者が、光市事件裁判の全体を「長年の裁判官経験を前提として、裁判官の公平な目を使って」まとめようと執筆した。光市事件の経過をフォローし、死刑か無期懲役かの量刑論を中心に、検察側主張、新弁護団主張、最高裁破棄差戻判決、広島高裁死刑判決を分析している。随所に法律用語の解説を織り込んで、一般の読者にもわかりやすく心がけている。

最高裁判決が永山基準を変更したものか否かについては研究者の間でも評価が分かれているが、著者は、最高裁永山判決では「死刑の選択も許されるものといわなければならない」としていたのに対して、光市事件最高裁判決は「死刑の選択をするほかないものといわなければならない」としている点で違いがあり、「思想的にもだいぶ違い」が見られると指摘し、その他の点もあわせて考慮して実質的に判例変更というべき変化があったのではないかと見る。

なお、『裁判所が道徳を破壊する』『司法のしゃべりすぎ』『狂った裁判官』『司法は腐り人権滅ぶ』などで他の裁判官を痛罵してきた著者のいう「裁判官の公平な目」とは何であるのかは不明のままである。

本村洋・宮崎哲弥・藤井誠二『罪と罰』（イースト・プレス、09年）

光市事件の被害者遺族を中心にした座談会記録である。

「死刑、裁判員制度、精神鑑定、性犯罪、メディア、権力、国家――事件から一〇年、初めて明かす不条理との戦い」とのキャッチコピーにあるように、光市事件に関する著作や被害者遺族・本村洋に関する著作は数多いが、本村自身が自ら語った記録である。テレビでの記者会見シーンだけからは知られない人となりや発言が収録されている。「司法と戦う」という言葉を用いているが、それ以前に突如叩き落された苦境にあって、自分自身と闘い、生き抜いてきた本村の文字通りの戦いがあり、しかもきわめて冷静に語られる。

「私の事件は、私の想像を遥かに超えて大きく報道されました。そして、賛同や非難が入り混じり、ひとつの社会問題として扱われることになりました。新たな論争や係争も発生し、裁判の行方や私の言動が社会の関心事になっていきました。私自身も、多くのマスコミの方々や専門家、評論家、政治家やジャーナリストの方々と接する機会が増えました。このことは、普通の会社員である私にとって大変貴重な体験であるのと同時に、日常と非日常の狭間で戸惑い、大きな精神的負担にもなりました。質問に答えたり、対話をしたりするには、私の知識や能力が著しく不足していたからです」。

誠実かつ謙虚な、しかし毅然として闘う青年の言葉は今も味読されるべきである。

もっとも座談会の顔ぶれから予想されるように、発言の中にはワイドショーのノリでの放言が含まれる。例えば死刑廃止運動に関連して、「彼らは『本村さえいなければ、こんなことにならなかった』と絶対に思っている」といった調子で、根拠も示さずに他人の内心を勝手に決めつけ、その決めつけを前提として次々と批判を繰り返す。

「左翼運動家系のおバカな廃止派ではなくて、もっと頭が切れて、法令や制度の裏表、政治の動向を熟知しているテクノクラート的な廃止論者」。

「死刑を廃止すれば、外遊したとき、俺たちはイエローモンキーじゃなく文明人だと白人と握手できるんですよね」。

この類の低レベルな発言が繰り返される。無自覚にではなく、むしろ意識的にポピュリズム刑事政策を推進しようとしているのかもしれない。ワイドショーが「世論」を誘導し、「世論」が死刑を支える「ワイドショー刑法」状況が続く。

かくして死刑を廃止できない日本は、国家だけではなく「社会」が死刑にしがみついている。「法の支配」を足蹴にし、「人の支配」「世論の支配」が蔓延している。無期懲役は犯罪を正当化するものだという異様な主張を唱え、被告人を殺せと叫び続ける人物をヒーローにしてしまう社会である。理性の箍が外れている。

4 池田小学校事件

岡江晃『宅間守精神鑑定書――精神医療と刑事司法のはざまで』(亜紀書房、13年)

二〇〇一年六月八日、附属池田小学校に侵入して出刃包丁で児童八人を刺殺し、一五人に重軽傷を負わせた池田小学校事件で死刑を言い渡された宅間守の精神鑑定書である。著者は一九七二年から京都府立洛南病院に勤務する精神科医であり、一九九八年に副院長、二〇〇三年から一一年まで院長を歴任した。刑事事件の精神鑑定を担当するようになったのは一九九二年からで、宅間鑑定も含めて九〇件の鑑定を行ってきたベテランであるが、「個々の事例において診断や責任能力について迷いを抱きながら鑑定書を作成することも少なくありません。精神科の臨床医として、また鑑定医として、刑事司法と精神医療との間に境界線を引くことのむずかしさを痛感しています」と述べる。

本書出版は「社会に激しい衝撃を与えた附属池田小事件を起こした宅間守の精神鑑定書をきちんとした形で残しておく必要があると考えました」とし、次のように説明する。

「宅間守の診断について、精神鑑定書のなかで、精神症状やパーソナリティ（人格）をどのように把握し、そして診断に至ったのかを詳細に述べたつもりです。統合失調症（当時は精神分裂病）や広汎性発達障害（なかでもアスペルガー障害）ではない、と判断しました。また、幼少期にネグレクト（親による育児放棄）があった可能性もありますが、そのことに重要な意味があるとまでは判断しませんでした。／診断について、精神科の臨床医や専門家などにより、その妥当性が検証されるべきだと考えています」。

著者の鑑定書への自信、専門家としての自負、そして同時に謙虚さが如実に現れていると言えよう。さらに宅間守が事件以前に数カ所の精神科医療機関で断続的に治療を受けてきた事実を示し、「精神医療でなんとか附属池田小事件を防げなかったのかという思いは、被害者や被害者家族ばかりでなく社会一般にも強くあると思われます」と述べる。もう一つ、事件をきっかけに成立した二〇〇三年の心神喪失者等医療観察法に触れ、事件だけでなく精神医療全体の変化についての検証も視野に入れている。

鑑定書は宅間守を統合失調症ではなく、「情性欠如者」と判定した。当時、社会的にそのことへの批判もあったように記憶している。著者はあとがきにおいて次のように説明している。

「私は鑑定人として、診断が難しい事例においても、仮に十人の精神科医が鑑定したとして、うち七、八人以上が納得する根拠を示し診断すべきだと考えています。仮説や主観的な思い込みは可能な限り排除すべきです。しかし宅間守については、より正確に人格障害の中核部分を言い表すためにあえて、古典的であり、かつ人格への非難・批判を内包するような『情性欠如者』という診断名を使いました。

一方、精神科の臨床医としての私は、宅間守が抱いていた視線や音などへの過敏さはおそらくヒリヒリするほどの嫌な感覚を伴っていたのではないだろうか、などと宅間守の内的世界に目を向けようとします。しかし仮に私が附属池田小事件の前に宅間守を診察することがあったとしても治療関係を深めることはできないまま、けっきょくは附属池田小事件に至ったのではないかという暗澹とした思いは消えないままです」。

5 秋葉原事件

加藤智大『解』（批評社、12年）

二〇〇八年六月に秋葉原で発生した七名死亡、一〇名負傷、合計一七名殺傷の秋葉原無差別殺傷事件の実行犯による手記である。二〇一一年三月二四日の東京地裁判決は、被告人に死刑を言い渡した。二〇一二年九月一二日、東京高裁は控訴を棄却して死刑を維持した。

著者は冒頭「はじめに」で、被害者、遺族、関係者に「本当に申し訳なく思っています」と謝罪し、「改めてすべてを説明しようと、この本を書くことにしました」と始める。「どうして自分が事件を起こすことになったのか理解しましたし、どうするべきだったのかにも気づきました。つたないながら、それを説明できる言葉も見つけました」という。

インターネットの掲示板上でトラブルになり、怒り狂ってナイフを買いに行った衝動と経過を説明し、掲示板の使い方に問題があったと反省する。掲示板の「成りすまし」が嫌がらせ目的であると誤解したこと、「荒らし」についても自分勝手なルールで決め付けていたこと、管理人に対しても誤解によって怒りを向けたことが犯行への道行きであるが、その際に、「事件に転落していくものの考え方」として、何につけても人のせいにすること、他人に痛みを与えて改心させるという考え方、どうして怒っているのかを言わない態度などの積み重なりがあったという。

事件の経過は「突入」「刺突」「逮捕、その後」にまとめられているが、本書一七〇頁のうちの九頁にすぎない。事件に至る過程や心理状態の反省が中心で、事件経過と当時の心理状態は明らかにされていない。「すべてを説明しよう」と言いながら実際には説明されていない。事件経過は当時の報道などに詳しいので省略したのかもしれない。あるいは、本人の記憶に制約があるのかもしれない。

最終章「一線を超えないために」で、「私は、似たような事件はもう起こらないでほしいと願っています。似たような事件とは、むしゃくしゃして誰でもいいから人を殺したくなった人が起こす無差別殺傷事件ではありません。一線を超えた手段で相手に痛みを与え、その痛みで相手の間違った考え方を改めさせようとする事件です」と述べる。ここに著者の思考の特質が表れている。冒頭の被害者や遺族への謝罪にもかかわらず、事件を振り返る時、著者の視野に被害者や遺族は入っていないように見える。もっとも、そのことに著者は気づいている。

「おわりに」で、「事件を説明するのならそれでいいのですが、秋葉原無差別殺傷事件をご遺族や被害者の方と向き合う時にその立場のままであったことは、最低のことでありました」と振り返り、「見ず知らずの人をまるで道具のように、人を人とも思わぬ犯行で殺傷しました」と繰り返し謝罪を表明している。「はじめに」「おわりに」における反省・謝罪と、本文における反省とがすれ違って見えるため、被害者遺族からの赦しを得られる可能性が低くなってしまうのではないかと思われるが、著者は自分なりに事件に向き合っているつもりのようだ。便乗本を出版した学者の中には、著者が十分に反省しているかのように述べている例もあるが、被害者遺族側から見れば、著者は全く反省していないと受け取られてしまうのではないだろうか。

加藤智大『殺人予防』（批評社、14年）

秋葉原一七名殺傷事件で死刑を言い渡された著者による四冊目の著書である。

「間違いだらけの『有識者』たちの『有識』を糺す！」と銘打った本書は、前半で秋葉原事件と（当時の被疑者・被告人であった）著者に対する批評・コメントを取り上げて、一つひとつ誤りを指摘していく。無署名の報道記事も取り上げられるが、実名の記事・論文・著書批判である。対象として取り上げられたのは例えば、碓井真史『誰でもいいから殺したかった！──追いつめられた青少年の心理』、香山リカ、中島岳志『秋葉原事件──加藤智大の軌跡』、芹沢俊介・高岡健『「孤独」から考える秋葉原無差別殺傷事件』、脇田滋、山田昌弘、野田正彰、小田晋、福島章、片田珠美『無差別殺人の精神分析』、佐々淳行、赤木智弘、加藤尚武などである。

著者は、これらのコメントや分析が事実に基づいていないこと、他人の書き込みを著者の書き込みと取り違えてコメントしていること、関係のないことを結びつけていること、単なるこじつけでしかないこと、勝手な解釈をしているが的外れであることを次々と指摘している。

「最も盛大に勘違いをしているのは、中島岳志氏でしょう」。「派遣労働と事件を結びつけようとした人は少なくありませんが、どうしてそのような発想が出てくるのか、理解に苦しみます」──こうした筆致で「有識者」のコメントは間違いだらけであると総批判する。なぜなら著者は「懲役を回避したい」という犯罪動機で、誤って連続殺傷事件に及んだのであって、自殺をしたいとか、親の影響で犯行に及んだとか、派遣労働の故の雇用の不安であるとか、「劇場型犯罪」であるとか、「動機なき殺人」であるとかいったさまざまな解釈は、著者から見ればおよそ頓珍漢な誤解であるということになる。「有識者」も形無しだが、日頃から何か事件が起きるたびに無責任に語り散らしている「有識者」がいるのは事実である。とはいえ、多様な視点で事件を考えようと努力している有識者もいるだろう。

本書後半では「事件を正しく理解するために」として、行動を正しく説明するために因果関係から考える必要性や、「掘り下げ型」の思考をすること、我慢や不満の心理を理解することなどに言及して、殺人予防のための有識者のコメント・分析のあり方に提言している。最後に著者は次のように述べる。

「思えば、ずいぶんと失敗を重ねてきたものです。秋葉原無差別殺傷事件はその中でも間違いなく最悪なものでした。しかし、過去は変えられません。その歴史のうえに立っているのが私という人間です。そんな私だからこそできることを、最後にまとめました。とはいえ、まだやりたいこともありますし、むしろやりたいことは増え続けています。また、やりたかったことも思い出しました。しかし、人生は有限です。やりたいことを全てこなせる人間など、どこにも存在しません。ですから、できないことに悩んで時間を無駄にするより、できることをするほうがずっといいでしょう。『締切』は延ばせるものではなく、その時点での形が完成品になります。私の人生は、一応、それなりの形になったと思っています。私は、私の人生、つまり死んでいく過程にそこそこ満足しています。だから静かに死を受け入れる準備ができているのでしょう。」

本文末尾のこの文章の次に「あとがき」の次の一文が続くことになる。

「もう事件から六年がたちました。世間では事件はすっかり風化したようです。ご遺族や被害者の方の『事件を風化させたくない』という思いは完全に無視されています。」

この文章は被害者・被害者遺族の顰蹙を買うだろう。世間も「お前が言うか」と呆れ返るだろう。自己中心的な言説を繰り返してきたのが著者であるが、大いに顰蹙を買うことを予想しつつ、あえてこうした文章を書くことに心掛けているとも読める。とはいえ、それが単なる偽悪ではないことも注意しておく必要がある。本書は「殺人予防」という主題を掲げて、批評家・コメンテーターなど有識者に挑戦する姿勢で書かれているため、被害者への思いも読み取れないだけに、世間からは「凶悪犯の開き直り」という以上の反応を得ることは難しいかもしれない。

6 首都圏連続不審死事件

二〇一二年四月一三日、さいたま地裁で一審死刑判決の出た「首都圏連続不審死事件」の木嶋佳苗に関する出版が相次いだ。猟奇殺人としてメディアで話題になった事件の覗き見趣味的な本が多いが、関連本を列挙しておく。

佐野眞一『別海から来た女――木嶋佳苗悪魔祓いの百日裁判』（講談社、12年）

二〇一二年春に再審開始決定の出た東京電力OL殺人事件のゴビンダさんの裁判を追跡した『東電OL殺人事件』の著者によるノンフィクションである。

百日裁判で裁かれた埼玉・O殺害事件、東京・T殺害事件、千葉・A殺害事件。そしてこれらに続くさまざまな犯罪を、死刑判決に至るまでフォローしている。「これまでまったくなかったタイプの殺人事件」であり、「それはネットを使った殺人事件ということに、おそらく関係している」という著者は「こうした新しい情報環境の中では、痴情や怨恨といった人間の『素朴な劇場』は、電子信号が激しく行き交う情報の激流に押し流されて、人を殺す動機の王座からすべりおちてしまったのではないか」といい、単なる印象批評ではなく、事実を客観的に伝えることに力を注ぐ。

また事件は木嶋佳苗という「超弩級の女犯罪者」の事件とされるが、「木嶋に殺され、金をだまし取られ、冒瀆され、手玉に取られた情けない男達の群像劇」として、悲劇ではなく「喜劇」として描こうとする。「悲劇より喜劇の方がずっと真実に近く、お涙頂戴の悲劇より格段に恐ろしい」とも述べる。

もっとも木嶋佳苗の故郷である別海町に取材に訪れた折に、「かつて感じたことのない胸苦しさを急に感じた」、「木嶋佳苗の巨体が胸の上にのしかかってくる悪夢に何度もうなされ」たといい、「いまでも時折、別海のホテルで体験した恐怖の一夜を思い出して生きた心地がしなくなる。そして、あれが木嶋佳苗の呪いではなかったかと思うと、いまさらながら背筋が寒くなっている」とし、木嶋佳苗は「生まれついての犯罪者の素質を持った女だ」と言う。これではオカルト・ノンフィクションに分類されるのではないか。

北原みのり『毒婦――木嶋佳苗100日裁判傍聴記』(朝日新聞出版、12年)

コラムニストで、女性のアダルトグッズショップ「ラブピースクラブ」代表の著者による裁判傍聴記である。裁判傍聴記は初めての著者のためもあり、裁判経過が綿密に紹介されることはないが、著者が見たこと、聞いたこと、感じたことを明快に書いて、「婚活サギ女」「平成の毒婦」の実像に迫ろうとする。

高橋ユキ『木嶋佳苗 危険な愛の奥義』(徳間書店、12年)

裁判傍聴「霞っ子クラブ」のメンバーとして知られる著者による裁判傍聴記である。「なぜ女も魅入られてしまうのか」という関心が打ち出されているが、公判経過を手際よくまとめて紹介している。著者は木嶋佳苗と同い年であり、木嶋が「人より牛の多い」北海道別海町出身であるのに対して、著者は福岡県のど田舎出身であることからも強い関心を有するが、「女としての自分を重ねたり、共感することは全くできない」という。

神林広恵・高橋ユキ『木嶋佳苗劇場』(宝島社、12年)

『噂の真相』デスクを経てフリーライターとなった神林広恵と、「霞っ子クラブ」の高橋ユキらによる「カナエ読本」である。「自分の証言に飲み込まれた女」「一挙8万字公開!SEX法廷証言録」「カナエと食欲、カナエと性欲」「追っかけ!カナエギャル大集合」など。

7 相模原障害者殺傷事件

朝日新聞取材班『妄信――相模原障害者殺傷事件』(朝日新聞出版、17年)

二〇一六年七月二六日に相模原市の津久井やまゆり園で発生した一九人殺害、二七人傷害という前代未聞の凶悪犯罪を追いかけたドキュメンタリーである。

「第一部 妄信」では、実行犯として自首した植松聖・被告人の生い立ち、勤務歴、入院歴、精神鑑定、起訴状を紹介して、「解けない『なぜ』」の周囲を洗い出す一方、沈黙する被害者家族と語る家族の状況を紹介して、かけがえのない存在、個性、家族について考えさせる。他方、厚労省報告書が措置入院制度の手直しを求めたことには、障害者を危険視して管理しようとするものだと批判のあることにも触れている。

「第二部 ともに生きる」では、世界から「障害者へイトNO」の声が寄せられたことを紹介し、優生思想や偏見の根強さに警告を発している。青い芝の会の「川崎バス闘争」も紹介し、ともに生きること、依存しあえる社会をつくるという、言うことは易しいが、いまだ実現への遥かな途上にある課題をさらに考え続けなければならないと訴える。

立岩真也・杉田俊介『相模原障害者殺傷事件』（青土社、16年）

精神医療問題に発言してきた社会学者と、障害者ヘルパーに従事してきた著述家による共著である。

立岩は「精神医療の方に行かない」という表現で「医療は自傷については対応してよいことがあるだろう。ただ医療は他害に対する対応から基本的に撤退するべきである」という基本的立場を打ち出し、やまゆり園事件について論じるために、一九六二年の『しののめ』安楽死特集、一九六三年の『婦人公論』誌上裁判、一九七〇年の横浜における殺人事件、一九八二年の島田療育園脱走事件などを引き合いに出しながら、ナチによる安楽死について検討する。

杉田は「優生は誰を殺すのか」という表現で「内なる優生思想／ヘイト／ジェノサイド」の問題系をあぶりだす。「この国の『空気』には今や新たなジェノサイドに帰結しかねない欲望や要因が根深くあって、それに向き合って適切に対処していかなければ、ジェノサイドの悪夢は再び将来、身近な場所で起こりうるだろう」と警告する。こうしたセンサーが社会から失われつつある時代だけに重要な指摘である。

月刊『創』編集部編『開けられたパンドラの箱――やまゆり園障害者殺傷事件』（創出版、18年）

実行犯とされる植松聖被告人に対するインタヴューや本人の手記、漫画などを収録するとともに、やまゆり園「家族会」前副会長、元職員の文章及び精神科医の対談等で構成される。

雑誌『創』掲載記事が中心だが、改めて一冊の単行本として出版されることがニュースとなり、関係者から出版中止の申し入れを受けた。編者は「事件解明のためにジャーナリズムに課せられた課題」の大きさを踏まえ、「彼の犯行動機を解明し伝えることが、それを肯定するような人たちを勢いづかせることのないように細心の注意を払うことも必要だ」としつつ、「それでもなお事件の解明のためには、植松被告が何を考え、なぜあの事件を起こしたのか、明らかにすることは必要だ。そんな思いからこの事件について考え続けてきたし、この本を出版することにした」と述べる。これは当初からの編者の考えだが、出版中止の申し入れもあったので、「あとがき」においてさらに所見を述べている。

編者は差別表現をめぐる出版の歴史をかいつまんで振り返り、『創』はこの問題に長期にわたって向き合ってきたことを説明し、「植松被告の誤った考えをどう克服するかという目的のためなのだが、その報道自体が障害者を傷つける恐れがあるし、植松被告の主張に同調する人を産み出してしまう恐れもある」とし、「誤ったメッセージが伝えられることのないように工夫することが必要だ。市民社会にどのくらいのメディアリテラシーが機能しているか判断し、メッセージが誤って伝えられないようにするにはどうしたらよいか考えるというのは、言論表現に携わる者にとって大事なことだ」という。そのため原稿を一つひとつ検討し、障害を持った当事者が傷つくことのないよう配慮したという。差別発言を聞きたくない、目にしたくない、だがなぜこの事件が起きたのか真相を知りたいという当事者、関係者の思いもある。そのために配慮しつつ準備された著作である。

『創』編集部の意図は理解できるが、もう一歩踏みこんでほしいとも思う。

やまゆり園事件のキーワードの一つは「メッセージ犯罪」と理解する必要がある。カリフォルニア・ルーテル大学のヘレン・アン・リン教授の論文「直接被害を越えて——ヘイト・クライムをメッセージ犯罪として理解する」は「ヘイト・クライム／ヘイト・スピーチは、被害者及びそのコミュニティを脅迫するためのメッセージ犯罪である。ある集団に属しているが故に被害者に向けられる象徴的犯罪である。……ヘイト・クライムが処罰されるべきなのは、単に身体的行為を超えて心理的感情的影響を有するからである」と言う。

リン教授に倣って考えるなら、やまゆり園事件では強烈な差別メッセージが、第一に、直接被害者であるやまゆり園の人々、そのご家族、遺族に向けられた。第二に、被害者と同じ属性を有する全国の人々に烙印を押し、人格と尊厳を傷つけるメッセージが幾度も乱反射することになった。第三に、全国の施設で働く人々にも複雑なメッセージが届けられてしまった。

憎悪の発信者は、第一に、言うまでもなく被疑者である。第二に、憎悪のメッセージはメディアを通じて全国津々浦々に届けられてしまった。第三に、憎悪のメッセージの反響を至る所に見ることができる。インターネット上に無責任な落書きがあふれた。安倍晋三首相を先頭に政府・政治家は、被疑者の措置入院歴にこだわり、制度の見直しや法改正の検討を口にした。それではジャーナリズムや研究者のなすべきことは何か。憎悪のメッセージが至る所に誤配されてしまった。どこにどのように誤配されたのかを確認することは不可能である。それがわかるのは残念なことに、憎悪のメッセージの効果が外に現れた時ということになってしまう。それゆえ、誤配されたメッセージの効果が外に現れてこないようにする施策をとらなくてはならない。徹底的に。

そのために第一に、首相をはじめ然るべき地位にある者が、被害者及び被害にさらされやすい人々を励まし、支えるカウンター・メッセージを繰り返し発する必要がある。至る所にメッセージが誤配されたので、カウンター・メッセージはおざなりに一度出せばよいと言うものではない。政府がカウンター・メッセージを組織する必要がある。ターゲットとされた人々の尊厳を守り、安心して暮らせる社会をめざして政府が日々努力していることを社会全体に周知させなければならない。

その課題はジャーナリズムにも課せられている。『創』編集部が担っているのは、事件の真相を解明し、事件を風化させず、社会がともに考えていくことであるが、同時に事態の悪化を防ぎ、再発を防止するためのカウンター・メッセージでもあるはずだ。こうした姿勢をきちんと打ち出して欲しかった。

8 凶悪犯罪の諸相

梅本啓子『じゃあ、誰がやったの！』（ＭＢＣ21京都支局・すばる出版刊、東京経済発売、98年）

一九九二年に息子を殺害された母の手記である。一九九八年三月二〇日の大阪地裁判決は死刑であったが、被告人は判決を不服として控訴したため控訴審が続いている。本書は事件発生から一審判決までの記録を日記風に記述している。「突然我が子を奪われた親は、何年経っても忘れることができず、『あの時、止めていたら……』『なぜこんなことになったのか？』と後悔の毎日である」「残されたものは生涯苦しむことになるこの現実を体験してみて、安易に死刑廃止など口にすべきではないと思うようになった」と書く。

深笛義也『女性死刑囚——十三人の黒い履歴書』（鹿砦社、11年）

菅野村強盗殺人・放火事件の山本宏子、熊本女性連続毒殺事件の杉村サダメ、日本閣乗っ取り殺人事件の小林カウ、夕張保険金殺人事件の日高信子、有明埋め立て地殺人事件の諸橋昭江、連合赤軍同志粛清事件の永田洋子、女子高生・OL誘拐殺人事件の宮崎知子、室戸保険金ダブル殺人事件の坂本春野、宮崎二女性殺人事件の石川恵子、福島悪魔払い殺人事件の江藤幸子、和歌山毒物カレー事件の林眞須美、埼玉愛犬家連続殺人事件の風間博子、四人組ナース連続保険金殺人事件の吉田純子——一三人の人生と事件と裁判を追いかける。

「女性死刑囚——」。この五文字の醸し出す、不思議な語感に惹かれて、書き出した。和歌山毒物カレー事件の林眞須美と、埼玉愛犬家殺人事件の風間博子は無実。公判資料をくり返し読みこんでみて、それは確信を持って言える」という。

「戦後の女性死刑囚十三人のうち、執行されたのは、三人。杉村サダメが五十九歳、小林カウが六十一歳、日高信子が五十一歳で命を絶たれている。

執行されぬまま病死した死刑囚も、三人。諸橋昭江が七十五歳、永田洋子が六十五歳、坂本春野が八十三歳で亡くなっている。死刑の判決が、実質上、終身禁錮になったに等しい。毎日執行の恐怖におびえながら、一生を終えたことになる。

いまわのきわに彼女たちが何を考えたのか。残された記録は少ない。杉村サダメが、執行される前に『私を真人間に生まれ変わらせてくださった』と感謝したという言葉がわずかに残っている。

封じ込められた女性死刑囚たちの言葉に思いを馳せてみる。人間が罪を犯さざるを得ない生き物なら、そんなことも無駄ではないだろう」と閉じる。

一橋文哉『人間の闇——日本人と犯罪〈猟奇殺人事件〉』（角川書店、12年）

怪人21面相やグリコ・森永事件などを追いかけてきたジャーナリストによる未解決事件・猟奇殺人事件録である。宮崎勤事件、酒鬼薔薇事件、秋葉原事件、ネットキリング商法、世田谷一家殺人事件、秋田連続児童殺人事件など。

尾塚野形『地獄で生きたる！——死刑確定囚、煉獄の中の絶叫』（鹿砦社、13年）

犯罪関連のルポライターによる、死刑囚の手記をもとにしたノンフィクションである。

親友から送られてきた数冊の大学ノートに書き留められた死刑囚の手記を読み進めると、「文章は荒削りだし下手糞ではあるが、これまで私が目を通してきた他の死刑囚が書いた手記とは、何か異質なものを感じだしたのだ。例えば、彼らの日常的な暮らしを助けている刑務官や懲役囚（雑役）の動きについても、かなり細かい部分まで活写している」ので、手記をもとに取材をして書き上げたという。ただし、「川口一成」という名で紹介される死刑囚は実在しない。著者によると、本人の願いによって、すでに執行された死刑囚と、まだ生存する死刑囚の二人、つまり「生者と死者とを合成させて、川口一成という死刑囚に仕立て上げた」という。「死刑囚最後の言葉」で、二三人の死刑囚の最後の言葉を紹介している。

古くは小平義雄の「この期におよんで何も言い残すことはありません」。

孫斗八の「ゴラァ！だまし討ちにするのか！」。

比較的最近では永山則夫の「うおっ～！オレを殺すと革命が起きるぞ」。

宮崎勉の「あのビデオ、まだ途中なのに……」。

鈴木智彦『我が一家全員死刑——大牟田４人殺害事件「死刑囚」獄中手記』（コアマガジン、10年）

著者は実話誌、週刊誌にアウトロー関連記事を執筆しているフリーライターである。当初、『実話マッドマックス』に掲載され、後にまとめられた本書は大牟田四人殺害事件の実行犯として死刑を言い渡された（当時は未確定）次男・北村孝紘の手記とその解説である。北村の手記を中心とし、共犯とされた両親や兄への接近・取材を控えなければならない事情があったため、「視点には偏りがある。事件のすべてを克明に記録したとはいえないだろう」が、手記と、取材で得た証言を補うことで、「ある程度のドキュメントになったとは思う」という。事後の検証のための素材を提供したという意味であろう。

事件は二〇〇四年九月、借金を抱えた両親が貸金業者を殺害する強盗殺人を計画し、長男と次男が被害者方に押し入り、被害者親子三人とその友人の合計四人を殺害したとされる強盗殺人事件である。実行犯及び共謀共同正犯の一家四人が一審・二審で死刑を言い渡され、最高裁に上告中であった。二〇一一年一〇月三日、最高裁は母親と次男の上告を棄却し、同年一〇月一七日、父親と長男の上告を棄却したことにより、四人全員の死刑が確定した。ただし誰が首謀者だったのか、誰が実行犯だったのか、被告人らの主張が一様でなく、真相は不明と言われる。裁判においても、法廷が荒れ、弁護人が不在となるなど特異な経過をたどった。

家族で罪を擦り付け合い、長男は取調べ中に脱走したり、次男は自殺未遂を図ったという。「ふてぶてしい態度は最後まで遺族の感情を逆なでした」と言われる、冷酷非道で残虐な事件と被告人らであったとされる。事件後まもなく書かれた手記は原稿用紙百五十枚に及ぶが、「どこをとってもマンガチック」である。「我こそは平成の世の大悪鬼神、第六天魔王なり」といった表現が出てくる。ただ、生い立ちを記した部分は客観的だという。中学のころから限りない悪さをし、「窃盗に始まり、喧嘩、傷害、強盗、強姦、輪姦、薬」と列挙する。中学卒業後、大相撲力士としてデヴューしたが、けがのため引退して実家に戻ってからは、暴走族や愚連隊となり、父親が組長であったので暴力団見習い（準構成員）となっていた。

「俺のこの人生はとても短く、その分太いものとなった。またそのことに対して俺は一切の後悔もない。それどころか、自分では満足とすら思っている。

この先、刑が確定し、いつか執行されるだろうが、その時はその時で仕方がないだけのこと。自分が決めて進んだ道だから。

それに、俺は人を殺すのに快感を憶えて、人殺しを楽しんだ。次は刑により殺される方を経験してみるのもいいかもしれないと思う（笑）。

しかし、俺には、刑が確定してもおそらく執行はないだろう。人の手にかかるくらいならば俺は腹を切るとおもうから。たとえそれが刑だとしてもだ。／これが、北村孝紘、大牟田事件のすべてだ。GoodLuck.」

三　加害者家族

加害者の側からの著作は、すでに死刑囚の表現として一括した（本書第3章）。また加害者家族の側からの著作としては、向井（本書22頁）、益永（本書76頁）などをあげることができる。

大山寛人『僕の父は母を殺した』（朝日新聞出版、13年）

標題通りの立場の著者による本である。つまり「凶悪犯罪」の加害者家族であると同時に、被害者遺族でもあるという稀有の事件の体験者である。父親の死刑判決が二〇一一年六月七日に最高裁で確定したので、著者は確定死刑囚の息子である。事件当時、小学校六年生だった著者は二年後に事件の真実に直面し、事実を受け入れることができず、非行に走ったり、自殺未遂を繰り返したという。

「母が殺害された当時、僕は小学六年生でした。僕は母の死は事故だと信じており、母が亡くなってからの二年間は父と一緒に暮らしていました。僕が中学二年のときに父が詐欺容疑で逮捕され、その後の取り調べで、養父と妻（母）の殺人が発覚しました。

母を殺したのは、父だった――。

それを知ったとき、怒り、悲しみ、憎しみ…様々な思いが湧き上がってきました」。

文字通り「心も身体もボロボロ」になっていたという。

二〇〇五年、父親の一審死刑判決を機に三年半ぶりの面会を果たし、徐々に親子のきずなを取り戻していった。簡単にまとめるとこうなるが、この間の著者の精神の軌跡は、まさに外からはかり知れない苦難の道であっただろう。その間の経緯と思いが詳しく語られる。父への恨みとともに、母への思いも格別だ。母親が最期に自分の名前を呼んでいたことを知り、もしも気づいていれば死ぬことはなかったかもしれない、母の叫びに気付けなかった自分を責めた日々もあったという。こうした苦難の果てに、著者がたどり着いたのは「父さんに生きて罪を償い続けて欲しいというものだった」。面会をつづければつづけるほど、そう思うようになっていった。

「父さんと面会を重ね、距離が縮まれば縮まるほど、僕はそう強く願うようになった。

父さんが死刑になっても母さんは戻ってはこない。今まで僕は父さんを恨み、憎み続けてきた。でもその感情は僕の心を押し潰しただけだ。父さんを恨んでいる限り、僕は救われない。許すことはできない。

でも、恨みや憎しみを心に秘めることはできる。

この気持ちを、他人が共感するのは難しいかもしれない。でも、苦しみ、悲しみ、恨み、憎しみ、そんな感情にのたうちまわりながら、やっとたどり着いた答えだ」。

最高裁判決で死刑が確定したのちに、父親から届いた手紙には、「寛人を不幸のどん底に突き落とした父さんが言える立場でないのはわかっていますが、寛人が生きて幸せになってくれることが、父さんの幸せです。／今まで父さんを支えてくれてありがとう。／〝頑張れよ。寛人!!〟」と書かれていた。そして、著者は言う。

「現実から逃げていても何も解決しない。

僕もまた、現実を受け入れていかなければならない。前に進もう」。

加害者家族にして被害者遺族という立場で懸命に考え続けたことを、著者は正面から差し出す。読者から共感を得られないかもしれないと思いながらも、共感を求めて。共感の難しさ、危うさと、それにもかかわらず、人間にとって共感が持つ言いしえぬ力に期待を込めて、最後に著者は述べる。

「母を殺した父の死刑回避を願う僕に、共感することは難しいかもしれません。被害者やその家族は、加害者に対して厳罰を望むのが普通です。父の事件においても、僕以外の遺族の大半が、死刑を望みました。

しかし、僕のように死刑を望まないケースは少なからず存在しています。加害者の死刑が、被害者遺族に新たな傷を負わせてしまうこともあるのです。

こんなにも辛い思いをするのは、僕が最後でいい」。

「少年A」の父母『「少年A」この子を生んで……』（文藝春秋、99年）

神戸事件の「犯人」とされた少年の両親の手記である。死刑事件ではないが、重大凶悪犯罪の加害者家族の「癒し」の一つの例としてここにあげた。もっとも「犯人の親は記者会見して土下座して謝れ」といった無責任で心ない言説が投げつけられ、ワイドショー的な興味本位の視線に晒されながらの本書が、どこまで「癒し」をもたらしえたか、加害者家族と被害者遺族の「和解」への手がかりとなりえたかは定かでない。

他方、犯罪加害者支援の新たな取り組みが始まっている。

阿部恭子編著・草場裕之監修『加害者家族支援の理論と実践』（現代人文社、15年）

「重大事件を起こした犯人の家族が、自責の念から自殺に至るという事件は度々起きていた。しかし国内において、犯罪者の家族が相談できる機関や、支援を受けることができる組織は、一切存在しなかったのである。加害者家族は、社会のなかで忘れられた存在であり、救済方法も見つからない、まさに『不治の病』であった」という認識から設立された、全国で唯一の「犯罪加害者家族支援団体」である市民団体World Open Heart

理事長である編著者と、弁護士、研究者、臨床心理士らによる活動記録と「加害者家族の生きづらさを緩和するために効果的な処方箋となりうる支援策」を示すための著作である。

まず加害者家族支援という考え方の基本解説として、人権や福祉、修復的司法、社会政策という観点から理論的根拠と社会的意義が語られる。次に主に刑事裁判に関連して、裁判に巻き込まれる家族への処方箋として、刑事手続きの段階と、事件の特殊性に焦点を当て、捜査段階、起訴から公判、死刑事件、否認事件、少年事件に即して家族の問題と弁護人の協働支援を検討する。さらに家族への社会的支援として、住宅問題や雇用問題、地域住民との関係修復などを検討する。特に子どもたちの支援は重要である。最後に、家族への心理療法と再犯防止に主眼を置いた家族を通した加害者更生プログラムの可能性について論じている。

死刑についての議論では、かつて被害者を置き去りにして加害者・死刑囚の人権だけを語るべきではないという議論が強調された。被害者と加害者を対立させ、加害者の人権と被害者の人権を対立させる思考は適切でないが、死刑廃止論において被害者問題の議論が不十分であったことも否定できない。その後、被害者の救済が理論的にも実践的にも重要課題として取り上げられるようになり、その中で改めて死刑存廃論が再構築されてきた。

他方、本書は加害者家族に視線を向けて、その権利保障、生活保障をいかに実現するか、心理的ケアや経済的ケアをどうするべきかを説いている。たまたま加害者家族となったがために社会的に排除され、生活に困窮し、生命も脅かされる現実を改善するための重要な一歩である。

死刑事件の家族については、第一に経済的困難（失業、転職、転居等）、第二に死刑囚とのかかわりにおいて、「限りある時間のなかで、家族はどのような役割を果たせばよいのか、日々悩んでいる」と指摘する。

「死刑が執行された後も、家族にとって、事件が終わりを迎えることはない。死刑囚が亡くなった後も、遺族への償いは続いており、残された家族への社会的批判や差別も終わることはない。加害者本人は、亡くなっても家族の人生に影響を与え続けている。

死刑囚の家族であるがゆえに、『遺族』としての悲しみや痛みを表出することは難しく、『公認されない悲嘆』の受け皿が必要となる。ピアカウンセリングといった心理的支援と同時に、遺族への加害者家族としての償いといった家族に残された問題に、共に向き合っていく支援が必要である」。

死刑囚の子どもについては、国際的にも議論が始まったばかりだが、日本でも紹介がなされている。二〇一四年三月一一日、国連欧州本部（ジュネーヴ）で開催中の国連人権理事会第二五会期において、ベルギー・ノルウェー・モンテネグロ・メキシコ政府とNGOのクエーカー国連事務所（QUNO）主催で「死刑を言い渡された者の子どもの人権に関する討論会」が開催された。

二〇一三年九月一一日、国連人権理事会第二四会期において「死刑を言い渡されたり、執行された親の子どもたちの人権に関するパネル・ディスカッション」が行われた（詳しくは本書九〇頁）。

このテーマは議論が始まったばかりである。問題提起をしたのはNGOのQUNOであり、そのメンバーのレイチェル・ブレットらが調査した結果をパンフレットにまとめ、国連人権理事会や子どもの権利委員会に持ち込んだ。パンフレットは日本語で読める。『死刑囚の子ども達の未来に向けて』（QUNO、13年、田鎖麻衣子訳）

第6章

死刑と冤罪

一　誤判の危険性と不可避性

誤判の可能性は古くから廃止論の重要な柱であった。神ではなく、人間による裁判には常に誤判の可能性があることは否定できない。三審制度が採用されているが、それでも誤判をチェックしえなかったのが歴史の事実である。確定後には再審制度が用意されているが、再審制度がすべての誤判・冤罪の救済手段となりえているとは到底言えない。

いったん死刑を言い渡された後に破棄差戻しを経て無罪となった事件には、①二俣（静岡県）、②幸浦（静岡県）、③松川（福島県）、④八海（広島県）、⑤仁保（山口県）、⑥山中（石川県）がある。

死刑再審無罪事件には、①免田（熊本県）、②財田川（香川県）、③松山（宮城県）、④島田（静岡県）がある。

無実を訴えながら獄死した著名事件には、①帝銀（東京都）、②牟礼（東京都）、③波崎（茨城県）、④名張（三重県）等がある。

そして今、再審請求を求めている数多くの死刑事件がある。こうした怖るべき現実と凄絶な叫びが、誤判を理由とする廃止論の根拠の一つとなっている。

伊佐千尋・渡部保夫『日本の刑事裁判――冤罪・死刑・陪審』（中公文庫、96年［『病める裁判』文芸春秋、89年］）

『逆転』『司法の犯罪』で知られる陪審論者であるノンフィクション作家・伊佐千尋と元高等裁判所判事で刑事法専門の大学教授・渡部保夫の対談で「冤罪・死刑・陪審」について徹底的に論じている。第八章「国家は人を処刑しうるか」、第九章『死刑』こそ野蛮の証明」を収録する。随所にちりばめられた司法改革による市民の権利保護の問題提起とともに読まれるべきである。

中山雅城『検証・冤罪』（文芸社、03年）

帝銀事件・八海事件・松山事件の三事件を取り上げて、事件の概要、GHQや、警察、裁判所による冤罪のからくりを追及している。コンパクトな一冊で三つの事件を扱っているため一つひとつの事件についての記述は限界があるが、日本の刑事裁判の問題点を「権力犯罪」の観点で捉え返している点は重要である。

鎌田慧『時代を刻む精神』（七つ森書館、03年）

『弘前大学教授夫人殺人事件』『狭山事件』『死刑台からの生還』など数々の冤罪を追跡してきたジャーナリストによる書評・時評を中心とした同時代論だが、そのなかで死刑冤罪の財田川事件を描いた自著の『死刑台からの生還』、フランスで死刑を廃止したバダンテールの『そして、死刑は廃止された』（本書239頁）を取り上げている。著者は最近、「狭山事件」のルポもまとめている。

鎌田慧『反冤罪』（創森社、09年）

同じ著者の対談集である。第一章「身柄拘束から起訴、服役へ」では、富山氷見事件の柳原浩へのインタヴューがなされ、第二章「逃れられないメカニズム」では足利事件の菅家利和、布川事件の桜井昌司との対談が収められ、冤罪が作り出される恐怖のメカニズムを具体的に明らかにしている。第三章「冤罪の無念と反冤罪の輪」では、法廷証言分析で定評のある心理学者・浜田寿美男との対談、著者自身の講演「冤罪をなくすために」が収められている。第四章「死刑の存置・廃止を超えて」には、幸徳秋水の死刑論の紹介に続いて、『死刑』の著者であるドキュメンタリー作家・森達也との対談、第五章「強権と抵抗の現場から」には、死刑、冤罪、戦争、平和などに関わる時代評が収められている。第六章「生存を貶められないために」にも、同時代の政治に苦しめられる人々の声が収められている。

木下信男『裁判官の犯罪「冤罪」』(樹花社、01年)

三十数年を越えて無実の獄中生活を耐えて獄死した波崎事件の冨山常喜さんと袴田事件の袴田巖さんの「事件」を手がかりに、犯行をおかした証拠もなく、犯罪の証明もないのに、なぜ彼らは死刑確定者として獄中にいなくてはならないのか、その秘密を探る。

著者の結論は、裁判官が「犯罪の證明」とは何か、そもそも「證明」とは何かについて無学だったからというものである。裁判官が無知であり、不勉強であるという結論に至る過程を、治罪法から旧々刑事訴訟法、旧刑事訴訟法、現行刑事訴訟法に貫かれた自由心証主義のパラドックスとして解明し、「最高裁裁判官は論理学に無知であった」「わが国には論理学の歴史がなかった」と批判する。

「わが国の刑事法の最高権威が、そろいもそろって、論理学にいう證明を、したがって論理学そのものを理解していなかった事実ほど、わが国法文化のレベルの西欧にくらべて劣っている実態を歴然と示すものはあるまい。あの悪名高い自由心証主義が、跋扈しているのも、これら権威たちによる證明のナンセンスな定義が、今なおわが国の法曹界を支配しているからではあるまいか。わが国に、四大死刑冤罪事件――免田、財田川、松山および島田各事件――以後も、冤罪が横行している、その原因は、法曹界自体が、論理学に対して余りに無知であった、ということのほかに、どんなものがあるだろうか」。

矢澤曻治編著『冤罪はいつまで続くのか』(花伝社、09年)

今村力三郎の名を冠する専修大学今村法律研究室による三回のシンポジウムの記録である。今村法律研究室とは、大逆事件その他多くの冤罪事件の弁護人で専修大学出身の今村力三郎(後に専修大学総長)の業績を顕彰し、研究活動及び法曹人の要請を目的として創設されたと言う。編者はもともと民事法研究者だが、近年、今村法律研究室を拠点に冤罪に取り組んでいる。

島田事件、布川事件、袴田事件、藤本事件、名張・毒ぶどう酒事件、JR浦和電車区事件、狭山事件、福岡事件、足利事件などを取り上げる。

「第1章・冤罪を産み出す温床」では、庭山英雄「代用監獄の廃止に向けて」で日本刑事司法の構造的欠陥の中核にある代用監獄廃止の展望が語られる。「第2章・個別事件に見る冤罪発生のメカニズム」では、数々の冤罪における個別性、差異とともに、刑事司法が抱える問題性という共通性が浮き彫りにされる。「第3章・冤罪に翻弄される人生の叫び」には、元被告人や、袴田事件の一審裁判官の言葉が収められている。さらに、小田中聰樹「裁判員制度と冤罪──裁判員制度で、公正な裁判は果たして可能か」が収められる。

三原憲三『誤判と死刑廃止論』（成文堂、11年）

『死刑存廃論の系譜』『死刑廃止の研究』の三原憲三（本書123頁）による「誤判と死刑」に関する研究である。

第一編で存置論と廃止論の系譜を確認したうえで、第二編第一章では日本における誤判を取り上げる。

明治時代の死刑誤判として、東京府江北村の尊属殺人事件、本所うどん屋主人殺し、深川薪屋妻子殺し事件、大逆事件など。大正時代の死刑誤判として、新潟県一家四人死刑事件、東京柳島四人殺し事件、鈴ヵ森おはる殺し事件。

昭和・第二次大戦前の死刑誤判として、岡山毒団子事件、大阪十三釣堀屋事件。

第二次大戦後の死刑誤判として、幸浦、松川、二俣、仁保、免田、財田川、松山、島田、山中、名張毒ぶどう酒、袴田、飯塚事件などとともに、死刑事件ではないが、布川、日野町、足利等の冤罪も取り上げている。

続いて第二章では外国における誤判として、フランスのカラス事件、ドレフュース事件、フラマン事件。アメリカのサッコ、ヴァンゼッティ事件、ローゼンバーグ事件、ミラー事件、ブラウン事件、「シドニー者」事件。ドイツのジュネーブ事件（オーストリアとしているが、スイスのジュネーブか）、ブーセ・ツィーゲンマイヤー事件、ヤクボフスキ事件など。イギリスのジョン・エヴァンス事件、ブラッドフォード事件などを紹介している。

「1993年には、国際自由権規約の実施状況についての日本政府報告書の審査が実施され、その際、国際人権委員会は死刑廃止に対して消極的な意見を表明した政府に死刑廃止条約の批准・死刑の廃止措置を探ることなどを勧告した。

ところで、死刑廃止を求める国際人権水準とあらゆる被拘禁下にある者の適正な処遇を求める国際刑事人権水準は、人間としての尊厳を守ろうとすることにおいてなんら異なるところはない。

国際刑事人権法に抵触すると批判されたわが国刑事司法は、構造的に誤判を生みかねないものであり、そのような刑事司法のもとで死刑が制度として存続しまた現実に言い渡されている状況は、著しい人権侵害を放置していることに他ならないであろう」。

里見繁『冤罪をつくる検察、それを支える裁判所──そして冤罪はなくならない』（インパクト出版会、10年）

三〇年テレビドキュメンタリー一筋だった著者が冤罪と客観報道についてまとめた一冊である。

一四七人もの自白調書をねつ造した大阪高槻市・選挙違反事件に始まり、浜松幼児せっかん事件、福井・女子中学生殺人事件、滋賀・日野町事件、袴田事件、京浜急行・痴漢冤罪事件、足利事件、飯塚事件、布川事件を取り上げている。袴田事件では死刑囚・袴田巌の手紙を通じて事件の疑問点を指摘する。第二次再審請求で、味噌樽から「発見」されたとされる五点の衣類が「捏造品」の疑いがますます強まったという。

誤ったDNA鑑定による有罪判決に対して、再鑑定で再審無罪となった足利事件と同じDNA鑑定によって死刑とされ、死刑執行されてしまった飯塚事件を取り上げる。DNA鑑定とは「型」の鑑定であり、「型」が同じだからと言って犯人であるとの証拠にはならない。「型」が一つでも違えば犯人でないことの証拠になる。ところが、飯塚事件判決は、これを安易に有罪認定に使ってしまった。しかも、その鑑定結果は、足利事件と同じ「型」という奇妙なものであった。足利事件の鑑定の誤りが浮上するや、飯塚事件の久間三千年死刑囚はそそくさと死刑執行されてしまった。冤罪をなくすためには、警察、検察、裁判所、そしてメディアの大改革が必要である。

「私は、冤罪と言うものが、偶発的なミスとか裁判官や検察官の個人的資質から生まれるのではなく（そういう場合ももちろんあるが）、この国の司法制度そのものに冤罪を生みやすい土壌、もっと言えば構造的な欠陥があり、それがこれほど多くの冤罪を生みだす契機になっているのではないか、そんなふうに考えざるを得ない」。

本書巻末には「資料1　冤罪を見抜けなかった裁判官たち」が掲載されている。これまでの裁判批判では、論文や裁判所提出書類の中ではともかく、一般に裁判官の固有名詞を出して批判することが少なかった。逆に「無罪判決を出した裁判官」を根拠もなく非難する週刊誌が目立つが、むしろ冤罪裁判官を実名できっちり批判していくことが必要である。権力を乱用又は誤用して他人を罪に陥れた裁判官の責任は重大であるが、裁判官は微塵の痛痒も感じない。

里見繁『死刑冤罪――戦後六事件をたどる』（インパクト出版会、15年）

免田事件、財田川事件、島田事件、松山事件の死刑再審無罪四事件、及び袴田事件、飯塚事件、足利事件を取り上げて、誤判・冤罪を生み出す刑事司法の病理を明らかにする。

「古い冤罪事件を振り返ってみようと思い立った理由の一つは、冤罪の歴史にとって重要な一時代を風化させてはならないと考えたことである。個人的なことだが、五年前にテレビ記者をやめて大学の教員になった。学生に冤罪を語りながら、その原点ともいうべきものを共有できないもどかしさを感じ続けた。免田栄さんという名前すら、今やほとんどの学生が知らないのである。語り継ぐべき資料がいるだろうと考えた。

そして、もう一つ、別の理由もある。多くの冤罪を取材する中で、以前からある疑念が払拭できずにいた。そのために事件そのものに対する関心はもちろんだが、雪冤を果たしたご本人にお会いしたいという気持ちがそれ以上に強くなった。『雪冤は果たしたけれど……』というのがその疑念である。『雪冤』とは冤罪を晴らすこと。冤罪に巻き込まれた人は、この身に降りかかった冤罪を晴らしたいと願う。当然である。そのために一生を捧げる人も多い。果たせず、無念のうちに亡くなった人も見てきた。裁判所に失望して断念した人も見てきた。そして、ほんの一握りだが、幸運にも雪冤を果たす人がいる。裁判所で無罪判決を聞く瞬間は、本人のみならず、一緒にその場に居合わせるだけで自分の体まで震えるほどだ。弁護人も支援者も涙にくれながら喜びを分かち合う。だが、その先である。雪冤を果たした人に、国家は何を弁償するのか。弁償できることはごくわずかである。さらに、隣人は、街は、社会は雪冤を果たした人にどのように向き合うのか。もちろん、全く昔のままなどということはあり得ない。だが、ある日突然、理不尽にも社会から切り離された、それは自分の過失ではない。だから、その時、その場所に帰りたいだけなのだ。それを望む権利はあるはずだ。しかし、それは不可能だ。数十年ぶりの娑婆は別の宇宙のように変貌し、あの日の青年は今や老人の容貌である。」

免田事件で再審無罪を勝ち取った免田栄さんは、雪冤を果たしてから三〇年後に、なお人間不信を語る。

「相手を疑うんですね。一体、何をしに来たのだろうか、と。絶対にその人の心に入ることができない。友人とはなれない。でも、親しい言葉を掛けてもらえば、その人の心に入って行きたいという考えはあるわけ。あるのだけれども、疑いが半分ありますから。」

無罪判決の後、免田さんは実家に戻ったが一五日間しかいられず、熊本に出た。

「背中に十字架を背負っては行けませんね。降ろすことはできませんから。負い目はいつまでもあります」。

熊本市内の慈愛園に暮らし、そこでの出会いから結婚し、大牟田で暮らすことになった。しばらく免田さんは死刑執行の夢を見て「ワーッ」と叫んでいたという。荒れて暴力的になったこともある。自殺すら考えていた。判決がアリバイを認めた完全無罪であっても、世間には不信の念が残る。

間違った死刑判決のため拘置所に収容されていたため、国民年金の対象外とされた。保険料を納付していないという理由だ。納付できないようにしたのは国であるにもかかわらず、請求は却下され、日弁連の勧告も無視され、長い間、無年金状態であった。あまりに理不尽である。二〇一三年六月、ようやく特例法が成立して、年金受給できるようになった。無罪から三〇年である。免田さんは人生のすべてを国家との闘いに費やしてきた。免田さんは最後に語る。

「これから先、何事もなく一生を終えるなら、それはそれで一つの社会的意味がある。あそこから無罪を得て出てきた者が、静かに生きた、ということですね」。

財田川事件の谷口繁義さんは一九歳で逮捕され、雪冤を果たした時は五三歳だった。二〇〇五年七月に七四歳で亡くなった。著者は、再審への道を切り拓いた元裁判官・矢野伊吉の著書をもとに、矢野弁護士の闘いと、谷口さんの闘いを重ね合わせるように描き出す。谷口さんは琴平でその後の人生を送った。弁護団最年少だった猪崎武典弁護士は「一度だけ琴平を訪ねたことがあり、酒を酌み交わしたが、穏やかで楽しげだったそうだ。散歩が日課で、小さな町では有名人でもあり、車の中などから声を掛けられると手を挙げて答えていた。一人の女性と一緒に暮らしていたという」。

しかし「本当はどうなんだ」といった風聞がいつまでも続いた。そして担当検事は後に司法研修所教官となったが、修習生に向かって「谷口が真犯人だ」などと言って憚らなかったという。検察も裁判所も、誤判による死刑について反省することもなく、責任を取ろうとしない。

松山事件で雪冤を果たした斎藤幸夫さんだが、家族離散を余儀なくされた。斎藤さんは二〇〇六年に亡くなったので、著者は兄の常雄さん、姉のたみ子さんに取材した。

事件の後に故郷・宮城県松山を離れて東京に出た常雄さんは、ずっと東京暮らし。仲のいい九人兄弟だったが、裁判のためにお金も根気も使い果たし、全員が故郷を離れたという。弟の裁判を闘ううちに冤罪の多さに気づき、他の冤罪支援にも取り組むようになった。人の事件の支援はやり易いが、「でも自分の事件はやっぱり違うんですね。弟が死刑判決を受けているというのは……」。当時のことを思い出すのはやはり苦痛である。

「思い出したくないというのが本音です。思い出してもプラスになることはないんだもの。でも、忘れたくても、ね……」。

弟の事件のために離婚を余儀なくされたたみ子さんは、泣く泣く三人の子どもを手放して救援活動一筋の日々に飛び込んだ。ずっと後に、救援活動の場に息子が会いに来てくれて面会がかなった。子どもたちも苦労しながら、それぞれ立派に社会人になって行った。捜査機関のでっちあげによって人生を狂わされた家族だった。

斎藤幸夫さんは無罪確定後、刑事補償金の一部をお世話になった母親と兄弟姉妹に分けたが、残ったお金を浪費したようだ。

「酒代にも汲々としていた青年時代に比べれば、この頃は、自由に使えるお金が有り余るほどあった。斎藤さんにしてみれば、突然奪われた青春時代をやり直していたのかもしれない」。

島田事件で雪冤を果たした赤堀政夫さんは、支援者であった大野萌子さんとともに名古屋市内に住んでいた。再審請求開始後に支援運動に加わった大野さんは一六〇〇通もの手紙を書き、赤堀さんの身柄が静岡に移送されると、静岡に転居して毎日面会に通った。年下の大野さんを、赤堀さんは「お母さん」と呼んでいた。絵に描いたようなでっちあげで死刑にされた赤堀さんは、苦しさのあまり死刑執行を求める嘆願書を出したことさえあったと言う。刑務官が部屋を間違えて、赤堀さんを執行すると伝えた時、「鏡を見たら、そこに頭の真っ白な人がいるんだよね。『誰』って聞いたら刑務官が『お前だ』って教えてくれた。本当に一日で髪の毛が真っ白になっちゃったんだね」。

大野さんと出会わなければ、赤堀さんは自殺していただろうと言う。二〇一三年八月、大野さんが亡くなった。しばらくこの事実を受け入れることのできなかった赤堀さんだが、今は静かな日々を送っているとのことである。

本書はさらに袴田事件、足利事件、飯塚事件を紹介し、特にDNA鑑定の危うさを明らかにしている。冤罪の数は多く、無罪判決が出るたびにメディアも社会も騒然とするが、やがて忘れてしまい、誤判・冤罪をなくすための改革はなされることがない。むしろ、冤罪を増やすような改悪ばかりが進められる。DNA鑑定・研究を進める研究者は善意と科学への熱意をもって研究しているはずだが、それが真相解明のためではなく、無実の者を陥れるために使われることを予防できていない。残念ながら善意と科学によって冤罪が量産されてきた。フェア・トライアルをこの国に導入するために、誤判・冤罪の真相を解明して本格的な刑事司法改革、メディア改革を実現する必要がある。ジャーナリスト、弁護士、刑事法研究者の共同作業による日本冤罪史の総合的研究を行い、同時に一般向けに分かりやすく提示する「日本冤罪叢書」をつるくことが求められている。

森炎『司法殺人──元裁判官が問う歪んだ死刑判決』（講談社、12年）

冒頭で「職業裁判官は、無理に無理を重ねて死刑判決を下してきた」といい、「私自身の裁判官としての経験上、間違いなく言えることです」という。著者も無理やり有罪判決を書かされていたのだろう。これは白黒はっきりつけがたい場合にも、無理をしてきたという意味だという。

その結果として司法判断が歪められてきたとして、三つの死刑事件を素材に、誤った司法判断のために人生を奪われた市民の声を伝える。第一の事件は、横浜・鶴見の夫婦強殺事件であり、大河内秀明『無実でも死刑、真犯人はどこに──鶴見事件の真相』を参考にしている。なお鶴見事件については、高橋和利『「鶴見事件」抹殺された真実──私は冤罪で死刑判決を受けた』がある（二冊につき本書202頁参照）。

第二の事件は、中上健次の小説『蛇淫』や映画『青春の殺人者』のモデルとなった市原の両親殺し事件である。

第三の事件は、首都圏連続殺人事件と呼ばれた一〇件連続殺人事件の一つである信用組合ОＬ殺人事件である。本件では、冤罪で無罪を勝ち取った被告人が、後に今度は本当に殺人事件を起こしてしまった。著者は「逆冤罪」という言葉を用いている。著者は担当した野崎研二弁護士にインタヴューしている。三つの事件はいずれも冤罪の疑いが強い。著者は「ここにあるのは、まだ生きた事件だからです」と述べ、鶴見事件や市原事件では、獄中に死刑囚として生きていることを強調している。事件記録を世に問うことで、裁判における真実や、正義という名の国家暴力について読者とともに考えようとする。

森炎『教養としての冤罪論』（岩波書店、14年）

著者が立て続けに出版してきた刑事司法問題の著作の一つである。裁判員制度が始まった現在、市民の自由と権利を同じ市民が守ることになり、市民自身が「無罪の正義」を守らなければならない。市民が冤罪という絶対的不正義を生み出すことを避けるために、どうするべきかが問題となる。裁判員は市民感覚で判断すればよいが、「市民感覚だけで、どうやって誤判を回避し、冤罪を出さないようにできるか」。法学者や人権団体による冤罪批判とは別に「冤罪を日常的感覚で知ることを可能にする」ことが求められる。その第一歩として、著者は「すべての裁判は冤罪である」という巧みな表現を提示し、「逆説でも何でもなく、だからこそ、市民は、冤罪性リスクを知らなければならない」と言う。裁判は真実発見の場ではなく、市民裁判は社会の裁きの場であるとする。「冤罪ライン」という表現で、「犯人と第一発見者はどう区別するか」「被害者家族が犯人とされる悲劇はなぜ起きる」「毒殺のアポリア」「ＤＮＡ鑑定は信頼できるか」「自白したから犯人と言えるか」「犯人の知人・友人が共犯者とされるとき」「第三者の証言の虚実をどう見抜くか」について論じている。

冤罪が絶対的不正義であるなら死刑冤罪は「超絶的不正義」であり、どうしても回避しなければならない。「有罪判断↓真実は一つ↓量刑上は死刑相当↓冤罪の不安があっても死刑」という死刑冤罪を容認する「悪魔的な論理」を破るのは容易ではなく絶望的であるとしつつ、近代合理主義的な「真実は一つ」という事実観を克服して、「死刑冤罪の一抹の不安がある場合、死刑ではなくて、この『事実上の終身刑』を言い渡すことが考えられる」として、「仮釈放なし」の無期懲役とすることを提唱している。

逆に言えば、「無期懲役冤罪」を容認する理論であるが、超絶的不正義である冤罪よりも絶対的不正義である無期懲役冤罪ならやむを得ないとするものである。裁判員が市民感覚で裁く際に、死刑冤罪の不安があれば「疑わしきは被告人の利益に」に従って無罪とするのが当然のはずだが、現実には難しいという判断のようである。

今村核『冤罪弁護士が語る真実』(講談社、12年)

弁護士登録をしてから二〇年の間に担当した刑事事件を素材として、冤罪のメカニズムを明らかにし、冤罪防止のための提言を行うとともに、特に裁判員制度になってどう変わったのかも論じている。著者は日本弁護士連合会冤罪事件弁護団連絡協議会座長であり、自由法曹団司法問題委員会委員長でもある。

本書で取り上げる冤罪には、著者が担当した無名の冤罪事件と、一般にも知られる有名事件が含まれる。①下高井戸放火事件、②神奈川県死体なき「殺人」事件、③地下鉄半蔵門線スリ・脅迫事件、④板橋強制わいせつ事件、⑤浅草四号事件、⑥浦和覚せい剤事件などを通じて、虚偽自白、目撃者証言、偽証、科学鑑定、情況証拠などの問題点を分析している。有名事件のルポは多いが、日常生活の中で起こるちょっとした事件での冤罪も少なくない。一般市民にとっても、そのほうがリアリティがあるので、他の弁護士も小さな冤罪事件を社会に公表してほしいものだ。

菅野良司『冤罪の戦後史――刑事裁判の現風景を歩く』(岩波書店、15年)

「何十年という長い時間、無実を叫び続けてきた人たちの声を聞きながら、いったいなぜ冤罪は起きるのか、日本の刑事司法に問題はないのか、わが身にふりかかる事件として振り返ってみる必要がある」という問題意識から、戦後に起きた冤罪一七例を追跡し紹介している。「現風景」とあるのは、「刑事司法の現状がどうしてこんなことになっているのか、その原風景を見ながら考えてきたい」という趣旨である。

一七事例を発生順に次のように四区分している。

①「戦後の混乱期」の帝銀事件(四八年)、免田事件(四九年)、三鷹事件(四九年)、二俣事件(五〇年)、砂川事件(五七年)。

②「新刑事訴訟法の定着期」の名張毒ぶどう酒事件(六一年)、狭山事件(六三年)、清水事件(六六年)、布川事件(六七年)。

③「『司法の危機』後の反動期」の市原事件(七四年)、大崎事件(七九年)、日野町事件(八四年)、福井女子中学生事件(八六年)。

④最後に一九九〇年代以後の足利事件(九〇年)、東電OL事件(九七年)、氷見事件(〇二年)、二子玉川駅痴漢事件(〇六年)。

このうち清水事件とあるのは袴田事件のことである。「冤罪の著名事件には多くの場合、発生場所の地名が冠されているのに、免田事件と袴田事件はなぜか被告人の名前が付けられている。免田事件はすでに歴史的な事件となっているが、袴田事件は現在進行中の事件なので、清水事件と呼ぶべきではないかという問題提起である。事件名のつけかたにルールがあるわけではないし、欧米の裁判事例では原告や被告の名前が付される例が多い。もっとも、日本では著者が述べるように発生場所の名前で呼ぶことが多いのだから、免田事件は「人吉事件」、袴田事件は清水事件と呼ぶべきだと言うのも一理ある。ただ、免田事件とは「理不尽な刑事司法によって冤罪に巻き込まれた免田栄さんを被害者とする事件」、袴田事件とは「理不尽な刑事司法によって冤罪に巻き込まれた袴田巌さんを被害者とする事件」を意味すると考えられないだろうか。

一七事例のうち死刑事件は、①帝銀事件（死刑確定、再審請求中に平沢貞通さん死去、死後再審請求中に平沢武彦さん死去）、②免田事件（死刑確定、免田栄さん再審無罪）、③三鷹事件（死刑確定、再審請求中に竹内景助さん死去、死後再審請求中）、④二俣事件（一・二審死刑判決、最高裁破棄差戻、静岡地裁無罪判決、東京高裁で無罪確定）、⑤名張毒ぶどう酒事件（死刑確定、奥西勝さん再審請求中、一度は再審開始決定が出たが取消され、後に奥西さん死去）、⑥清水事件（死刑確定、袴田巌さんに再審開始決定及び釈放だが、検察官即時抗告により現在に至る）、⑦市原事件（死刑確定、佐々木哲也さん再審請求中）である。

巻末年表には、福岡事件、幸浦事件、松川事件、財田川事件、八海事件、藤本事件、島田事件、仁保事件、松山事件、波崎事件、三崎事件、鶴見事件、飯塚事件、和歌山カレー事件、大阪母子殺害事件があげられている。

全体をまとめて著者は次のように述べる。

「それぞれの事件を振り返ってみると、あまりに希薄な証拠による強引な捜査を突き進めてしまったケースが多い。DNA型鑑定など科学技術が進歩していなかったから誤認逮捕や誤起訴、誤った事実認定も当時としてはやむを得なかったのだろうな、と思うような事件はない。いずれもこの容疑者、被告人は犯人ではないのではないかと疑問が浮かび、どこかの段階で進展がストップしてもよさそうな事件ばかりだ。捜査に、公判にまともに取り組んでいれば、こんな事実認定が確定するはずがないのに、との思いを強くする。不完全な人間の営みとして不可避な冤罪だったのではなく、わずかな慎重さがあれば回避可能であった冤罪が繰り返されてきたように思う。」

冤罪を追跡したルポルタージュには膨大な蓄積があり、弁護人によるレポートも無数と言って良いほどである。冤罪被害者本人の手記も多数世に問われてきた。刑事法研究者の共同研究も少なくない。だがジャーナリストがこれだけ多数の冤罪をフォローして一つ一つの事件を紹介するとともに、そこから刑事司法の「現風景」を提示した著作は多くはないだろう。

片岡健編『絶望の牢獄から無実を叫ぶ――冤罪死刑囚八人の書画集』（鹿砦社、16年）

編者が無実だと確信する八人の死刑囚について、事件の概要、死刑判決の問題点、再審の動き、（執行された場合には）執行の問題点などを紹介するとともに、死刑囚本人の文章や書画、写真などを掲載している。飯塚事件の久間三千年、埼玉愛犬家連続殺人事件の風間博子、三鷹事件の竹内景助、帝銀事件の平沢貞通、鶴見事件の高橋和利、三崎事件の荒井政男、山梨キャンプ場殺人事件の阿佐吉廣、波崎事件の富山常喜である。

久間三千年は執行され、竹内景助、平沢貞通、荒井政男、富山常喜は獄死した。久間三千年、竹内景助、平沢貞通、荒井政男の遺族が再審請求中である。富山常喜の再審のための努力も続いていると言う。また、風間博子、高橋和利、阿佐吉廣は再審を求めて活動している。風間博子、高橋和利、阿佐吉廣の獄中手記も収められている。一部を引用しておこう。

「裁判所の偏見は万能です。

白を黒とする詭弁も、裁判の名において行われれば『正義』となってしまいます。

裁判官の職務は、不可能を可能とする事実認定をして、無実の者を死刑にすることでは決してないはずです。

確定判決には、『真実の究明』という司法の正義も、良識も存在しておりません。

裁判所（と検察）は、権力に抗して長期間にわたる過酷な取調べにも耐えて真実を訴え続けた者を死刑とし、権力と融合・協力をして検察の読み筋に合う虚偽供述をした者には寛容な処置をしました。

『あったとみて差し支えない』『あり得るところであると考えられる』『…と推認できる』というような有罪方向へと都合よく推論を働かせる事実認定をした確定判決には、誤判や冤罪への危険性に対する考慮が全くなされておりません。」（風間博子）

「八十一歳。私をこの歳まで生き永らえさせているものは、足の先から頭の天辺にまで詰まり凝り固まっている司法権力への失望と満腔の怒りだ。…（中略）…

分からないことを明らかにするのが裁判所の役目なのに、真相を究明しようとしない裁判所の態度は、司法の任務放棄と言われても仕方がないのではないか。

此度の判決は、結果的に、公権力を律すべき司法が、不法行為を擁護、加担したことにならないか。」（高橋和利）

「私が今、考えることは、私が社長として至らなかった所為でまた彼らにしてみると一銭にもならない会社のことで、二度と取り返しのつかない辛い苦しい思いをさせてしまったと思う事です。このやり直しの利かない、たった一度きりの人生の中で、人として拭っても拭い切れない汚れ、染みを付けさせてしまった…と云う深い悔恨です。彼らにしても、判決の出た、その日一日くらいは『あぁ良かった』『助かった』と一瞬はホッと安堵したと思います。しかし自分の『供述』や『証言』が『ウソ』であることを誰よりも一番よく知っている彼らは、その後、ず〜っと今日まで、そしてこれからもず〜っといつまでも、一人で誰にも言えずに、いつバレルか、いつバレルかと悩み、苦しみ、おびえ続けることでしょう。しかし、彼らが嘘を吐き通すことなど出来るような人達で無いことも、この私が誰よりも一番よく知っているのです。」（阿佐吉廣）

瀬木比呂志・清水潔『裁判所の正体——法服を着た役人たち』（新潮社、17年）

元裁判官で『絶望の裁判所』『ニッポンの裁判』の著者と、ジャーナリストで『殺人犯はそこにいる——隠蔽された北関東幼女誘拐殺人事件』の著者による対談である。

「裁判官の知られざる日常」で、裁判官の通勤風景など日常を紹介するとともに、判決形成過程も論じる。裁判所の強固なヒエラルキー、裁判官の出世についての意識も取り上げられる。第二章「裁判所の仕組み」では、裁判官に庶民の心がわかるのかと問い、裁判官の天下り、給与体系などを紹介しつつ、司法統制の問題を取り上げる。第三章「裁判とは何か」では、「押し付け和解」が生まれる理由、一〇〇万円の印紙はなぜ必要なのかなどを手始めに、『不思議の国のアリス』と裁判を比較する。第四章「刑事司法の闇」では、足利事件を素材に冤罪はなぜ生まれるか、北関東連続幼女誘拐殺人事件を素材にＤＮＡ型鑑定の誤りを論じる。

そのうえで第五章「冤罪と死刑」において、まず飯塚事件を取り上げ、足利事件で間違いが明らかになったＤＮＡ型鑑定と同じ方法の鑑定によって死刑とされ、その誤りの危惧が表面化しつつあった時期に急いで死刑執行が行われたことに本当に驚いたと表明し、「どうしてそんな時期にあえて死刑を執行してしまったのか、非常に疑問です」、「再鑑定の結果を見越して執行を急いだとまでは、さすがに考えたくないんですが、でも、先のような時系列からすると、その可能性も否定できないんじゃないかという気はするんです。恐ろしいことですけど」（瀬木）という。

死刑それ自体については、「やはり被害者の意識や感情からすると、やむをえないと思うところがある」（清水）、「僕は、絶対的終身刑で、もう絶対に出られないという制度は考えられると思うんです」（瀬木）という。刑事司法の現状及び犯罪報道をはじめとするジャーナリズムの現状に対する厳しい批判意識を持ちつつ、バランスの取れた制度を求める姿勢である。

第七章「最高裁と権力」では、最高裁長官と事務総局がもつ絶大な権力の現状を取り上げ、三権分立は嘘だったと疑問を提示し、最高裁は「憲法の番人」ではなく「権力の番人」だと論じている。

誤判は死刑事件に限らず、当事者にとっては大変な苦痛であり、人生を捻じ曲げてしまうが、特に死刑は取り返しがつかないため、あらゆる手立てで誤判を防ぐ方策が追及されなければならない。ところが日本の検察や裁判所は、誤判防止を二の次、三の次にしてきた。冤罪の反省もおざなりである。反省などするくらいならそもそも裁判官にはなるはずもないのだろう。

二

再審研究

誤判救済のための手続きとして再審制度がある。誤判・冤罪からの救援運動は再審請求に力を注いできた。再審制度研究は弁護士、刑事法研究者、及び救援運動関係によって長年取り組まれてきた。

川崎英明『刑事再審と証拠構造論の展開』（日本評論社、03年）最高裁・白鳥決定と財田川決定によって動き始めた再審による誤判救済が、一九八〇年代半ば以降、停滞状態に陥った中で、証拠の明白性判断にあたって白鳥・財田川決定に反する判断方法をとる裁判例が登場していることに留意し、総合評価を矮小化する限定付き再評価や、総合評価の逆転に対して、再審の誤判救済機能の活性化を目指す。また証拠構造論は再審だけではなく、通常手続きでも事実認定の適正化を支える理論としての役割を果たしうるとする。

「第一章　刑事裁判の問題状況」は、刑事再審における明白性の判断方法の逆流を検証し、白鳥・財田川決定の意義と精神を確認する。「第二章　再審請求棄却決定の理論と問題点」では、①丸正事件、②布川事件、③名張事件、④山本老事件、⑤日産サニー事件の理論を批判的に検証する。「第三章　刑事再審と証拠構造論」では、証拠構造論をめぐる理論的論争に深く立ち入り、証拠構造論の実践的根拠、理論的必然性、理論の射程を解明している。「第四章　事実認定と証拠構造論の展開」では、最近の無罪事例を取り上げて刑事裁判の蘇生を論じ、事実認定の適正化の進展と停滞の原因を探る。「絶望的」と評された日本の刑事裁判の中に将来を展望する変革の可能性を追求し、理論的解明を図る一書である。

矢澤曻治編『再審と科学鑑定――鑑定で「不可知論」は克服できる』(日本評論社、14年)

二〇一三年一月二六日に専修大学今村法律研究室が主催したシンポジウム「再審と科学鑑定――作り上げられた冤罪を暴く」の記録である。

編者はもともと民事法研究者だが、近年、今村法律研究室を拠点に冤罪に取り組み、『冤罪はいつまで続くのか』、『袴田巌は無実だ』などの著作を世に問うてきた。本書で取り上げられた死刑事件は、①名張毒ブドウ酒事件、②飯塚事件、③袴田事件である。その他に東電OL殺人事件、恵庭OL殺人事件、高知白バイ事件、東住吉事件も取り上げられている。

巻頭に収められた編者による「総論」の「科学鑑定と再審――両刃の剣たる鑑定」は力作である。誤判原因となった鑑定(加藤老事件、免田事件、松山事件、財田川事件、袴田事件)、誤判を明らかにした鑑定(免田事件、松山事件、財田川事件)を検討し、誤判原因としての不可知論を批判し、「科学的証拠としての鑑定は、真実を写す鏡として、再審においても、無辜の民を救済する最良の役割を果たすことができるはずである。DNA型鑑定はその典型例である。しかし、このDNA鑑定についても、科学的な信用性がないことがあり、その前提が偽装されることがあり、鑑定評価が歪曲されることもある。科学が科学であるためには、不断の実験を経て、経験値の絶対性を向上させることである。そして、そのようにして得られた鑑定は、この制約の下で、科学的証拠として真実の発見に資するであろう。これが、鑑定の使命に他ならない。鑑定は科学的証拠の価値を有するとしても、絶対的なものではあり得ない。これを確かに理解すると、鑑定は、真実発見のための役割と真実を隠して否定する役割も果たしている。このようにして、鑑定は『両刃の剣』となるのである」とする。

特に飯塚事件について「最後に、再審制度において鑑定が機能せず、いや、悪用された飯塚事件を指摘する。この事件では、DNA鑑定が集眉の的である。今、この鑑定結果が断罪されている。この鑑定が示すように、鑑定が偽装され、虚偽の結果が被告人の死刑判決に至らしめた。そして、久間三千年さんのように無辜の民が処刑されるとすれば、われわれは、鑑定の不当性に加えて、それに基づく死刑制度の存在にも反対のための大きな声を上げなければならない。少なくとも、死刑制度の廃止を前提とした、モラトリアム（執行停止）を導入する必要がある」とする。

野嶋真人「名張毒ブドウ酒事件」は、一九六一年の事件発生から二〇一三年一一月の第八次再審請求申立に至る経過をもとに、ブドウ酒の王冠に関する松倉鑑定の問題点、王冠の復元と開栓実験、犯行に使われた毒物の解明について論じている。

岩田務「飯塚事件」は、一九九二年二月二〇日に起きた女児殺害事件について、一九九九年九月二九日の福岡地裁における死刑判決が後に確定し、二〇〇八年一〇月二八日に死刑が執行された飯塚事件で、翌年再審請求が申し立てられ、鑑定論争が進んでいる状況を報告している。弁護団は死刑判決の根拠とされた鑑定における事実隠蔽、改竄を暴露し、批判している。

小川秀世「袴田事件」は、犯行着衣に付着していた血痕のDNAの経過を解説し、二〇一四年三月の再審開始決定に至る経過を示している。

押田茂實『法医学者が見た再審無罪の真相』（祥伝社新書、14年）

専門書以外にも一般向けの『医療事故』『法医学現場の真相』を出してきた法医学者の刑事再審への関与の経験を踏まえた著作である。

日本の刑事裁判が誤判・冤罪だらけになる理由の一つとして、いい加減で非科学的な法医学があり、その誤りを明らかにする科学的な法医学をしっかり確立する必要があることを打ち出している。著者が関与した事件は、再審無罪事件では、①袴田事件（再審開始決定、審理中）、②東電女性会社員殺人事件、③足利幼女殺害事件、④布川事件、⑤氷見事件。再審請求中の事件では、⑥福井女子中学生殺人事件、⑦飯塚事件（死刑執行され、遺族が起こしている死後再審）、⑧姫路郵便局強盗事件など多数にのぼる。これらの事件の法医学鑑定上の問題点を適宜示して、問題点を明らかにしている。本書が取り上げている死刑事件は袴田事件、飯塚事件、鹿児島老夫婦殺人事件（死刑求刑、裁判員裁判で無罪）である。

再審無罪に関する問題点として、特にDNA型鑑定を取り上げ、日本におけるDNA型鑑定の進歩と問題点を解説する。具体的なDNA鑑定の恐るべき事例として、宮崎県警「資料を被害者に返したとする警察」、神奈川県警「証拠資料を抹消してしまう法医科長」、山口県警「科学捜査研究所員の証言に驚愕」、鹿児島県警「死刑が無罪」などの例を紹介し、冤罪づくりに加担している法医学のあまりに悲惨な実態を厳しく批判している。

全体として法医学者や科学捜査研究所員のいい加減な証言を徹底批判しているが、個人攻撃ではなく、法医学に関する認識、体制の在り方、裁判と法医学の関係などの改善を目指している。他方、誤判を量産する裁判官への批判は控えめで、瀬木比呂志『絶望の裁判所』を紹介する程度なのは、法医学者として発言するべきことを踏み越えず、自制しているのであろう。もっともきちんと読めば随所で裁判官の異常性が明らかになる本だ。

浜田寿美男『虚偽自白を読み解く』（岩波新書、18年）

『自白の心理学』『自白の研究』『自白が無実を証明する』『もうひとつの「帝銀事件」』『名張毒ぶどう酒事件――自白の罠を解く』などで供述のメカニズムに鋭く光を当ててきた第一人者による虚偽自白研究の集大成である。

はしがきに次のような問題意識が提示される。

「捜査や裁判の過程で、人々が過去の事件を『ことば』によって再構成し、一つの物語を立ち上げようとするとき、そこにさまざまな間違いが忍び込むのは、ある意味、避けがたい。しかし、無実の人を現実の犯罪物語の主人公として罰してしまう過ちだけは、なんとしてでも避けなければならない。とりわけ問題となるのが、取調室のなかで引き出される虚偽自白である。その虚偽を見抜けなかったがゆえに冤罪に苦しむ人たちが、いまもなお数知れずいる。

虚偽自白は、そもそも人間の現象として、裁判の世界で十分に理解されているのだろうか。無実の人がみずからを犯人だと偽り、やってもいない犯行を『ことば』で語る。そうした虚偽がどこからどのようにして生まれてくるか。そしてその虚偽を暴くために、私たちは何をどうすればよいのか。これは、冤罪の悲劇を防ぐために、法実務の世界で解決しなければならない問題であると同時に、深刻な人間の現象として、心理学の世界で解かれなければならない問題でもある。」

本書では①足利事件、②狭山事件、③清水事件（袴田事件）、④日野町事件、⑤名張事件を主な例として、虚偽自白の実例を解析している。袴田事件と名張事件が死刑事件である。無期懲役の狭山事件も一審は死刑判決であった。

ここで著者が清水事件としているのは、袴田巖さんは犯人ではなく、これは袴田事件ではなく清水事件と呼ぶべきだという思いからである。同様の問題意識は近年一部で語られるようになってきた。重要な問題提起であり、今後の検討事項であるが、袴田事件とは「無実の袴田さんが間違って死刑囚にされた事件であり、警察・検察・裁判所による犯罪事件である」と理解することにしたい。

本書は被疑者を犯人と決めつける捜査官による取調べの結果、無実の市民が自白に転落する過程をわかりやすく示し、虚偽自白であるにもかかわらず組織的系統的に証拠固めがなされて自白が確定していく過程が詳細に明らかにされる。

最後に「自白の撤回」では、いったん自白に転落した者が「有罪方向へと導く強力な磁場」から解放され、あらためて無実を主張しはじめる場面にも焦点を当てる。有罪推定の働く日本の刑事司法では、いったん自白した者が無実を主張することは極めて困難なことである。氷見事件では真犯人が登場したことによって、柳原浩さんはようやくこの磁場から解放された。足利事件の菅家利和さんは自白に転落したのち、いったん自白を撤回して無実を主張したが、当時の弁護人の不手際のためふたたび自白に転じた。きっぱりと否認を貫くことができるまでには長い年月を要した。著者は最後にこう述べる。

「無実の人が虚偽自白を語るとき、その語りのなかには、おのずと事件のことを『体験者として知らない』という痕跡が刻まれる。わたしはそうした視点に立って、たとえば清水事件の第一次再審請求時の鑑定では、『自白が無実を証明する』と論じた。それは私にとっては論理的な結論であった。ところが、最高裁はその特別抗告審の決定のなかで、私のこの議論の理路をたどることなく、結論部分だけを取り出して、『論理に飛躍があるというほかない』と論難している。それがなおわが国の刑事裁判の現実である。

この現実を前にしたとき、本書で示した供述分析が法実務の世界に浸透し、虚偽自白を読み解くための重要な手法と認められていくには、まだまだ時間が必要かもしれない。しかし、いずれはその道が大きく開かれていくはずだと、私は楽観している。」

九州再審弁護団連絡会出版委員会編『緊急提言！刑事再審法改正と国会の責任』（日本評論社、17年）

九州の刑事再審事件六件を素材に「再審格差、憲法原則に違反する裁判手続き、刑事裁判の鉄則にもとる有罪判決、死刑執行による再審請求人の不在という制度的な原因」を浮き彫りにし、その是正のために国会が責務を果たさなければならないという。本書が取り上げる六事件のうち、①飯塚事件、②菊池事件、③福岡事件、④マルヨ無線事件は死刑再審事件である。

第一部「刑事再審の現在」では、戦後の刑事再審の歴史を振り返り、現状を分析する。飯塚事件、大崎事件、菊池事件、福岡事件、松橋事件、マルヨ無線事件について、事件の概要、再審請求の経過、再審請求審における問題点が解説される。第二部「刑事再審の比較法研究」ではフランス、ドイツ、大韓民国、イギリス、アメリカの再審法制の概要と問題点が示される。

以上の知見をもとに、刑事再審法制の改革を検討すると「諸外国における再審法制改革の動向をみる限りでは、裁判官、検察官、さらには司法・法務官僚は再審法制改革の担い手とはなり得ていない。したがって日本の法務省、すなわち主たる担い手である検察官に対して再審法制に関する具体的な改革を期待しても何一つ改革が進まないことは明らか」とし、研究者、弁護士が具体的な提案を行い、議員立法を実現するしかないと判定する。

第三部「刑事再審法改正の提案」では、次のような改革が提案される。

①憲法再審の明記（再審理由に憲法違反・憲法解釈の誤りを加える）。

②再審理由の緩和ないし拡大（刑訴法四三五条六号にいう「明らかな証拠」を「事実誤認があると疑うに足りる証拠」に改める）。

③「同一の理由」の要件の明確化（「同一の理由」は再審請求人の主張する具体的な事実関係および証拠関係がともに同一であることを意味し、いったん証拠の新規性が認められた場合、以前の再審請求の際に提出されたすべての証拠も当該再審請求審裁判所の心証形成の素材にできることを明確化すること）。

④再審請求権者の拡大（再審請求権者に「法務大臣」および「日本弁護士連合会会長及び全国単位弁護士会長」を加える）。

⑤国選弁護制度等の新設（再審の請求をした者が貧困その他の事由により弁護人を選任することができないときは、裁判所が、職権で又は再審請求者の請求により弁護人を付すことができるようにする。死刑事件の再審請求については、必要的弁護事件とすること）。

⑥再審における証拠開示制度の新設（再審請求権者及び弁護人に、検察官手持ち証拠等のリストを含め、検察官保管記録をすべて開示する旨

の規定を新設する）。

⑦不服申立制度の見直し（再審開始決定及び再審無罪判決に対する不服申立てを禁止すること。即時抗告、特別抗告の申立期間を延長し（一四日間）、控訴趣意書の提出期間を法定すること（三〇日以内））。

⑧死刑の執行停止の緩和ないし拡大（再審請求審段階における死刑の執行停止について、裁判所は、請求人の請求により又は職権で再審の請求についての裁判が確定するまで決定で、死刑の執行及び拘置を停止することができるものとする。再審開始決定をした場合の死刑の執行停止について、再審開始の決定をしたときは、原則、決定で死刑の執行および拘置を停止しなければならないものとする）。

⑨改正後の見直し（改正再審法が施行された場合、一定期間経過後に見直すこと）。

死刑に伴う拘置の執行停止について、袴田事件再審開始決定の意義を評価したうえで検討を加えて、次のように述べる。

「多くの耳目を集めた袴田事件再審開始決定の論理をもってしても、裁判所の裁量によって拘置の停止の要否が決まるという枠組み自体は克服できていない。従来、裁判所が死刑の執行を停止しつつ、拘置を継続してきた背景には、一方では誤判による死刑執行のリスクをなくしつつも、他方では身柄の保全という治安政策上の配慮を両立させる意図があったように思われる。いわば、死刑制度のリスクの調整弁として拘置の継続が行われてきたといえる。しかしながら、この調整弁の必要性は、本来、死刑制度がかかえる矛盾なのであって、この矛盾を請求人に転嫁し、さらに長期間にわたる拘禁を強いることこそが、『耐え難いほど正義に反する』といわねばならない。…（中略）…再審開始決定によって原確定判決の事実認定に合理的な疑いが生じたのであるから、端的に、同判決による死刑の執行はもちろん、それに伴う拘置の継続も許されないと解すべきである」。

再審制度の存在を無に帰すような裁判所の実態を前に、具体的な法改正の提言として重要である。

三 雪冤の叫び

日本刑事司法の歴史は「冤罪史」といって過言でない。誤判であると判明して、いちおうは雪冤に至った事例もあれば、再審請求によって獄中から解放された事例もあれば、雪冤の叫びもむなしく獄中死した事例もある。数多くの誤判・冤罪にもかかわらず、誤判・冤罪を生み出す司法構造に変化はない。特権にしがみつく権力者は誤判・冤罪の上に胡座をかいて、決して反省しない。それゆえ今後も驚くべき誤判・冤罪の山が築かれることは火を見るよりも明らかである。死刑廃止が焦眉の課題である。

1 大逆事件

田中伸尚『大逆事件——死と生の群像』（岩波書店、10年）

大逆事件を問い、大逆事件一〇〇年の〈現在〉を問う、ベテラン・ノンフィクションライターの長年の取材に基づく、読み応え十分の快作である。

大逆事件そのものについてはかなりよく知られているが、「大逆事件その後」――ただし単なる「その後」ではなく、今に続く事件という意味――の追跡調査は見事である。東京、岡山、熊野・新宮、熊本、中村・四万十……過去への旅が〈現在〉を射抜くだろう。

「過去の思想弾圧事件」ととらえるだけでは不十分とする著者は、それとは明言していないが、大逆事件とその後を書くことによって、近現代日本史を鮮やかに描いている。一般的な言い方をすれば「近代の裏面史」となるが、単なる裏面ではなく、表面と密接不可分の日本民衆史である。関係者の残した記録、弁護士の残した記録、歴史家の先行研究、各地のそれぞれの研究者の研究、遺族たちのその後、遺族たちが保管してきた資料（写真、手紙、遺稿など）、関係者の地元の当時の反応と現在、葬儀も許されず墓の建立も制約された関係者の墓や追悼碑。実にていねいに調べ、確かな手触りを得て、読者にその手触りを伝えようとする。一〇〇年という時の経過の長さと短さ、明治の大逆事件の遠さと近さ、一〇〇年を生きた人々の重さとよどみと悲しみが伝わる。

「明治『大逆事件』は、世紀の舞台は回っても幕は下りず、未決のまま生きてあり続ける」。

本文末尾の、僅か一行に集約され、込められた著者の思いの深さと、遥かな広がり。暗澹たる過去を見据えながら「次」へと向けられた眼差し。ここに〈希望〉の手がかりが、ある。

大逆罪とは文字通り権力に刃向かう者を「非国民」として狩り出し、処刑することによって社会に恐怖を植え付け、自由と民主主義を殲滅する法的手段である。

鎌田慧『残夢――大逆事件を生き抜いた坂本清馬の生涯』（金曜日、11年）

大逆事件で死刑判決を言い渡され、天皇特赦によって無期懲役に減刑され、獄中二三年で仮出獄し、一九六一年に再審請求を行い、無実を訴えながら大逆事件を生き抜いて、一九七五年に八九歳の人生を終えた坂本清馬の闘いを描く。大逆事件一〇〇年前後にいくつもの著作が出て、事件にさまざまな光が当てられた。いずれも貴重な書だが、特に本書と田中伸尚『大逆事件』が読み継がれることになるだろう。

「坂本清馬の精神を伝えたかったのは、とにかく生き延びて無実を晴らそう、という苦闘に魅力を感じたからだ。それは闇雲な頑固者の表現である『いごっそう』（異骨相）だったかもしれない。いまでもなお、再審請求は『駱駝が針の穴を通り抜けるほど』と表現されるほど難関である。清馬が生きた明治、大正、昭和三代を、その針穴を通して覗いてみたい、というのも動機のひとつだった」という。

戦後の民主化にもかかわらず、最高裁は坂本清馬の再審請求をこともなげに棄却した。

「いわば、明治強権政府の犠牲者だった坂本清馬が、昭和の暗黒司法を裁く形に逆転したのだ。なんと日本の司法は旧態依然たるものなのか。それが清馬の驚きだった。その後も冤罪事件はあとを絶つことなく、検事の横暴と犯罪の極端な表現として、厚労省『村木（厚子）事件』での証拠偽造が明らかになった」。

警察・検察による証拠隠滅や証拠捏造は日本司法の生理である。大阪地検特捜部事件に際して、マスコミは「前代未聞」などと大騒ぎすることによって、検察の証拠偽造常習性を隠蔽するのに協力した。弘前大学教授夫人殺人事件や狭山事件をはじめとする多くの冤罪に取り組んできた著者は、大逆事件から現在に至る検察の犯罪をしっかりと見据えている。

崎村裕『百年後の友へ――小説・大逆事件の新村忠雄』（かもがわ出版、11年）

新村忠雄と同じ長野県出身の作家による作品であり、「小説」と銘打っているが、大逆事件について多くの資料をもとに構成されていて、ノンフィクション・ノベルと言ってもよいだろう。

長野県千曲市屋代出身の新村忠雄の人生を掘り起こし、全体としての大逆事件の進行と重ねながら、全体像を描いている。幸徳秋水と管野すがの大逆事件は、宮下太吉の事件であり、坂本清馬の事件でもある。事件にかかわった人々に光を当てる試みは続けられてきたが、やはり東京中心の物語として描かれてきた。本書は東京中心ではなく、新村忠雄の家系、出生地から、死刑執行までをていねいに追いかけている。

「一月二七日、宮下太吉と新村忠雄の遺体が雑司ケ谷の監獄共同墓地に一旦埋葬されたが、二九日忠雄の実姉の柳沢なおが上京してきて、改葬の手続きを取り、忠雄の遺体を落合の火葬場で荼毘にふした。そして、三一日忠雄がかつて滞在した永井家の巣鴨の染井墓地に仮埋葬した。大正一三年（一九二四）長野県屋代町（現千曲市）の関谷山生蓮寺に兄善兵衛と忠雄の墓が建立された。忠雄の戒名は『札誉救民忠雄居士』、兄の戒名は『賢誉至徳善雄居士』である。驚くほど立派な戒名をつけたのは当時の住職西沢学雄で、墓石建立のとき当局から干渉があったが、これを拒否したという」。

鎌田慧も述べているが、大逆事件のでっち上げ被害者、特に冤罪被殺者の全員それぞれについて伝記が書かれる必要がある。本書は、新村忠雄について小説という形式での優れた伝記である。

非国民を物理的に排除することによって支配の正当性を調達する権力は、いかなる誤判であろうと、その非を認めない。非国民は暗闇の中で沈黙することを強いられる。だが沈黙が永遠に続くわけではない。歴史の断層に埋もれかけた沈黙が、当事者の闘いにより、ジャーナリストの掘り下げにより、ふたたび明るみに出てくる。

2 帝銀事件

平沢貞通の獄死から長い歳月が流れた。現代史最大の謎であり、最大の冤罪である帝銀事件。壮麗な時代の嘘。あらゆる詮索と穿鑿の排撃。一九度に及ぶ再審請求。事件の真相解明への模索が続けられている。また〈事件〉や再審に関わった人々の回想や記録も刊行されている。

竹沢哲夫『検証・帝銀事件裁判』（イクォリティ、92年）

和多田進『新版・ドキュメント帝銀事件』（晩聲社、94年）

前者は弁護士、後者はジャーナリストが、それぞれ戦後最大の毒殺事件の謎に迫る。平沢貞通の獄中死の後も、再審請求が続けられている。

吉永春子『謎の毒薬――推究帝銀事件』（講談社、96年）

佐伯省『疑惑――帝銀事件・最高機密の化学兵器』（講談社出版サービスセンター、96年）

いずれも帝銀事件の毒薬の謎に迫る。事件発生から半世紀を超えた帝銀事件。一二名の犠牲者を出した毒殺事件も、「犯人」とされた平沢貞通の獄死を最後に「歴史」の一コマとして彼方に押しやられようとしている。しかし、いまなお再審請求が続けられている。毒薬の謎の解明は、歴史の謎の究明であるだけではなく、再審請求の武器である。アセトンシアンヒドリンとは何か。七三一部隊などの化学兵器はどこまで開発されていたのか。吉永も佐伯も、歴史と科学の果敢な追跡を試みる（死刑論は主題とされていない）。

河野すみえ『ああ、平沢貞通――冤罪はもうこりごり』（日本図書刊行会、97年）

一二歳の少女時代に事件と平沢貞通を知り、救援活動と再審運動に取り組んできた著者による真相解明と死刑冤罪告発の書である。「偽証事件」の当事者の回想としても貴重である。腐敗した権力は冤罪をつくるだけではなく、冤罪を晴らすために活動する者をも陥れ籠絡し鎮撫しようとするのだ。

石井敏夫『平沢貞通と一店主の半生』（つげ書房新社、97年）

帝銀事件の支援運動に加わった著者の自分史にして、再審運動史である。洋品店の跡継ぎとして仕事をする傍ら、「投稿マニア」から帝銀事件の救援運動への取組みに至る青春時代、平沢貞通との面会における秘密録音、法務大臣への直訴など興味深い文章である。

竹沢哲夫・和多田進『帝銀事件の研究Ｉ』（晩聲社、98年）

事件の真相を解明し、冤罪であることを明らかにするための、事件記録の活字化である。全六二回にわたる検事聴取書は何を語るのか。その細部に立ち入って分析し、誘導、迎合、自白の様子が明らかにされる。

金井貴一『毒殺――小説・帝銀事件』（廣済堂出版、99年）

帝銀事件を素材にしたミステリーである。著者は松竹映画『舞妓物語』などを手がけたベテラン脚本家である。事件については現実をもとにしながら、七三一部隊犯人説に立って推理を展開し、真犯人像を提示する。特に捜査側の対立、亀裂を鮮やかに浮き立たせ、事件が奇妙に捻じ曲げられていく様を描いて、戦後日本の出発点は何だったのかを考えさせる。終盤のドタバタ劇は読者サービスだろうか、筆の走りすぎだろうか。

遠藤誠『帝銀事件の全貌と平沢貞通』（現代書館、00年）

一九八七年に出版された三一書房版の増補版である。

「昭和六十二年五月十日午前八時四十五分に、帝銀事件の無実の死刑囚・平沢貞通さんは、八王子医療刑務所で、獄死せしめられた。時に、九十五歳。そのため、世間では、帝銀事件は、もう終わったと思っている。ところがドッコイそうではないのである。平沢さんが殺されてから二年後の平成元（一九八九）年五月一〇日、三周忌の祥月命日に、私どもは、東京高裁に対し、死後再審請求を提起した。平沢さんは全くの無実であり、帝銀事件の真犯人を隠匿したのは当時の日本における最高権力であったマッカーサー総司令部であったことを天下に明らかにするためである。」

帝銀事件とは、一九四八年一月二八日、帝国銀行椎名町支店で発生した毒物による強盗殺人事件であり、一二人が死亡した大事件であるが、同時に大冤罪事件として現代刑事裁判史のみならず、戦後日本史に特筆されてきた。一九五五年に死刑判決が確定した平沢貞通は獄死するまでに一八次に及ぶ再審請求を行ったが、ことごとく棄却され、一八次請求も死亡後に棄却された。現在、一九次再審（死後再審）の渦中にある。

本書は、再審請求審の主任弁護人による事件の全貌の解明作業である。本文全九章は「平沢貞通さんの半生」「帝銀事件」「第一審の裁判」「第二審および第三審の裁判」「第一次ないし第十六次再審」「第十七次再審」「人身保護請求」「救出活動のその後」「その後の経過」と続く。これだけだと裁判経過を辿っただけに見えるかもしれないが、各章にミステリーがあり、探求があり、厳しい批判がある。小説家による法廷ミステリーよりも遥かにおもしろく、驚きに満ちている。帝銀事件について知りたい読者にも、平沢貞通について知りたい読者にも、日本の刑事裁判について知りたい読者にも、そして遠藤誠弁護士について知りたい読者にも満足感を与える一冊である。

帝銀事件についてある程度の知識をもつ読者には、資料編が有益である。特に「GHQ関係資料」や第十七次再審請求資料は重要である。

最後に、「〈付録1〉これまでこの事件に関与した裁判官」が注目される。というのも、「権力犯罪の真相を見抜けず、結果的にそれを是認してしまった裁判官」の「名前を歴史に残すため、ここにその全員の名前を掲げようと思った」が、記録のコピーを申請したが、東京地検にことわられたという。

「私は、これまでの裁判記録全部のコピーを採ることも許されないで、徒手空拳で確定判決をくつがえす再審請求という、至難のわざをやらされているのである。いずれにしろ、これが国家権力というものの本質であって、刑事再審請求の弁護をしている弁護人にたいし、これまでの証拠全部のコピーを取ることも許されないのである」。

このため、裁判官一覧の各所が空白になっている。

平沢武彦編著『平沢死刑囚の脳は語る』（インパクト出版会、00年）動き始めた「半世紀後の帝銀事件」の報告である。東大医学部に保管されていた平沢貞通の脳が返還され、再検査を受けることになったからである。果たして平沢はコルサコフ病であったのか。死刑判決時の精神鑑定はどのようなものであったのか。平沢の自白はどのようにして取られたのか。こうした疑問に答えるべく、本書は、平沢武彦「帝銀事件五十年」、平沢貞通「私はこうして帝銀犯人にされた」、森川哲郎「自白への道程」、平沢武彦「自白過程の精神鑑定」、同「明らかになった脳病変」を配する。

半世紀後の精神鑑定の結果は、「性格変化、高度という特殊例に入ると考えられる。とくに白質に傷跡が残っている。よくみていくと病変の部分というのが、亜慢性期の患者例と全く同じである」、「記憶の中枢である海馬を中心とし、側頭葉がやられ、神経細胞のある脳の脂質の上の白質が、非常に強くやられている。そして、脱髄の傷跡が残っている」という。この病理検査は、精神医学者により学術論文として公表されるという。

編著者は、「平沢貞通氏を救う会」事務局長だった森川哲郎の子であり、後に平沢貞通の養子となり、「平沢貞通氏を救う会」事務局長である。「二人の父親」の文章をも収めた著作によって、編著者は死後再審の闘いを確信をもって歩んでいる。その第十九次再審請求の証拠として半世紀後の精神鑑定を提出すべく努力を傾注してきた。その思いを次のように述べている。

「多くの無実を叫びながら処刑され、闇の中に葬りさられた声なき声、その者らの無念の思いを、帝銀事件の再審をつうじ、晴らしていく考えである。そして、終着駅のないであろう『人権運動』というレールを、さらに歩んでいこうと思う。」

佐伯省『帝銀事件はこうして終わった――謀略・帝銀事件』(批評社、02年)

事件を半世紀にわたって追跡してきた著者の、『疑惑』『疑惑α』を増補改訂した決定版である。著者は平沢貞通は一連の事件に関与はしたが、帝銀事件の犯人ではなく、利用されたとする。

「五五年目の真実！ 死刑囚として獄死した平沢貞通は、犯人ではない。真犯人Xは誰か？ 多くの疑惑に包まれた戦後犯罪。なかでも帝銀事件、下山事件、松川事件はGHQの関与を抜きには考えられない。帝銀事件は、陸軍中野学校出身の特務機関員Xが、アメリカ軍の謀略部員と結託して行った最高機密の化学兵器(ACH)の実権をおびた凶悪な犯罪である。日本の刑事警察の手が及ぶ事件ではなかった。Xと親交のあった平沢貞通の悲劇はそこからはじまっていたのである」(宣伝オビより)。

「ACH」とあるのはアセトンシアンヒドリンのことである。本書は、平沢が入手した「出所不明の」金の出所、二回の未遂事件の真相、平沢のアリバイ証明、特務機関員の能口ヒロシの真犯人性などを順次論じている。一度は重要参考人として逮捕された能口は、事件当時は四四歳で目撃者の証言に合う。平沢にはアリバイがある。真犯人は薬物の知識をもち、ピペットを所持し、歯科医療の経験があり、人前で話す経験ももっていた能口こそふさわしいとする(能口は一九八五年に亡くなったという)。

片島紀男・平沢武彦『国家に殺された画家――帝銀事件・平沢貞通の運命』(新風舎、07年)

テレビディレクターで「平沢貞通氏を救う会」事務局長と、平沢の養子で帝銀事件再審請求人の共著である。

第一部「埋もれた画業発掘・平沢不朽・三昧二・大暲の時代」(片島紀男)は、帝銀事件ゆえに隠され、破棄され、忘れられてきた天才画家平沢の画業を追いかける作業の記録であり、生い立ちから帝銀事件までを辿る。平沢復権の堅い意志に貫かれた卓抜な文章が、二二歳の若さで中央画壇にデヴューし、ずば抜けた才能を開花させた天才の人生を再構成する。

第二部「鉄格子のあるアトリエから」(平沢武彦)は、平沢貞通救出に生涯をかけた森川哲郎の息子としての自分史とともに、隠された平沢貞通の作品を発掘する執念の旅の記録である。運命に捉われつつ、自ら運命を切り拓いてきた著者の絵探しの旅は、小樽、札幌、苫小牧、網走と続く。北海道各地を旅した「地平線の画家」平沢の年輪を辿り直し、ついには『網子の時』『春近し』などの代表作を発見していく。巡回展「平沢貞通・空白の画展」は、東京、札幌、小樽、函館、釧路などで開かれた。帝銀事件犯人とされたために、平沢の絵は雅号が削られたり、焼かれてしまったものもあるという。絵の裏に「帝銀問題の人」と書かれたものもある。平沢に押された烙印は、その作品にもくっきりと押されて、さまざまな運命を辿っている。一六回の帝展・新文展を通じて出品された代表作はまだ二点しか発見されていない。絵探しの旅とともに、帝銀事件再審を求める旅は終わらない。

浜田寿美男『もうひとつの「帝銀事件」——二十回目の再審請求「鑑定書」』(講談社、16年)

『自白の研究』、『自白の心理学』、『取調室の心理学』で知られる供述分析の第一人者による「帝銀事件」論である。

帝銀事件では、画家の平沢貞通が犯人とされ、死刑判決が確定後も判決への疑問が幾度も指摘された。再審請求の努力もなされ、ついに執行できなかった。平沢死刑囚は一九八七年に獄死した。その後も息子の平沢武彦による再審請求が続けられたが、二〇一三年に平沢武彦がこの世を去ったため、再審請求も終了せざるを得ないとみられていた。しかし、再審請求を行ってきた弁護団は、帝銀事件の闇を追究する努力を続け、浜田に平沢貞通及び目撃者の供述分析を依頼した。帝銀事件再審請求への新たな闘いが続けられている。

帝銀事件の供述は、ほかの多くの冤罪と共通の問題点を抱えている。十分な補強証拠のない自白で有罪認定がなされた。平沢と事件をつなぐ物的証拠はない。目撃供述は都合よく整理されたもので、消極部分を排除している。しかも、大幅に変遷を遂げている。浜田は全供述を子細に検討して、問題点をあぶり出す。例えば目撃証言について、死刑判決は「目撃者たちの供述の最終結果のみを取り出して、その結果にいたる過程を全く検討しなかった」。しかし、目撃者証言は「事後の『逆行的構成』であって、真の『証拠』ではない危険性」を有している。「裁判所は多数の目撃者たちの『非常に似ている』『似ている』という供述を列挙して、あたかもそれが有罪の証拠であるかのように判断した」。

しかし、「似ている」というだけで有罪方向の証拠にはならない。類似と同一は異なる。捜査段階における変遷を経ても「似ている」としか言えない目撃者が多かったのはなぜなのか。

平沢の供述については、自白に陥った第一段階の供述と、再否認に転じた第二段階の供述を、それぞれ詳細に検討する。数多くの有益な知見が語られるが、紙幅の都合から次の一節を紹介するにとどめる。

「虚偽自白とは、無実の人がいくら無実を主張しても聞いてもらえない状況のなかで、苦しくなって諦め、自分が犯人だと認め、そこからは自分が犯人になったつもりで『犯人を演じる』ものである。しかし、いくら犯人になったつもりで語っても、ほんらい犯行体験をもたない無実の人には語れない。その

『語れなさ』が自白過程のなかにあらわれてくる。虚偽自白がどのようなものかを知っていれば、ただちにその『語れなさ』に無実の証をみいだすことになるのだが、しかし取調官がそのことに気づかず、あいかわらず無実の被疑者を犯人と信じて、入手済みの証拠や客観的状況を突きつけ、熱意をこめて追及しつづける。結果として、その追及そのものによって、当の被疑者の『語れなさ』は徐々に埋められ、やがて他の証拠や客観的状況に合致する方向に自白が導かれる。取調官の追及が、事実上、誘導として機能するのである。しかし、そのことに取調官たちは気づいていない。

そして、この現実を裁判官もまた知らなければ、結果としてできあがり提出された虚偽自白の、その虚偽性が見抜かれないままに、ただただその最終の自白結果のみが有罪の『証拠』として列挙され、有罪判決がくだされて終わる。じつのところ『帝銀事件』と『平沢貞通事件』もまた、そのようにして検察官たちの熱意によって唆され、裁判官の不明によって助けられて、両事件が区別されないままに、すっかりひとつに縫りあわされて、最終的に平沢の死刑判決でもって事件は完結した。誰も悪意をもって陥れようとしたわけではないのかもしれない。しかし、そのなかに許されない悲劇は生まれる。」

3 免田事件

免田栄『死刑囚の手記』(イースト・プレス、94年)

世界で初めて再審によって死刑台の前から生還した確定死刑囚であった著者の書き下ろしである。同『免田栄獄中記』(社会思想社、84年)、熊本日日新聞社『検証免田事件』(日本評論社、84年)もある。

潮谷総一郎『死刑囚34年』(イースト・プレス、94年)

免田栄が心の師と仰いだ著者の免田事件救援運動、死刑囚との交流を描いた記録である。

免田栄『死刑囚の告白』(イースト・プレス、96年)

「白福事件」の犯人とされて死刑を言い渡され、三十年にも及ぶ闘いの末、再審無罪を獲得して死刑台からの生還を果たした著者の人生の記録である。「白福事件」がなぜ、どのようにして「免田事件」に転轍させられたのか。本書は犯人に仕立て上げられるまでの叙述であり、再審闘争については続編が予定されている。

免田栄『免田栄獄中ノート――私の見送った死刑囚たち』(インパクト出版会、04年)

最初の死刑再審無罪に至るまでの闘いの記録である。

「私は犯してもいない殺人の罪で死刑を言い渡され、一九四九年一月から三四年六ヶ月の年月を、死刑という重い十字架を背負わされて、全く自由のない獄舎で、重い心の鎖につながれた毎日を過ごしてきた。孤立無援の中で初めて私に救いの手をさしのべて下さったのは、熊本の慈愛園の園長潮谷総一郎先生だった。

濡れ衣をはらし、社会に帰った私は、当時の熊本県人吉署捜査係長福崎良夫氏に会って感想を求めると、『俺たちは仕事でやった』と言う。私を起訴した熊本地検の野田英夫検事は『今さら非難するな』と言った。

最初に死刑の判決を言い渡した熊本地裁八代支部の木下春雄裁判長は『ご苦労さん』とだけ言った。

いずれの方も退職後は自動車学校の課長や弁護士になり、真面目に世渡りをして、世を去られている。しかし、私はこの真面目な方たちの違法なやり方の犠牲になり、誰も生きて出ることのできなかった獄舎から、言葉にあらわせない辛苦を経て、かろうじて這い出ることができたのである」。

「はじめに」のこの一文が本書を貫くモチーフとなっている。「真面目な方たちの違法なやり方」は今もなお全国の警察・検察・裁判所に引き継がれて、次々と「犠牲者」を出しているのに、改革は進まない。無責任なエリートの支配が続いている。

本書は、不当逮捕の状況、死刑囚の烙印を押された時の体験、拘置所で見送った死刑囚、再審の闘いを著者自身の立場から描いている。

熊本日日新聞社編『新版検証・免田事件』(現代人文社、09年)『検証・免田事件』(日本評論社、84年)、『冤罪免田事件』(新風社文庫、04年)の増補新版である。今回の読みどころは再審無罪判決を書いた河上元康(元裁判長、現弁護士)へのインタヴューである。

「調べていくうちにアリバイがポイントだと確信した。被告のアリバイをさりげなく述べた証人の証言が、消費者台帳や賃金の領収書などの古色蒼然とした当時の物的証拠によって裏付けられる。鳥肌が立つような感覚を覚えた。再審開始決定が指摘した事柄は、無罪を補強する支柱になりました。」

「先輩裁判官を批判することにもなるわけだから、批判に耐えられる判決を書かなければという気持ちだった。あの判決には自信があります。」

――刑事裁判官にとって、無罪を出すことにプレッシャーはないのですか。

「ひとが考えているほど、ないのではないか。有罪率が高いのは数字の上でのことで、有罪とする証拠に疑問があれば、無罪を出してきた。裁判官として免田事件、甲山事件に携われ、恵まれていたと思います。」

「ある催しに免田さんと一緒に出席して発言してほしいと依頼を受けたことがあるが、断りました。退官したからいいじゃないかという意見もあると思うが、裁判官としてかかわった事実は消えない。当事者と会うことは判決自体に疑義を抱かせることになりはしないかと、私は思う。言いたいことは判決に書いた。それに尽きる」。

また、「対談免田事件から学ぶ――免田栄×大出良知」も収録されている。

4 財田川事件

鎌田慧『死刑台からの生還』(岩波現代文庫、07年)

死刑冤罪・財田川事件の三四年を追いかけた傑作ルポルタージュの再刊である。立風書房(83年)、岩波同時代ライブラリー

（99年）に次いで三度目の出版となる。

免田事件、松山事件、島田事件と並ぶ死刑再審四事件の一つである財田川事件は、一九五〇年二月二八日、香川県財田村で起きた強盗殺人事件であり、一九歳の谷口繁義が犯人とされ、一九五七年一月二二日の最高裁判決により死刑が確定した。獄中から無実を訴えた谷口は、一九八四年三月一二日、ついに再審無罪を勝ち取った。

本書は谷口と弁護団の戦いの記録であり、権力犯罪の告発である。警察、検察、裁判所の冤罪体質に変わりがない以上、本書は昔の物語ではなく、いまの司法に対する厳しい批判である。

5　松山事件

藤原聡・宮野健男『死刑捏造――松山事件・尊厳かけた戦いの末に』（筑摩書房、17年）

かつて松山事件再審請求から再審開始そして無罪に至る時期に事件を担当して取材した二人の共同通信記者によるノンフィクションである。

二人は、松山事件無罪確定後に事件の全貌を書き記そうと考え、関係者に取材を続けたが、配転により仙台を離れたこともあって延び延びになっていた。ところが無期懲役事案である足利事件・布川事件・東京電力OL殺人事件の再審無罪、死刑事件の袴田事件の再審開始のニュースを前に、「冤罪は、なぜ後を絶たないのか。また『開かずの扉』とも言われる再審が認められ、無罪判決を得るのはいかに困難なことなのか――。冤罪事件の原点とも言える松山事件の斎藤幸夫さんの軌跡を追うことで、こうした日本の刑事司法が抱える問題も浮き彫りにしていきたい」との思いから、再び松山事件に取り組むことにした。

叙述は型通り、事件発生に始まり、逮捕、自白、否認、死刑判決、死刑確定と続く。当時の警察の被疑者取調べや証拠の扱いがよくわかるが、今も変わらぬ体質と言えるだろう。裁判・救援活動の諸資料・文献を駆使し、さらに著者たちの取材成果を加えているので、手堅く、しかも臨場感のある文書である。

一九五七年一〇月二九日、仙台地裁（裁判長・羽田実、池羽正明、萩原金美）一審判決は死刑であった。

「救援活動」、「再審請求」、そして「家族の戦い」にも詳しく言及され、権力による理不尽な冤罪に翻弄される人々の叫び、真実を求めて立ち上がる人々の苦悩と勇気と懸命の努力が再現される。初期には弁護人交代を繰り返したが、途中から弁護団が形成された。「松川から松山へ」と言われるように、松川事件救援関係者の力も大きかった。でっち上げ警察官たちの出世や、それに対する抗議のエピソードは、どの事件にも共通する問題を浮き彫りにしているだろう。宮城拘置所での獄中生活については、斎藤幸夫の日記や手紙をもとに、死刑囚処遇の在り方を考えさせる。帝銀事件の平沢貞通や島田事件の赤堀政夫のことも少しだが出てくる。

「開いた扉」、「再審」、そして「無罪」に至る過程が比較的簡略な印象を与えるのは、その時期のことは比較的よく知られているので、むしろそれ以前に頁数を割いたためだろうか。

最後の「晩年と死」では、無罪確定後の生活状況や家族の思いが紹介される。権力によって三〇数年の暗闇に閉ざされた者たちに、無罪確定後も救いの手を差し伸べられることがなく放置された事実を、二人の記者は静かに書きとどめる。「冤罪の恐ろしさ」は再審無罪後にも続くことを、司法関係者はいかに考えるのか。

最後に著者たちはもう一つのエピソードを付け加える。

「斎藤幸夫さんは、実家からほど近い宮城県大崎市鹿島台の『琵琶原霊園』に、母ヒデさん、父虎治さんとともに眠っている。

私たちは取材の合間に墓参りのため霊園を訪れたが、その時、異様な光景に出会った。『斎藤家之墓』と刻まれた墓石の『斎藤』の部分に、泥がべったりと貼りついていたのだ。」

再審無罪を勝ち取っても、いまだに「殺人犯」としか見ない人もいる。生前だけでなく死後も、いわれなき中傷や非難を受け続けることに慄然としながら、著者たちは本書を閉じる。

萩原金美『検証・司法制度改革II——裁判員裁判・関連して死刑存廃論を中心に』(中央大学出版部、16年)

司法制度改革の目玉の一つである裁判員制度について、特に裁判員裁判における量刑の重要課題となる死刑の存廃の問題について、裁判員(候補者)のための副読本にもなることを意図して書かれた。著者の裁判官、弁護士の経験と訴訟法、裁判法の研究の蓄積に加えて、一市民としての生活体験、常識を渾然一体とした裁判法学を樹立したいという野心的な念願も潜めているという。全体は四部構成であるが、「第1　裁判員裁判をめぐる雑考——裁判員のための一種の副読本にもなりうることを願いつつ」では、裁判員制度の概要を解説している。「第2　死刑存廃論——附・死刑存廃論の要件事実論的考察」及び「補論　死刑存廃論の要件事実論的考察」、さらには「第3　再論『裁判員裁判をめぐる雑考』および『死刑存廃論』」で死刑存廃論について考察し、「第4　追補『裁判員裁判をめぐる雑考』および『死刑存廃論』」を附している。

本書が注目に値するのは、著者が松山事件一審死刑判決に関与した裁判官だからである。著者自身、次のように書いている。

「ご存知の方もおられるかもしれないが、私は再審で無罪になった死刑事件の一つである松山事件の第一審の審理・判決に左陪席裁判官として関与した者である。奇しくも被告人の方(すでに物故)は私と同年であり、同事件の有罪判決に関わった裁判官の中で現在も生存しているのは私だけであろう。

かねて私は死刑問題の論議の在りように若干の違和感を覚えていたが、上記のような立場にある者として死刑問題に論及することは慎むべきだと自戒してきた。しかし私も今や八〇歳を越え、裁判員裁判の議論において死刑問題が大きなテーマになる以上、裁判法研究者としてはこの問題に関する私見を明らかにせざるを得ないかと思う。

冤罪死刑事件の有罪判決に関わった者が死刑存廃の論議に容喙するなど——しかも私は存置論に与する——『盗人猛々しい』に類するとの非難もあろう。しかし私は、本稿を書くことが被告人であった方に対するささやかな贖罪のためにも、この事件(強盗殺人・非現住建造物放火被告事件)の被害者の方々=一家全員（夫婦と子ども二人）の鎮魂のためにも多少の意味がありうるのではないかと愚考している。上記のような非難は甘受する覚悟である。」

松山事件は一九五五年に宮城県松山町で起きた強盗殺人事件であり、斎藤幸夫さんが被告人とされ、一九五七年に仙台地裁で死刑を言い渡され、一九六〇年に最高裁による上告棄却で死刑が確定した。斎藤さんは再審を繰り返し、一九七九年に再審開始、一九八四年に無罪判決を勝ち取り、釈放された。最初の死刑判決に関与したのが著者である。

著者の「覚悟」をどのように受け止めるかは人それぞれであろう。これらの文章は本書に収録される前に、二〇一一年に『神奈川ロージャーナル』に公表されたものであるが、執筆はピースボートによる世界一周の船旅中であったという。三〇年に及ぶ再審裁判を闘い抜いて無罪・釈放となった斎藤幸夫さん（二〇〇六年没）の存命中に「ささやかな贖罪」のために努力してほしかったというのは酷な要求であろうか。

死刑について著者は「私は原則として裁判においては応報刑主義、刑の執行においては教育刑主義の理念が支配すべきだと考えるので、この立場からは罪責の重大な殺人事件の被告人に対して死刑判決を肯定せざるを得ないことになる。もっとも、死刑判決については執行段階における教育刑を観念する余地は法律上ないわけであるが、死刑執行までには実際に数年間以上の日時があるのが普通であって、その間の死刑囚の行状等にかんがみ恩赦を行うことが考えられるから、判決確定後における教育刑理念の発言を問題にする余地がありうるといえよう」とする。

著者の視野には人権論や人間の尊厳が登場する余地はないようである。

6 三鷹事件

片島紀男『三鷹事件』（ＮＨＫ出版、99年）

「異色のこだわり派ディレクター」による三鷹事件の全貌解明の試みである。下山事件や松川事件については正面から取り組んだドキュメンタリーがいくつかあったが、三鷹事件のドキュメンタリーはなかった。

ところが事件の元被告人の一人が回想の証言を残したいという情報を得て、著者らは映像記録を残し、さらに文献調査、関係者の聞き取りを徹底的に行う。その成果がＥＴＶ特集『戦後史の謎・三鷹事件』であるが、著者はさらに研究を重ねて本書を書き上げた。五百頁に及ぶドキュメントは、関係者のインタヴュー、新発見の資料なども駆使して、事件のいくつもの謎を解き明かす「本格ミステリー」であり、現代史への挑戦である。にもかかわらず著者は本書を「未完」の二文字で終わらせている。本書をきっかけとして議論と研究が進められることを期待して。

高見澤昭治『無実の死刑囚——三鷹事件竹内景助』（日本評論社、09年）

一九四九年七月一五日に発生した東京・三鷹電車区・列車

暴走事故（六名の死者）の犯人とされ、死刑判決を受け獄死した竹内景助の無実を示す証拠を整理、列挙して、冤罪の解明を行っている。共同謀議による共同犯行として一〇名が起訴された。その共同謀議は存在せず、空中楼閣に過ぎなかったことが判明したにもかかわらず、竹内一人による単独犯行にすり替えられ、ほかの被告人たちが無罪釈放となった。

一審は竹内を無期懲役としたが、控訴審では一度も事実調べをせずに無期から死刑に変えられた。その一点だけでも異常な裁判であるが、異常さは一つや二つではない。事件全体に数々の疑惑があり、GHQの介入・圧力があり、捜査も最初から歪められていた。裁判においても真相解明は二の次とされた。さらに、著者は次のように述べる。

「三鷹事件が竹内の犯行とされ、最終的に死刑判決が確定した原因として弁護人の責任も指摘せざるをえない。経験豊かな六〇名もの弁護士が最強といわれる弁護団を構成して精力的に取り組んだにもかかわらず、その活動がもっぱら『共同謀議に基づく共同犯行』だという検察側の構図を打ち破ることに注がれ、こと竹内に関しては全く不十分な、ないしは間違った認識のもとに、肝心な弁護活動は行われていない」。

弁護士である著者は、三鷹事件を担当した尊敬する先輩弁護士たちの限界を具体的に明らかにしていく。検察や裁判所の不正や怠慢を追及するだけでなく、冤罪を阻止できなかった弁護団の不備を解明することによって、竹内の死後再審の可能性を模索し、事件の真相解明と、冤罪防止につなげるために、本書は三鷹事件の闇に迫る。

小松良郎『[新訂版] 三鷹事件』（同時代社、11年）

『新版三鷹事件』（三一書房、98年［旧版67年］）の新訂版であり、大石進による「解説」が付されている。三鷹事件は一九四九年の下山事件、松川事件と並ぶ事件であるが、「なぜか三鷹事件について語られることはきわめて少ない。三鷹事件が謎であるとすれば、このこともまた謎である」という。有罪判決を受けた竹内景助の死によって事件は封印されたといえよう。一九九七年のNHK番組「戦後史の謎・検証・三鷹事件」が放映されたことで再び光が当てられ、本書新版が出され、片島紀男『三鷹事件』（NHK出版、99年）が続いた。それから十年を経て、二〇〇九年、高見澤昭治『無実の死刑囚』が出版され、二〇一一年には竹内の死後再審が申し立てられた。

本書は、三鷹事件を第二次大戦後最初の政治的冤罪事件であり、権力とジャーナリズム挙げてのフレームアップがなされたと批判している。ここにいう権力とは日本政府とGHQのことである。作家の森達也が「忘れてはいけないことはたくさんある。この事件はまさしくその筆頭だ。暗躍する意思。暴走する民意。そして何よりも、犠牲になった多くの命のために」と推薦している。

梁田政方『三鷹事件の真実にせまる』（光陽出版社、12年）

元日本共産党中央委員、元「『三鷹事件』のモニュメントを設立する三鷹・武蔵野の会」連絡責任者による、竹内景助の長男による死後再審請求を支援する立場での事件記録である。再審請求は二〇一一年一一月一〇日に申し立てられた。再審請求審の主任弁護士の高見澤昭治『無実の死刑囚』も出版されている。

『北大のイールズ闘争』（光陽出版社）にかかわった著者は、日本共産党本部に勤務した時期から三鷹市に在住し、三鷹事件について調べてきた。三鷹事件で被告人とされた飯田七三、喜屋武由放、先崎邦彦、清水豊、田代勇、宮原直行などと直接面識があったが、当時は三鷹事件の本を書くことなど考えていなかったため、意識的な取材はしなかった。多くの関係者がすでに他界しているため、著者ならではの取材と研究に基づく著作とはなっていないが、先行研究に学びながらの執筆である。このため新事実の公表といった趣はない。

梁田は「東日本大震災以来、この国の人々の多くが、人と人の結びつきや人間の生きることの大切さ、それを守る権利について、真剣に模索せざるを得ない状況におかれているからです。三鷹事件は、こうした問題と深い関連をもつ事件だと思っています」という。

新憲法の下で民主主義が寿がれたその時期に発生した三鷹事件には「まだ解明されていない闇の部分が残され」ている。死後再審請求は、闇に光を当てるためのものでもある。本書は、三鷹事件の概要を解説した上で、吉田首相の「謀略」声明、「あらかじめ準備されていた」疑惑、共産党を「犯人」に仕立てる策謀、拷問等の異常で不当な取調べの実態など「異常な問題点」を整理し、結局、竹内景助だけが「犯人」とされていった謎を追跡し、弁護過誤にも触れながら、有罪判決を「戦後裁判史上の最大の汚点」と述べる。そして三鷹事件を語り継ぐための「モニュメント」を設立する会の動きを紹介する。

7 松川事件

高田光子『松川事件・真実の証明』（八朔社、97年）

戦後五十年を経た時点での松川運動の原点への旅である。

松川事件とその闘いの記録は数多い。被告人、支援者、作家、ルポライターたちによって様々のドキュメントが遺された。本書はそれらに学び、福島大学松川資料室に保存された膨大な記録に依拠しながら、単に松川事件を描くだけではなく、松川事件とその闘いが残した成果を受け継ぎ、乗り越えていくための「訓練」である。

「松川の資料はいまを基点として〈これからどう生きるか〉を問う若者らに深くこたえるであろう。資料のそこを流れる真実は若者たちを人間の尊厳と民主主義を貫く奔流のなかに引き込み、虚偽とは何か、真実とは何か、相対峙している二つの実像に迫らせ、生きることの真の意味を考えさせるであろう」と書く著者は「歴史を再構成するだけの松川事件ではなく、その流れのなかに生きた一人ひとりの息づかいを感じるような松川事件を書きたい」とし、「今に生かす松川運動」に連なり、松川運動を描き切った後に「祈りと許しだけでは歴史は解明されない」とし「松川事件真犯人の方へ」名乗り出て真実を述べるよう呼びかける。

今井敬彌『私の松川事件』（日本評論社、99年）

松川弁護団の一人であった著者の回想である。最高裁大法廷の逆転差戻判決により仙台に戻った闘いに加わった若手弁護士として、特に「諏訪メモ」を分析し、堂々の無罪弁論を行った著者の松川事件報告であり、エピソードを交えた回顧である。松川事件にかかわった検察官、裁判官、刑事訴訟法学者、最高裁調査官を俎上にのぼせて法曹論を試みているところが興味深い。松川事件から半世紀――さらに多くの「それぞれの松川事件」が記録されることを期待したい。

松川事件無罪確定二五周年記念出版委員会編『復刻版・私たちの松川事件』（現代人文社、99年）

松川事件無罪確定二五周年を記念して出版されたものの復刻版である。

一九四九年八月一七日、福島県松川で発生した電車転覆事件は、一審の福島地裁で死刑五名、無期懲役五名、その他の有期懲役合計九五年六ヶ月の判決が言渡され、二審の仙台高裁でも三名に無罪が出たものの、死刑四名、無期懲役二名、有期懲役一〇四年六ヶ月が言渡された。これに対して、冤罪を訴える原告・弁護団・支援の松川運動は全国を覆い、アリバイ証拠の「諏訪メモ」の発見、一九五九年の最高裁による原審破棄・差戻し判決、一九六一年の仙台高裁の全員無罪判決へと大転換・大逆転を勝ち取った。一九六三年の最高裁判決で検察側上告を棄却、無罪が確定。

松川事件から半世紀、無罪確定から三十年以上の歳月を経て、今なぜ松川運動なのか。小田中聰樹「復刻に寄せて」は次のように述べる。

「松川事件は、民主的運動の抑圧を狙う謀略的色彩の濃いフレーム・アップ事件であった。このフレーム・アップ事件に巻き込まれた被告人たちの無実を明らかにし、謀略を打ち破り、民主的運動を擁護、発展させることは、民主主義と人権の発展を願う国民に課せられた歴史的課題であった。正義と真実を求め全国的に展開した松川運動は、この歴史的課題を見事に果たすとともに、六〇年安保闘争とあいまって、一九六〇年代以降の民主的運動発展の社会的土壌の形成に大きく寄与したのである。この歴史的経験は、いま私たちに思想・信条を超えた連帯の形成の重要さを教えているのである。」

いくつもの死刑冤罪があった。死刑再審無罪となった免田・松山・財田川・島田の四事件、死刑から無罪への逆転勝利の松川や山中事件、そして今も闘われている死刑再審や、多くの冤罪事件。これまで多くの事件について数々の手記やルポが公にされてきた。帝銀事件や松川事件のような著名事件では、文献リストも膨大である。しかし、それらの多くは絶版となり、入手困難となる。まして、支援も少なく、冤罪を晴らすこともできず、微かな叫びを残して消されてしまった事件も少なくない。これらの記録をしっかりと残し、伝え、教訓とするために、もっと組織的な努力がなされる必要がある。救援運動、死刑廃止運動、弁護士、刑事法研究者、ジャーナリストの連携により「死刑冤罪叢書」を編んでいくことが必要ではないか（死刑冤罪に限らず、死刑事件についても、冤罪についても、言えることだが）。

木下英夫『松川事件と広津和郎――裁判批判の論理と思想』（同時代社、03年）

松川事件を「思想の問題、哲学の問題」として取り上げ、広津の松川裁判批判を、松川事件だけではなく、広津の文学活動全体の文脈に位置づけて把握しようとする。本書の中心となる「裁判批判の論理と思想」は二十年以上にわたって書かれたものだが、そこにいたる思考のエッセンスは巻末の「松川事件と思想の問題」に示されている。

伊部正之『松川裁判から、いま何を学ぶか――戦後最大の冤罪事件の全容』(岩波書店、09年)

福島大学名誉教授、福島大学松川資料室研究員である著者による「松川学」の到達点である。

松川事件は「世紀の裁判」であり「最大の冤罪」であったから、当時からおびただしい著作が世に問われてきた。非常に優れた著作が多いことは言うまでもない。それでも全体像を射程に入れた著作はそう多くはない。本書は広範な資料を吟味分析して事件の全体像を再構成している。

「松川事件六〇周年にあたる二〇〇九年から裁判員制度が導入され、否応なしに国民と裁判の間の新しい関係が始まる。そして、松川事件こそは、国民と裁判の関係について実に大きな問題提起を行い、かつ実践する機会となった。裁判員制度を巡る問題点が各方面から指摘され続ける中で、果たして裁判員制度は松川事件を誤りなく裁き得たであろうか。本書は、松川事件から学ぶべき歴史的事実を再確認し、後世に正しく語り継ぐという課題を負っている。」

事件の発生、裁判過程の分析はもとより、本書が力を入れているのは、当然のこととはいえ、裁判批判と救援に見られた「松川運動」の特質の解明である。福島大学松川資料室は、資料収集に当たって、「松川事件の風化を防ぎ、後世に正しく引き継ぐこと」「地元に相応しく最大限の資料収集に努めること」「収集・整理・保存・活用＝公開を一体的に推進すること」を掲げたというが、本書はその成果である。

松本善明『謀略――再び歴史の舞台に登場する松川事件』(新日本出版社、12年)

松川裁判の若手弁護人であり、「真犯人」からの謎の手紙の宛名人でもあった著者による事件の再分析である。

松川事件殉職者遺族の悲しみから書き始めているところに、著者の誠実さが表れている。下山事件、三鷹事件、菅生事件など数々の謀略と冤罪の真相を提示しながら、松川事件の背景と特質を描き出す。とりわけ、真犯人追及の意義を強調し、どのようにして真犯人を明らかにすべきかを提示した上で、著者が受け取った真犯人からの手紙をていねいに分析している。また、著者の身辺・自宅で起きた不可解な事件についても紹介することで、謀略の出発点を解明しようとし、ＣＩＡの謀略部隊にたどりつく。

堀越作治『松川事件　六〇年の語り部』(東京図書出版会、11年)『戦後政治13の証言』(朝日新聞社)や『戦後政治裏面史』(岩波書店)の著者である元朝日新聞記者による、戦後史最大の権力犯罪として知られる松川事件の追跡である。

著者は事件そのものを追いかけるのではなく、事件を調査し、謎に迫ろうと努力を傾け、語り継いできた伊部正之(福島大学名誉教授)の人生を描きだす。北海道の過疎の村出身の伊部は、北海道大学で政治と経済を学び、福島大学に就職して労働経済論を講じることとなり、やがて松川事件の資料収集に人生を捧げることになった。事件記録、作家広津和郎、宇野浩二、松本清張の手紙や作品、全国の支援者から寄せられた手紙、冤罪と闘い無罪を勝ち取った人々の声、新聞・雑誌記事などを収集し、福島大学の「松川資料室」を開設した。伊部のライフワークと松川事件の真相を追いかけた一冊である。

8 福岡事件

古川泰龍『叫びたし寒満月の割れるほど』(法蔵館、91年)
古川泰龍『真相究明書――九千万人のなかの孤独』(花伝社、11年)

一九四七年五月二〇日に発生した福岡事件の冤罪死刑囚と出会った著者の仏者としての救援人生を描く。福岡事件の冤罪死刑囚救出のために生涯を賭けた著者の畢生の大作である。驚異の書であり、奇跡の書である。

著者は一九二〇年佐賀県生まれで、一九五二年に死刑囚教誨師となり、一九六一年、福岡事件再審請求運動に乗り出し、一九七三年、宗教法人シュバイツァー寺を開山した。再審請求を訴えるために本書を執筆したのは一九六三年だが、ガリ版刷り三〇〇部が作成されたのみである。原稿用紙二〇〇〇枚を超えるため出版されることがなかったが、今回、本書解説を執筆している矢澤曻治と出版社の努力によってついに出版の運びとなった。

福岡事件の裁判記録及び本書のデジタル化は、内田博文(現・九州大学名誉教授)らの研究者のもと、西南学院大学、久留米大学、九州大学の学生たち約一〇〇名の手によって進められた。その学生たちによって「福岡事件再審運動を支援する学生の会」が結成され、勉強会やシンポジウムが開催されている。

福岡事件は、博多駅近くの路上で闇取引に絡んで発生した福岡ヤミ商人殺人事件と呼ばれた事件で、警察は西武雄を主犯、石井健治郎を実行犯、他の五名を共犯として逮捕した。結局、西と石井が死刑を言い渡された。激しい拷問、違法な取り調べ、調書捏造、共同謀議でっち上げなど、問題だらけの冤罪として知られる。二人は獄中から数次にわたり再審請求を行ったが、いずれも棄却された。次いで恩赦を出願したが、一九七五年六月一七日、石井は恩赦によって無期懲役となったのに対して、完全無実と言われた西は死刑執行されてしまった。一方が恩赦で、他方が死刑執行という摩訶不思議な結果もさまざまな憶測を呼んだ。石井は一九八九年、仮釈放となり、一九九七年ごろから再審準備を始めた。著者は二〇〇〇年に亡くなったが、著者の遺志を継いだ人々の努力が続き、二〇〇三年には再審弁護団が結成された。続いて二〇〇五年、石井、西の遺族、及び幇助とされたFが第六次再審請求を福岡高裁に提出した。二〇〇八年、石井が亡くなったが、二〇一一年、福岡事件再審運動五〇周年キャンペーン「私はわらじが脱がれない」が展開されている。こうした取り組みの結果として本書が世に送り出された。著者と関係者の努力に敬意を表したい。

9 波崎事件

根本行雄『司法殺人――「波崎事件」と冤罪を生む構造』（影書房、09年）

一九六三年に茨城県波崎町（現・神栖市）で起きた波崎事件を素材として、冤罪を生み出す刑事司法の病理を追及する。

地元の男性が急死したところ、親戚の冨山常喜が保険金目的で青酸化合物を用いて毒殺したものとされた。被告人は捜査段階から一貫して無実を主張し、自白もなく、物証もなく、目撃証人もなく、一九六六年、水戸地裁は状況証拠のみで死刑判決を下した。一九七六年の最高裁判決による確定後も無実の訴えは続いた。一九七八年、波崎事件対策連絡会議が結成された。第一次再審請求は、一九八四年に棄却。第二次再審請求は二〇〇〇年に棄却され、東京高裁に異議申し立てを行った。ところが冨山常喜は、二〇〇三年九月三日、東京拘置所において亡くなった。死後再審を求める闘いが続いている。

本書は捜査、公判、証拠、事実認定などの各段階について、なぜ誤判が生み出されるのかを順を追っててていねいに検討している。誤判による死刑判決、確定死刑囚に対する長期収容と劣悪な医療体制、獄死が実質的に「死刑の執行」になっている現実をとらえて「司法殺人」という表現が選択されている。

10 名張毒ぶどう酒事件

江川紹子『六人目の犠牲者――名張毒ブドウ酒殺人事件』（文芸春秋、94年）

名張毒ぶどう酒事件のルポルタージュ。事件は六一年三月に名張市葛尾で発生した五人殺害の毒殺事件。妻と愛人を同時に失った奥西勝が犯人とされ、一審では無罪となったが、二審で逆転死刑。九三年三月に第二次再審請求異議審が名古屋最高裁で棄却され、最高裁に係属している（奥西は獄中死）。

東海テレビ取材班『名張毒ぶどう酒事件――死刑囚の半世紀』（岩波書店、13年）

一九六一年三月二八日、名張市葛尾で発生した毒ぶどう酒殺人事件で死刑を言い渡され、再審請求を続けている奥西勝を描いた映画『約束――名張毒ぶどう酒事件　死刑囚の生涯』制作・上映を実現したスタッフたちによる「原作」である。

映画プロデューサーの阿武野勝彦は、東海テレビでドキュメンタリー制作を担当し、劇場公開作品として『平成ジレンマ』『死刑弁護人』『青空どろぼう』などを送り出してきた。映画監督の齊藤潤一は、東海テレビ・ニュース編集長で、阿武野とともに『平成ジレンマ』『死刑弁護人』などを制作した。映画監修の門脇康郎は、東海テレビでニュースの取材・撮影をし、退社後は写真展「バングラデシュの今」「貧困と成長――バングラデシュ」を発表してきた。

名張毒ぶどう酒事件については、すでに江川詔子『六人目の犠牲者』があるが、事件から三年後の一九六四年一二月二三日、津地裁で奥西勝に無罪判決が出たにもかかわらず、五年後の一九六九年九月一〇日、名古屋高裁で原判決破棄、逆転の死刑判決が出され、一九七二年六月一五日、最高裁で上告棄却となり、死刑が確定した。戦後日本裁判史において、一審無罪、二審逆転死刑という「異例」の事件である。

死刑確定後、奥西勝は無実を訴え、再審請求を繰り返し、一九七七年の第五次再審請求からは日弁連の支援を受けてきた。第五次再審請求、請求棄却、異議申立て、異議申立て棄却、特別抗告、特別抗告棄却、第六次再審請求、請求棄却、異議申立て、異議申立て棄却、特別抗告、特別抗告棄却という気の遠くなるような再審請求の闘いが続いた。この点では免田事件、松山事件、財田川事件、島田事件という死刑再審四事件と同じであるし、現在再審請求中の袴田事件とも同様である。

ところが、名張毒ぶどう酒事件は、もう一つ、信じがたい「異例」に衝突することになる。第七次再審請求審において、二〇〇五年四月五日、名古屋高裁が四四年目の再審開始決定を出した。死刑再審四事件に続く五番目の開始決定である。だが検察の異議申立てを受けた名古屋高裁は二〇〇六年一二月二六日、再審開始決定を取り消してしまった。暴挙という以外にない。特別抗告を受けた最高裁は二〇一〇年四月五日、再審開始取り消しを破棄し、事件を名古屋高裁に差し戻した。ところが二〇一二年五月二五日、名古屋高裁は再び再審開始決定を取り消した。

もはや司法が壊死状態に陥っている。二転三転を繰り返し、一人の人間の人生をもてあそぶ事態に、奥西勝、弁護団、支援者だけではなく、誰もが理不尽な司法に驚き、歯ぎしりし、呆然とするしかない。

一九二六年生まれの奥西勝は、本書出版時八七歳だったが、健康状態が悪化したため、名古屋拘置所から八王子医療刑務所に移送され、二〇一五年に獄中死させられた。

「裁判所は奥西の死を待っている」――以前から何度もささやかれてきた危惧がまさに現実になった。本書の目的は「事件の真犯人を追求しようとするものではない。初動を誤った捜査が引き起こす冤罪の悲劇であり、自白偏重と自らの権威を重んじるあまり正体を失った裁判所を描き出すこと」だという。その意味で、事件の「犯人」は裁判所である。なお、映画『約束――名張毒ぶどう酒事件　死刑囚の生涯』は、出演が仲代達也、樹木希林、天野鎮雄、山本太郎、ナレーションが寺島しのぶである。

11　袴田事件

山本徹美『袴田事件』(悠思社、93年)

再審請求中の静岡県清水市（当時）の袴田事件のルポルタージュである。

事件は一九六六年八月に静岡市で発生した味噌会社専務宅強盗殺人放火事件。味噌会社で働いていた袴田巌が犯人とされ、死刑。再審請求は一九九四年八月に静岡地裁で棄却され、東京高裁に係属している。

袴田事件弁護団編『はけないズボンで死刑判決――検証・袴田事件』（現代人文社、03年）

一九六六年、静岡における一家四人強盗殺人事件で死刑を言い渡され、東京拘置所に収容されている袴田巌さんの再審請求弁護団によるブックレットである。事件から三七年、一審死刑判決から三五年の歳月が流れ、深刻な拘禁反応に見舞われている請求人無罪を訴える。一九六一年発生の名張事件、一九六三年発生の波崎事件とともに、今では最も古い死刑冤罪ということになる。

一審の静岡地裁の事実認定は、親しい柔道二段の専務の家に唐突に強盗に入ったこと、小さくなり小刀で四人を殺傷したとしていること、格闘したことになっているのに袴田さんは些細な傷しかないこと、金袋八個があったのに三個しか取らなかったこと、犯行着衣が味噌タンクに隠されていたことなど不合理な内容である。袴田さんはなぜ「告白」したのか。連日長時間の取調べにより拷問がなされ、当時の弁護人は十分な弁護をせず、裁判所もほとんど自白調書を証拠排除せざるをえなかった。にもかかわらず検察官調書を恣意的に採用している。くり小刀は到底犯行凶器ではありえない。そして犯行現場の裏木戸を通ったとされているが実際には通れなかった。犯行着衣とされたズボンは小さくて袴田さんは穿くことができなかった等々、袴田事件が冤罪であることを手際よく解説している。

袴田事件については、高杉晋吾『地獄のゴングが鳴った』（三一書房）、袴田巌さんを救う会編『主よ、いつまでですか――無実の死刑囚・袴田巌獄中書簡』（新教出版）、山本徹美『袴田事件』（悠思社）などがある。

浜田寿美男『自白が無実を証明する――袴田事件、その自白の心理学的供述分析』（北大路書房、06年）

『証言台の子どもたち』『狭山事件虚偽自白』『自白の心理学』『自白の研究』などで多くの強制自白を徹底分析し、冤罪の解明に努力を傾けてきた心理学者による袴田事件の供述分析である。

著者は、自白を事件の捜査の流れの中に位置づけ、取調べ過程や自白の過程を詳細に検討する。そして、「自白の変遷分析＝嘘分析」により「請求人の自白における供述変遷は真犯人のものとして理解できるか」と問いを立て、「無知の暴露分析」により「請求人が犯行の現実を知らなかったしるし」を確認し、「自白の誘導可能性」を論証している。犯行を自認した自白こそが無実の証明となるという見事な逆転の発想である。いや「逆転の発想」などという言葉は安直にすぎる。著者の綿密な徹底分析には驚愕するしかない。大部の著作だが、専門家だけでなく死刑冤罪に関心のあるすべての読者に薦めたい。

「再審請求人袴田巌氏は、死刑台の一歩手前で、自らの精神を保つすべもなく、なお獄中にいる。供述分析によって得た私の上記の結論が正しいならば、法のただなかに無法の極地が生み出されたまま、それがいっこうに正されようとしていないということになる。もしそうならば、この事態はおよそ赦されることではない。

冤罪による長期の身柄拘束は、いわば『もう一つの拉致』である。この拉致が法のもとで行なわれる『合法的拉致』として、この世にまかり通っている現実があるとすれば、拉致問題は遠くの非人権国家のものとばかりはいえない。国家による拉致は、実は、私たち自身の脚下にもある」。

鎌田慧『絶望社会――痛憤の現場を歩く＝』（金曜日、07年）

文字通り日本の現場を訪れた記録である。靖国と遊就館、静岡空港反対、立川反戦ビラ弾圧事件、丸子実業高校いじめ自殺、愛媛県警裏金告発など数々の現場を訪れて、日本の現在を明るみに出している。死刑に関連しては、冤罪・袴田事件の現場からの報告と、四〇年目の元裁判官・熊本典道の証言を収録している。「自分が決定できなかった冤罪を解決したいがために、敢えて『生き恥を曝した』」熊本元裁判官の思いを受け止めて弁護団の苦闘が続く。

一審死刑判決を書いた元裁判官・熊本典道の証言によって一気に注目を集めた袴田事件に関する映画『ＢＯＸ――袴田事件命とは』（二〇一〇年、監督・高橋伴明）が製作され、出版も相次いでいる。映画『ＢＯＸ』は、死刑冤罪・袴田事件を、無実の罪で死刑囚とされた袴田巖の側からだけではなく、無実と思いながらも心ならず死刑判決を書かなければならなかった裁判官・熊本典道の側の視点を重ね合わせて、刑事裁判の「闇」を見事に描き出した。

山平重樹『裁かれるのは我なり――袴田事件主任裁判官三十九年目の真実』（双葉社、10年）

熊本元判事の視点から、袴田死刑に至る経過をたどる。袴田巖は、味噌工場専務宅の強盗放火殺人事件で被告人とされたが、巖を犯行と結びつけるような証拠は実際はなかった。強引な身柄拘束と拷問による自白強要が続き、ついに自白調書が作られる。

公判で犯行を否認する巖に驚いた主任判事・熊本は、供述調書を精査し、供述の異様な変遷に疑問を抱く。さらに取調べ時間の異常な長さにも驚く。強引に自白を強要した様子が想像できる。ところが犯行から一年余り経過した時期に、突如として味噌工場の樽から血染めの犯行着衣が発見され、検察官は犯行着衣を当初のパジャマから変更した。だが新証拠には数々の疑念があった。熊本判事は、自白調書も新証拠も巖の犯罪立証にはつながらず、それどころか警察による不可解な作為の産物であると見抜く。他の二人の裁判官は有罪・死刑を主張する。熊本の説得にもかかわらず、多数決で判決は死刑と決まる。判決は主任判事が書く慣例になっている。ただ一人有罪に反対した熊本が死刑判決を書かなければならない。無実と確信しながら死刑判決を書かねばならなかった熊本の苦悩は生涯続くことになった。

「オレと袴田君の時間は止まったままだし、その内実は、オレがこうしてのうのうと自由な空気を吸ってるのに、袴田君はいまだ殺人犯の汚名を着せられたまま、自由を奪われ牢獄に幽閉されている。なんという理不尽、なんという不条理なんだろう……そしてその元をつくったのが他でもない、このオレだ。本当に裁かれるべきは、このオレなのだ……」

尾形誠規『美談の男――冤罪袴田事件を裁いた元主任裁判

官・熊本典道の秘密』（鉄人社、10年）

熊本元判事の証言を伝えるが、熊本が語りたいことだけではなく、著者（取材者）の独自の視点から熊本の生涯を追いかけて再構成する。

熊本判事は捜査批判を展開した「付言」を盛り込むのが精一杯の抵抗であった。第三者的には、捏造の死刑判決を書くことを拒否し、裁判官を辞職することが出来たと言いたいが、実際にそうした途を選択することは困難だったかもしれない。

判決後、熊本は結局、裁判官を辞職し弁護士となり、大学で刑事訴訟法の講義も担当した。その間、巌の無罪を立証する証拠を作成して、弁護団に送り届けた。しかし東京高裁でも最高裁でも死刑判決は覆ることなく、巌の死刑が確定した。熊本は、弁護士となり一時は羽振りを利かせたが、その後の人生は転落の一途だった。自殺未遂、放浪、家庭の崩壊。見る影もない人生を歩み、妻や子どもたちも「被害者」となった。

だが二〇〇七年二月、紆余曲折を経て熊本は自分が無罪と確信しながら死刑判決を書かねばならなかった事実を公表した。世間に衝撃が、刑事司法に亀裂が走った。合議の秘密をあえて侵してでも真実を語り、無実の死刑囚を救おうという熊本の闘いが始まった。合議の秘密を破ったことへの社会的指弾を受け止め、自らをさらし者にしてでも闘い続ける。長い転落の人生から立ち直るのも容易ではない。

一方では、なぜいま熊本が証言を始めたのか疑念を抱く者もいた。目立ちたがりではないか、金欲しさではないかといった邪推の視線も向けられた。

他方、熊本証言を「美談」にしようとするジャーナリストがいる。熊本は自分の話を「美談」にするなと述べる。それでも「美談」であることに違いはない。では、いかなる真実がそこにあるのか。映画『ＢＯＸ』製作に伴って現実も動き出した。長女との再会もその一つだ。著者は、「熊本家の第二の物語」に立ち会いながら、「十数年ぶりに再会を果たした熊本と子供たち。しかし、獄中の袴田は、逮捕されて以来四四年も息子の顔を見ていない」と、再審開始への願いを語る。

矢澤曻治『袴田巌は無実だ』（花伝社、01年）

袴田事件徹底検証である。

「袴田巌の信ずる神は、存在しないのだろうか。

神が存在せず、出てこないとすれば、人間である私たちが出るしかない。冤罪袴田事件には、今まで多くの人々がたずさわってきた。しかし、まだ、雪冤の実現を果たすことができないでいる。何とかしたいと想う多くの人々のうちの一人として、冤罪で死刑確定囚とされている袴田巌の想いと叫びを、できるだけ多くの人々に伝えたい。そして、袴田巌を救いたい。これが本書を公にする目的である」。

第一部には、支援する人々の声を収録している。弁護団事務局長、東日本ボクシング協会・袴田巌支援委員会委員長、救援する清水・静岡市民の会代表、浜松・救う会代表、再審を求める会共同代表、国民救援会静岡県本部、アムネスティ・インターナショナル日本・死刑廃止担当など救援に携わる人々の意見に続いて、冤罪被害者である狭山事件の石川一雄、足利事件の菅家利和、富山連続婦女暴行冤罪事件の柳原浩などのメッセージである。

第二部では「徹底検証・袴田事件の真実」と題して、事件の問題点の総ざらえを試みている。写真や図版も数多く収録されているので、読者にも理解しやすい。

第三部には袴田巖の素顔として、本人の手紙や面会報告が収録されている。著者は次のように述べる。

「いま私は、冤罪袴田事件について歯に衣を着せることなく、あからさまに、捜査当局の事実認識や司法による判決を忌憚なく断罪する所存である。私には、裁判所や検察と警察の動向に気を遣うことは何もない。この事件に関する捜査や裁判資料を紐解くと、警察の捜査も検察のあり方も裁判所の判決も、およそ信じることができないのである。声高に叫びたい。まさしく、この事件は冤罪である。そして、袴田巖は無実だ」。

小石勝朗『袴田事件——これでも死刑なのか』（現代人文社、18年）

二〇一八年六月一一日の東京高裁から始まる。四年前の二〇一四年三月二七日、静岡地裁は袴田巖さんの再審請求を認め、再審開始を決定するとともに、袴田さんの身柄拘束は耐え難いほど正義に反するとして、確定死刑囚である袴田さんの釈放を決定した。再審無罪を待つ間、袴田さんは確定死刑囚でありながら自宅に居住する自由を認められた。あとは再審公判に万全を期して臨むはずであった。ところが、東京高裁は再審決定を覆す、まさかの不当決定を出した。

朝日新聞などの記者を務め、いまはフリーライターの著者は、二〇〇六年、朝日新聞静岡総局在職時に袴田事件の取材を始めた。フリーランスになって以後に第二次再審請求を追いかけて袴田事件の記事を書き続けた。本書は二〇一一年から一八年にかけて書かれた記事を再整理して一冊にまとめたものである。

「悪意に満ちた文章——。決定文にざっと目を通した段階で、そう感じた。不自然・不可解な点に十分にこたえないまま、徹底して袴田さん側の主張を否定し、相反する検察側の主張をそのまま採用している。本書でのちに取り上げるが、たとえば『衣類の色』や『焼けたお札』をめぐる証拠を前にして、静岡地裁の開始決定とこれほどまでに評価が食い違うことがあるのだと、裁判官の思考回路に首を捻らないわけにはいかなかった。

それにしても、決定文を書いた裁判官たちは、この無機質な文章の重みを本当に理解しているのだろうか。」

東京高裁は「新規・明白な証拠」としての本田克也・筑波大教授のＤＮＡ鑑定に対して「科学的原理や有用性には深刻な疑問が存在している」と否定し、衣類についた血痕のＤＮＡ型が袴田さんや被害者の血液とは一致しないという結論をあっさり「信用できない」と片付けた。

「味噌漬け実験」についても、実験結果そのものから離れて、衣類発見当時の撮影写真が色の劣化や撮影の露光オーバー等により実際と異なる可能性を取り上げて、そこから実験結果を否定する。

穿けないズボンで知られる衣類の装着実験に関しても、タグの「B」は色を示したものであり、死刑判決の「B体のズボンだった」という誤った認定が崩れたにもかかわらず、ベルトの状況等を根拠に「袴田さんが事件当時、このズボンをはけなかったとはいえない」と断定した。

いずれも常識に合致しない強引な論理である。「唯一の救い」は「死刑と拘置の執行停止」を覆すことはせず、袴田さんが獄外にいられることである。

「しかし、死刑確定者の再審請求を棄却しておきながら、釈放は取り消さないという矛盾した内容であることは確かだ。『高裁の自信のなさの表れ。世論の批判を恐れて最高裁へゲタを預けた』と一貫しない論理をさまざまに揶揄されるゆえんである」。

弁護団は二〇一八年六月一八日、最高裁に特別抗告した。

「再審請求の舞台は最高裁へ移るが、地裁や高裁の時以上に外から審理の様子は見えなくなる。最高裁が判断を示す時期の見当はつかず、何らかの意図を持って何年も『塩漬け』にされるかもしれない。逆に、前触れもなく決定が出され、高裁の再審請求棄却が維持された場合には、袴田さんの身柄が突然拘束されて再収監されるおそれもある。

最高裁には、それこそ高裁決定が言及したように、袴田さんの年齢や生活状況、健康状態を十分に考慮のうえ、誰もが納得できる方法で誰もが納得できる結論を出してほしい、と願うばかりだ。」

本書は冒頭で東京高裁決定を批判したうえで、静岡地裁の再審開始決定にさかのぼり、その意義を解説する。即時抗告審での審理経過を追いかけ、やはり違法捜査のオンパレードであったことや、衣類を発見した元警察官の証人尋問を求め、ないはずのネガフィルムが出てきた不思議さを追及する。DNA鑑定をめぐる攻防も詳しく取り上げる。また袴田さんを支える運動として、無罪を主張した元裁判官・熊本典道さんインタビュー、ボクシング界の袴田さん支援、国会議員連盟、映画『袴田巌 夢の間の世の中』、そして姉・秀子さんの思いを伝える。

12 鶴見事件

大河内秀明『無実でも死刑、真犯人はどこに——鶴見事件の真相』（現代企画室、98年）

一九八八年六月二〇日に横浜市鶴見で発生した強盗殺人事件につき一九九五年九月七日に横浜地裁で死刑判決を受けて控訴している高橋和利の弁護人による裁判批判の書である。

著者は事件の全体像を解明し、高橋の無実を確信し、七年に及ぶ裁判で真実を訴えたにもかかわらず、裁判所は耳を貸そうとしない。

「これは、濃厚な容疑によって強盗殺人の被疑者として逮捕され、違法な取り調べによって自白させられた男が、七年間に及んだ困難な裁判を通して懸命にその嫌疑を晴らそうとしたが、その甲斐なく一審で死刑判決を受けるまでの、苦難に満ちた文字どおり命を賭けた凄絶な闘いの記録であるとともに、警察・検察・裁判所が三位一体となって、『疑わしきは、これを罰せず』という刑事司法の鉄則とはまさに正反対の、『疑わしきは、これを罰する』という誤判の構造的システムを形成し、それによって犯罪の十分な立証がないまま一人の人間を処刑しようとしている、戦慄すべき刑事裁判の記録である」。

冤罪事件はそれぞれに特徴があり、同じ事件などないが、冤罪発生の構造的原因は同じであり、そのためどの冤罪も同じ様に見えてくる。固有名詞を入れ替えても通用しそうな物語が次々と報告されてきた。とはいえ、やはり同じ事件などありえない。それぞれの誤判があり、それぞれの誤判との闘いがある。

本書は事件の解剖、判決の分析、真相解明、誤判の構造からなるオーソドックスな構成である。弁護士ゆえに判決の分析は非常に詳細で鋭い。読みこなすにはかなりの努力が必要かもしれない。しかし真に読み込むべき本である。真相解明に関連して「他の犯人性」と題して、高橋が犯人でないことの証明に加えて、真犯人像をも提示している点が注目される。本来なら弁護人の仕事は高橋の有罪に合理的な疑いのあることを示すことである。著者はそれを十分に果たした。さらに高橋が無実であることまで立証した。それでも判決は死刑である。ならば真犯人像を提示するしかない。ここまで日本の裁判は腐っているということだ。

高橋和利『「鶴見事件」抹殺された真実――私は冤罪で死刑判決を受けた』(インパクト出版会、11年)

二〇〇九年の「第五回死刑廃止のための大道寺幸子基金死刑囚表現展」に応募し、文芸部門で奨励賞を受賞した作品を改稿したものである。著者は絵画作品部門でも努力賞を受賞し、その作品の一つが本書扉に用いられている。

鶴見事件は最高裁で確定し、現在は再審請求中の事件である。著者はある日突然警察に連行され、不動産業夫婦殺人事件の共犯として取調べを受けたが、もう一人の共犯とされた者にアリバイがあったために、結局、著者の単独犯行にすり替えられて、自白をもぎ取られ、起訴された。現場の状況も、人の出入り状況も、犯行の凶器も自白とは異なり、自白内容には疑問が多いにもかかわらず、地裁、高裁、最高裁は疑問点を解明することなく漫然と有罪を確定させてしまった。

「最低裁判所ではないか!

始めに有罪ありきで、裁判では地裁から最高裁までが一貫して、真実を見極めようとする機運もなかった。

権力を握る者には無類の残忍さと狡猾さがある。保身と栄達のためとあれば何人でも死刑にする」。

13 飯塚事件

飯塚事件弁護団編『死刑執行された冤罪・飯塚事件』(現代人文社、17年)

二〇〇八年一〇月二八日に死刑執行された久間三千年さんの死後再審請求審を闘っている四〇人の弁護団(共同代表:徳田靖之、千野博之)による事件の真相追及の書である。

「あの時、私たちがもっと早く再審請求書を提出していれば、死刑執行はなかったのではないか、その意味で、私たちの怠慢が死刑執行を許したのではないか」と悔恨の念を抱きながら再審請求に取り組む弁護団の活動の集大成である。

飯塚事件は一九九二年二月、福岡県飯塚市で小学校一年の女子が二名行方不明となり、翌日遺体となって発見された事件である。一九九四年九月、久間三千年さんが逮捕された。一貫して犯行を否認し、無罪を主張したが、一九九九年九月二九日、福岡地裁は直接的な物証も自白もないにもかかわらず、DNA鑑定や情況証拠に基づいて死刑を言い渡した。二〇〇一年一〇月一〇日、福岡高裁の控訴棄却。二〇〇六年九月八日、最高裁の上告棄却により死刑が確定した。死刑確定から僅か二年後に死刑執行という珍しい事例でもあるが、当時すでに足利事件の再審において、飯塚事件と同じ方法で実施されたDNA鑑定の誤りが明らかになっており、大きく報道されていた。このため飯塚事件の有罪認定には多大の疑問が集まっていた。そのことを知りながらの拙速死刑執行の疑いが強い。

死刑判決の柱の一つとなった鑑定について、弁護団は次のように指摘する。

第一に、「犯人の特定のための唯一の物証というべき鑑定資料が、追試による検証が不可能になるほど費消されてしまった」。

第二に、「当時のDNA鑑定は実用化されたばかりで、複数の鑑定方法を実施して鑑定結果の科学性を担保すべきとされていたにもかかわらず、科警研鑑定で実施された二つの鑑定のうち一つしか久間さんとのむすびつきを示していない」。追試の鑑定においても、久間さんと事件の結びつきを示す結果は得られていない。

第三に、唯一久間さんと事件との結びつきを示したとされるMCT118型鑑定は、同じ時期に同じ鑑定人によって実施された足利事件鑑定が手法の科学性に疑問があるため証拠能力が否定された。

本書では、他の鑑定では久間さんの方は検出されなかったこと、地裁の死刑判決は鑑定の証拠能力や証明力について明確な判断を示さないまま死刑を言い渡したこと、真犯人のDNA型が確認されていること、科警研鑑定は実験データや画像を廃棄処分していることなど、数多くの疑問を指摘している。

血液型鑑定についても、新鑑定によって科警研鑑定の非科学性が明らかになり、実験データ等も保存・提出されていないこと、真犯人の血液型はB型ではなくAB型であることを指摘する。

本書には久間さんの妻からのメッセージが収録されている。

「久間三千年は無実です。

全く身に覚えのない事件で一方的に犯人扱いされ、逮捕、起訴され、裁判にかけられました。

夫は終始一貫して無実を訴え続けました。私たち家族は、夫を疑ったこともなく、理不尽な仕打ちを受けながらも、夫が生かされていることだけを心のよりどころとして耐え続けてきました。

夫は死刑が確定したあとも無実を訴え続けました。再審請求の準備中に、足利事件でDNA鑑定の再鑑定が決まりかけて、夫の事件でも希望が見え始めていたとき、突然、命を奪われました。

そのときの気持ちは言葉で表すことができません。

どうして命まで奪われなければいけなかったのでしょうか。

殺さないで欲しかった。命だけは奪わないで欲しかった。」

14 和歌山カレー事件

林眞須美・他著『和歌山カレー事件――獄中からの手紙』(創出版、14年)

和歌山カレー事件で死刑が確定した林死刑確定囚の手紙を中心に、家族の証言や、雑誌『創』編集長の文章を編集したものである。

事件は一九九八年、一審死刑判決が二〇〇二年、控訴棄却が二〇〇五年、最高裁の上告棄却が二〇〇九年であり、再審請求は二〇〇九年七月であった。一五八頁の小さな本であり、林死刑確定囚の手紙を中心としているため、再審請求審の情報が掲載されていない。死刑判決の問題点は、最高裁判決時の弁護人のコメントに示されている。

「林眞須美さんが犯人であるとする直接証拠はありません。あるのは、彼女が犯人らしいという証拠だけです。しかし、これらの証拠をいくら重ねても林眞須美さんを犯人であると断定することはできません。

そもそも、林眞須美さんには、本件事件を行う動機がありません。ヒ素の混入に使用された紙コップにも林眞須美さんの指紋はありません。林眞須美さんがヒ素を混入した場面を目撃した人もいません。ヒ素を混入できる可能性は林眞須美さんだけではありません。それらの人の吟味も一切行われていません。

林眞須美さんが犯人であるとするには、多くの疑問があり、この程度の証拠で有罪を認定し、しかも死刑にするのは、近代刑法の無罪推定の原則と証拠裁判主義の原則に反し、あまりにも酷いと言うほかありません。他の、くず湯事件をはじめとする毒物混入事件についても同じです。」

くず湯事件とは、夫が自分でヒ素を呑んだ出来事であるのに、殺人未遂事件とされたことを指している。

再審との関連では、「死刑判決を支えた科学鑑定に大きな疑問」(篠田博之)が、現場に捨てられていた紙コップに付着していたヒ素と、林家の台所にあったヒ素が同一だとする科学鑑定への疑問を解説している。中井泉(東京理科大学教授)による「スプリング8」という最新鋭の大型放射光装置を駆使した科学鑑定が話題となり、これが決め手の一つとされた。

しかし河合潤(京都大学教授)が中井鑑定に疑問を呈している。紙コップのヒ素と林家台所のヒ素だけでなく、それ以外の押収ヒ素もすべて同一だったからである。当時、周辺地区でシロアリ駆除などに用いられた同一のヒ素が出回っていたと言う。和歌山市内の各所に同一のヒ素が散在していた。

「本来は事件のあった地域ですべてのヒ素を収集して、その所有者と紙コップとの異同識別をすべきであった。しかし、鑑定時には、逮捕すべき犯人が既に決まっていたために、起源(すなわち製造者あるいはドラム缶)が同一であるという議論にすり替えた証拠が提出された」。

また、起源は同じと言えば同じだが、紙コップと林家台所のヒ素の純度が全く違っていた。しかも、鳴り物入りのスプリング8では軽元素の測定はできないと言う。ここまで来ると科学鑑定の問題ではなく、科学以前と言うべきだろう。前科学的な偏見を基に、「最新鋭装置を使った」という権威主義で裁判所の目を欺いた疑いがある。

神田香織『3・11後を生き抜く力声を持て』（インパクト出版会、14年）

『乱世を生き抜く語り口を持て』に続く福島県出身の講談師の言葉の真剣勝負二作目である。講談師として「はだしのゲン」、「チェルノブイリの祈り」、そして津波から村人を救った「稲むらの火」を語って来た。これらがすべて3・11でぶつかった。二〇一二年一〇月六日に世界死刑廃止デー企画「響かせあおう死刑廃止の声」のディスカッション「原発と死刑」に登壇した。パネリストの山本太郎の「日本人はみな死刑囚になってしまった。放射能の影響でいつどうなるかわからない」という言葉が紹介されている。また、和歌山カレー事件の林眞須美死刑囚を主人公とした講談「シルエット・ロマンスを聞きながら」が収録されている。

「一〇分ぐらいの面会時間だったが、ピンクのトレーニングウェア姿の眞須美さん、持ち前の明るさで『初めまして』と。勝ち気だが、人のよさそうなおばちゃんといった印象だ（私より年下なんですけどね）。待ってましたとばかり、いろんなことを一方的に話してくれた。一一年もの拘置所生活がいかに過酷か。かつて取調官、この人は村木裁判で証拠捏造がばれた前田や大坪健二（ママ）の元上司の小寺哲夫検事だ。彼が彼女の顔を殴ったとき、負けずに殴り返したそうだ。この時、『三〇年やって来て殴られたのはお前がはじめてだ』と憤慨した小寺哲夫検事。彼は最後の取調べを終えて帰り際、ののしりながらこうさけんだという。

小寺哲夫『眞須美、よう覚えとけよ。お前は、わしの言うとおりにしないで逆らった女や。一生拘置所生活をさしちゃるからな。子どもとも健治とももう一生会えんようにさしちゃるからな。お前が逆らったバツとして、一生都島の大阪拘置所に放りこんどいてやる。死んだときやないと出れん人生やぞ。わしからのお前へのプレゼントとして一日も早く放りこんでやるからな。』」

二度の面会をした印象として、「私は彼女に芸人、とくに講談師としての素質を感じ取り」、アマチュア弟子集団「香織倶楽部」一門に加えたと言う。黙秘を貫いて闘いながら死刑が確定した林死刑囚の再審の闘いも紹介している。

田中ひかる『「毒婦」和歌山カレー事件二〇年目の真実』（ビジネス社、18年）

明治期以来の女性犯罪論を批判的に検証する『月経と犯罪――女性犯罪論の真偽を問う』の著者が、現代日本の女性犯罪をめぐる問題に関心を寄せ、当時「日本で一番有名な女性犯罪者」だった林眞須美に手紙を書いたことをきっかけに文通を始め、やがて事件の真相解明に向けて調査・取材した記録である。

著者は事件現場や関係者を訪ね歩き、事件の実相に迫る。裁判記録や弁護士への取材をもとに裁判の謎を追う。決定的な目撃証言と騒がれた証言は法廷で証拠申請さえされなかった。ヒ素の鑑定はどのように行われたのか。再審請求審になって蛍光X線分析により、証拠とされたヒ素の鑑定方法への疑問が膨らむ。事件は過熱した報道と、被告人に敵意を抱いた検察、裁判所によって捏造されたのではないか。動機なし、自白なし、物証なしという特異な事件の全体像はまだ明らかではない。第一に、カレーに混入されたヒ素と、林家から発見されたヒ素は同一ではない。第二に、被告人の頭髪鑑定によってヒ素が検出されたというが、鑑定方法に過誤があった。第三に、被告人しかヒ素を混入する機会がなかったというが、住民らの証言の変遷から、捜査当局が証言を調整した疑いがある。有罪とするには、合理的な疑いをさしはさむ余地が大きすぎる。

林眞須美は再審請求とは別に、獄中処遇をめぐる国家賠償訴訟、犯人報道を行ったマスコミ各社に対するマスコミ訴訟、さらには有罪根拠とされたヒ素鑑定を行った研究者を相手に損害賠償訴訟を提起してきた。獄中で孤立しながらの権利獲得の闘いである。

15 秋好事件

島田荘司『秋好事件』（講談社、94年）

上告中の死刑囚・秋好英明の半生・事件・裁判を描いたノンフィクション・ノベルである。

「新本格ミステリー」の旗手として知られるベストセラー作家が、「ロス疑惑事件」や「秋好事件」という現実の刑事裁判、しかも冤罪ではないかと疑問の残る事件に正面から取組み、真相の解明に情熱を燃やしている。『死刑』が冤罪者を殺すという危険以前に、『死刑』自体が冤罪を作りだす危険が、ここにあることに気づく」という指摘や、「昭和日本」という「奇妙に歪んだ時代」の所産としての事件の分析視角は鋭い。

島田荘司『死刑囚・秋好英明との書簡集』（南雲堂、96年）

一九三三年二月から一九九四年一一月までの書簡を収録している。「秋好事件」に関する情報提供、死刑廃止論、様々の獄中情報、現地調査の報告などの往復書簡である。

島田荘司『奇想の源流』（有朋書院、96年）

著者の対談集であるが、浅野健一（ジャーナリスト、同志社大学教授・当時）との対談「人権・報道・死刑廃止」が収められている。

16 本庄事件

高野隆・松山馨・山本宜成・鍛治伸明『偽りの記憶――本庄保険金殺人事件の真相』（現代人文社、04年）

二〇〇二年一〇月一日、さいたま地裁で死刑を言い渡された本庄保険金殺人事件の八木茂被告人の弁護団による著作である。資料を含めて五〇〇頁に及ぶ力作である。

元パチンコ店員の死亡に始まる「イントロダクション」は、マスコミによる「本庄保険金殺人事件」過熱報道への流れを描き、見込み捜査と逮捕に続く裁判での弁護団の闘いを記録している。本件は四人の共犯による犯行とされたが、八木茂のみ犯行を否認し、他の三人が犯行を認めたため分離裁判となった。

その捜査段階での共犯者供述や、八木公判での共犯者供述の信憑性が問題となるが、本書は「偽りの記憶」「抑圧された記憶」に挑む。マスコミによる過剰報道、犯人視報道との闘いも苦戦の連続であった。このため弁護団は控訴趣意書を提出するとともに、八木茂の無実を明らかにするために本書を執筆した。

五〇〇頁に及ぶ大著であり、しかも医学・薬学・心理学の法廷論争が続くため読みにくい著作であるが、日本の刑事裁判の実情を明らかにし、「偽りの記憶」問題を正面から問いかけている点で重要である。

第7章

死刑の基準

一　死刑の基準

存置国の刑事裁判では、死刑と、それに次ぐ重さの刑罰の間をどのように区別するべきかという問題が生じる。法定刑が死刑だけという場合は別として、多くの場合、死刑が選択刑の一つであり、死刑か否かは裁判所の量刑判断に委ねられる。

日本では死刑か無期懲役かの選択をめぐって、古くから研究が進められてきた。死刑存廃論と直接かかわらなくても、刑事司法における量刑論をめぐる研究は必須の研究である。

量刑関連では例えば次のような研究の蓄積がある。

原田國男『裁判員裁判と量刑法』(成文堂、11年)

大阪刑事実務研究会『量刑実務大系』全五巻(判例タイムズ社、13年)

日本弁護士連合会刑事弁護センター『裁判員裁判の量刑』(現代人文社、12年)

同『裁判員裁判の量刑II』(現代人文社、17年)

板山昂『裁判員裁判における量刑判断に関する心理学的研究』(風間書房、14年)

以下では、死刑存廃論との関係で重要文献を紹介する。

井上薫編著『裁判資料死刑の理由』(作品社、99年)

「異色の裁判官」と言ってよいのかどうかわからないが、編著者は「異色」の存在ではある。「東京大学理学部化学科卒。同大学院理学系研究科化学専門課程修士課程修了。一九八六年、判事補任官。一九九六年、判事任官」という経歴もそうだが、「主な著書」に『法廷傍聴へ行こう』や『遺伝子からのメッセージ』があるのもそうだ。もっとも、『破産免責概説』、『破産免責の限界』、『刑事公判の実際』などの著書もあるので、「異色」とばかり強調するべきではないかもしれない。

本書は、死刑が確定した四三件の事件の犯罪事実の概要を示し、第一審、控訴審、上告審の各量刑理由を収録した資料であり、「死刑存廃論議に一石を投じる公開資料!」との宣伝文句にふさわしい貴重な一冊である。編著者は「はしがき」で次のように述べている。

「死刑をめぐっては、かねてからその存廃や無期懲役刑との境界等の議論があり、死刑執行や凶悪事件が報じられるたびにマスコミにも取り上げられてきました。ここで、死刑が生きた制度である以上、現実の運用状況に基いた具体的主張こそが議論の中心となるべきでしょう。ところが、死刑の運用状況を知ろうとしても、これまで、簡単に入手できる資料はあまりありませんでした。このような環境の中で、本書は、裁判所における死刑の運用状況を知る簡便な資料として企画されたものです。今後、死刑について発言する方は、少なくとも本書の内容程度は頭に入れておいていただきたいと願っています。」

いささか挑発的な宣言だが、それだけの意義をもつ資料である。本書は、永山事件第一次上告審判決が一九八三年七月八日に出されたことを踏まえて、それ以後の死刑制度の運用を示すものとして、一九八四年以降の判決を調査して、一九九五年までの一二年間に確定した四三件の死刑事件に関する資料を収録している。

編集方針は明快である。冒頭に事件番号、罪名、被告人の年齢・性別・職業等、裁判経過をまとめたうえで、「犯罪事実」「第一審における量刑の理由」「控訴審における量刑の理由」「上告審における量刑の理由」が順次並べられている。三百頁にわたって判決資料が続き、特段の分析もなく、本書は終わる。「本書は、死刑をめぐる議論について特定の意見を述べるものではありません」（はしがき）という。資料に徹して、読者にさまざまの読み方を可能にしている。

もっとも「解説編」では、注目される表現がないわけではない。死刑についての「特定の意見」ではないにしても、これは、と感じる記述がないわけではない。

第一に、編著者自ら「本書の意義」と題して次のように述べている。

「元来、刑事事件の判決は、公開の法廷で行われることが絶対的に決められています。それに加えて、このように死刑事件の判決書が国民一般に公開されているのです。したがって、判決編で紹介する情報も同様であり、読者自ら原則として入手可能なのです。本書は、これらの情報を読者自ら入手したうえ、読了、理解、編集する手間を省く点に存在意義があるのです。」

これは刑事訴訟法五三条一項本文が「何人も、被告事件の終結後、訴訟記録を閲覧することができ」るとされていることを前提とした記述である。現に刑事訴訟確定記録閲覧手続き法も制定されているので、編著者はこのように書いたのであろう。何ら「特定の意見」を述べていないようにも見える。しかし刑事確定記録の閲覧申請経験のある者なら、刑事訴訟法五三条は現実には生きていないことを知っている。検察庁はさまざまの理由をつけて閲覧を拒否してきたし、拒否している。死刑事件以外では、記録が一方的に廃棄されている例も少なくない。現実を知らない裁判官の解説は、実は現実とはいささか距離のある「特定の意見」にすぎなかったりする。

第二に、編著者は次のようにも述べている。

「法廷は、憲法八二条一項により公開されていて、誰でも傍聴できます。事件の内容によっては、審理の公開が禁止される場合がありますが、その場合でも、判決の言渡しは絶対的に公開されます。刑事事件の判決の公開は、国家刑罰権の適正を国民の手で監視するために、特別に強く要請されるのです。」

これも憲法の解説であり「特定の意見」を述べたものではないように見える。しかし東京都即位の礼・大嘗祭違憲住民訴訟控訴審公判において、東京高裁の裁判長が、傍聴人及び傍聴席に座っていた控訴人（原告住民）に向かって「傍聴させてやってるんだ」と叫んだことを知る者には、編著者の「特定の意見」を感じ取らないわけにはいかない。閉塞した抑圧的官僚司法の弊害が言われる今日、現職裁判官たる編著者が「国家刑罰権の適正を国民の手で監視する」と書いているのは、もしかすると「異色」であるかもしれないのである。

死刑論に戻そう。編著者が述べるように本書は、死刑について論じるための重要な資料であり、死刑廃止論者にとっても貴重な文献である。これまで死刑廃止論者がこうした著作を世に問うことが多くはなかったことを反省する機会でもある。

本書の限界にも触れておこう。

第一に、「はしがき」の「現実の運用状況に基いた具体的主張こそが議論の中心となるべき」という指摘への疑問である。現実の運用状況に関する認識は確かに極めて重要であり、本書がそのニーズに応えているのも確かだが、それが死刑存廃論の中心になるべきとはいえないだろう。制度そのものへの根幹的な疑問は、制度の中からも出てくるだろうが、制度の外からも当然に生じてくるからだ。死刑論議は哲学論議としても、憲法論議としても展開されてきたし、これからも展開されるであろう。確定死刑囚の処遇の実態や死刑執行の実態が議論の中心でないこともありえない。

第二に、冤罪問題である。この点について編著者は「判決書から知れない点、たとえば、判決書に記載してある事実が真実であるか否かについては、本書は何も語りません」と明記しており、冤罪についての意識がないわけではなく、本書ではこうした編集方針を採っているものであるから、むしろ読者がこの点を十分に意識しうるかどうかが問題となろう。

第三に、本書は死刑確定事件における量刑だけを取り扱っている。このこと自体が実は「特定の意見」の反映である。というのも、これまで刑法学は死刑判決と無期懲役判決の比較対象という方法を採ってきた。死刑判決における死刑選択の理由と、一無期懲役判決における死刑回避の理由とを比較することで、一つには「死刑の基準」を論じることができたし、もう一つにはまさに「死刑の基準の不明確さ」を論じることができた。本書ほど多くの事例を基にはしていなかったにせよ、いくつもの業績がこの比較の方法によって「死刑の基準の不明確さ」を指摘してきた。そのことが死刑判決の恣意性を浮き彫りにしてきたことはいうまでもない。死刑制度の運用の具体的な分析が、死刑廃止論の論拠を提出してきたのである。死刑判決だけを問題として、判決の量刑理由を追跡することは非常に偏った方法といわざるをえない。本書にも、第一審や控訴審において死刑が回避された場合には、その理由が明示されているから、偏よりの程度は少ないかもしれない。しかし本書が収録した全事件が死刑確定事件である。その意味で本書は方法論の後退をもたらしたものと評価されることになろう。

以上、若干の疑問を示しはしたが、それにより本書の意義が低減するということではない。むしろ、本書が提示した資料とその方法に学びつつ、死刑廃止論者が本書を乗り越えるための課題といえよう。

この時期、刑事法の専門研究者による研究も相次いだ。

城下裕二「最近の判例における死刑と無期懲役の限界」『ジュリスト』一一七六号(00年)

一九九七年以降、第二審で無期懲役を言渡された強盗殺人等事件について、検察官が死刑を求めて相次いで上告を行った結果を踏まえて、ここ一〇年ほどの判例を素材としつつ、審級による死刑と無期懲役という判断の相違をもたらす要因について検討し、死刑求刑上告結果を分析する。死刑求刑上告に対する最高裁の判断は、福山市・独居女性殺害事件について破棄差し戻しとなったが、その他四例では控訴審の無期懲役判決が維持された。いずれも事例判断であり、一般論は展開されていないが、永山事件最高裁判決の死刑選択基準を引用しつつ、「主観的事情」を過度に重視することを警告した点が注目されるという。城下はその後も死刑と無期刑の間を探る論文を公表している。

堀川惠子『死刑の基準――「永山裁判」が遺したもの』（日本評論社、09年）

永山事件を追いかけたノンフィクションであり、著者がディレクターをつとめたNHKのETV特集「死刑囚永山則夫――獄中二八年間の対話」とともに話題となった。

読み始める前に数箇所めくっていたときに気づいたのだが、冒頭に永山が二八年間にわたって「少なく見積もって七〇〇人以上の相手」と書簡を交わしており、遺品には「一万五千通を越えていた。多くが永山が受け取った手紙であるが、なかには永山自身が書いて送った手紙も含まれていた」（一四頁）とあるのに、いつの間にか、「永山則夫が獄中で書いた、一万五千通に上る膨大な書簡――。そのすべてを読み込んだ私」（三三四頁）と擦りかえられている。小さなことかもしれないが、読み始める気力がいささか損なわれた。

「第一章・おいたちから事件まで」では、永山の少年時代を辿りなおす。「第二章・一審『死刑』」は、一審判決までの経過が型通り追跡される。「第三章・二審『無期懲役』」では、「激動の控訴審」が取り上げられるが、永山の獄中結婚、新弁護団の選任、個性派裁判官の登場、被害者遺族の悲しみ、そして、死刑破棄判決。誰もが驚いた船田判決は、しかし、「世論」から集中攻撃を受けることになる、「第四章・再び、『死刑』」では、小説『木橋』による作家デヴュー、異例の検事上告、最高裁弁論を経て言い渡された最高裁判決。そして差戻し後の死刑判決へ。二転三転する司法判断に翻弄される永山。以上、おいたちから死刑執行まで、永山と永山事件は非常に有名であり、周知のことであるが、著者は永山の遺品を手がかりに、関係者への取材を丁寧に続けている。「第五章・『永山基準』とは何か」では、最高裁判決の永山基準の意味と限界を探る。まず、最高裁調査官・稲田輝明による「判例解説」を読み、その後の判例や議論における揺らぎを取り上げ、「永山基準」の運用自体が不分明な点を持っていたこと、そして厳罰化の波に直面したこと。

著者は最高裁調査官、元裁判官、弁護人らに問いを突きつけ、永山事件の意味を問うとともに、永山基準の限界を明らかにしていく。裁判員時代の今「死刑の基準」とは――。

「この問いを抱え、永山則夫という一人の死刑囚の足跡を辿ってきた私が行きついた答えは、『人を処刑する画一的な基準はありえない』という一言に尽きる。

基準がないとすれば、どうやって人を裁き、死刑を下せばいいのかと問われるだろう。人が人を裁くこと、それは言葉で言うほど容易なことではない。裁き、そして殺すという判断を下すのであれば、なおのことである。それでも、人が人を裁くのであれば、それは、犯行の周辺だけではなく、被告人の内面までも深く見つめ、そのおいたち、たどってきた人生、更生の余地に至るまで、あらゆる過去、現在、そして人間としての可能性を探ることではないか。それは同時に、裁く側のこころの奥底にある倫理観、死生観、そして生き様までをも厳しく問い直し、剥き出しにする作業となろう。そこに基準などありえない、と私は思う。

法廷という限られた空間の中で、限られた短い時間に、果たしてそれは可能なのか——。答えは、否である。しかし、それを承知のうえで、プロの裁判官も、私たち市民裁判員も、被告人を裁くという場に臨まなくてはならないのだ。

裁判員時代を向かえた今、『死刑の基準』とは何かという問いは、私たち一人ひとりに向けられたものでもある。これに対する私たちの意志、その結果が、厳罰化に拍車をかけることになるのか、それとも立ち止まって考えることになるのか、あるいは死刑廃止へと向かうのか。それはまだ、誰にも分からない。『死刑』という究極の刑に対して、私たちの正義と英知、そして人間性が、今まさに問われている」。

坂本敏夫『死刑と無期懲役』（ちくま新書、10年）

元刑務官であり、死刑、刑務所処遇について数多くの著作を公にしてきた著者（本書50頁）によるもので、第一部「死刑」では、死刑執行の実際の説明と、死刑囚の生活、そして死刑執行がもつ社会へのメッセージについて考える。第二部「無期懲役と終身刑」では、社会復帰させることが原則の無期懲役が、無責任な厳罰化論の影響で仮釈放が激減し、社会復帰が困難になってきた状況を明らかにしている。無期懲役囚の処遇について触れた上で、終身刑への疑問を説く。さらに第三部「冤罪」において、冤罪の原因を探り、最後に「人間は変われる」として矯正教育の可能性に期待する。死刑を肯定するとしても、見せしめ的な処刑や大量執行には疑問を提起する。

このテーマの最重要文献を見ておこう。

永田憲史『死刑選択基準の研究』（関西大学出版会、10年）

現在の裁判における死刑選択基準に焦点を絞ってなされた専門研究である。

「あるべき死刑選択基準、すなわち『当為としての死刑選択基準』ではなく、永山事件第一次上告審判決以後、現在に至るまでの死刑選択基準、すなわち『存在としての死刑選択基準』を分析することに主眼を置くものである。そのために、死刑を選択し又は死刑を選択した判決を維持した判決文の解析を丁寧に行うこととしたい」。

それゆえ、死刑の合憲性や、裁判員制度における死刑選択基準はどうあるべきかという論点には本書は立ち入らない。何よりも現在行われている死刑選択基準の実相をしっかりと明らかにすることに力が注がれる。そのために二〇〇件近くに達する判例（その大半が最高裁判決）を収集し、整理・分析している。

本書の構成は死刑選択基準の時期的変遷に応じて、時間の流れに従っている。①永山事件第一次上告審判決に至るまでの状況（第二章）、②永山事件第一次上告審判決以後の動向（第三章）、③検察官上告五事件の検討（第四章）、④検察官上告五事件に対する判断後の動向（第五章）、⑤犯行当時少年であった被告人に対する死刑選択基準（第六章）、⑥光市事件第一次上告審判決の理論的検討（第七章）、⑦光市事件第一次上告審判決後の動向（第八章）、⑧光市事件差戻控訴審判決の理論的検討（第九章）と続く分析はひじょうに丁寧であり、堅実である。⑨最終章で著者は、裁判員裁判実施に向けて死刑選択基準の変容の影響がどのように現れるかに言及している。

「これまで検討してきたように、光市事件最高裁判決及び差戻控訴審判決は、一見すると、死刑選択に必要な罪責の量が下がったかのような感覚を抱かせかねないものである。また、本件は世上の関心の強い事件であったため、量刑判断を行う際に比較対象として引き合いに出されることが多いと予想される。そのため、死刑選択の正確な動向について、弁護人が適切に主張することができるか、裁判官が適切に説示することができるかが焦点となると思われる。仮に、死刑選択に必要な罪責の量が引き下げられたとの誤解の下に、量刑選択が行われれば、死刑選択が激増することとなろう」。

光市事件判決によって死刑選択基準が変化したとの主張を検討するために、まず従来の死刑選択基準を明らかにした上で、光市事件最高裁判決と同差戻控訴審判決を分析する。光市事件最高裁判決については、第一に小法廷による判決であること、第二に強姦の計画性があれば殺害が偶発的なものとはいえないとする立法上又は解釈上の根拠が存在しないことを指摘し、第三に殺害の計画性の有無の評価について「本件において」との限定がなされていることを確認し、第四に最高裁判決が『最高裁判所刑事判例集』に掲載されず『裁判集刑事』に収録されたに過ぎないことを踏まえて、判例変更がなされたとはいえないとする。

続いて差戻控訴審判決について検討を加え、第一に精神的に未成熟であることは検討されているものの、犯行に及ぼした影響や意味と関連付けて考慮されていないこと、第二に被告人の反省のなさを非常に強調しているとする。控訴審判決は従来の死刑選択基準に照らして十分な検討を怠っていることが確認されるが、それは最高裁判決の責任であると見る。永山基準以後の死刑選択基準を明確にするために永年にわたって積み重ねられてきた「努力と成果は、光市事件において、最高裁自身の手で、貶められ、破壊されることとなった。最高裁第三小法廷は、本件事案が死刑相当と思料するのであれば、手順を惜しまず、大法廷に回付して、判例変更を行ない、新たな死刑選択基準を示すべきであった」。

最高裁自身による「許されない『手抜き』」は「本件被告人をとにかく死刑にすればそれで足りると考えていた」と疑われるものであり、ここにもポピュリズムの深刻な影響が確認できよう。

光市事件第一次上告審判決により、それまでの最高裁の努力の積み重ねが「最高裁自身の手で、貶められ、破壊されることになった」。つまり最高裁第三小法廷は事件を大法廷に回付して、必要ならば判例変更を行って、新たな死刑選択基準を示すべきだったのに、その努力を放棄してしまった。著者は「許されない『手抜き』」と評価し、「本件被告人をとにかく死刑にすればそれで足りると考えていたのであれば、それは、被告人や弁護人だけでなく、被害者や事件と全力で向き合ってきた被害者遺族、さらには国民を愚弄するものではないのか」と、厳しく批判する。こうして最高裁自身が死刑選択基準に混乱を招き寄せたため、裁判員裁判における死刑選択の判断も非常に難しいことになったという。それゆえ解決は最高裁には期待できず、立法でできる限り解決するべきことになる。

「これまでの死刑選択基準を維持するのであれば、既に見たような死刑選択基準の概要を規定すべきである。一方、死刑選択を志向するのであれば、例えば被殺者二名以上の場合は、原則として死刑とし、特段の事情のあるとき死刑を回避することができる旨を規定するなどの方策が可能であろう」。

山口進・宮地ゆう『最高裁の暗闘――少数意見が時代を切り開く』（朝日新書、11年）

最高裁判決の分析を通じて判決形成過程を分析する。とりわけ、当初は少数意見として登場した意見が、後に多数意見に成長していく過程を、法の論理、裁判官の個性、事件の「顔」などもからめながら描いている。

「少数意見は時を経て主流の考えになったり、立法につながったりして、新しい社会のルールに生まれ変わることも少なくない。

あるいは、地裁や高裁などの下級審で『異端』視されていた考えが最高裁で『復活』し、『正統』に生まれ変わることもある。『たったひとりの叫び』が社会を切り開くダイナミズム、いわば『司法思想史』的なドラマも、少し長いスパンで歴史を俯瞰しながら描ければと思っている」として、一〇年にわたる最高裁の変化を追跡している。主なテーマが、死刑、在外選挙権、行政訴訟における「藤山判決」、国籍法など。

死刑については光市事件と、裁判員裁判の導入問題が取り上げられている。永山事件判決の「極刑がやむをえないと認められる場合には、死刑の選択も許されるものといわなければならない」から、光市事件判決の「極刑がやむをえないと認められる場合には、死刑の選択をするほかないものといわなければならない」への書き換えについて、一九九九年一二月の福山市女性強盗殺人事件判決ですでに書き換えられていたとしつつ、「福山市女性強盗殺人事件や光市事件の裁判官の間では、この差はそんなには意識されていなかったようだ」という。それが今や新しい「基準」となりつつある。

森炎『なぜ日本人は世界の中で死刑を是とするのか――変わりゆく死刑基準と国民感情』（幻冬舎、11年）

元裁判官で現在は弁護士の著者によるものである。

EU諸国では死刑が廃止され、存置国のアメリカでも一五州では死刑廃止であるにもかかわらず、先進国において唯一の死刑全面存置国となっている日本で、世論調査では死刑支持が圧倒的多数を占めるとともに、近年、裁判における死刑基準の変化が見られ、例えば少年犯や、被害者一名の事件でも死刑になる可能性が高まっている。戦後の判例を通じて、死刑基準はどのように変遷してきたのか。永山基準は本当に基準として機能しているのか。そして死刑をいつまで維持していくのか。こうした論点を追跡して、戦後日本の死刑判決の概略をごく簡潔にまとめている。「ここには死刑判決のすべてがあります」と述べているが、新書なので紙幅の制約があるのは致し方ない。また刑事法学における死刑基準の研究水準を踏まえていない。

二　終身刑

日本では死刑廃止に伴って「代替刑論」という不思議な議論に焦点が当たった。存置論者からは、死刑を廃止するのならそれに変わる刑罰が必要だ、現在の無期懲役では軽すぎるという主張が強かった。ところが廃止論者の側からも、存置論者を説得するために代替刑論が重要だ、無期懲役では軽すぎる、という主張が登場した。

そこでは、無期懲役の仮釈放条件が取りざたされ、一五年や二〇年で仮釈放になるのは軽すぎるという議論に進むことになった。ここから議論は二つの流れになる。

一つは、無期懲役の中に絶対的無期懲役と相対的無期懲役を設けて、仮釈放のない絶対的無期懲役を死刑代替刑とする議論である。つまり終身刑の提案である。死刑よりは終身刑をという議論である。それだけなら一応の説得力を有したかもしれないが、現実は「死刑も終身刑も」及び「相対的無期懲役から絶対的無期懲役へ」という二重の重罰化傾向を促進することになった。

もう一つは、無期懲役の仮釈放基準の見直しである。法律に変化がないにも拘わらず、実務においては官僚主導によって無期懲役の運用見直しが実施され、一五年や二〇年での仮釈放が希有の事態となってきた。

このように死刑廃止の文脈での終身刑論が、重罰化キャンペーンの文脈に置き換えられてしまった面がある。

龍谷大学矯正・保護研究センター編・石塚伸一監修『国際的視点から見た終身刑』（成文堂、03年）

「死刑代替刑としての終身刑をめぐる諸問題」という副題をもつ同センター主催の国際シンポジウムの記録である。

石塚伸一「シンポジウムの趣旨と日本の議論状況について」は、刑罰政策の流れを整理しながら、日本で終身刑について議論する際の問題意識を提示する。

ハルトムート＝ミヒャエル・ヴェーバー（フルダ大学教授）「終身刑とその人権へのインパクト」はドイツの経験を紹介し、ジュリエット・ライオン（プリズン・リフォーム・トラスト事務局長）「イギリスにおける死刑廃止と終身刑の運用」はイギリスの状況を報告する。

長谷川永「終身刑を考える：矯正実務家の視点」、小川原優之「終身刑導入論と日本弁護士連合会の対応」や、日弁連の提言等の資料を収録している。

村井邦敏「死刑廃止の具体策について」、海渡雄一「無期懲役受刑者処遇の問題点と重無期刑（終身刑）の導入について」も収録されている。

終身刑の現状も各国によって様々なので単純化することはできないし、用語にも注意する必要があるが、本書ではそれぞれの終身刑の定義にも配慮しながら議論が進められている。

ドイツについては、終身刑の現状がまとめられたうえで、最後に「私たちは、人権は普遍的であることを知るべきである。

人権は、すべての人間に適用される。受刑者も例外ではない。人権が偶然的あるいは便宜的に停止されてはならない。終身刑は、まさにその本質によって、人権の重大な侵害を導く。定期の最高刑の導入は、このような人権侵害を減少させるであろう。しかし、それが公共の安全を危険にさらすことはない」（ヴェーバー）と結論付ける。

イギリスについても、死刑廃止に至る歴史的経過を紹介したうえで、「正しく量刑が行なわれておらず、また、議会と裁判所との間で、誰が何について決定する権限があるのかについて緊張関係があるにもかかわらず、さらに、終身刑に服役し釈放後に、数少ないながらも、再び謀殺を犯している者がいるという事実にもかかわらず、死刑の再導入が本格的に検討されたことはありません」（ライオン）としている。

他方、日本の矯正実務家は「すべての終身受刑者が各おの生きる力を得るような希望を見出せるかどうか、それは私にもわかりません。もし希望を見出すことができない受刑者がいれば、それはまさに『絶望の受刑者』であり、その処遇は非常に難しくなる」としつつ、マラソン・ランナーのたとえを出して「ゴールが何キロ先かわからなくては、走る気にもなれず、ペース配分もできないでしょう。あるいは、ゴールインしたランナーに、『今日のゴールはあと五キロ先』というのは残酷です」（長谷川）と表現している。

ハワード・ゼア編著（西村邦雄訳）『終身刑を生きる』（現代人文社、06年）

米国の東部メノナイト大学教授で修復的司法の先駆者として知られる編者が、五八人の終身刑受刑者にインタヴューを行なってまとめている。「被害者と加害者の双方の話を聴くことから私が学んだもっとも重要な教訓の一つは、物語を話すことが極めて重要だということと、自己洞察が、もう一人の人による、デリケートな神経を使っての質問と、フィードバックを通じて出てくるということだ」。

河合幹雄『終身刑の死角』（洋泉社、09年）

『安全神話崩壊のパラドックス――治安の法社会学』の著者・法社会学研究者による終身刑論であるが、その前提として「凶悪犯罪の実態」が検討される。

「凶悪犯罪の増加」という誤った事実認識の下に、死刑や終身刑に関する議論がなされていることへの批判である。犯罪統計を活用して、犯罪は増加も凶悪化もしていないと確認し、刑務所について刑事政策の基本は「なるべく入れない、できるだけ早く出す」ことを訴え、死刑制度の実態を検討した上で、無期懲役について仮釈放制度の運用状況を踏まえて、仮釈放なしの終身刑の問題点を論じている。仮釈放なしの終身刑は、刑務所の介護施設化を招き、再チャレンジの可能性をなくすことを明らかにしている。刑事政策がめざすべきは、犯罪者への「厳罰」ではなく、遺族の「再出発」であるという。ケガレを忌む日本の文化社会に謎解きを求める姿勢には賛否両論ありうるが、終身刑の基本問題をよく示した著作である。

菊田幸一「死刑に代替する終身刑について」法律時報七二巻一〇号（00年）

死刑廃止に向けた議論の一環として代替刑論議に踏み込んだ

めに、アメリカでの現状を紹介・分析する。まず、アメリカにおける終身刑には、パロール(仮釈放)のない終身刑とパロールのある終身刑があり、死刑廃止州の三分の二はパロールのない終身刑であること、それらの制度や運用は州により多様であり、死刑の存否と、どのような終身刑を採用するかは必ずしも一定ではないこと、死刑廃止の段階も一定ではなく、事実上の執行停止、代替刑としての終身刑、パロールつきの終身刑へと変遷しうることが示される。死刑存置が多数を占めるアメリカの世論においても、被害者への賠償を付加した厳しい刑罰を採用するならば、あえて死刑を望まない世論も高まっているという。最後に、日本における終身刑の導入について次のように述べている。

「死刑制度を廃止することがいかに厚い壁であるかを改めて認識しなくてはならない。このような現状認識のもとにあっては、死刑の代替刑提示は、残念ながら限りなく死刑に近い代替刑を提示することで一般多数の賛同を得るものでなくてはならない。現に死刑制度があり、定期的に死刑執行がなされている日本の現状からすれば、死刑に次ぐ、もっとも厳しい終身刑を自ずから選択せざるをえない」。

菊田はその後も死刑廃止のための終身刑論を提起し続けた(本書第120頁)。

大阪弁護士会死刑廃止検討プロジェクトチーム編『終身刑を考える』(日本評論社、14年)

二〇一三年三月一六日に開催されたシンポジウム「死刑と無期の間——終身刑の導入と死刑廃止について考える」の記録である。

浜井浩一(龍谷大学教授)の報告「日本の犯罪動向、刑罰の動向、運用と死刑」は、殺人など凶悪事件の動向とその背景の分析であり、「日本の犯罪はなぜ減少しているのか」「若者の数が減って犯罪が減る」「高齢受刑者が減らないのは国際的に異常な現象」とし、現実の犯罪率と体感治安の悪化との乖離を指摘する。厳罰化でひとり暮らしの高齢・貧困の受刑者が増え、刑務所に社会的弱者が集まる結果となっている。厳罰化により実際に無期刑が終身刑化しつつあり、殺人事件の減少に伴って減っていた死刑判決も増加に転じた。

石塚伸一(龍谷大学教授)の報告「絞首刑の残虐性をめぐる議論と経過」は、厳罰主義(アメリカ・イギリス・ドイツ)と北欧型(刑務所廃止論・減縮論)を対比して、刑事政策の在り方を問いながら、日本の死刑を論じる視点を提示する。最高裁一九五五年判決は絞首刑の残虐性を否定し死刑合憲論を採用した。そのもとになった古畑種基鑑定は、絞首刑では全体重が頸部にかかって人事不省になり、頸動脈と頸静脈を圧塞するとしていた。これに対して、オーストリアの法医学者ラブル博士が多数の自殺遺体の検視経験をもとに、死刑の残虐性を改めて明らかにした。しかし、大阪地裁二〇一一年判決は、このぐらいは我慢しろという、非科学的で非合理的な判断(推測)により絞首刑の残虐性を認めなかった。他方、終身刑について、仮釈放の可能性のある終身刑とない終身刑の世界的状況を比較し、終身刑が死刑の代替刑となるという考え方や、死刑と無期とで処遇が異なること、終身刑と「社会復帰」についてどう考えるべきかを論じる。

布施勇如（龍谷大学矯正・保護総合センター嘱託研究員）の報告「テキサス州における終身刑導入の経過とその後」は、二〇〇五年に終身刑を導入したテキサス州の実態調査報告である。当初の問題意識は「仮釈放のない終身刑が導入された場合、死刑はどうなるか」であり、テキサス州で「最近一〇年間に死刑判決が減っているのは終身刑を導入したからかどうかを確かめるため」であった。テキサスで死刑が多いのはヒューストンを中心とするハリス郡であるが、終身刑が導入される前の一〇年間のピークは一九九六年で一五件であった。終身刑導入後は、二〇〇七年には五件、二〇〇八年には〇件と減っている。ハリス郡に限れば「終身刑が導入されたから死刑判決が減った」と言える。

もっとも事柄はそう単純ではない。テキサス・ディフェンダー・サービス代表のキャスリン・ケース弁護士は、死刑判決の減少を「一つの原因に帰するというのは難しい。しかし、終身刑が死刑判決の減少に影響しているとは思う」という。

州議会議員エディ・ルシオ・ジュニアは終身刑導入の目的を「最も危険な犯罪者が二度と通りを歩くことはないという確信」を得るためだと語る。

テキサス地区・郡検察協会のロブ・ケップル検察官は、検察は終身刑に反対だったが、導入してみると予期せぬ結果として、仮釈放なしの終身刑が増えたという。

ウィン刑務所のトロイ・セルマン副所長は、仮釈放なしの終身刑には保安上の心配があるという。人間には生きる動機、望みが必要なのに、終身刑受刑者にはそれがないためである。

シンポジウム後半はパネル「刑事弁護の最前線から考える」である。司会は金子武嗣（大阪弁護士会死刑廃止検討ＰＴ座長）、パネリストは、永田憲史（関西大学准教授）、安田好弘（弁護士）、後藤貞人（弁護士）である。

永田は死刑と無期の基準を詳細に分析する。安田報告「光市母子殺害事件について」は、弁護団がやろうとしたことは事件の原因の解明であったが、裁判所に排斥されたという。後藤報告「此花パチンコ店放火事件について」は、絞首刑の残虐性を解明するための弁護活動を報告する。

安田は「今日は正直言って感激しています。かつて、日弁連では、終身刑を議論することさえできない雰囲気でした。ですから終身刑がこれだけ冷静に本当に議論できる場がようやくできたのだということに関して、大変感激しています。終身刑を議論することは、やはり命を守るということ、終身刑の弊害を議論することは、同時に死刑の弊害を議論することです。さらに無期懲役の今の運用の誤りも議論することにつながると思います」と述べる。

永田は「先ほど第一部で死刑廃止の動きは当面なさそうだというお話がありましたが、私は、先のことはまだわからないだろうと思っています。ひょっとすると、終身刑の導入についても、今後、急激に動きが生じてくるかもしれません。裁判員裁判が一つのきっかけになるかもしれません」とし、裁判員裁判の制約から冤罪の可能性もあり、「無辜の人が一般の人が加わった裁判員裁判で死刑を執行されたとなれば、死刑を廃止するという議論や終身刑を導入しようとする議論が高まることは間違いありません」という。

後藤は「突破口は三つあると思います。一つは『終身刑』。それから二つ目は『イノセンス・プロジェクト』、冤罪だと思います。それから三つ目は、実態に迫るということで絞首刑だと思います。この三つをわれわれはこれからオープンに議論して、かつ多くの情報を集めて再現する、こういう作業が必要です」と述べつつ、死刑の残虐性の議論として、アメリカ最高裁の言う「成熟社会の進歩を示す品位の発展的基準」という観点を強調する。

最後に石塚伸一は、これまでの死刑廃止と終身刑化した無期刑の廃止という「全面戦争は勝ち目がない」としつつも、一人でも多くの死刑確定者の命を救い、死刑判決を減らすこと、そして終身刑の議論を深めることを掲げる。「日本政府は、終身刑について語りたがりません。終身刑を語り始めると、日本の刑事司法制度が抱えるさまざまな矛盾が露呈するからです」と述べ、終身刑論議を手掛かりに死刑問題を改めて本格的議論にさせようと唱える。

三　少年と死刑

犯行時少年に対する死刑は長い間、深刻な議論の対象だった。連続射殺魔事件の永山則夫の裁判はまさに死刑量刑基準をめぐって揺れ動いた。多くの諸国で成人年齢が一八歳とされてきたにもかかわらず、当時は成人年齢が二〇歳であった。一八歳、一六歳、一四歳などさまざまな年齢区分が用いられていた。

花柳幻舟『十四歳の死刑囚』（現代書館、05年）

近年の少年犯罪重罰化キャンペーンを前に「十四歳の死刑囚」という事態すらありえないことではないと警鐘を鳴らす。少年に対する社会、特に親の向き合い方をしっかりとしないと、少年を犯罪へと追いやってしまうことへの反省を求めている。

少年に対する死刑については、日本にも数件の事例があることを指摘し、永山事件最高裁判決の論理を紹介している。そして「それは一九六二年と、一九七二年、大昔の判例ではありません。事件当時十八歳に満たない少年犯が死刑判決を受けているという判例もあるんです。忘れないでください。『前例』があれば、その前例どおりにしかやらないお役所の前例主義と同様、とりわけ最高裁の出した少年犯に対する死刑判決の『判例』は今後ずっと判例主義の裁判制度に生き続けるのです。〝十四歳の死刑囚〟がこの日本で生まれることのないように、もっと自己を愛し自己を大切に、誰にも冒させてはならない人間の尊厳と誇りを失わないこと。と同時に他者の尊厳やプライドをも踏みにじることのないような人間らしい心と豊かな想像力、そして感性を育ててほしいと強く強く望むものです」。

国際人権規約や子どもの権利条約を批准した日本で「十四歳の死刑囚」はありえないが、時代風潮が変わり、社会がますます厳罰化を求めたときには、条約が守られる保障はないとの認識だろう。

井口時男『少年殺人者考』（講談社、11年）

小松川女高生殺人事件の李珍宇、連続射殺魔事件の永山則夫、女子高生コンクリート詰め殺人事件の少年たち、連続幼女誘拐殺人事件の宮崎勤、神戸連続児童殺傷事件の少年、佐賀バスジャック事件や岡山金属バット事件の少年から、最近の秋葉原無差別殺傷事件までの重大凶悪事件を素材に、少年たちの「表現」、その言葉に着目する。

「彼らの言葉は、たいていは、事件の重大性に比してあまりに幼稚で凡庸だったり、妄想めいて意味不明だったりする。けれども、時折、鋭く尖った一句が私の眼を撃つことがある。そこには、拳銃や刃物によって噴出させるしかなかった彼らの閉ざされた心が、その秘密の内奥を露頭させている。私は、彼らの言葉を手がかりに、彼らの隠された内奥のドラマを読み取ろうと試みたのである。つまりこれは、文芸批評の方法による考察である」。

随所で『罪と罰』と対比しながら、貧困からの解放にかかわる「古典的＝モダン」と、妄想化を加速させる「現代＝ポストモダン」の対比も行っている。

中山義秀『少年死刑囚』（インパクト出版会、12年）

一人の少年死刑囚の「短い」一生を描いた中山義秀の小説「少年死刑囚」と、池田浩士による解説を収録している。中山義秀（一九〇〇～一九六九年）は福島県白河出身の作家で、『厚物咲』で第七回芥川賞、時代小説の『咲庵』で野間文芸賞と日本芸術院賞を受賞した。『平家物語』の現代語訳でも知られる。小説「少年死刑囚」は、一九四九～五〇年に発表され、五〇年に作品集『少年死刑囚』（文芸春秋新社）に収録された。

池田浩士の解説「『少年死刑囚』はいま何を問うているのか」は、この小説が「私小説」の形式にもかかわらず、単なる空想の産物ではなく「年代記を模した文学作品」であるといい、「作者がこの小説に純然たる虚構ではなく現実の出来事に基づくドキュメントとして読めるような形式を与えたことによって、この作品は、少年が犯した罪そのものよりはむしろ、少年にそのような罪を犯させた社会的現実を、問うことになった」とし、少年に対する重罰化の問題に繋げる。

そして小説の映画化や、現実の背景について論及し、国会議員宮城タマヨの活動を引き出す。ここから議論は死刑と無期刑をめぐる論点に集約され、小木貞孝『死刑囚と無期囚の心理』（金剛出版、74年）を手掛かりに、今日提案されている「絶対終身刑」の問い返しになる。

「果てしない拘禁を前にすることによってこころを破壊された無期囚が、その拘禁のなかで新しい自分を発見し、みずからの罪と向き合うことなど、どうしてできようか。このこころの破壊は、肉体の破壊とも無関係ではないはずであり、人間存在の総体を破壊するものであるはずだ。人間存在の破壊が刑執行の目的であるなら、無期囚はその目的が達成されたことを身をもって証明しているのである」。

そのうえで最後に、小説「少年死刑囚」のモデルとされた少年の「短い」一生が実は短くはないことが提示される。この少年は法務省が公表した「無期刑受刑者に係る仮釈放審理状況」

の「平成二二年」の箇所に登場するという。すなわち少年は満八〇歳を目前にしている。現在もなお存命中であるかどうか法務省に問い合わせたが、法務省矯正局成人矯正課の返答は「答えられない」であった。

さらに林幸司編著『司法精神医学研究――精神鑑定と矯正医療』（新興医学出版社、01年）収録の松野敏行論文「精神障害無期囚について」に「症例A」として挙げられているのが、この元少年の六八歳の記録であり、「精神分裂症」との診断がなされている。拒食、独言、空笑、全裸で徘徊、そして幻聴の果てに、「西郷隆盛を殺した」「プロ野球から誘いが来ている」等と話していたと言う。五〇年に及ぶ拘禁の末に「精神分裂症」との診断を受けているが、「医療刑務所の医官の報告は、この無期囚の表面に表れた精神病の症状しか見ていない。彼をこのような無惨な精神病に追い込んだ無期刑の意味も、そこに追い込まれた彼の精神と心理の長い遍歴も、この報告は伝えない。だが、私たちにはそれが見えるはずだ。少年死刑囚の現在を私たちは知らない。知ることは妨げられている。だが、これまでに到達し得た手がかりだけからでも、私たちには彼の現在の姿が見えるはずだ」。

中山義秀の小説「少年死刑囚」は未だ完結していない。

成人・未成年の区分には選挙権一八歳の導入によって変化が生じたが、それと平行して少年法の見直しが進められようとしている。「死刑と少年」というテーマに限って言えば、日本には一八歳未満の死刑がないことから、今後の議論は変容していくことになる。

第8章

裁判員制度と死刑

一　裁判員制度へ向けて

賛否両論渦巻くなか、二〇〇九年五月、いよいよ裁判員裁判が始まった。

その前後、書店には裁判員制の解説本、批判本が書店の棚にズラリと並んだ。基礎知識としての制度解説本、入門書はもとより、裁判員ガイドブック、刑事裁判案内、用語解説も目立つ。大型書店に行けば、かなり手抜きの便乗本も含めて何十種類も平積みになっていた。また、裁判員制度批判本も出版された。他方、やや専門的なものとしては、陪審との比較論、裁判員制度と弁護方法、裁判員制度と報道なども大いに議論された。

裁判員本のいくつかは死刑問題も取り上げていた。もっとも、死刑存置が前提となっているので、裁判員に選ばれたら量刑において死刑について判断しなければならないのが裁判員である。そこでは死刑存廃論が問われるのではなく、裁判員として死刑制度にいかに向き合うかが中心テーマである。もっとも、死刑反対論者向けに裁判員に選ばれない方法を伝授する本も見られた。また、量刑論としての死刑論議は、理論的には死刑存廃論に発展せざるをえないだろう。

とはいえ、多くの裁判員本で死刑へのいちおうの言及はあるが、死刑そのものについて正面から論じたものは、まだ必ずしも多くはなかった。

森炎『市民裁判官への五つの扉』（パロディ社、08年）

「実際の事件で読む市民のための刑事裁判物語」であり、完全犯罪よりヒドイ完全冤罪（弘前大学医学部教授夫人殺害事件）、冤罪者は猟奇殺人を犯した（首都圏連続婦女暴行殺人事件）、天上の朝顔（国立美人妻殺害事件）、復讐するは我にあり（ロボトミー殺人）、犯行は空白、それでも死刑（波崎町毒物怪死事件）の五つの扉をもとに、冤罪の原因、捜査と自白の問題、被害者感情と死刑、被告人の情状と死刑について解説している。

裁判員制度導入時点での市民向け解説を兼ねた物語である。

森炎『あなたが死刑判決を下すその前に』（パロディ社、08年）

表題通り、裁判員として死刑か無期か悩んだ時のための解説である。死刑制度がある以上、裁判員が死刑を言い渡さざるをえない。量刑基準を満たしていれば、死刑適用に反対するのは難しい。死刑事件では裁判員になることを回避すればよいが、そうなると死刑事件の裁判員は死刑存置論者ばかりになってしまう。それは健全なこととは言えないだろう。

「一つの方法として、犯罪被害を中心に考えて、犯罪被害者の心情を通すかどうかという観点で判断していくということがある。死刑を求める犯罪被害者の思いを裁判で通せるかどうかを、第三者として市民裁判官として考えていくということである。死刑を求める犯罪被害者の心情に市民として同意できるかどうか、そして、同意できる場合にそれを最終的に通すことができるか、そうするうえで問題となる事項は何かを検討していくことになる。最終的に犯罪被害者の意向を通すまでには、被告人の年齢はどうか、前科はどうか、反省の情はどうか、生活態度はどうか、これまでの生育歴はどうか、家庭環境はどうか、恵まれない家庭で育ったかどうか、そういう様々なことが問題となる。こういうことを、被告人に酌むべきところはないかという観点で考えていくことになる。つまり、被告人のいいところを見ていくというものである。そして、最終的には被害者の思いをそのまま通せないということになる場合もあれば、被告人の良いところがほとんど発見できないので被害者の求めるところを通すということになる場合もある。もとより、犯罪被害者が死刑まで望んでいない場合には、第三者として死刑にならずする必要はない。こういう検討の中で、犯行の計画性の点、『機会の同一性』、同種の重大前科など、これまでに出てきた要素も見ていくことになる。計画性のない偶発的犯行ではないか、計画性があるとしても程度は低いのではないか、同一の機会に犯したもので『魔が差した』ということではないか、厳密に『同種』のものといえるような前科はあるかというようなことで、これらも死刑の抑止的要素として見ていくことになる」。

それではギリギリ悩んで結論が出ない場合はどうするべきか。本書は次のように述べる。

「人を死刑にするということは、その理屈はどうであれ、裁く側として、みずから、血を浴びながら、斧の一撃を加えるようなことにほかならない。たとえ、その者に社会的有用性が全くないとしても、その人間としての尊厳はどうなってしまうのか――そういう疑問も出てくるだろう。そして、場合によっては、裁く側の人間の尊厳そのものも、試練にさらされることになる。だから、職業裁判官はイザ知らず、市民は、自分の良心に反してまで、みずから血を浴び、斧の一撃を加えるようなことまでする必要はない。自分の人間としての尊厳が破壊されるような思いをしてまで死刑判決を下すことはない」。

「このようにして、市民が行う死刑判断においては、裁く側としての最後の抵抗の自由は残されている。良心の持って行き場は存在している」。

いまなお評価の分かれるところであるが、こうした見解の存在を裁判官や裁判員に知らせておくことは重要かもしれない。

今井恭平『クロカミ――国民死刑執行法』（現代人文社、08年）裁判員制ではなく、国民が死刑を執行させられる執行人制度の下での事例を想定した小説であるが、便宜上ここで取り上げておこう。主人公・真由のもとに、赤紙ならぬクロカミが届く。死刑執行人候補者に選定されたのだ。

真由の訴えにうなづきながら寺原が答えた。

「執行人は、基本的には選挙人名簿から無作為抽出された候補者から選定されます。その限りではアメリカの裁判の陪審員選定と似ているといっていいと思います。陪審については、映画などでご覧になったこと、あるでしょう?」

寺原は雑誌のページを無意味にめくりながら続けた。

「選定されてしまうと、おっしゃる通り、法務省が用意した宿泊施設に入れられ、家族などとの連絡も含めて、行動は制限されます。拘束期間中は……あ、拘束っていうのはちょっと語弊がありますね。ホテルみたいなものに缶詰されるっていうようなことです。その間は、自営業者なら一定の基準に従って日当が出ますが、お勤めの場合は、通常通り賃金が支払われ、雇用主に対して補償金が支払われることになります。それで、雇用主には、その人が死刑執行にたずさわったことが伝わってしまうのですね。この点も、この法案に反対する論拠の一つだったんですが、野党の一部が出したプライバシー保護についての小手先の修正案を与党がのんで、通過してしまったんです」

口調から察するところ、寺原弁護士は、この法案の反対者だったらしい。

「あまりお役に立てないのではないかとは思うんですが、執行人選定手続きについて一通りご説明しましょうか」

気休めに過ぎないかもしれないが、まったく予備知識なしに明日に臨むよりは、気持ちだけでも準備のしようがあるかもしれない。召喚された他の大多数も、自分と同じく法律には素人のはずだから、弁護士の話を聞いておくことで、選定を逃れるために少しでも他の候補者よりも有利になるかもしれない。真由は、そんな必死の思いで耳を傾けた。

「実務上、様々な矛盾が想定できるんですが、考え方としては、ある意味で合理的とは言えるんです。だから、弁護士会でもなかなか反対論が一本化できなかった経緯があるんです」

寺原は一通り語り終わると、さらに付け加えた。

「死刑制度は、国民の大多数が支持しているという理由で、その正当性が主張されるのなら、執行を国民自身が行うということは、一番筋が通っていますからね」

こうして死刑執行人候補者が呼び出され、選定され、拘禁されて、執行に備えて準備過程に入る。小説はその過程を時間軸に沿って描いていく。執行直前の主人公の意識が次のように描かれる。

「わたしの目の前には、三つのボタンが並んでいる。わたしは、その一つに指をおいて、所長の合図を辛抱強く待っている。このボタンのどれかが、囚人を確実に死に至らしめる薬物を静脈に向かって押し出すスイッチを作動させる。それにいったん手を触れるだけで、すべてのプロセスは不可逆的に死に向かって一瞬に走り出す。誰のボタンが本物かなど関係ない。そのボタンに触れた瞬間に、わたしは死刑囚にとって、絶対的な運命となる」、「わたしは死刑執行員なのだ。執行員に補欠などという間の抜けた立場はない。たとえ自分の手でボタンを押さなくとも、自分が執行員であることに変わりはない。三つ並んだボタンは、執行者を三倍にするための装置だ。いや、それは執行者を一億二千万人にする装置だ」。

ラストシーンを紹介するわけにはいかないが、冒頭の問題設定に対応した鮮やかな一行で締められることになる。司法の民主化ではなく、厳罰化キャンペーンに促されて推進されている「裁判員制」がはらむ問題を、より先鋭にする「死刑執行員」として描いているので、死刑問題と裁判員問題の双方を念頭において読める作品である。

郷田マモラ『サマヨイザクラ——裁判員制度の光と闇』（双葉社、08年〜09年）

死刑を正面から取り上げて話題となった『モリのアサガオ』（本書14頁）の郷田マモラによる裁判員マンガである。二〇〇九年五月、裁判員制度スタート直前にテレビドラマにもなった。

会社の不正を告発したために職を失い、フリーターに転落し、生きるために他人を殺そうとまで考えた青年主人公が、なにわ地方裁判所で行われる裁判員に選ばれる。事件は三人殺しの根古田観音丘殺人事件。被告人は主人公と同年代の引きこもり青年。被告人は殺人の事実を認めるが、弁護人は、被害者こそが被告人とその家族に対する長年の集団いじめを行ってきたことを暴き、「集団の悪」を裁くよう訴える。公判における検察側立証、弁護人側立証によって次々と明らかにされる事件の「真相」。裁判官と裁判員による評議では、死刑か死刑回避かをめぐって議論が戦わされる。

クライマックスにおいて「裁判員制度の闇」とは「地獄の評議」であることが厳しく突きつけられる。あなたは死刑判決を下せるか。そして、「裁判員制度の光」はどこに見出せるのか。揺れ動く裁判員、「感情を押し殺す」裁判官、ぶつかり合う人間模様。しかし、事件の真相は意外な形で明らかになっていく。裁判員制度を理解するためだけではなく、死刑や刑事司法について考えるのにも優れた作品である。

郷田マモラ・竹田昌弘『裁判員時代に死刑を考える』（岩波ブックレット、11年）

死刑をテーマにした『モリのアサガオ』や冤罪をテーマにした『サマヨイザクラ』の漫画家と、『知る、考える裁判員制度』『裁判員司法』の筆者である共同通信記者の対談である。

裁判員裁判における死刑判決に関して「予想以上に重く負担に感じていると思いました。論告を読むと裁判員にわかりやすいように、検察官が多分いままで以上に、どれだけ凶悪だったのか、殺しのスタイルなどを強調して述べています」。

永山基準の変更について、「光市の事件はマスコミに大々的に取り上げられ、社会に影響を与えるようになったので、検察側が無意識にか、意図的にか、永山基準をすり替えてしまったということですかね」。

死刑判決の全員一致ルールの採用について、「全員一致でなければ死刑判決が出せないならば、死刑は激減するはずです。そのとき、遺族は黙っているのか、民意は納得するのか、何か新たなひずみが出てくるのではないかと想像してしまいます」。「終身刑については、非常に答えるのがむずかしいですね。はたして終身刑が死刑以下の刑なのかどうなのか。終身刑には絶対に出られないという絶望感がとにかくありますよね」（いずれも郷田）と述べている。

山田秀雄『あなたは「死刑」と言えますか』（プレジデント社、09年）

「ケーススタディ『人を裁く基礎知識』」と題して、裁判員が知っておくべき「刑事法の急所」を伝授しようとする。ケーススタディは六つ。殺人――DVに耐えかねて、金属バットで夫を殺害（未必の故意、正当防衛、過剰防衛）。強姦致傷――帰宅途中に強姦に遭い、全治三週間の傷を負う（犯人識別供述、アリバイ）。放火――別件で逮捕され、長時間の取り調べで自供（自白の信用性、任意性、補強法則）。強盗傷人――パチンコ店に侵入し、従業員を傷つける（共犯者供述、共謀）。責任無能力殺人――通行人を次々と刺殺した犯人の責任能力。危険運転致死――七〇キロもスピードオーバーして死亡事故（刑罰の種類、執行猶予、死刑）。死刑については、裁判官・裁判員全員一致を要することにすべきと述べている。

森達也『きみが選んだ死刑のスイッチ』(理論社、09年)前著『死刑――人は人を殺せる。でも人は、ひとを救いたいとも思う』の若者向けバージョンだが、罪と罰、冤罪、裁判員制度について「寄り道」した上で、死刑について考える。「裁判員制度は、整備がまったくできていないスポーツカーみたいなものだ。ところがそんな状態のままで、高速を走ろうとしている。いやもう走り始めている。本当は今からでも遅くはないから、きちんと点検を受けるべきだ。司法について国民にもっと理解と関心を持ってもらうとの理念自体は、決してまちがっていないのだから。でももう走り出した。このままでは事故がたくさん起きる。しかもこの事故の多くは、相手だけではなく自分も大きなダメージを受ける可能性がある」として、死刑問題は予想される最大の事故に関連するとしている(森の死刑論は本書第1章)。

岩田太『陪審と死刑――アメリカ陪審制度の現代的役割』(信山社、09年)

「死刑」と「裁判への一般市民の参加」が交錯する場における実践的問題を歴史的理論的に追及した専門研究である。

第一部「合衆国死刑陪審の量刑裁量」では、序章「なぜ死刑事件か」、第一章「陪審による量刑裁量の起源およびその発展」、第二章「合衆国における死刑陪審」、第三章「死刑事件における陪審の実際的機能」が論及され、第二部「二〇〇〇年以降の陪審裁量の動向」が補充している。

「死刑を下すのか終身刑にとどめるのかについての判断を市民が担う合衆国の死刑陪審を題材としながら、いわば、刑罰とはいえ国家が人を殺すシステムにおいてその中心的な判断を市民が担う場面における問題点を探り、そこから、国民の司法参加、陪審の意義を探る」。

膨大な判例や文献を渉猟し、陪審量刑機能の歴史、死刑をめぐる陪審量刑についての判例の検討、死刑陪審の機能に関する経験的研究の検討を行うことによって、多元的に分析を試みた上で、死刑陪審の意義を「ポピュラー・ジャスティス」という特徴づけで理解している。ポピュラー・ジャスティスとは「アメリカの刑事司法の特徴として、その歴史において常に世論およびそれを反映する政治的な力から大きな影響を受け続けたことを表し、その特徴によって、時に公正公平な法の運用を目指す法の支配が阻害されたことを表す」。訴追がしばしば政党間の争いによって利用されたこと、合衆国の成り立ちがそもそも母国での政治的宗教的迫害と関連していたこと――このため刑事司法は常に民衆からの影響のもとにあった。換言すると「法の支配」が「世論の支配」つまり「人の支配」に浸蝕されてきた。死刑陪審は、その回路の代表格でもある。ポピュラー・ジャスティスゆえに陪審裁判が歴史的に構築され発展してきたのだから、結論だけを見れば、死刑陪審がポピュラー・ジャスティスというのは、問いをもって問いに答えているに過ぎないようにも見えるが、この結論に到達するまでの豊かな研究には圧倒される。この問題について議論するためには、今後しばらくの間、間違いなく最重要の地位を占める必読文献である。

裁判員制度の導入以来、さまざまな議論が交わされてきた。

特に死刑と裁判員に関して大きな注目が集まり、死刑反対論者は裁判員に選出されるか、死刑反対論者は裁判員を拒否できるか、裁判員は具体的な被告人に対して自ら死刑を選択することができるかなど議論が続いている。そこでは、改めて「裁くこととは」が問われている。

もっとも、本来は裁判官について同じことが問われていなければならない。しかし、そのような問いが裁判官に差し向けられることはなく、裁判官が死刑を言い渡すのは当たり前で、裁判員には別の論理が働くかのごとき議論が目立つことが気になる。

伊藤和子・寺中誠『裁判員と死刑制度』（新泉社、10年）

聖学院大学で開催された講演会の記録である。冤罪に取り組んできた弁護士で、NGOヒューマン・ライツ・ナウ事務局長の伊藤和子「裁判員制度とこれからの課題」、国際人権NGOアムネスティ・インターナショナル日本事務局長の寺中誠「死刑制度はいらない」、そして両者による対談「日本の刑事司法を考える」を収録する。

伊藤講演は、名張毒ぶどう酒事件を例として日本の刑事司法の限界を指摘し、アメリカの陪審裁判を紹介し、始まろうとしていた裁判員制度について数々の疑問、改善すべき点を指摘し、「こうした改革を実現していかないと、本当の意味で被告人側にも平等な刑事裁判の構造になっているとはいえないのです。そんな改革が道なかばな状況でも、裁判員制度は始まってしまいます。それではどうすればよいか」として、刑事裁判に参加する市民が、刑事裁判の問題点をどんどん指摘していくことの重要性を訴える。

寺中講演は、アムネスティ・インターナショナルが取り組んできた国際的な死刑廃止の動向を踏まえて、死刑の抑止力や、日本における凶悪犯罪の減少にふれ、「人権の問題はもともと多数派と少数派の問題です。多数決でいけば少数派は必ず負けるわけです。そして最終的に負けてしまったら、彼らは抹殺されてしまう。だからこそ、彼らには人権があるんだという言い方になるわけです。つまり、マイノリティが生き延びるために人権は必要なんです」と述べる。

編者・石川裕一郎は、「刑事裁判において裁判所が行使する公権力、あるいは刑の執行および刑事政策において政府が行使する公権力の源泉は、つきつめれば主権者たる国民である。しかし、その刑事司法の名宛人たる一人の被疑者・被告人・受刑者も、また国民なのである。公権力の主体としての国民と公権力の客体としての国民と言う、この二重性の困難は、しかし、とりわけ一般市民が司法と向き合う際には意識すべき命題ではないだろうか。そして、この二重性の困難を国民一人ひとりが意識することこそが、この国の司法をより良い方向へと導くことにつながるように思われる」と述べる。

「特集・裁判員時代における死刑問題」『法律時報』八二巻七号（10年）

裁判員裁判導入を契機に死刑問題を改めて取り上げている。特集の意図を紹介した水谷規男「裁判員裁判から死刑を問い直す」は、裁判員制度により、例えば判例における死刑選択の基準（永山基準）にどのような影響があるかや、世論と被害者参加人としての遺族の問題を考慮して、「裁判員制度は死刑の存続を固定化するものとして機能することになりかねない」と危惧を表明する。

続いて、石塚伸一「大量死刑時代の終焉？——厳罰主義の後始末」は、「光市事件」に象徴される「行き過ぎた厳罰主義」が「厳罰主義の終焉」を招くことに期待しながら、厳罰主義の後始末をいかに進めるべきかを検討する。

「〈座談会〉裁判員制度の下で死刑の縮減・廃止を展望できるか」では、死刑の現状をどう把握するか自体が流動的で難しいことが明らかになり、裁判員が死刑について判断する際の問題点が分析され、死刑の是非を裁判員に問うことが出来るかが論じられている。その他、岩田太「死刑判断と陪審の精神的負担——合衆国の経験から」、岩田務「死刑事件と鑑定」、指宿信「誤判と死刑——米国イノセンス・プロジェクトからの示唆」、熊谷卓「国際人権法と死刑」、高井裕之「死刑と憲法——裁判員制度の実施に際しての一視点」が収録されている。

福井厚編著『死刑と向き合う裁判員のために』（現代人文社、11年）

死刑と裁判員制度に絞って、さまざまな視点から問題を洗いなおした研究書である。

「刑罰論からみた死刑」（高山佳奈子）は、死刑についての世論、刑罰目的論の概要（特に応報刑論と目的刑論）、国際的な動向、絶対的終身刑について整理している。「裁判員裁判と死刑」（高山佳奈子）は、裁判員制度導入の「文殊の知恵」という説明が、死刑の場合にどの程度成り立ちうるかは問題になるとし、正しい情報の欠如した状態で「社会常識」を裁判に取り入れることの危険性、裁判員個人のパーソナリティの問題、一般人の観念と裁判員裁判を担当した時の意見の齟齬を指摘している。

「裁判員裁判における死刑選択基準」（永田憲史）、「死刑をめぐる『世論』と『輿論』」（佐藤舞・木村正人・本庄武）、「裁判員の心理と死刑」（山崎優子）、「裁判員裁判における死刑事件の弁護」（後藤貞人）、「誤判と死刑」（福井厚）、「日本が死刑を存置する理由——9つの仮説」（デイビッド・ジョンソン）、「韓国の国民参与裁判と死刑」（趙炳宣）、「国際連合と死刑廃止」（ウィリアム・シャバス）と好論文が収録されている。後に実際に生じた、裁判員裁判における少年に対する死刑問題は取り上げていないが、基本論点はカバーしている。

小早川義則『裁判員裁判と死刑判決』（成文堂、11年）

「アメリカの陪審制度と比較しつつ、死刑判決とのかかわりを中心にわが国の裁判員制度の問題点を明らかにしようとするものである」。公正な陪審裁判（第三章）、刑事陪審裁判鳥瞰（第四章）、合衆国最高裁と死刑（第五章）、陪審員選任手続き（第六章）で、アメリカ陪審の手続きの流れ、実態、判例が詳細に紹介されている。最終章で、陪審裁判を受ける権利と裁判員裁判の義務付け問題、多数決と全員一致、守秘義務のあり方、選任手続き、合理的疑いを超えた証明について比較検討がなされている。

二 裁判員制度の現在

木村朗『市民を陥れる司法の罠——志布志冤罪事件と裁判員制度をめぐって』(南方新社、11年)

冤罪・志布志事件の真相を解明するとともに、犯人視報道によって冤罪づくりに加担してしまったメディアの問題点を検証する。同時に冤罪批判を行ったメディアの力にも注目する。「刑事司法・メディア報道の深刻な状況を踏まえた上で、現代日本における刑事司法の現状・課題を、裁判員制度の特徴・問題点や死刑制度との関わりなどを含めて考察するとともに、『冤罪』と報道被害の構図、すなわち司法権力(警察・検察・裁判所)によって作り出される『冤罪』事件、権力と一体化したメディアによって生み出される報道被害の背景とメカニズムを、木村の地元で起きた志布志事件と鹿児島高齢者夫婦殺害事件という二つの事例を具体的に分析することによって明らかにしたい」と述べている。

二〇一〇年一二月二〇日、鹿児島地裁で、裁判員裁判における死刑求刑に対して初の無罪判決が出たが、事件の経過から判決までをフォローして、裁判員制度と死刑について論じている。本件は検察側が控訴したため舞台は職業裁判官による控訴審に移ったが、裁判員裁判の問題についてしっかりした教訓とするべきことが明らかになった。

「この高齢者夫婦殺害事件の裁判は、さまざまな致命的な欠陥を抱えた現行の裁判員制度の大幅な見直し(単純多数決制から全員一致制への評決方法の変更や被害者参加制度との切り離しなど)や、裁判員制度の廃止(あるいは条件付きでの陪審員制度への転換を含む)など、これからの裁判員制度の在り方に大きな影響をあたえるであろう」と指摘する。

田口真義『裁判員のあたまの中——14人のはじめて物語』(現代人文社、13年)

裁判員を経験した田口がやはり裁判員を経験した一三人にインタヴューした記録を中心に編んだ一冊である。対象となった事件は、強盗致傷罪、殺人罪、強姦致死罪、強盗殺人罪、殺人罪、殺人未遂罪などである。

その内の一件である殺人事件について、二〇〇九年八月三日、東京地裁で始まった裁判員裁判第一号の裁判員を務めたAさん(本書では実名で登場する人物と仮名の人物がいる)は「美術系の大学を出た芸術家肌」の会社員の女性である。事件は住宅街の一角で起きた近隣トラブルの果ての殺人事件。裁判員呼出状が配達されて「ゲゲゲのゲ!でしたね。わざわざ分かるように、ポストから半分くらいはみ出して入っていたので、周りを見回しちゃいました」。被告人は起訴事実を認めたため争点は量刑になり、検察官の求刑は懲役一六年だった。死刑事件ではないが、Aさんは「人を殺したら死刑? 介護殺人など、殺人の形はたくさんあって、全部が死んでお詫びということはないと思っていました。自分の身内だったら許せない」と、「生きる」ということについて考える。

他方、二〇一一年二〜三月、さいたま地裁で強盗殺人事件の裁判員を経験したBさんは雑貨店店主だが、被告人に死刑を言い渡すことになった。被告人は完全黙秘し、凶器などの直接証拠がなかったため、検察官は間接証拠のみを積み上げて立証した。有罪認定の決め手はDNA鑑定であり、「専門的過ぎて素人には難解なものもあった」というが「DNA鑑定の中身を疑うのは難しいです」と語る。「死刑の認定基準は、論告求刑のときに検察官から説明がありました。あらためて、評議室でも裁判官から説明されました。／繰り返し確認しながら、いつでも証拠を振り返って、裁判員みんなで資料を見直して、納得するまで丁寧に検証し直して、それでももう一回戻って、ということを何度も確認しました。間違った結論が出ないように、と。」

判決言渡しを終えた後、「重いものを背負ったということではないですけれど……重いですよね、重いな。裁判員中、事件や裁判の夢を見て、ずっと考え続けて、それくらい全身全霊で考えていました。キャパを超えたら具合が悪くなっていたかも。寝込むほどではないですけれど、食欲もなくなるし、それでもベストは尽くしました」と語るBさんは「知り合いから、即刻控訴されたと聞いたときには、がっくりときました。まだ終わっていないんだ、と思いました。あんなに一生懸命考えたのに、結論が違っていたら、と。でも、そのあと、何度でも違う頭で考えてもらって違う結論が出るのはよいこと、と思うようになったんです。一年以上たって冷静になれたんでしょうか。とことん考え尽くすべきで、違う結論になったら、それはそれで受け止めるべきではないかと」と続ける。

二〇一一年六月、横浜地裁で殺人事件の裁判員を経験した大学生だった米澤さんは、被告人に死刑を言い渡したが、後に友人から「人を殺したのか？」と言われた。「自分の中ではそうは思っていなかったのですが、そう言われてから、間接的だけれども、一人の人を殺してしまうことになるのかな、と思うようになりました」といい、「不思議なんですよね。（裁判員を）やる前は何も思っていなかったし、考えることもなかったのですが、今は、『死刑反対』なんですよ。やったらやり返すという応報の考えは好きではないんです」という。

森炎『教養としての冤罪論』（岩波書店、14年）

元裁判官で弁護士の著者が近年立て続けに出版してきた刑事司法問題の著作の一つである。裁判員制度が始まった現在、市民の自由と権利を同じ市民が守ることになり、市民自身が「無罪の正義」を守らなければならない。市民が冤罪という絶対的不正義を生み出すことを避けるために、どうするべきかが問題となる。裁判員は市民感覚で判断すればよいが、「市民感覚だけで、どうやって誤判を回避し、冤罪を出さないようにできるか」（森について、本書101頁、170頁、216頁参照）。

その他、多くの裁判員関連著書があるが、ここでは以下の数点を挙げるにとどめる。

猪野亨・立松彰・新穂正俊『マスコミが伝えない裁判員制度の真相』（花伝社、15年）

西野喜一『さらば、裁判員制度——司法の混乱がもたらした悲劇』（ミネルヴァ書房、15年）

三島聡編『裁判員裁判の評議デザイン——市民の知が活きる裁判をめざして』（日本評論社、15年）
織田信夫『裁判員制度はなぜ続く——その違憲性と不合理性』（花伝社、16年）
濱田邦夫・小池振一郎・牧野茂『裁判員裁判のいま』（成文堂、17年）
斎藤文男『ポピュリズムと司法の役割——裁判員制度にみる司法の変質』（花伝社、18年）
大城聡・坂上暢幸・福田隆行『あなたが変える裁判員制度——市民からみた司法参加の現在』（同時代社、19年）
飯考行編『あなたも明日は裁判員!?』（日本評論社、19年）

第9章

世界の死刑——比較法と国際法

一　孤立する日本の死刑——国際法の動向

石塚伸一が「法務大臣！日本は孤立しています！」と警鐘を鳴らしたように、国際法の動向をみるならば、世界の主流は死刑廃止である（本書第4章125頁）。

国際人権法は死刑廃止の方向を示している。自由権規約における死刑の制限から、死刑廃止条約への発展は明白である。法務当局は世界が死刑廃止の流れにあるとは言えないと強弁するが、西欧諸国を中心に始まった死刑廃止の動きが、非西欧世界にも拡がり、死刑廃止条約の採択を実現し、法律上の廃止国に加えて事実上の廃止国をも数えるならば、今や死刑廃止国が過半数を大きく超えている。自由権規約委員会が日本政府に死刑の廃止を繰り返し勧告してきたのも当然のことである。

アムネスティ・インターナショナル『日本の死刑廃止と被拘禁者の人権保護』（日本評論社、91年）

日本の政府、学会、マスメディア、政治家などに対し、死刑の適用に関する事実を、一般の人々に知らせるように望み死刑が法律上ほどなく廃止されること、それまでの間死刑の執行を停止し、全ての死刑を減軽するように要請する。

アムネスティ・インターナショナル『死刑と人権——国が殺すとき』（成文堂、89年）

アムネスティ・インターナショナル（辻本義男・辻本衣佐訳）『日本の死刑——残虐、非人道的かつ恣意的な刑罰』（成文堂、95年）

九三年の執行再開を前にして、緊急の問題として、日本政府に次の警告を行なっている。①執行停止、今後死刑を適用しないこと、②死刑の法律上の廃止、③死刑囚処遇の改善、④捜査機関による公判前の不法行為の調査、⑤死刑廃止条約の批准、⑥死刑に関する情報公開。

先に紹介した重松一義『死刑制度必要論』は、この勧告を「内政干渉も甚だしい」「まことに無責任な発言」と切り捨てている（本書96頁）。感情的に反発せざるをえないところに、死刑存置論者の現状と意識を見ることができる。重松は国際人権NGOの意味をおよそ理解していない。アムネスティ・インターナショナルはもっとも著名な国際人権NGOであるが、それは外国の団体という意味ではない。国家の垣根を超えているからこそ国際人権NGOの意味があるのであり、アムネスティ・インターナショナルには日本支部もある。日本の人権NGOでもあるのだ。「内政干渉も甚だしい」というのは無知に基づく反発に過ぎない。

各国における死刑（廃止）の動向については、「死刑廃止フォーラム」等の資料に詳しい。最近の単行本では、死刑を廃止したフランスの紹介が目につく。

ジャン・トゥーラ（戸口民也訳）『死刑を問う』（三一書房、91年）

フランスにおける死刑存廃論争を扱う。本書の原著刊行の後、フランスは一九八一年に死刑を廃止した。

伊藤公雄・木下誠編『こうすればできる死刑廃止――フランスの教訓』（インパクト出版会、92年）

「明日、みなさまのおかげで、フランスの正義はもはや人殺しの正義ではなくなるでしょう。明日、みなさまのおかげで、われわれ共通の恥辱である、フランスの獄中で、黒い天蓋の下で、明け方こっそり行なわれる死刑の執行はもうなくなるのです」というバダンテール法務大臣の演説を共感を持って引用し、フランスにおける死刑廃止の経過を紹介し、日本における議論と運動に示唆を与える。

ジル・ペロー（白取裕司訳）『赤いセーターは知っていた』（日本評論社、95年）

死刑廃止の一因となったフランス近年最大の冤罪事件を扱ったノンフィクション。一九七四年の少女誘拐殺人で逮捕された二〇歳の青年が死刑となったが、この判決には大きな疑問が指摘され、死刑廃止論を支えることになった。

ロベール・バダンテール（藤田真利子訳）『死刑執行』（新潮社、96年）

一九七一年九月、フランスのクレヴォーで起きた脱獄未遂と殺人事件で死刑を求刑されたボンタンの弁護士バダンテールの闘いの記録である。著者の闘いにもかかわらず、ボンタンは一九七二年に処刑されてしまった。著者はのちにミッテラン大統領により法務大臣に任命され、一九八一年に死刑廃止を実現した。弁護士、刑法学者、法務大臣として名高い著者の、勇気と悔恨と悲しみが込められた本書は、刑事司法とは何か、死刑制度とは何かを考えるための座右の書といえよう。

ロベール・バダンテール（藤田真利子訳）『そして、死刑は廃止された』（作品社、02年）

フランスで死刑廃止を実現した著者の闘いの記録である。バダンテールは、前著『死刑執行』（新潮社）において、殺人を犯していない依頼人の死刑執行を見届け、死刑廃止に向けて活動を始めた。ビュッフェとボンタンの処刑の後、著者は、死刑廃止集会に参加するとともに、凶悪犯罪者とされた被告人の事件を次々と引き受ける。四年前にビュッフェとボンタンの処刑を求めて叫んでいたパトリック・アンリの「事件」は、メディアによるリンチをもたらした。アンリ救援に力を注ぐ著者の自宅には爆弾が届けられる。アンリを終身刑とする判決は、死刑の終幕への予感となった。集会で、法廷で、論壇で、欧州人権裁判所で、著者は死刑廃止をコーディネートする長い長い闘いを続ける。ミッテラン大統領の当選がバダンテールの闘いを加速する。

「その夜はよく眠れなかった。何もかもめまぐるしく進んだのだ！　昨日までは、何もかも身になじんでいた。弁護士の仕事、教授としての職務。そして今、五十三歳にしてわたしは法務大臣となった。政治家としての経験はまったくないまま、人々から『生活を変えて』くれるものと期待されている内閣の一員となった。大臣の仕事など何も知らなかった」。

法務大臣になるや、大統領を説得し、迅速に死刑廃止法案をつくり、閣議を通す。「どうしてそんなに急ぐんですか？」と質問を受けるほど迅速果敢な攻勢である。

「誰もがわかっていた。決定的な瞬間だった。社会党は記名投票を要求した。壇上で投票が行われているあいだ、通路とロビーは興奮に包まれていた。やっと、議長のロベール・ロークールネが結果を発表した。修正案は一七二対一一五で否決された。拍手が起きた。右派の議席からも聞こえてきた。第一条『死刑は廃止される』は、即座に行われた記名投票の結果、一六〇対一二六で可決された。ふたたび大きな大きな拍手があがった。そのときで勝負は決まった」。

「わたしは大時計を見た。一九八一年九月三〇日、時間は十二時五十分。ヴィクトル・ユゴーの願い――『純粋で、単純で、決定的な死刑廃止』は実現したのだ。完全な勝利だった」。

なお、次の一節も引用しておこう。

「法案の中にいわゆる代替刑に関する条項を入れるのも拒否した。死刑は一つの刑罰だった。一つの刑罰を他の刑罰に置き換えることはしない。純粋に、単純にそれをなくすのである。刑法に用意されている刑罰のなかで死刑の次に重いのは無期刑だった。死刑が出てくるすべての条項で、それをぜんぶ無期刑にすればよい。簡単だ」。

欧州評議会議員会議／死刑廃止を推進する議員連盟『司法人権セミナー：死刑廃止全記録』（司法人権セミナー：死刑廃止全記録刊行会、02年）

二〇〇二年五月二七・二八日に参議院会館で開催されたセミナーの記録である。

第一日目は「なぜ死刑を廃止するのか」をテーマに、まず「死刑廃止国からの報告」として、セルヒー・ホロヴァティ・前ウクライナ法務大臣、オリヴィエ・デュブイ欧州議会議員、ケヴィン・マクナマラ議員などの報告と質疑、続いて「死刑制度の証言者」として、死刑冤罪の免田栄、確定死刑囚の母A、アムネスティ・インターナショナル日本の和田光弘、新聞記者の原裕司からの報告と質疑が行われた。

第二日目は、シスター・ヘレン・プレジャンの特別講演に続き、「死刑を廃止するための各国からの提言」として、韓国国会議員のチョン・デチョル、エストニア大使のカリン・ヤーニの報告、「日本死刑廃止への取り組み」として、死刑廃止議員連盟から浜四津敏子、金田誠一、木島日出夫、保坂展人からの報告と質疑、そして記者会見の模様が収録されている。

「ウクライナが国家として社会として発展していくうえで、三つ目の重要なことだったと思うのです。まず最初は、九一年の独立宣言であります。それから五年後、ウクライナは民主的な憲法を九六年に採択しました。これが第二番目の歴史的な出来事です。しかし私の考えでは、死刑の廃止が三番目に重要なものだと思うのです。九九年に起こったことであります。ソ連の遺産をずっと引きずってきたウクライナにとって、これは革命的なことでありました。ウクライナの社会にとっても、また法律的な文化にとってもであります。」（セルヒー・ホロヴァティ）

「日本が死刑を廃止すると、韓国やタイのようなアジアで民主主義が最もしっかり確立している国々は、きっと日本に続くであろうと思います。そして中国の全体主義国家制度が崩れれば、日本や韓国を他のアジア諸国は見習うようになっていくでしょう。ですから、他のアジア諸国の人々も、日本での経緯に必ず着目するでしょう。」（オリヴィエ・デュブイ）

「議員としては、日本でも他の国でも同じでしょうが、政府を抑えてあるいは党を抑えて、良心の問題に関しては自由な投票を行なうことができる、政府・与党を破ることが可能であるということなのです。最終的にはこの法律に第六議定書が入り、再びイギリス連邦王国で死刑を再復活することは不可能になったのであります。」（ケヴィン・マクナマラ）

「私は、もちろんこの特別法（死刑廃止法）は最終的に成功する、つまり通過すると思っております。ただそれがいつになるかわかりません。私としては全力を尽くしてこの第十六代の会期中に実現させようとしております。もちろんかなりの論争、あるいは障害があることは想像がつきますけれども、韓国社会の状況を見て、そしてその力を見れば、やはり一三年間もこの運動をしてきて、国民の意見も変わってきたわけですから、必ずやこの特別法は通過するものと思っております。」（チョン・デチョル）

「死刑の存続、あるいは廃止を論ずるとき、感情論に走っては行けません。非常にデリケートな問題が出てくるかもしれないからです。合理的でなくてはなりません。そしてまたわれわれがどのような社会に住みたいのかということを考えなければならないでしょう。その社会では全ての人権が守られ保護されているような社会なのか、あるいはその社会は基本的な人権そして生命権が保障されていない社会なのか、どういう社会に生きたいのかということです。」（カリン・ヤーニ）

フランセスク・エスクリバーノ（潤田順一訳）『サルバドールの朝——鉄環処刑された一アナキスト青年の物語』（現代企画室、07年）

死刑があった時代のスペインで、「不当な軍法会議により、一九七四年三月二日にバルセロナでガローテにより処刑されたサルバドールという二五歳の青年の物語」である。

「サルバドール・プッチ・アンティックが殺された日、私はまだ一五歳だった。あの日のことは私の記憶に強く焼きつけられた。それは私だけのことではなかった。あのニュースの衝撃はあまりに大きく、今でも多くの人が、バルセロナのモデロ刑務所で二五歳の若者が処刑されたということを知ったにがい思い出と、あの日、自分は何をしていたかということを重ね合わせて、はっきりと思い出せるほどだ。あの日、ほかの多くの人と同様に、私も怒りを感じた。私は何度も自問した。だが、なぜフランコ体制がそんな残酷な決断をしたのか、それは私の理解を絶することだった。一九八九年、サルバドールの没後一五周年の少し前、私は答えを探すことに決めた。私はテレビのドキュメンタリーを制作するためにそれを実行した。二カ月にわたって、あの出来事に直接関わった人びとに話を聞いた。家族、友人、仲間、刑務所の看守、弁護士……」。

本書はフランコ時代のスペイン、そこで生きた、あるいは生きられなかった人々の夢や希望や、恋や革命を描いている。人々は何を考え、願って空を見つめていたのか。何を考えずに地面を睨んでいたのか。どこにでもありえた、どこにもなかった青春の残酷が時代を動かす。

「サルバドールが死ぬ前に実現しなかった動員は、彼が死んでから広がっていった。処刑のニュースは街を、そして国家全体を揺り動かした。彼が処刑された三月二日、千五百人を超える人びとがモンジュイックの墓地に、警察に抗議しながら集まった。あの日以降、プッチ・アンティックの名は、彼の死に抗議するため通りに出た何千人という人びとの心に、そして人びとの叫びの中にあった。すべての人が平伏して生活していたある国の、ある時代に、何千人という人びとが、サルバドールがしてきたことと同じようなことをして、恐れることなく生きようとした」。

「特集・北欧にはなぜ死刑がないのか?」『季刊北方圏』一五一号（10年）

日本における死刑容認、厳罰主義の状況を考えるために、死刑廃止国はどのような歴史を経て廃止に到達したのか、国民はどのような論理で廃止を受け容れたのかを知るために、北欧四カ国の在日大使館に質問した記録を中心に編集している。

ヤン・ヴァールバリ（フィンランド大使館公使参事官）「神ではない国家に人命は奪えない」は、「一つの国が民主主義であればあるほど、国民は国家による暴力に反対だと。そこに死刑廃止の考え方が反映されているのだと思います」と述べる。

ステファン・ノレーン（スウェーデン大使館大使）「残虐な犯罪者の命にも価値がある」は、「国民の意見をリードする行動を政治家が率先してすることが大事です。政治家が国民の意見をその方向に持っていくのです」と指摘する。

ドッテ・バッケ（ノルウェー大使館一等書記官）「犯罪防止に死刑は意味がない」は「被害者の遺族が犯人の死刑を望んでいるといった新聞報道を私は見たことがありません。もしかすると遺族はそう言っているかもしれない。しかし、メディアには被害者遺族を守るという倫理的な拘束があり、被害者遺族がメディアに露出することを防ぐという考え方があります」と言う。

フランツ＝ミカエル・スキョル・メルビン（デンマーク大使館大使）「無実の人を処刑するリスクを避ける」は、「死刑は非人間的で不誠実な刑罰だと思います。死刑の執行は社会的な殺人が状況によっては許されるというシグナルとして受け取られかねません。犯罪防止策になるという証拠はひとつもありません」と指摘する。

さらに、オーベ・ブリング（スウェーデン国立防衛大学・ストックホルム大学名誉教授）「死刑制度について――ヨーロッパの視点から」は、国際自由権規約委員会やEUによる日本政府への死刑廃止勧告について、「政治的指導力を求める勧告だった。現代のリベラルな価値の実現に関する指導力である。そのような新たな政府の指導力が現実のものとなれば、間違いなく日本の国際社会での地位向上にプラスとなるだろう」と述べる。

上野達彦『ペレストロイカと死刑論争』（三一書房、93年）

旧ソ連におけるペレストロイカ以後の死刑論議を紹介・分析する。

西欧のみならず、旧社会主義諸国においても死刑廃止が相次ぎ、死刑廃止が国際的潮流となっていることは明らかである。無論、そのことが直ちに日本における死刑廃止の根拠とはならないとしても、死刑廃止の理論的根拠としての人権論（生命論、人間の尊厳）の深化・発展に学び、受容していく必要があることは確認できよう。

デイビッド・T・ジョンソン、田鎖麻衣子『孤立する日本の死刑』（現代人文社、12年）

法社会学専攻のハワイ大学教授と、死刑事件の弁護人を務めてきた弁護士による共著である。主要部分はジョンソンの著述だが、その翻訳も田鎖が行っている。

「日本の死刑について考えると、人びとは困惑するに違いない。最も基本的なこととして、アメリカ以外の先進民主主義諸国はすべて死刑を廃止したか、あるいは執行を停止しているのに、日本はいまだに死刑を維持している。一九九〇年代以降、死刑執行数が半分以下に減少し、死刑判決数は八〇％以上も減少したアメリカとは異なり、日本では同じ時期に、死刑執行数と判決数が急増した。

日本はまた、アジアでも唯一、死刑（判決）が増え続けてきたという点でも際立っている。イラン、イラク、サウジアラビアといったイスラム教国を除くと、世界の残りの国ぐにには死刑制度をすでに放棄しているか、その方向に動きつつあるように見える。法のもとに自国民を殺している国となると、日本の立場は世界のなかでますます孤立しつつある。」

はしがき冒頭の言葉に見られるように、今や孤立しつつある日本の死刑制度と実態を本書はつぶさに追いかける。日本の死刑について考えるために、本書はまずアジアにおける死刑に視線を向ける。

「死刑をめぐる二世紀にわたる議論において、次のフロンティアとなるのはアジア」であり、「政策の変化が社会や政府にどのような影響を与えるかを学ぶにあたって、アジアは重要な実験場だ」からであり、日本においては死刑に関する実証的研究が少なく、それゆえ日本とアジア諸国を比較する研究も少なかったからである。

全ての死刑を廃止したオーストラリア、ブータン、カンボジア、東ティモール、香港、マカオ、ネパール、ニュージーランド、フィリピン。

事実上廃止したブルネイ、ラオス、モルディブ、ミャンマー、パプアニューギニア、韓国、スリランカ。

そして存置国であるバングラデシュ、中国、インド、インドネシア、マレーシア、朝鮮、パキスタン、シンガポール、台湾、タイ、ベトナム、モンゴル。

死刑の多い中国やシンガポールでも減少傾向にあり、マレーシア、バングラデシュ、インドネシアはイスラム教国だが、死刑執行率は低い。現象の原因は独裁主義体制の崩壊、左派リベラル政権の成立、経済発展、国境を越えた人権擁護運動などに求められる。

そのうえでフィリピンと日本を対比して「経済発展なき廃止」と「廃止なき経済発展」の関係を論じ、韓国と台湾を素材にアジアにおける死刑廃止のフロント・ランナーの実情を明らかにする。また、中国、ベトナム、朝鮮に関して共産主義と死刑の関係を問い、香港とシンガポールという二つの都市を対比する。

本書第二部では、日本の死刑を動かすものは何かと問いを立てて、裁判員裁判、被害者、人権、政治について論じる。「日本国内において、死刑は人権問題であるとは認識されていない。

しかし、国際社会において、日本の死刑は『「先進民主主義国家日本」が抱える最大の人権問題』であると捉えられており、その注目度はますます高まるばかりである」とする著者は、生命権、公正な裁判を受ける権利（必要的上訴の欠如、死刑執行停止と再審請求、弁護人との秘密交通権の欠如、精神障がい者に対する死刑執行）、拷問等と死刑、普遍的定期審査と死刑について検討している。

ピーター・ホジキンソン、ウィリアム・シャバス編（菊田幸一監訳）『死刑制度——廃止のための取り組み』（明石書店、09年）二〇〇四年にケンブリッジ大学出版から出版された原著の翻訳である。ホジキンソンはロンドン・ウエストミンスター大学ロースクール死刑研究センター所長、シャバスは国立アイルランド大学人権法教授、アイルランド人権センター所長であり、翻訳は明治大学名誉教授の監訳者と、明治大学大学院の研究者たちである。

全一五章から成り、死刑問題の理論的総合的研究書であり、各国の第一級の研究者の諸論文から成る死刑廃止のための戦略論である。

「死刑——改善か、それとも廃止か」（ホジキンソン）、「国際法と死刑——変化の反映か促進か」（シャバス）、「医師と死刑——倫理と残虐な刑罰」（ロバート・フェリス／ジェームズ・ウェルシュ）、「死刑の代替——代替的制裁という結論の出にくい争点」（アンドリュー・コイル）、「アメリカ合衆国における宗教と死刑——過去および現在」（ジェイムズ・メギバーン）、「乱雑な死刑執行について」（マリアン・ボーグ／マイケル・ラドレット）、「シャリーアにおける刑罰としての死」（チェリフ・バッシオーニ）、「アメリカ合衆国における死刑廃止——制度の障害および将来の可能性の分析」（ヒューゴー・アダム・ビドー）、「アメリカ合衆国における死刑——執行停止への努力と主な動向」（ロナルド・タバック）、「リトアニアの死刑廃止への実験」（アレクサンドラス・ドブリニナス）、「韓国と日本の死刑——『アジアの価値』そして死刑に関する論争」（チョ・ビョンソン）、「旧ソビエト連邦共和国グルジアにおける死刑廃止戦略」（エリック・スワゼニ）、「カリブ海諸国における死刑——植民地の遺産、植民地の権利の実現方法」（ジュリアン・ノウルズ）、「世論と死刑」（シャバス）、「死刑——殺人の被害者および死刑囚の家族の要求に応えること」（ホジキンソン）。

死刑廃止をめざす刑法学と国際人権法の共同作業であり、今日の理論水準を反映するとともに、リトアニア、韓国、グルジアにおける死刑廃止戦略や、アメリカ合衆国における状況を手際よくまとめた、死刑をめぐる比較法研究の到達点といえよう。EU諸国が死刑を廃止したため、死刑論議の主たる舞台はアメリカであった。中国、日本やイスラム圏も問題となるが、議論はアメリカに偏っていた。本書でもアメリカの情報が多く取り上げられているが、それだけではグローバルな死刑論議はできない。本書では、イスラム圏、アジア、旧ソ連圏、旧植民地カリブ海における論議も参考にしながら、人類社会における死刑の意味と、死刑廃止の必要性を議論し、死刑廃止の戦略を練る。

日本については次のように述べている。

「日本における死刑の衝撃的な面の一つは、その執行が独断的で、秘密的なことである。法務省によって決められる選択の論理的根拠を説明することはほぼ不可能であり、死刑囚のうち何人かは死刑囚監房で二〇~三〇年以上を送っている。次の処刑をいつ、誰にするかの選択は、死刑囚の死に対する心の『準備』の評価に基づいているということであるが、その法務省の政策は人道的刑罰政策の観点からは理解しがたいものである」。

「アジア的価値観」といった文化相対主義については次のように批判している。

「このような考えを続けると、『権威主義的アジア的な価値観』の単純化されたカリカチュアに反対するのは容易であろう。なぜなら、この『アジア的価値観』という命題は、儒教の伝統的価値観においても重要視されてきた人権の尊重ということに関してはまったく意味を持たないからである。しばしば死刑に関しての国民的議論が、純粋に国民的な観点から行われた。しかし、この議論は、特に極東においては、その正当化の理由を失っている。というのも、この議論においては、法律上の論法にしたがって死刑に優先する超越的倫理観が解決されなければならないからである。わたしの考えでは、超越的倫理観は自然法の理論の変容と思える。それゆえ、極東では国際的な次元からの考え方が必要となるのである」。

近代における死刑廃止の思想には二〇〇年をこえる歴史がある。いまや死刑廃止国が過半数を占める。とはいえ、アメリカ以外にアジア、イスラム圏など存置国も多く、死刑廃止国に暮らす人々は少数であり、死刑存置国に暮らす人々が実は八割だという。国際社会における死刑廃止の戦略も修正を繰り返す必要があるだろう。EU諸国を中心として、国際人権法を発展させ、生命権と人間の尊厳を柱に死刑廃止を実現してきたが、現在の日本に典型的なように、生命権と人間の尊厳を巧みに回避し、議論をすり替える主張が強まっている。国家刑罰権として の死刑の存否の問題を、個人の主義主張のレベルに引き下げて論じる例も増えている。国家刑罰権の問題を、個人的な人生観だけを根拠に論じる風潮が蔓延している。刑罰ポピュリズム、ワイドショー刑法が、法の精神を破壊する。

注意しなければならないのは、ワイドショー刑法が非常に強力で、ほとんど無敵の「論拠」であることだ。いかに事実を積み上げても、いかに理論を駆使しても、ワイドショー刑法に反証することはきわめて困難である。ワイドショー刑法を説得することは容易ではない。ワイドショー刑法の最大の強みは卓袱台返しである。理論に基づく説得は、むしろ反感を招くだけである。ワイドショー刑法にとっては専門知こそ誤謬の代表なのだ。専門家の排除、専門的知見の転覆こそ、正当化根拠となる。その際、擬似専門家のレトリックが重用される。ポピュリズムは直感、思いつき、思い込みに立脚するので、素人の直感こそ無敵の論拠となるが、擬似専門家のレトリックによる支えと繕いも用意される(ワイドショー刑法について、前田朗『黙秘権と取調拒否権』三一書房、16年、参照)。

国家よりも社会のあり方が前面に出ていることも気になる。いずれにせよ、死刑廃止の思想と運動が、ここにとどまり続けることのないよう、国際人権法の理念と内実を世界大に浸透させていくための工夫が求められている。

二 アジア

国際的な死刑廃止の流れに対して、死刑存置国が目立つのは、東アジア、イスラム圏、アメリカである。東アジアでは中国と日本が存置国であり、執行を続けているが、韓国のように廃止に向けた取り組みも知られる。

日弁連人権擁護委員会・死刑制度問題に関する提言実行委員会『大韓民国死刑制度調査報告書』（日弁連、04年）

二〇〇三年六月に実施された日弁連死刑制度韓国調査団の報告である。

韓国の死刑の現状と執行停止前後の死刑の状況、死刑廃止運動の経過、国会に提出されている死刑廃止法案、死刑確定者の処遇などについて詳細に報告されている。調査団は、西大門刑務所歴史館、大韓弁護士協会、新千年民主党、大法院（最高裁判所）、NGOなどを訪問して、インタヴューを重ねた。死刑に関する憲法裁判所判決、死刑の宣告基準に関する大法院判決、弁護士協会のアンケート結果など資料も充実している。

韓国では金大中大統領就任以来、死刑執行が行われていない。盧武鉉大統領も死刑執行をしないと表明し、事実上の死刑執行停止が続いている。韓国法務部は死刑存置の法制度を前提としているが、「韓国の大統領は、赦免権、特赦権、恩赦の権利をもっている。死刑を無期に減刑する権限を有しており、実際に死刑の無期への減刑は今までも多くある。法務部長官も、行政部の一員として、当然、政府の首班である大統領の考えとか哲学を、自分の行なう行政に反映しなければならない。そのため、金大中大統領の時は、大統領は特に死刑問題に関してそのような考えをもっていたということで、そのようなことになっていた」としている。

また、国会には死刑廃止法案が上程されている。二〇〇一年一〇月三〇日、鄭大哲（チョンデチョル）議員が中心となって二七七人の過半数以上の一五五人の議員の賛成署名で国会に提出された。

鄭議員は「法務委員会では保守的な人たちが多い元検事などで三分の一くらいは死刑廃止に反対している。二〇〇六年四月までに、小委員会が公聴会を開く予定である。議長自身も法案に署名しており、議長の職権で議案を小委員会を経ないで本会議に上程することも考えられる。議員の四分の一が賛成すれば特別委員会で審議できる。六〇％くらいの国民が死刑廃止に反対であるが、国会議員の過半数は死刑廃止に賛成している。誰がこれを積極的に推し進めるのかが問題である。死刑廃止運動の具体化はこれからだと考えている。あまり性急にやらずに、腰を落ち着けてやりたい」としている。世論は死刑廃止に反対の割合が高いともいわれるので、国会での議論を尽くす方向で事態が進行中である。

朴秉植（パクピョンシク）『死刑を止めた国・韓国』（インパクト出版会、12年）

事実上の廃止国に数えられるようになった韓国の状況を詳細に描いている。著者は東国大学法学部教授だが、かつて明治大学大学院に留学して博士課程を修了して帰国した経歴を持つ。

日本を代表する死刑廃止論者の菊田幸一（明治大学名誉教授）や辻本義男（中央学院大学教授）に学び、安田好弘（弁護士）を「大切なヒーロー」と呼ぶ研究者である。韓国の死刑に関する情報はこれまでも多数あり、研究の積み重ねがあったが、本書は歴史的な経過を含めて学術的系統的に韓国の死刑と死刑論議の全体を提示している。

本書の構成は次の通りである。「プロローグ」「第1章　死刑に処される犯罪」「第2章　歴代政権の態度と死刑執行の手続き」「第3章　死刑制度に対する司法の判断」「第4章　死刑と被害者感情」「第5章　死刑と世論」「第6章　死刑と犯罪抑止効果」「第7章　死刑と誤判」「第8章　代替刑と死刑廃止法案」「第9章　死刑囚の刑務作業と教化」「第10章　殺人被害者遺族への支援」「第11章　死刑廃止運動の歩みと展望」「エピローグ」。

死刑存廃論の在り方は、国や地域を超えて共通する面と、国や地域によって異なる面とがあることは言うまでもない。それぞれの歴史、宗教、刑事司法全体の在り方、文化などさまざまなファクターに規定される。これまで日本における死刑論議が、アメリカや西欧との対比で行われたり、国際人権法の文脈で行われたり、アジアの状況を念頭に行われたりしてきたが、その中で、共通する面や異なる面が逐次吟味されてきたと言えよう。

本書はそうした成果も踏まえて、韓国における死刑存廃論の展開を追跡している。被害者感情、世論、犯罪抑止効果、誤判、代替刑、被害者遺族支援といった論点は共通であるが、論点が共通であることが直ちに議論が共通であることにもならない。もともと、死刑相当犯罪も国により差異があり、刑事司法の担い手の意識や行動も違う。本書では韓国における死刑相当犯罪に関して「特別法は死刑の宝庫」と呼んでいるように、刑法典だけを見ても理解できない点も残る。そして、韓国現代政治史と死刑問題が密接に結びついていることから、歴代政権の姿勢も検討対象とされている。

韓国における議論の中で重要なのは、二〇一〇年二月二五日の憲法裁判所判決であるが、著者は、一九九六年判決では合憲七対違憲二だったのと比べて、今回は合憲五対違憲四になったことの意味を強調している（韓国憲法裁判所が違憲判決を出すには三分の二が必要だという）。そして、「死刑制度が違憲であるか否かの問題は憲法裁判所の権限であるが、死刑制度を法律上存置するか廃止するかの問題は立法府が決めるべき立法政策的な問題である」としたことを特徴とみる。

最後に著者は次のように述べる。

「日本と韓国は、互いに影響を及ぼしてきた。死刑問題においても同じである。一九九〇年から三年間余り日本で執行が停止していた頃、わたしは日本の執行停止を紹介して、日本に学ぼうと促した。ところが、最近は、全く逆に日本が引用されている。『日本のような先進国も死刑執行を続けている』といって死刑を正当化している人がいるのである。韓国の死刑問題において、日本は善かれ悪しかれ、『モデル国』なのである。なるべくよいモデルになってほしい。

私は日本に留学して、死刑廃止の理論を勉強し、市民運動の一員として死刑廃止運動に加わった。帰国してからは、日本で得た知識と運動方法を生かして、韓国の死刑廃止運動を手伝ってきた。死刑問題を通じて、日本と韓国をわたり、素晴らしいことを学び、多くの友人を得ることができた。日本は、私にとって学問の源である。／その一方でわたしはこれから、『事実上の廃止国』という韓国の知恵を日本人の方々に知らせ、微力ながら日本の死刑廃止を手伝うつもりである。本書が日本の死刑廃止に少しでも役立つことを祈る。」

王雲海『死刑の比較研究——中国、米国、日本』（成文堂、05年）

死刑存置論と廃止論の対立の「壁」を克服するために、「実在論」的研究としての比較研究を進める。中国、米国、日本を比較対象とするのは、第一にいずれも死刑存置国であり、第二に死刑の規定や執行には相違があること、第三に著者自身これまでもこの三カ国の比較を行なってきたことが示される。

著者はまず「死刑の罪名」を比較した上で「死刑の様式」として絶対的死刑と相対的死刑を対比し、「死刑の条件」として死刑の一般条件、妊婦や少年の死刑に関する比較を行っている。次に「死刑の執行方法」については、その公開性、執行の担い手、執行の方式（銃殺、注射、絞首など）を検討している。さらに「死刑の前後刑罰」として、中国の執行猶予つき死刑、米国の終身刑、日本の無期懲役を検討している。最後に「死刑の社会的基礎」として、「権力社会」としての中国、「法律社会」としての米国、「文化社会」としての日本を比較している。

本書はいくつかの結論をまとめている。例えば「中、米、日のいずれの国も、死刑を固持しているものの、それを『理屈のないもの』か『弱みのあるもの』として自らも強く意識しているのではないか。また、死刑は、法律制度として、中、米、日のいずれの国においても『矛盾』に陥っており、ボロが出ているのではないか」。もっとも、これは三カ国の比較研究からよりも、死刑廃止国との関係で浮上してくる論点と思われる。

本書全体の死刑論の結論は「犯罪は行為と反応の統一体であって、犯罪の多少や治安の状況が発生した犯罪件数だけでなく、どのような反応や評価をするかにも大いに関わっている。我々の、死刑に対する姿勢もこれと同じである。……死刑はやさしくて難しい問題であって、それは人々の信念によって、優しくなったり難しくなったりするのである。死刑が『是』か『非』かは、実証・論証の問題である以上に、どのような社会を理想とするかという信念の問題である」。

著者には先に『賄賂の刑事規制』（日本評論社）、『刑務作業の比較研究』（信山社）などがあり、中国・米国・日本の比較研究を行なってきた。その意味で著者にとっては当たり前の三カ国の比較という研究方法自体が、日本の死刑存廃論にとっては新鮮であり、有益であろう。今後も刑事法分野での多彩な比較研究が期待される。

本書に関しては若干の注文を付しておきたい。第一に、三カ国の比較に際して、米国における人種差別や中国における多民族の実際がどのような影響を及ぼしているかについては重視されていない。人種・民族、あるいは階級・階層の視点は重要ではないのだろうか。

第二に、中国＝「権力社会」、米国＝「法律社会」、日本＝

「文化社会」という「社会的基礎」を取り上げて分析しているが、それぞれの社会特質としての説得力自体に疑問がある。「文化こそ日本社会の原点」であると断定しているが、この断定に学問的にはいかなる意味があるのだろうか。日本人論や日本文化論の多くが学問以前の思いつきに過ぎないことは今や周知のことではないだろうか。「文化こそハンガリー社会の原点である」「文化こそモザンビーク社会の原点である」「文化こそハイチ社会の原点である」「文化こそクルド社会の原点である」……。国民国家をもたないクルド人についても「文化こそクルド社会の原点である」と言える。

第三に、仮に日本が「文化社会」であるという仮説を採用したとしても、いつから、どのようにして「文化社会」が形成されてきたのか、「文化社会」形成のそれぞれの時期に死刑はどのような意味を持っていたのかを分析する必要があるのではないだろうか。

第四に、三カ国の比較研究から死刑存廃論についての一定の結論が引き出されている。それならば今や過半数を占めるに至った死刑廃止国との比較研究も織り込む必要があるのではないだろうか。

王雲海『賄賂はなぜ中国で死刑なのか』(国際書院、13年)

刑事法研究者で一橋大学大学院教授による研究書である。著者はこれまでにも、賄賂罪、刑務作業、死刑について研究してきた。さらに著者独自の「国家・社会文化論」を唱えてきた。

これまでの「日本人論・日本文化論」「中国人論・中国文化論」と似ているが、異なるのは、国家論と密接につながっていることである。国家と社会の差異や、国家を構成する民族の多様性を捨象した国家論であり、法文化論である。著者の法文化論や比較法の方法については、すでに疑問を述べたので、ここでは省略する。

本書は、著者独自の文化論を基礎に、賄賂罪と死刑の研究の両者をつなぐ試みである。第8章「なぜ中国だけが賄賂に死刑を科すのか」において、米国、日本、中国が対比される。「市場の自由競争」から賄賂を「経済犯罪」の一種とする米国、「公務員の人格の反省」から賄賂を「文化犯罪」の一種とする日本に対して、「一党支配の正統性」から賄賂を「政治犯罪」の一種とする中国を浮き彫りにする。

「中国での法律はあくまでも権力に属されて権力の意志を最も多く反映しているものである。このような特徴は未だに消えていない。こういう権力社会では、賄賂をいけないこととみなす最大な理由は権力の政治観であって、賄賂を犯罪として定めて刑罰を科すことの究極的目的は権力の正統性の維持にある」。

一九八〇年代から一定の開放政策はとられたものの、「共産党の一党支配」原則は揺らいでいない。歴史的理由からも、現実的状況からも一党支配が正当であると考えられているため、一部が職権を利用して賄賂を取ることは「大公無私」・「人民の利益の代弁者」に対する重大な違反となり、断じて許されないということになる。

すなわち、第一に、「賄賂などの腐敗が党の運命・一党支配にかかわる重大な問題であって、厳粛に対処しなければならない」。第二に、「賄賂などの腐敗分子はあくまでも個別的少数者に過ぎず、党員・公務員の絶対多数は人民の利益に奉仕している廉潔者である」とされる。第三に、「賄賂などの腐敗行為への摘発は一党支配に反対する勢力の口実にならないようにおこなわなければならない」。

もっとも、著者によると「賄賂への死刑は、党員・公務員による賄賂などの腐敗行為の抑制・減少にはつながっておらず、威嚇予防効果は全くといってよいほどない」という。なぜなら、腐敗行為多発原因は「死刑を科すかどうかよりも、社会特質や公務員組織の特徴や社会の状況など、ほかのところにあるからである」。中国が「権力社会」であるという時、「冨あっての権力ではなく、権力あっての冨である」から、賄賂など腐敗の必要性と可能性が高くなってしまうという。最後に著者は次のように述べる。

「中国政府は、賄賂への死刑適用をもって『一石三鳥』を得ようとしているものの、実際上『一鳥』も得ていないのが、無情にも、現実となっている。結局、賄賂への死刑適用が中国に本当にもたらしているのは、中国における賄賂などの腐敗対策の政治性と異常性を世界に見せ付けていること、および、賄賂などの腐敗行為で摘発された党員・公務員が事実上政治の生贄として法外化されていることだけである。そのいずれも法治国家の理念に合わないのである」。

鈴木敬夫編訳『東アジアの死刑廃止論考』（成文堂、07年）

韓国、中国、台湾における死刑存廃論議を詳細に紹介している。『札幌学院法学』連載稿を中心にまとめた専門書である。

第一章「韓国・死刑制度は憲法に反し、人間の尊厳を否認する」では、沈在宇（高麗大学校教授）「人間の尊厳と死刑廃止論」、許一泰（東亜大学校教授）「死刑制度の違憲性と死刑代替刑罰の検討」などを収録して、死刑廃止に向けた動きを紹介している。

他方、第二章「中国・まず非暴力犯罪に対する死刑廃止を！」では、陳興良（北京大学法学院教授）「死刑存廃の当為と存在」、陳澤憲（社会科学院教授）「死刑適用の厳格化について」をはじめとする諸論文を紹介し、死刑の多い中国における今日の課題として経済犯罪などの非暴力犯罪に対する死刑適用をやめることの重要性を指摘している。

第三章「台湾・いかに死刑囚の生命権を保障するか」では、蘇俊雄（元台湾大学教授）「死刑制度と理性的批判」、李震山（国立政治大学教授）「裁判官が法に依拠して死刑判決をすることについて」など、国際人権法の観点からの議論も紹介している。三カ国における刑事法・法哲学・憲法・国際人権法を踏まえての死刑存廃論議であり、日本における議論と比較しながら読むことができる。

編訳者は「我われが戦争の名の下に多くの人間を殺害し、さらに死刑制度を設けてまた人間を処刑する、このように人間が人間を殺す虐行を決して許さないとする、そのような社会を構築して、人間と社会の在り方に確固たる模範を示さないかぎり、殺人犯罪は根絶できないであろう」と述べる。

「シンポジウム・東アジアと合衆国における死刑」『矯正講座』第三二号（龍谷大学矯正・保護課程委員会、成文堂、13年）

二〇一二年八月に神戸国際会議場で開催された日本犯罪社会学会の企画としてのシンポジウム（司会：石塚伸一、D・T・ジョンソン）の記録である。

冒頭の「企画の趣旨」（石塚伸一）によると、韓国は一〇年以上執行が停止されて事実上の廃止国となっている。台湾は一時廃止の方向に向かったが、執行が再開された。中国は世界で最も多くの執行をしているが、死刑判決は減りつつあり、立法においても死刑を法定することを減らしている。アメリカ合衆国では、ここ数年間で死刑判決は半減した。執行も抑制的となり、執行方法の残虐性をめぐる議論が展開されている。

「このような流れの中で、日本の動きは特異である。二〇〇〇年代に入って死刑や無期懲役刑の判決が激増し、自民党政権末期には特定の法務大臣が多くの死刑を執行し、『殺人狂時代』と呼ぶにふさわしいような状況にあった。その後、裁判員裁判法の施行や政権交代で、死刑の判決や執行の数は激減した。しかし、昨年、民主党の法務大臣が死刑執行を命令し、多くの市民を失望させた」。

日本の死刑について、石塚は次のような分析も提示する。

「日本では、被害者やその遺族への配慮、世論調査の圧倒的支持が、死刑存置の根拠とされることが多い。しかし、死刑を法定する犯罪の多くは、国に反逆する犯罪や公共危険犯である。憲法上、軍隊を否定している日本では、戦争によって国家が暴力装置であることを示すことができないので、統治者は死刑をなんとしても維持しようとする。日本のような犯罪の少ない国で死刑が存置されているのは、実は治安政策のためである」。

シンポジウムでは四つの報告がなされた。「日本の死刑」（布施勇如、龍谷大学大学院）は、死刑に関する状況を整理し、特に裁判員裁判との関係で残虐性をめぐる議論に焦点を当て、「大阪パチンコ店放火事件」おける弁護側主張を紹介している。

「韓国の死刑制度と廃止への歩み」（朴秉植、東国大学教授）は、韓国が事実上の廃止国となってはいるが、憲法裁判所が死刑は違憲ではないという決定を下したことを紹介し、事実上の廃止国になったことが国民に十分知られていないことを指摘する。

「台湾における死刑執行の停止と再開：これまでとこれから」（謝如媛、国立チェンチ大学准教授）は、陳水扁政権の下で死刑執行が停止されたが、二〇一〇年、死刑論議が再燃し、執行が再開されたという。「被害者対策の重要性を掲げていながら、実際にそれに相応する行動を行っていないことは、被害者の不満や世論の被害者への同情を呼び、死刑存続の正当性や死刑執行への支持を集めているのではないか」と問う。

「中国はどのようにその死刑制度を改善しているのか」（王雲海、一橋大学大学院教授）は、中国政府が死刑執行数を公表しないのは、「死刑判決もその執行も人々を驚かすほどあまりにも多いことで、それを公表したら大きな批判を引き起こすからであろう」としつつ、中国政府もいろいろな方策を通じて死刑制度を改善、不十分とはいえ死刑多用を変える努力をしていることも紹介する。

竹澤恒男『求刑死刑――タイ・重罪犯専用刑務所から生還した男』（彩図社、17年）

二〇〇二年一二月、覚せい剤密売容疑のため、バンコク（タイ）のドンムアン空港で逮捕され、一審で求刑死刑、判決は終身刑を言い渡された。二審で懲役三〇年に減刑となり、バンクワン刑務所に服役した。二〇一六年九月、一四年目に特赦により釈放され帰国した。帰国後にブログ『南獄手記番外編』を始め、獄中情報を発信している。

首都バンコク北方に位置するノンタブリー県にあるバンクワン中央刑務所は、タイ全土の犯罪者たちから恐れられている刑務所だという。懲役三〇年以上の長期受刑者、終身刑者、そして死刑囚が収容される重罪犯専用の刑務所である。

著者はタイ版アルカトラズ刑務所とでも言うべきバンクワン刑務所で一四年間服役した。その経験を「南獄手記」と題してタイの日本語情報誌『DACO』に連載した。本書はそれをもとにした本である。獄中生活の数々のエピソードは「楽しい」が、死刑との関連では、第一に、著者自身がまさかの死刑を求刑された時のことである。日本語訳も英語訳もないので言葉が分からないまま迎えた法廷で、検察官が求刑を告げた。女性弁護士が青白い顔をしている。通訳はショックを受けたような表情だ。

「予想もしなかった求刑の重さに、身体が平衡感覚を失うほどのショックを受ける。これが夢であってくれたら……。私はだれに祈るでもなく両手を合わせた」

著者によると、タイの裁判では、判決が求刑の半分になることが多く、求刑が死刑であれば終身刑が言い渡されることが多いと言う。となると、生きて再び日本に帰れないかもしれない。「希望が一瞬で打ち砕かれてしまった」。著者は実際に終身刑を言い渡され、バンクワン刑務所に移送された。

第二に、バンクワン刑務所二番ビルの一階が死刑囚居住区であった。死刑囚には作業がないが、足かせをつけられたままで、鎖のジャラジャラという音を響かせながら歩いていた。しかし、二〇一三年、足かせ、鎖がすべて取り外された。その様子を首相が視察に来たという。執行方法は以前は銃殺だったようだが、毒物注射になった。二〇〇九年八月に二名の死刑執行がなされた。六年ほど執行がなかったので、このまま廃止になるのではないかといった噂が出たところに執行がなされたので、確定死刑囚には衝撃だったという。執行された二名はともに麻薬事犯であった。著者は「連日のように報道されている麻薬事犯への見せしめ、また、刑務所内で死刑囚を中心に蔓延している薬物への締め付け、と言う二つの意味があったのではないか」という。と言うのも、面会者による差し入れのため刑務所内で薬物が乱用されていたようだ。日本とはまったく異なるタイの死刑囚事情が紹介されている。

鈴木英司『檻の中の闇』（小学館、00年）

フィリピンで日本人として死刑判決第一号となった著者の手記である。お土産にもらったクッキーの箱に大麻が入っていた容疑で逮捕され、大麻所持で死刑判決を受けたという著者は、モンテンルパ刑務所で一九九四年から無罪を訴え続けている。事件の経過や判決の法的内容は本書からはわからない。救援活動を親身に続けてくれるものもいるが、著者に接近して救出を約束しながら金を巻き上げようとする日本人が多いことや、フィリピンの刑務所の中の生活状況、人間関係が描かれた刑務所体験記として読むことができる。死刑制度が復活したフィリピンでの死刑囚という境遇を恨むのではなく、冤罪を訴えつつも、自らの人生を反省し、刑務所の人間模様を知らせようとする著作である。

三　アメリカ

アメリカも死刑存置国として知られる。国連人権理事会で死刑論議がなされるたびに、アメリカ政府は「国際法は死刑廃止を求めていない。死刑存廃は各国の主権が決することである」と繰り返してきた。しかしアメリカの死刑状況にも大きな変容がみられる。

スティーヴン・トロンブレイ（藤田真利子訳）『死刑産業――アメリカ死刑執行マニュアル』（作品社、97年）

「〝人〟と〝機械〟の物語」である。著者は作家であると同時にドキュメンタリー・フィルム制作者であり、ミズーリのポトシ矯正センターでの長期取材を中心として、アメリカにおける死刑の歴史、とりわけ死刑をする側の意識と行動、「人道的な執行」のための装置類、死刑を待つ囚人たちの生活と恐怖を描き、「もう一つのアメリカ」の不条理を追求する。ナチスのガス室を検証（否定）したことで知られる「ロイヒター・リポート」の〝死刑エンジニア〟フレッド・ロイヒターがいきなり主役で登場し、「人道的死刑」たる「致死薬注射装置」が披露される。「デッドマン・ウォーキング」の映像が想起される。

宮本倫好『死刑の大国アメリカ』（亜紀書房、98年）

アメリカにおける死刑について「政治と人権のはざま」という観点で検討する。暴力的な「男らしさ」重視の社会、「タフであること」が期待される社会から濾過してくる死刑の意味。人種差別、貧困問題と死刑の関連。死刑の公開。死刑を「望む」囚人。死刑が政治化するアメリカと死刑に沈黙する日本との対比も興味深い。

トマ・ルメール（小野ゆり子訳）『ばかげた裁判に殺されかけた男』（早川書房、03年）

本書は「正義の国アメリカの司法制度が生んだ最悪の冤罪事件」、そして原題「不条理に至るまでの正義」が示すように、アメリカ司法が犯した冤罪の顛末を追いかけながら、司法＝正義の不条理を鋭く突く。

「人は生涯でいったいどんな道を通ったために、また通らなかったために、司法の過ちの犠牲者となるのだろうか。マイケル・パルデューとこの本の読者と著者の私とに決定的に共通しているのは、誰もこれらの殺人に関して無実だということだ。それなのにマイケル・パルデューは刑務所にいる」。

一九七三年、三件の殺人を「自白」させられた一七歳のマイケルは終身刑を言い渡された。極貧で孤立し、落ち込んでいただけのマイケルを救ったのは、文通相手のベッキーだった。

「本当のことを言って。それでどうなるってことはないんだから。あなたはほんとうに人を殺したの」

「殺していない。僕は無実だ！」

「無実なのに、なにもしないの？」

「どうしろっていうんだ」

「そんなのわからないわよ。でも、闘わなきゃ。闘うのよ！」。貧しく、法律知識もない二人の絶望的な闘いは、必死の勉強と支援請求活動に費やされた。二五年という気の遠くなる歳月を、泣きながら闘い続けた二人に決して天使は囁かなかったが、一九九七年六月二五日、ついにマイケルは三件の殺人全てが誤判であったことを証明し、無罪を獲得した。ところが裁判所は、マイケルが服役中に試みた脱獄の罪でなんと再び終身刑を言い渡し、マイケルは獄中に引き戻されてしまった。誤判のせいで間違って拘禁されたのに、その間の脱獄容疑で終身刑である。

狂気の司法とマイケルとベッキーの闘いに、若きフランスの弁護士である著者が加わる。カーン記念館での弁論コンクールでマイケルの事件を報告して賞を受けた著者は、マイケルに手紙をかいて、救援に乗り出した。二〇〇一年二月一五日に仮釈放されるまでの、恐怖、絶望、叫び、傲慢、動揺、憎悪、信頼、そして愛——。

アメリカ司法という名の偽善との小さき者たちの闘い。数多くの冤罪との闘いに共通の要素をマイケル事件も全て兼ね備えているが、どの冤罪も「比較不能」であるように、マイケル事件も特異であり、仮釈放までの物語は感動的である。その感動はあまりにも当然の感動である。冤罪被害者の物語が実に感動的となるのは極めて自然なことである。そのことを取り上げて「犯罪被害者を英雄に祭り上げるな」というのは、それこそ筋違いの批判である。誰も冤罪被害者を英雄に仕立てようとしていない。そんな必要はどこにもない。隠され、語られてこなかった事実が、自ずと人々を感動させるのである。

ランディ・スターー（ニキ・リンコ訳）『俺、死刑になるべきだった？』（花風社、02年）

「暴力の渦巻く中で育ち、酒とクスリに溺れ、ついに母親を殺した男。精神異常のため無罪になった著者が立ち直りのチャンスをくれた世の中に恩返しするために書いた魂の告白！」である。

一九五〇年、アメリカ中西部に生まれた著者は一九七九年「人生が完全に崩壊」し、母親を刺し殺した。重警備刑務所に収容されたランディの回想を通じて、人生、家族、友人、社会、そして自分を考える素材がここにある。殺さなかった人間は単に殺せなかった人間なのか？　誰もが自分の問題として考えることができる。だからこそランディは自分で考え、自分で判断できた。「生きるって決めた日」の光のシャワーを浴び「人間は、立ち直れるんだぜ！」と叫ぶことができる。時は過ぎ行く。その中で自分をさらし、自分を変えながら、生き続けることの苦難——。そして最後に小さく呟く。「自分には本当に魂なんてあるのか」。一秒でも考えようとする読者は、ここから出発することができるだろう。

アメリカ法曹協会（ＡＢＡ）個人の権利と責任部会『ＡＢＡ死刑モラトリアム実行プロジェクト報告書』（日弁連、04年）

一九九七年二月のＡＢＡ死刑モラトリアム決議を柱とし、その後の活動や進展をフォローした二〇〇三年八月段階の報告書の翻訳である。

決議は「死刑事件における適格な弁護人の選任と任務遂行」「州ポスト・コンヴィクションおよび連邦人身保護手続における

る憲法上の申立内容の当否について、州裁判所および連邦裁判所が、独立に裁判権を行使する権限と責務の維持・強化」「死刑事件の宣告における被害者ないし被告人の人種的理由に基づく差別の除去」「精神遅滞および犯行時一八歳未満の被疑者・被告人に対する死刑執行のとりやめ」を求めている。

報告書は、決議以後の連邦および州における進展を紹介し、地域社会に根ざした運動や報道機関についても言及している。資料には、同決議、死刑関連データ、年少者の死刑執行に関する制定法と司法判断、精神遅滞者の死刑執行に関する制定法と司法判断、各州のモラトリアムおよび死刑制度の研究に関する立法、弁護人の適格および報酬に関する立法、死刑事件における放免・釈放などが収録されている。

日弁連・死刑制度問題に関する提言実行委員会『アメリカ死刑問題調査報告書』(日弁連、04年)

二〇〇四年二月から三月にかけての日弁連死刑問題アメリカ調査団の報告書である。冒頭に調査の概要が、三つの論点に即してまとめられている。

第一に、アメリカの死刑モラトリアム運動の現状として、運動が活発なメリーランド州、ノースカロライナ州、イリノイ州の様子を紹介し、モラトリアムの意義と将来に言及している。

第二に、アメリカにおける犯罪被害者運動と死刑に関連して、「和解のための殺人被害者遺族の会」への取材や、修復的司法の試みを紹介している。

第三に、アメリカにおける長期受刑者の処遇と死刑執行について、メリーランド州のジェサップ最重警備刑務所やノースカロライナ中央刑務所での取材内容を紹介している。そのもとになった調査記録と座談会は百頁におよぶ詳細で有益な資料である。

アメリカは先進国では日本と並ぶ死刑存置国であり、しかも日本よりもはるかに多くの確定死刑囚を抱え、現に執行を大量に行っているが、近年再び死刑への疑念を表明する動きが活発化している。報告書のインタヴューからごく一部を紹介しておこう。

「私は人生を失ってしまった。冤罪はすべてを奪い取る。冤罪が起きるということは、家族や個人の名誉を奪うだけではなく、国家の不名誉である。私の事件では、警察は明らかに私以外の人物が犯人であることの証拠を隠した。国家の不名誉である」(カーク・ブラッズワース、元冤罪死刑囚)。

「トラウマを克服するということは、文法のないトラウマに文法を与え構文的にし、記述的な記憶にするということである。そのためのひとつの良い方法は、いったい何が起きたかということについて話をすることである。私のような、同じ犯罪被害者がいろいろなところで話をすることによって、被害者遺族は、文法のないトラウマが文法のある記憶に変換され、苦痛が和らぐのである。生物心理学的観点から言うと、誰かに話を聴いてもらい、理解してもらうということは、癒しとして効果がある」(レニー・レッシング、和解のための殺人被害者の会代表)。

「一番苦労したことは、モラトリアムが死刑廃止を目的とするものではないことを説得することにあった。このままなし崩し的に廃止になるのではないかとの懸念に対し、廃止になるかもしれないが、逆に改良された制度として存続になる可能性もあると考えさせることが一番苦労したことである。／ノースカロライナ州で法律が成立した場合、ノースカロライナ州では無実の人が処刑されていることが明らかになるので、他の州の人も自分の州で同じことが起きていない保障はないと考えることになるのではないか。／今、モラトリアム運動は、非常に勢いを持っている。死刑廃止、存置のどちらにも偏らず公平なので、死刑廃止に与するものではないことも理解されてきている」（ジェームズ・コールマン、ABA死刑モラトリアム実行プロジェクト責任者）。

田中輝和「イリノイ州死刑えん罪の原因と対策」『刑事法学の現代的課題』（04年）

死刑に関するイリノイ州知事委員会報告書のうち「誤判原因と対策」を中心に紹介する。「死刑えん罪続出の経過」では、一九九七年のイリノイ州の死刑に関する法律規定そのものに問題があることを示したうえで、実際の経過をデータにもとづいて提示している。「原因、新証拠、対策」では、被告人を犯罪と結びつける証拠がほとんどなかったこと、複数の新証拠の提出された事例があり、真犯人が判明した事例も複数あることが示され、捜査や裁判の問題点がまとめられている。

橋爪信「アメリカの死刑制度を巡る状況――イリノイ州の例を中心として」『判例タイムズ』一一四八号（04年）

判事補在外研究員としてセントルイスで研究した際の見聞をもとに、アメリカの死刑制度およびイリノイの動きを紹介している。イリノイについては、公設弁護人の早期選任、被疑者取調べのビデオ撮影の義務化、面通し手続きの改良、死刑要件の厳格化、検察官の死刑求刑の統一、公判前申立てによる同房者の証言の排除などを指摘している。

スコット・トゥロー（指宿信・岩川直子訳）『極刑――死刑をめぐる一法律家の思索』（岩波書店、05年）

『推定無罪』『立証責任』『有罪答弁』『死刑判決』などの傑作ミステリーで知られる弁護士作家による死刑論である。

二〇〇三年一月、イリノイ州のジョージ・ライアン知事は無罪を理由に四名の死刑囚に恩赦を与え、残る死刑囚全員を一括で減刑した。全米に衝撃を与えたこの決断に影響を与えたのはイリノイ州死刑諮問委員会であり、トゥローはその委員会メンバーであった。本書は、アメリカにおける死刑事情を前提としているが、叙述の基本は死刑存廃論の検討であり、普遍的内容を持っている。著者自身、死刑制度容認から死刑廃止へと変化したというが、その心の軌跡も明らかにすると同時に、古典的な死刑存廃論についても、ていねいに、わかりやすく解説している。法律家だがベストセラー作家であるため、死刑に関する読みやすい入門書となっている。

布施勇如『アメリカで、死刑をみた』（現代人文社、08年）

アメリカの死刑状況の報告である。アメリカの死刑については、執行方法、冤罪、被害者遺族などすでに何度も紹介されてきたが、著者はオクラホマ・シティ大学院修士課程で研究し、死刑執行の現場も訪ね、アメリカの人々の声も伝える。イリノイ州知事だったジョージ・ライアンの問題提起以来、アメリカでは近年、DNA鑑定によって誤判が判明し、死刑を免れ釈放される事件が増えているが、本書もそうした「死刑囚」の話から始まる。

「死刑をみた」という標題のもとになっているのは、ロバート・ブライアンの執行を記者として立ち会って目撃した記録である。

「四分間のドラマ　うごかず　あっというま　幕があき、幕が閉じる」。

この体験が従来の死刑論議に何かを付け加えるのか否か、著者にもはっきりしないようだ。

キャスリーン・ケアンズ（佐藤貞子訳）『私は、死なない』（現代書館、08年）

一九三四年、ロサンゼルスでドメスティック・バイオレンスの夫を殺害して、カリフォルニア州で最初に死刑判決を言い渡された女性ネリー・メイ・マディソンの物語である。事件発生から、逮捕、裁判、判決、そして仮釈放で出所するまでを追跡している。まだ、DV被害がほとんど語られなかった時代の、女性の人生に光を当てる試みである。

小倉孝保『ゆれる死刑――アメリカと日本』（岩波書店、11年）

毎日新聞記者によるドキュメントである。

二〇〇八年六月一七日、東京拘置所で首都圏連続幼女殺人事件の宮崎勤死刑囚が執行されたが、同じ日にオクラホマの刑務所で著者は、一九九五年にオクラホマシティで一人の日本人を殺して死刑を言い渡されたテリー・リン・ショートの執行現場に立ち会った。ここから日本とアメリカの死刑を現場で比較しながら考える取材が本格的に始まった。

アメリカでは死刑執行に被害者遺族だけでなく、ジャーナリストも立ち会える。オクラホマ州では立ち会いできるジャーナリストは一二名であり、有名事件では外国人ジャーナリストにそのチャンスは少ないが、さほど有名ではない事件では可能性が高い。日本人殺害事件だが、ショートの事件は日本でもほとんど報じられなかったので、他に希望者は多くはなく、著者は立ち会いが認められた。アメリカのジャーナリストに、日本ではジャーナリストの立ち会いが認められないことを告げると「密室での執行として問題にならないのか」と質問されたと言う。

ショートの執行後、著者は、宮崎死刑囚の弁護人であった田鎖麻衣子弁護士に連絡を取って、日本の執行状況について取材した。さらに日米両方で、例えば執行に立ち会った教誨師、死刑求刑した元検事、死刑廃止の主張を公にしている作家や活動家、被害者遺族たち、元死刑囚、陪審員・裁判員などに多面的な取材を続けている。日本についての同種のルポルタージュは少なくないが、日米両国についてこれだけ詳しい取材を行ったのは珍しいのではないか。最後に著者はニュージャージー州やニューメキシコ州における死刑廃止運動の状況を紹介し、国連における死刑廃止の努力にも言及した後に、「そして日本の死刑は、まともな廃止論議はもちろん、執行方法の残虐性に関する論議も十分に行われないまま、先進民主国と呼ばれるグループにあって、まるで『ガラパゴス化』するがごとく、独自の姿で延命し続けているのだ」と述べる。

デイヴィッド・ダウ『死刑囚弁護人』（河出書房新社、12年）

長年にわたってテキサス州で死刑囚の弁護に携わってきた著者の体験に基づいた著作である。

訳者によると「ヒューストン大学ローセンターの教授でもある著者は、そこを拠点とするテキサス・イノセンス・ネットワーク（ＴＩＮ）を設立し、無実を訴える死刑囚の事件を学生とともに再調査する活動に携わっている。ＴＩＮでは、これまでに二人の死刑囚の無実を証明し、現在も多数の調査が進行中だという。また、二〇〇六年から二〇一一年までは、死刑囚の弁護をする非営利の法的支援法人テキサス・ディフェンダー・サービス（ＴＤＳ）で訴訟ディレクターを務めている。ＴＤＳは、テキサス州における公正な刑事司法制度を確立するために一九九五年に経験豊富な死刑囚弁護人たちによって設立された組織で、死刑囚の弁護の質の向上、ならびに死刑制度の体制上の不備を改善する活動をしている」という。

本文は、日付のない日記風で書かれ、事実だけではなく、著者の思索を様々に織り込んでいるため、必ずしも読みやすい本ではない。日付もなく小見出しもないことが、むしろ著者の意図したところなのかもしれないが、それぞれの記述が全体とどのように関連しているのかも見えにくい。断片的なアフォリズムを狙ったにしては、記述は事実報告的文章である。これを新しいスタイルとみるかどうかで、読み手の印象はかなり異なることになるだろう。最初から小説だと思って読んだほうがよいかもしれない。冒頭の一節からして、小説的で関心を惹きつける文章である。

「自分が何月何日の何時に死ぬか正確にわかっていたとする。その日が来て、その時刻になったが、そのまま何事もなく過ぎてき、死ななかったとしたら――そのあとの、いわばつけたしの人生を楽しむことができるのだろうか。それとも恐ろしい予感にとりつかれ、助かった、という安堵感を味わう間もなく、拷問にも似た苦痛にさいなまれるのだろうか。私がこの問いを自分に投げかけたのは、ハロウィーンの夜、時計の針が八時二〇分を回ったときだった。ジェレミー・ウィンストンはまだ生きている。テキサス州ハンツビルのウォールズ刑務所にある死刑執行室、その八歩手前の待機独房で、まだ生きている。二時間前に死んでいたはずなのに」。

死刑囚弁護人の日々の仕事と暮らしの中で直面する現実や、家族との暮らしを取り上げながら、死刑囚を救い出すための闘いの実態を描き出し、死刑論議のための素材を提供する著作である。

ブライアン・スティーヴンソン（宮﨑真紀訳）『黒い司法――黒人死刑大国アメリカの冤罪と闘う』（亜紀書房、16年）

アラバマ州モンゴメリーを拠点とするイコール・ジャスティス・イニシアチヴ（司法の公正構想）事務局長にして、ニューヨーク大学ロースクール教授による法廷ノンフィクションである。

これまで何十人という死刑囚の救済措置を勝ち取り、連邦最高裁判所で五度も弁論を行ったという著者スティーヴンソンは、デラウェア州の田舎の貧しい集落に生まれた黒人である。若き日、ハーヴァード・ロースクールに入学したものの、自分が何をすべきなのか、何者になろうとしているのかもわからずにいた時に、全米黒人地位向上協会弁護基金で弁護士として活動していた教授の集中講座に出る機会があり、南部囚人弁護委員会に世話になるためアトランタへ行く際に、スティーヴ・ブライト弁護士と出会った。その時のブライト弁護士の言葉が耳に残る。

「ブライアン、〝死罪（キャピタル・パニッシュメント）〟というのはまさに〝金（キャピタル）のない者が受ける罰〟という意味なんだ。」

ロースクール終了後、著者は深南部に戻り、貧困者、受刑者、死刑囚の弁護を始めた。そこで出会った数多くの死刑囚のうち、ウォルター・マクシミリアンが本書のもう一人の主人公である。

白人の人妻と関係を持った黒人――それだけで、犯してもいない殺人の罪で死刑を宣告されたウォルター・マクシミリアン。彼の冤罪を証明するべく人権弁護士ブライアンは奔走する。仕組まれた証言、公判前の死刑囚監房への収監、大半が白人の陪審員、証人や弁護士たちへの脅迫……。数々の差別と不正を乗り越え、マクシミリアンとブライアンは無罪を勝ち取ることができるのか。黒人が不当に差別されてきた米国司法の驚愕の事実を踏まえつつ展開される衝撃のドラマ。

これが本書の物語であり、アメリカの法廷ノンフィクションとしては珍しくないパターンの作品であるが、著者が担当弁護士本人で、しかも数多くの死刑囚を救ってきたロースクール教授であるから、随所でアメリカ司法の病巣が細かく紹介され、厳しく分析されている。

一九八三年一二月に著者がはじめて死刑囚監房に行った頃からアメリカは急激に「厳罰主義国家」に変貌し始めていた。アメリカは世界一収監率が高い。一九七〇年代初頭に三〇万人だった受刑者数が、いまや二三〇万人にふくれあがっている。執行猶予中や仮釈放中の者は六〇〇万人近い。銃殺刑、絞首刑、ガス室、電気椅子、薬殺による死刑が繰り返されてきた。大量死刑執行、大量投獄のアメリカを変えるために著者は理論と実践の闘いを続ける。

大量投獄の「厳罰主義国家」を支える財源は、監獄産業を肥大化させてきた。刑務所コストは一九八〇年には六九億ドルだったのに、いまや八〇〇億ドルに達している。

「民間の刑務所建設会社、施設サービス会社は州政府や地元自治体に何百万ドルと献金して、新たな犯罪を創出し、より厳しい判決を言い渡し、塀のなかにもっと人を閉じ込めろと彼らを説得して、さらに儲けようとしている」。

「監獄―産業複合体」が出来上がっているのだ。アメリカの死刑問題が階級問題と人種差別問題の重なり合いにより深刻さを増していることは従来からよく知られているが、本書もその実態を徹底的に暴露していく。絶望の刑事司法への挑戦が続く。

ムミア・アブ＝ジャマール（今井恭平訳）『死の影の谷間から』（現代人文社、01年）

「世界で最も有名な死刑囚」であるムミアの著作である。「死の影の谷間について、私に語るな。私はそこに住んでいるのだから。ペンシルベニア州南部の中央に位置するハンティンドン郡に、百年の歴史をもつ監獄が建っている」と始まる本書は、「第一部 死刑囚棟にて」「第二部 罪と罰」「第三部 追想・記憶、そして予言」からなる。死刑、刑罰、監獄の実態を通じた現代アメリカ論でもある。

『矯正』という名で呼ばれる、暗く、抑圧的なビジネス・トレンドが、合州国を席巻しつつある。そしてそれは、ここに囚われている人々にとっても、また彼らがそこからやって来た地域社会にとっても、不吉な事態を予告している。アメリカは、無慈悲さにこわばったその相貌をあらわにしつつある。そして、それが他のどこにもまして醜く歪んでいるのが、刑務所という名の冥府である。そこでは人は非人格に変形させられ、番号をつけられ、人生のない箱の中に押し込められる。ここでは魂そのものが破滅的な攻撃にさらされる。」

「アメリカの黒人社会を、妖怪が徘徊している。吸血鬼のように黒人の生から魂をすすり盗り、後には抜け殻だけが残される。その残骸は、まだ動きまわり、生きているように見えはするが、感情は失われ、精神は死んでいる。これは邪悪なドラキュラ伯爵のせいでも、不吉な祈祷師の呪いによるのでもない。それは、地球規模での強欲、政府による欺瞞、そして絶望的な貧困によって身動きがとれなくなった状態から束の間でも抜け出そうとする、貧者たちの永遠の切望などの結果から直接に生み出されたものだ。」

ムミア裁判については巻末のワイングラス弁護士の報告及び著者についての解説に詳しい。フィラデルフィア警察の腐敗を批判してきたジャーナリスト、「声なき人々の声」であったムミアは、白人警官殺しの嫌疑で裁判にかけられ、人種差別的で強権的な訴訟指揮のもとで有罪とされ、死刑を言渡された。今日もなお再審請求と死刑執行とのせめぎあいが続いている。

「およそ二千四百もの人々が、州と連邦の死刑囚監房に収容されている。そこの生活は、他のどんな収容施設とも異質なものだ。ここにいるのは、アメリカによって断罪された人々であり、彼らが背負っているのは、並みの『囚人』など及びもつかない汚辱なのだ。それが、アメリカの死刑囚監房の住人たち、不確かな生と確実な死との間にわたされたかみそりの刃の上を歩いているような男たちと女たちだ。彼らは三十四の死刑存置州か、連邦政府の司法管轄権のもとに置かれている。」

ブランドン・ギャレット『冤罪を生む構造——アメリカ雪冤事件の実証研究』（日本評論社、14年）

DNA鑑定によって無実の罪を晴らした二五〇人の事例を分析して、冤罪を生み出す構造を解明し、刑事司法改革の提言を行った本格的研究書である。

日本でも誤判・冤罪には長い歴史と研究の蓄積があり、DNA鑑定についても議論が積み重ねられているが、DNA鑑定による雪冤事例はこれほど多くない。まず何よりもDNA鑑定による誤判と雪冤の実例は参考になるし、DNA鑑定に限らず誤判の構造と雪冤の闘いには大いに学ぶべきところがある。著者は弁護士を経てバージニア大学ロースクール教授であり、四人の訳者（笹倉香奈、豊崎七絵、本庄武、徳永光）は一九七〇年代生まれの刑事訴訟法学者である。

死刑冤罪の雪冤に関して「死刑判決は破棄されることが特に多い。また、第七章で論じてきたように、雪冤者の中には、雪冤される前に有罪判決が破棄されたという者も多い。しかし、一七件の死刑雪冤事件のうち六件にはジェイルの情報提供者が関わっていた。七件には虚偽自白が関わっており、うち三件は精神障害のある者の虚偽自白であった。一一件においては、有罪確定後のＤＮＡ鑑定によって被告人が雪冤されただけではなく、真犯人が明らかにされた」という。

死刑冤罪の存在が明らかになって、司法において死刑批判が表明され始めた。上級審で破棄されたが、連邦地方裁判所レベルで連邦の死刑制度を違憲であると宣言した判決も出ている。また、イリノイ州では、ライアン知事の死刑執行停止宣言と死刑確定者全員の刑の軽減が話題となった。メリーランド州では、死刑の適用範囲を狭め、より信頼性の高い証拠がある場合にだけ死刑判決を言い渡せることにしたという。

第10章

歴史と現代

本章では、死刑の歴史をさかのぼることによって現代における存廃論に何らかの示唆を得ようとした文献の代表例をいくつか紹介する。

一　日本における死刑

佐藤友之『死刑の日本史』（三一書房、94年）

権力維持装置としての刑罰という観点から、死刑を通して権力構造と社会を分析する。卑弥呼から現代までを連続的・単線的に描くことにはいささか驚かされるが、「天皇の、天皇による、天皇のための死刑」という特質を析出するためである。

森川哲郎（平沢武彦編）『日本残酷死刑史——生埋め・火あぶり・磔・獄門・絞首刑』（日文新書、01年）

『日本死刑史』（日本文芸社、70年）の新書化である。奈良・平安時代から、鎌倉・戦国・江戸時代を経て、今日に至る日本の死刑の歴史を通覧する。現代について「哲学なき混迷の時代」と表現して、「絶望の果ての犯罪者」が死刑囚とされてきた実態を描き、死と直面する死刑囚の苦悩を問い、死刑廃止論の現状を紹介する。

日高恒太朗監修『日本震撼事件一〇〇——戦後殺人ファイル』（大洋図書、06年）

「ヒトはなぜ人を殺すことができるのか？」に応えるための、事件ファイルである。小平義雄事件から佐世保小六同級生殺人事件まで、六〇年間にわたる著名事件を一口メモ風にまとめている。

その他、凶悪犯罪や残虐刑罰に関する著作は枚挙にいとまがないが、ここでは省略する。歴史研究として重要なのは次の一冊である。

戸川点『平安時代の死刑——なぜ避けられたのか』（吉川弘文館、15年）

「平安時代に死刑はなかった」ことはよく知られている。正確に言えば、「薬子の変から保元の乱まで三百五十年間、天皇の裁可による死刑執行は行われていなかった」（吉田孝）。嵯峨朝の弘仁年間（八一〇〜二四年）以後、死刑がなかったとされてきた。しかし「平安時代どころかそれ以前から死刑はなかった」、またはごく例外的だった可能性がある。

著者は「一般的には嵯峨朝の死刑停止の画期性が強調されるが、坂上（康俊）氏のように律令制下においても死刑が抑制的であったと見た時には嵯峨朝の評価もさほどの画期性は持たなくなるだろう。嵯峨朝はどのように評価すべきなのだろうか」と問いつつ、「天皇が死刑を認可していない平安時代には即、死刑がなかったと語られていた。しかし現在では律令の規定性や平安時代の国家像に対して見直しが進んでいるのである。そうした現在の平安時代の理解からすると天皇が認可していないから平安時代に死刑はなかったと単純に結論づけることはできないのである。また平安時代に死刑を廃止したという明確な法的根拠もないのである」として、平安時代の死刑のあり様を、最近の研究成果を踏まえて考察する。

まず律令制下の刑罰について、五刑（軽い順から笞杖徒流死）を解説し、最も重い死刑として絞と斬の二段階があったことを確認する。他方、「律外の死刑」といわれる格殺があり、放火や窃盗に対する刑罰であったという。続いて、弘仁元年（八一〇年）の薬子の乱（平城太上天皇の変）に際して薬子の兄である藤原仲成が処刑され、これが最後の死刑と言われている。

その後、死刑が行われていないという理解について、『保元物語』の記述からは、死刑が廃止されたと断定できるわけではないことを見たうえで、日本人の温和な国民性によるとか、仏教の影響であるといった従来の理解には難点があるとする。『保元物語』の別の写本や、『貞永式目』の注釈書である『関東御式目』（永仁四年・一二九六年）なども見ると、制度として死刑を廃止したとは言い切れず、弘仁以後ではなく延喜以降に死刑がなくなったとの記載もあることなども踏まえて、嵯峨朝における死刑廃止ではなく死刑「停止」を確認している。また平安中期には『藤原保則伝』に死刑の記録があり、地方では戦乱の際にも死刑が実施された事例を紹介している。ここでは平時と戦時の問題や、公的刑罰と私的制裁の区別が問題となり、近代法の理解を基にして当時の実態を評価することの危うさが浮上する。著者は次のようにまとめる。

「近代的な感覚からいえば太政官の行う、国法による死刑が公式の死刑で、権門の私的制裁は私的なものとみえるだろう。しかし実際には太政官、検非違使、権門それぞれの裁判・刑罰が併存することによって当時の社会秩序が維持されていたのである。その意味では私的制裁にも『公的』な要素を見ることもできるのである。すでに述べたことではあるが、平安時代の社会を見る時に現代的な感覚から『公』か『私』かと詰めていく議論はあまり生産的ではないように思われる。天皇を中心とする上級貴族の間では儒教的徳治主義や穢忌避の感覚から死刑を忌避する傾向が強く、太政官裁判の範囲では死刑は停止されていたといえるだろう。しかし、そうした中央政府の死刑忌避は秩序・治安維持のために太政官の預からぬところでの死刑や肉刑を生み出していった。こうして太政官のタテマエとしての死刑忌避と実態としての死刑というダブルスタンダードが生まれたのである。このダブルスタンダードが当時の社会の実態だったのである。」

近代以前の「法」をどのように見るのかは、法制史のみならず、諸分野で議論のあるところだが、それぞれの時代にそれぞれの法が存立したと見るのか、近代において法が熟成したのであってそれ以前は未熟・未分化な法であったと見るのかによって、結論は大きく異なるだろう。西欧法制史においても、国家的刑罰権と非国家的刑罰権の明確な区別の困難性がある。中央集権的な近代国家成立以前の多様な国家構成に即した法的研究はますます盛んではあるが、ますます輻輳し、見解の一致が困難になってきたのではないだろうか。著者は「移行期における死刑」を読み解くことの困難性を意識しつつ、二重権力による秩序維持の具体像を探っている。

村井敏邦『民衆から見た罪と罰——民間学としての刑事法学の試み』（花伝社、05年）

刑事法学の多彩な可能性を追求する刑事法学者による「民間学」の試みであるが、ここでは死刑の残虐性との関連で取り上げておきたい（村井の死刑論については本書第4章）。

本書は全五部、二〇話から成る。第一話「知らされないはずの法度と知っているはずの法律」、第二話『おそろしや』鈴ケ森—死刑の残虐性」、第三話『ミヽヲキリ』—脅しとしての身体刑」、第四話「私刑のきわみ—拷問」と続く。第二話では、十返舎一九の『東海道中膝栗毛』の〈おそろしや罪ある人のくびだまに　つけたる名なれ鈴がもりとは〉を手がかりに、江戸時代と現在の死刑を比較し、江戸時代の死刑論争として、荻生徂徠の死刑論、本居宣長の慎重論を紹介している。第一五話「政治と犯罪」では、権力に対する民衆の抵抗を取り上げて論じる中、アイヌ民族の抵抗と処刑に触れている。第一六話「権力への反抗の罪」では、大塩平八郎の乱をめぐる森鴎外の思索を瞥見した上で大逆事件との対比を試みている。第一七話「大逆事件」でも、事件とその裁判、後の再審請求などを追跡している。

小石房子『江戸の流刑』（平凡社新書、05年）

流刑の歴史をたどり、島流しの具体的な流れを確認し、島の生活や島抜けについても記述している。また代表的な流人として宇喜多秀家、おたあ・ジュリア、英一蝶、絵島、日珠、近藤富蔵、宮脇志津摩、野村望東尼、西郷隆盛を取り上げている。

近代における死刑の社会史的考察として次の著書がある。

芹沢一也『〈法〉から解放される権力——犯罪、狂気、貧困、そして大正デモクラシー』（新曜社、01年）

「大正デモクラシーとは何だったのか？　法から人間へ！犯罪、狂気、貧困、政治の分野で共通して起きていた一見進歩的な言説の転換。〈大正的な権力〉はいかにして昭和のファシズム体制へと結びついていったか」という帯の宣伝文句が語るように、大正デモクラシー期の進歩的な言説が、実は権力を法から解放することによって、法の上に立つ権力を帰結したことを論証する。

まず「人格を裁く刑事制度」において刑法学者の牧野英一を取り上げて、「正義を批判する刑法学」「治療としての処罰」「法の不在を夢想する刑法学」として論じる。次に「精神医学の誕生」において「狂気を監禁する社会」「悪性の源としての狂気」「狂気を探知する精神医学」を分析する。「社会を監視する方面委員会」では「国家的な救済主体の抹消」「社会民衆生活の気象台または測候所」を検証し、「統治システムとしての民本主義」において「法と主権をめぐる攻防」「主権者なきシステム」を論じ、「終章　法から解放される権力」に至る。牧野英一、呉秀三、杉江薫、井上友一、小河滋次郎、美濃部達吉、吉野作造の言説に焦点を当てて、分析することで日露戦争後の〈大正的な権力〉の意味が浮上するという関心に貫かれた一冊である。死刑それ自体を主題にしているわけではないが、犯罪・刑罰に関心のある者には必読書であろう。

終章末尾の次の二段落のみ紹介しておく。

「〈大正的な時代〉における統治の形式とは、以下のような命題にまとめることができる。すなわち、社会にとって個人を無害なものにするために、社会は個人の人格を率先して完成せねばならない。こうした戦略のもとにあったがゆえに、もはや民衆の政治的な意思を無視できなくなった時代にあって、個人が国家への反抗の拠点として構成されることを防ぐために、民本主義は個人の完成を国民、あるいは国民の共同体としての国家に媒介しようとしたのであった。人は自らの内面の真実を決して知ることはなく、それを知ることができるのはただすぐれた先覚者のみである。民本主義はこう説きながら、自らの政治的な意思は自らが直接的に表明するのではなく、〈政治家〉への投票を通じてその実現を期待するべきだとしたのである。こうした意味において、民本主義とは個人という形式を〈政治的なもの〉にしないための方法論であり、個人の主体化を客体化の過程に従属させるための装置だった。

あるいは、犯罪者や精神病者、そして貧困者、多様な危険性をはらむ偏向者だとされたこのような存在についてもまた、彼らの体現する危険な行為が社会に危害を与える前に、あるいはそうした行為が未来に反復されることのないように、裁判官や行刑官、出獄人保護に従事する者、あるいは精神医学者や方面委員たちが、その内面の危険な真実を克明に暴き立てながら、その内面において社会的な危険性を矯めようとしたのである。いずれにおいても社会の他者たちは、その個別的な内面が白日のもとに曝されねばならなかった。〈大正的な権力〉に奉仕していた言説と実践の役割は、この権力の前に透明な個人を召喚することにあったからである。〈大正的な社会〉、それはそのうちに住まう住民たちが、余すところなく可視的なものにされようとした統治空間のことである。」

二 世界における死刑

マルタン・モネスティエ（吉田春美・大塚宏子訳）『図説死刑全書』（原書房、96年）

リードに「この世でいちばん残酷な死刑は何か」とあるように、人類史における死刑の数々をこれでもかこれでもかと紹介する。

動物刑、喉切りの刑、腹裂きの刑、突き落としの刑、飢餓刑、生き埋め、串刺し刑、皮はぎ刑、切断刑、解体刑、火刑、毒殺、車刑、絞殺刑、斬首刑、銃殺刑、ガス室、電気椅子、薬物注射等々。死刑の歴史は人類の歴史である（！）。人間とは何者かを考えるには死刑に関する考察を除外できないことを多彩な図版が示す。

ジャン・アンベール（吉原達也・波多野敏訳）『死刑制度の歴史』（白水社、97年）

文庫クセジュの一冊で、西欧を中心とした死刑の通史である。第一部「偏在する死刑」では、古代（ヘブライ、ギリシア、ローマ）、中世（フランク時代、封建制と教会）、絶対王政（硬直した王法、法の進歩と伝統の力）を通じての死刑の概要が略述される。

第二部「死刑廃止に向けて」では、十八世紀の人道主義的啓蒙思想における死刑廃止運動の流れ、十九世紀における学問的論争以後の死刑廃止の進展、現代世界における死刑廃止の進展とアメリカの現実がまとめられている。

「死刑は世界中で次第に廃止へと向かっている。このことは本書が示した、議論の余地のない現状である。その有効性、見せしめ性、必要性は徹底的に疑問にさらされ、死刑を廃止した国でも、存続させている国より犯罪が多いということはない。死刑廃止論者の推論、なかでもベッカリーアの議論は経験によって確かめられた」と結論づける。

王永寛（尾鷲卓彦訳）『酷刑・血と戦慄の中国刑罰史』（徳間書店、97年）

中国四千年の歴史における多様な刑罰を描く。凌遅（切りきざみ）、車裂、斬首、腰斬、剥皮（皮はぎ）、剖腹（腹さき）、抽腹（腸引きずりだし）、沈皮（沈めころし）、絞縊（締めころし）等々の残虐な刑罰が詳細に説明される。

川端博監修・今村幸介執筆『あまりに残酷な拷問の世界』（青春出版社、96年）

明治大学刑事博物館の「ヨーロッパ拷問展」を契機とした企画物で、同博物館長が監修している。表紙カバーにも奥付にも記載されていないが、目次の裏に執筆者名が記載されている不思議な本である。全四章の標題が「死よりも苦痛な拷問の悪夢」「権力者たちの暴走する狂気」「呪われた愛と残酷な運命」「悪魔も怯える処刑の戦慄」とあるのを紹介すれば判明するようにキワモノではあるが、同博物館蔵の写真が掲載されており、一般向けとして意味もあるかもしれない。

柳内伸作『拷問・処刑・虐殺全書』（KKベストセラーズ、99年）

「ヨーロッパ拷問展」を契機として構想されたものだが、著者と明治大学刑事博物館との関係は不明である。著者は元防衛庁陸幕調査部の情報工作官で、職務としての情報分析を通じて世界の拷問に通じたようである。取調べとしての拷問と処刑の区別がない点もこの種の著作の共通点である。

マーク・グロスマン（及川裕二訳）『死刑百科事典』（明石書房、03年）

四五〇頁に及ぶ詳細な死刑事典である。「本編」には、死刑の犠牲となった人物、死刑反対論者、死刑支持論者、死刑を主題に扱った文献、アメリカの連邦最高裁を主とした死刑関連裁判の判例、処刑の方法、死刑に付随する問題に関する項目がABC順に配列されている。巻末の索引がアイウエオ順に配列されているのは日本の読者のための訳者の配慮である。

「なぜこうした血なまぐさい歴史とおぼしきものの前に立つのかといえば、筆者には歴史それ自体のみならず、著名な人々がその中で演じた役割について関心があるためである。これが本書に著名な人々について記載している理由であるが、死刑を論じながら死刑に影響をこうむった人々を論じなければ、本書の価値が減じると思われたためでもある。」（序文）

本書には死刑囚や死刑存置論者、死刑廃止論者など数多くの人々が登場する。日本の読者にはなじみのないアメリカの死刑囚や死刑廃止論者も多く登場するし、逆に日本関連のことは、リヒャルト・ゾルゲ、東條英機、山下奉文などしか取り上げられていない（巻末年表には一九九三年の死刑執行再開が紹介されている）。英米の豊富な情報は役に立つが、「英米死刑百科事典」にとどまるともいえる。英米を中心に、これだけの事典をまとめるだけでも大変な仕事である。日本の「死刑百科事典」は日本の死刑廃止運動の課題である。そして英文の「日本死刑百科事典」を発信したいものである。

ジェフリー・アボット（熊井ひろ美他訳）『処刑と拷問の事典』（原書房、02年）

「圧死」から「ワニに食わせる」までのアイウエオ順の配列で処刑と拷問の事例読み物風記述が続き、世界中で数多くの処刑方法が生み出され、実用化されてきた事実を詳細に探求する。「探究心が旺盛な人々には、やや月並みではあるが興味深い疑問がわき上がるだろう。すなわち、犠牲者はどのようにギロチンに体を預けるのか。絞首刑に処せられる者はみな同じ距離だけ落下するのか。致死薬注射では何が注射されるのか」。「本書の趣向は裁判で人命を奪う是非を問うものではないが、一般の人々が何がしかの結論に達して願わくは政府を動かすその前に、さまざまな処刑法を理解しておくのは重要である」とする。処刑から見た人類史を考察するには便利な本である。

安達正勝『死刑執行人サンソン』（集英社新書、03年）

「国王ルイ十六世の首を刎ねた男」シャルル＝アンリ・サンソンとその一族を追いかけた伝記作品である。

ヨーロッパの諸都市に実在した処刑人は、一方では首切り役人として差別されながら、世襲していく一族であった。一七世紀から一九世紀にかけてのパリの首切り役人は、六代にわたるサンソン一族である。国王の子が国王になるのと同じように、処刑人の子は処刑人になった。四代目サンソンは敬虔なカトリックであり、国王を尊敬する人物であったが、フランス革命の激動の中、国王と王妃の処刑を担当する。被差別の地位にあり、社会から排除され隔離されて暮らした一族だが、国王の首を刎ねることで歴史の表舞台に登場する。しかも、回想録や日誌を残したため、サンソン家とフランス革命の一面がかなり正確に明らかにされている。本書は、これらの回想録や、フランスにおける研究をもとに、サンソン一族の歴史を描く。差別と戦うシャルル＝アンリの論理。ヴェルサイユ死刑囚解放事件の救出劇。ルイ十六世の知られざる一面。死刑廃止論議とギロチンの発明という歴史の皮肉。自らの手で処刑を続けたが故に、心底、死刑の廃止を訴えた一族でもある。オビのキャッチフレーズ「フランス革命もう一人の主役!! 小説を超えた驚きの連続！」にふさわしい、読み応えのある好著である。

安達正勝『フランス反骨変人列伝』（集英社、06年）

フランスの奇人としてモンテスパン侯爵、ネー元帥、詩人ラスネールとともに、死刑執行人サンソンを取り上げる。サンソン一族については、前著『死刑執行人サンソン』に詳しい。

カレン・ファリントン（飯島恵美子訳）『拷問と刑罰の歴史』（河出書房新社、04年）

イギリスのジャーナリストによる歴史概説である。ティベリウスやカリグラの時代の慈悲なき処刑から、中世における各所の残虐刑を経て、異端審問／魔女狩り、追放刑と監獄の時代へといたる流れを追いかけた上で、死刑に関する歴史的エピソードを数多く紹介している。ヘンリー八世、メアリー・ステュアートなどイギリスの実例が中心だが、サンソン一族や、ギロチンの発明者ギヨタンなども登場する。西欧の拷問と刑罰に関するエピソード史として便利である。

リチャード・モラン（岩舘葉子訳）『処刑電流――エジソン、電流戦争と電気椅子の発明』（みすず書房、04年）

電気椅子発明秘話であるが、発明王エジソンの知られざる一面を描くとともに、「残酷で異常な刑罰」をめぐる法廷論争を詳細にたどる。

「ケムラーの閉じた口から泡がじくじく滲み出した。皮下の細い血管は破裂し始めた。顔と腕を血が滴り落ちた。電源スイッチのオンとオフで二度、ケムラーのからだを痙攣が走った。肉の焦げる耐えがたい悪臭が処刑室に充満した。ケムラーのからだはくすぶり、やがて燃え出した」。

一八九〇年八月六日、ウィリアム・ケムラーは電気椅子で処刑された第一号死刑囚となった。

「ケムラーの頭皮は電極が置かれた部分がひどく焦げていた。頭蓋骨は焼けて乾き、頭部の血液は黒く粉末化していた。その無惨な痕跡は、疑うことを知らない科学実験の犠牲者に加えられた冷酷な仕打ちを物語っていた」。

この残酷な処刑方法は、しかし刑罰執行の現場から生み出されたものではなかった。それは電流戦争のさ中、ライバル会社の評判を貶めるためにエジソンが仕組んだ工作だったのである。一九世紀後半、蓄音機や映写機の発明王トマス・エジソンは実用的白熱電灯を開発して電力業界に進出した。エジソンが採用したのは直流であった。ところがライバルのウェスティングハウスが採用した交流のほうが優れていたので事業が順調に行かない。そこで業績挽回のために、エジソンは交流を用いた電気椅子の提案という策に打って出た。ウェスティングハウスの交流の危険性をアピールしようとしたのである。ニューヨーク州における絞首刑から電気椅子への転換はエジソンの鶴の一声に促されて実現した。電気処刑こそもっとも人道的な処刑方法である、と。

交流の評判を守るためウェスティングハウスは執拗な法廷闘争を繰り広げた。電気処刑は残酷で異常な刑罰であり、違憲であるとの法廷の判断を引き出さなければならない。ニューヨーク屈指の弁護士バーク・コクランはウェスティングハウスのためにケムラー弁護団に加わる。主張の要点は五つにまとめられた。

「電気処刑は厳密な文字通りの意味で憲法の禁止事項に当たる。憲法に禁止条項があれば、たとえ議会がこれに反して法を可決したとしても、その法は違憲かつ無効である。公的政策にとってもわが州の憲法制度の安定にとっても政府司法部門による同条項の執行が必要である。刑罰を科すことで告発者が激しい苦痛にさらされる恐れがあると認められれば、判決は憲法違反であり、ゆえに無効である。電気処刑は違憲である。なぜなら異常な刑罰を科すことを明記しているからである」。

ニューヨーク州とケムラー弁護団の論戦を踏まえた上訴裁判所は、電気処刑の違憲性を認めなかった。死刑自体はそれ以前から継続してきたのだから、絞首刑などの処刑方法が残酷で異常でないのに、電気椅子による処刑は残酷で異常な刑罰であると「証明」することができなかったと判断されたからである。

電気椅子の残酷性と異常性の論証は、すべての死刑執行の残酷性と異常性の証明になってしまい、死刑制度を前提とする論議のなかでは空転せざるをえなかったのだ。

本書はエジソンの知られざる素顔、死刑囚ケムラーの人となり、後の下院議員コクランの若き日の闘い、法廷における残酷性論争を詳細に描いている。

ジュリア・クリステヴァ（星埜守之・塚本昌則訳）『斬首の光景』（みすず書房、05年）

ルーヴル美術館の展覧会シリーズ「パルティ・プリ（先入観）」の一環として、一九九八年四月から七月にかけて開催された展覧会のカタログとして出版された。

数々の頭部像、デッサン、図版を収録し、頭蓋をめぐる崇拝と芸術について論じ、メドゥーサについて考察し、斬首のヴィジョンが示す残酷性と崇高性を把握する試みである。ギロチンから死刑廃止への転換をたどり、「斬首は、社会的な分裂や、歴史的分裂の象徴となるのだろうか？　あるいは、さまざまな動揺だけではなく、発作をも引きおこすようなわれわれの内面の断層、あの内奥の不安定さの臆面のない告白となるのだろうか？　自己の内部に根本的な不均衡があること、自己が、分割され、分割された相互の部分において和解を失った、話す存在というあの『黒の過程』であることの自覚となるのだろうか？」と問う。

瑞穂れい子『残酷の世界史』（河出書房新社、05年）

世界史に目を配り、大虐殺、猟奇事件、処刑、拷問を紹介している。死刑関連ではおなじみの、鉄の処女、ギロチン、電気イスや、さまざまな残酷ショーの史実が紹介されている。

ノルベルト・オーラー（一條麻美子訳）『中世の死——生と死の境界から死後の世界まで』（法政大学出版局、05年）

『歴史家のための計量的方法』『中世の旅』『巡礼の文化史』の著者による生と死の歴史学的考察である。

「中世、このどんな時代にもまして死と向かい合い、常に新たな局面で対決をしていた時代を例に、著者は過去の人間の物の考え方、生活の様をたどってみたいと思う。臨終、死、埋葬にまつわる儀式、習慣は中世の伝統を受け継いでいる。生と死の境界をめぐってさまざま議論がなされる今日、中世人の死の体験、認識、そして『あの世』のイメージを思い起こすことも無駄ではなかろう」として、本書は、ヨーロッパの墓地へと読者を誘う。

来るべき死の時を知ること、死に直面した感情、苦行と回心、通夜の気晴らし、葬列、埋葬、遺産分与、墓碑銘板、副葬品、墓泥棒、地獄、死者の復活、最後の審判、早すぎる死（事故、災害、情死、犠牲の死、人身御供、中絶、子殺し、老人殺し、人食い）など、死に関連するあらゆる事項が取り上げられる。死刑については「暴力的な死」として、処刑、斬首刑、溺殺刑、絞首刑、生き埋めの刑、串刺しの刑、車裂きの刑等々。そして、老いも若きもが興じる見せ物、死刑執行人、最後の瞬間の恩赦が取り上げられる。当時、処刑方法は被告人の性別や犯罪の内容によって異なる方法が選ばれた。

「斬首は名誉ある死とされた。絞首刑によって自身及び子孫が恥辱にまみれると恐れた者は、恩赦が得られるように手を尽くした。死が免れ得ないとするなら、せめて絞首台ではなく、剣の一振りで殺してくれるように頼んだのである」。「溺殺刑に処せられたのは身分の高い女性で、罪状は子殺し、窃盗などであった」。「最も恥辱的で不名誉な、途方もない苦しみを伴う処刑方法は、殺人、強盗、不敬罪に適用された」車裂きの刑である。本書はドイツの事例を中心にしている。歴史家にも法律家にも興味深い著作である。同種の著書は、西欧についても、中国や日本についても見られるが、それらを総合するような学問的著作が登場することを期待したい。

桐生操『処刑台から見た世界史』（あんず堂、06年）

古代ローマ帝国から魔女裁判、近代西欧を通じての処刑、拷問、猟奇殺人を取り上げた読み物である。

ジョエル・F・ハリントン（日暮雅通訳）『死刑執行人――残された日記と、その真相』（柏書房、14年）

一六～一七世紀に帝国自由都市ニュルンベルクの死刑執行人であったフランツ・シュミットが約四五年にわたって記録した日誌を基に、当時のニュルンベルクの人々、その暮らしと意識、犯罪と刑罰、死刑執行方法、そして医療に及んで論究している。フランツ・シュミットは四五年間に四〇〇人近くを処刑し、数百人に拷問を行ったと言う。死刑執行人としてはフランス・パリのサンソン家が有名だが、ドイツ・ニュルンベルクの様子が明らかにされたことで、西欧近世・近代の死刑情報が具体的にわかるようになった。

本書には二つの物語が織り込まれている。

「ひとつは、フランツ・シュミットという人間の物語。まず、一五五四年に死刑執行人の一家に生まれ、父親のもとで徒弟として修業した子供時代から、職人の処刑人として単独で旅して回るまでをたどる。彼自身の言葉と、史実に基づいて再現した当時の世界を行き来しながら、処刑人という職業に必要な技能、彼の不安定な社会的地位、自分を向上させようという初期の努力を確認していく。彼が成熟していくとともに、私たちは近世ニュルンベルクの法律や社会の構造に出会い、中年になった処刑人が社会的、職業的昇格を執拗に目指す姿と、正義、秩序、責任と言った彼の考えを見ていく」。

他方で、著者は社会に目を向け、死刑、特に公開処刑を持つ社会とはどのような社会であるのかを論じ、「本書の核にはもうひとつ、人間の本質と、仮にそういうものがあるとしてだが、社会の進歩を映す物語がある。フランツ親方の通常職務だった司法の暴力――つまりは拷問および公開処刑が、彼の時代には受け入れられたのに私たちの時代には反感を持たれるのは、どんな仮定や感覚のせいなのだろう？　どのように、またなぜ、そういう精神構造や社会構造が確立し、どう変化していったのか？」と問う。

欧州でも死刑執行人は社会的差別の対象となっていたが、他方で一家の仕事であり父親から息子に引き継がれていく専門職であり、多くの庶民が読み書きできなかった時代に日記を書き残す知識人でもあり、医学的知識を持った治療のプロであった。フランツは社会的に成功し、一五九三年に市民権を獲得した。市民革命以前の市民権は特権であった。

「フランツ親方の同時代人たちは、彼がニュルンベルク市民に秩序と正義をもたらすべく職務を果たしていると考えた。彼自身は、信仰心と、天職と自認する治療者として収めた並はずれた成功を支えに、あまり勝算がなさそうに思えたにもかかわらず、自分の父親や子供たち、そして自分自身にした約束を果たしたと言っている。フランツの個人的な経験については情報があまりにも少なくて、彼の人生が結局のところ幸せだったかどうかはわからない。ただ、非常に意味深い人生だったことは、確信をもって言える。残酷で当てにならない世界で、自分の運命に挑み、遍在する敵意を乗り越え、個人的な悲劇がうち続くなかで屈することなくひたすらやり遂げるひとりの男の姿に、希望を見いだせるのではないだろうか。フランツ親方は確かにそう考えていた。私たちも彼の考え方には同意できる。それは記憶に値する誠実な行為なのだ、と。」

第11章

死刑と文学

一

死刑文学を読む

池田浩士・川村湊『死刑文学を読む』(インパクト出版会、05年)

『死刑の[昭和]史』、『[海外進出文学]論・序説』、『虚構のナチズム』の池田浩士と、『満州崩壊』、『作文の中の大日本帝国』、『韓国・朝鮮・在日を読む』の川村湊の対談である。池田による「あとがき」は次のように締めくくられる。

「一九九〇年代後半までの日本に現出した死刑廃止運動の小さな昂揚が遠い夢のようにさえ思われる現在の死刑をとりまく状況が、ついに戦争国家となった日本の政治的・社会的体制の急激な変質と不可分のものであることについては、あらためて緻密に論じなければならない。だが、過去の歴史を顧みるなら、戦争は、戦地においてだけでなく銃後においてもまた、死刑制度を自明のものとする暗黙の合意を『国民』のなかに形成する。いま、死刑制度の存置は、ますます追い風に乗ろうとしている。その風のなかでこそ、〈死刑〉を描く文学表現は、その風と拮抗する逆風の坩堝とならねばならぬ」。

ここから本書を読みはじめるならば、読者は死刑が「国民と非国民」の境界を分かち、殺す者と殺される者の落差を規定することに気づくであろう。

「『無知の涙』の頃の永山則夫って何だったんだろう」という「謎」は、網走から青森へ、全共闘から文芸家協会へ、『無知の涙』から『木橋』へと、永山の行動と思索をなぞり、たどり直し、意味を解明しながら、自らフィクションになっていく〈永山則夫〉との時間と空間を隔てた競争に身をおくことになる。果樹園と網走橋をめぐる発見は、しかし永山の周辺をめぐるだけで、〈永山〉以前のもう一人の永山、〈永山〉以後の別の永山を論じるしかなくなる。そのことを確認した対談は、「永山則夫というのはもう外からは全て書かれている」ので「それに対して自分の書くものがどれだけ抵抗できるか」「なんで彼が細部にこだわったのか」と展開して途切れる。このように途切れるしかない、それが現代日本の死刑状況なのだろう。その特質を語るプロセスが実に読ませる対談である。

池田と川村は「死刑を描くとはどういうことか」「死刑映画をめぐって」「死刑囚の視点から」「死刑の理由は言葉にできるか」の各章において、他者の現実でありながら表現する者自らの問題としても突き刺さってくる死刑について、あの手この手の論評を繰り広げる。中には紋切り型の発言をあえて挟み込みながら、死刑論の「飛地」の可能性を模索しているのではないだろうか。死刑存廃論を中心に、これでもかこれでもかと論じ尽くされてきた死刑論議に、裏読みでもなく禁じ手でもなく、決して外在的でもなく、かといって内在的でもなく、そこから始まって、いつかそこへと帰ってこざるを得ないような、死刑論の「飛地」を「創りだす」こと—そこから次の対話が奔流となって始まらざるを得ない「飛地」を。

川村による「対談を終えた後に」は、次のように始まる。

「対談を終え、ゲラが出て来てそれを直している間に、一人の死刑囚が、日本で死刑を執行され、一人の被告が、韓国で死刑判決を受けた。宅間守死刑囚が処刑され、柳永哲（ユ・ヨンチョル）容疑者が死刑の判決を受けた。柳被告は控訴しない方針であり、宅間死刑囚と同じく、そのまま一審判決が確定し、早晩、死刑が執行されるものと思われる。／この二つの事件は、日本と韓国という国の違いを別にして、きわめて似通った裁判の展開を示していると思われる。その一つは、彼らの犯罪がまさに〝天地・万人、これを許さず〟といえるような、まったくの弁解や弁護の余地のない凶悪犯罪であったことだ」。

日本と韓国の対比は決して唐突ではないし、偶然でもない。戦争とテロの二一世紀初頭に東アジアで文学者が死刑について語る、まさにその営為が現実と厳しく、そしてあたかも運命的に重なり合い、反響しあう。池田と川村の対談は、従って、中途半端な終わり方をした対談でもある。

この二人の死刑対談が、日本における死刑論に捉われて、末尾でようやく韓国に辿り着いて終わるはずがない。「死刑という現実に、文学は拮抗できるか」と問いかける「世界初の死刑文学論」は、始まったばかりである。読者としては「対談の続きを読む権利」を主張したい。

二

死刑を素材とした作品

現在、いわゆる先進国のほとんどは死刑を廃止している。死刑存置国はアメリカ合州国と日本だけである。当然のことながら、日本で出版されている死刑関連小説も、大半がアメリカと日本のものである。以下、順不同でいくつか紹介する。

ジョン・グリシャム『処刑室』（新潮社、95年）

『法律事務所』『ペリカン文書』『依頼人』などのベストセラーを送り出してきた著者のリーガルサスペンスである。ガス室での処刑の日が迫る祖父を救おうとする若き弁護士の闘いを描く。舞台はミシシッピである。死刑囚の処遇、執行一時停止を求める法的闘いのあり方など、日本との違いがよくわかる。

メアリー・ウォーカー『処刑前夜』（講談社文庫、94年）

エドガー・アランポー賞受賞作品。死刑を待つ連続殺人犯を追跡取材した記者が、執行直前になって数々の疑問をもち、新たな事件に巻き込まれていくなかで、執行停止を求めて闘う。舞台はテキサス。

ジョン・カッツェンバック『理由』（講談社文庫、94年）

死刑囚の無実の訴えをきっかけに事件を取材した記者の世紀のスクープにより、死刑囚は釈放される。そこから新たなミステリーが始まる。舞台はフロリダ。

この3冊は、いずれも死刑執行停止を求めて闘うアメリカン・ヒーローの物語である。不思議と同じテーマとなっている。もう一つの類型は凶悪犯罪の恐怖を描き、その謎に迫ろうとするものである。その後のアメリカの小説も類似のテーマが多いように思う。

佐木隆三『死刑囚永山則夫』（講談社、94年）「連続射殺魔」永山則夫の人と事件の「全貌」を描いたノンフィクション・ノベル。四七〇頁に及ぶ大作だが、未完の書というべきだろう。

姉小路祐『逆転証拠』（徳間書店、95年）死刑判決を書いた元判事自身が疑問を抱き、女性検事が検察一体の原則を跳ね除けて弁護士とともに冤罪立証に励む。死刑冤罪の再審への流れを描くが、非現実的なドタバタ劇に留まるのは残念。著者のリーガルサスペンスの本領は今後の期待に待つことにしたい。

藤原智美『Rリアリティ』（集英社、94年）巨大機関から理由も定かでなく突如として「死刑執行人」に任命されたゲームデザイナーが、死刑執行の迷路をさ迷う不条理小説である。

この三冊は、まったく異質の作品であるが、それぞれに死刑問題について考えさせる契機をはらんでいる。

エンターテイメントや文学の世界から死刑問題がなくなるためには、現実の死刑廃止が必要である。現実に死刑制度が生きている社会では、エンターテイメントであれ文学であれ、そして存置論であれ廃止論であれ、死刑問題を取り上げた作品が繰り返し世に問われる必要があるだろう。それが死刑に関する問いのきっかけとなり、延ては死刑廃止論議へ繋がらずにはいないだろうから。

一九九六年夏、映画『デッドマン・ウォーキング』が全国上映された。監督・脚本・製作はティム・ロビンス、主演はスーザン・サランドンとショーン・ペン。スーザン・サランドンはこの作品で第六八回アカデミー賞主演女優賞を受賞した。

シスター・ヘレン・プレジャン（中神由紀子訳）『デッドマン・ウォーキング』（徳間文庫、96年）

映画の原作であり、一九九四年のアメリカ図書館協会賞を受賞している。死刑囚との手紙のやり取りに始まって、死刑問題に取り組むシスターの視点で描かれた本書は、凶悪犯罪が社会にもたらす深刻な影響を多面的に活写する。

凶悪犯罪へと転落していく若者。犯され引き裂かれ殺されていく者の恐怖。死刑に直面して激しく揺れ動く死刑囚。犯罪報道に打ちのめされ、社会からずり落ちてしまう死刑囚の家族。絶望的な記憶にからめ捕られ苦悩の日々に身を焦がす被害者遺族。執行阻止に向けて闘う弁護士。廃止論と存置論が、時に理論的に語られ、時に感情的にスパークする。語りあい、怒鳴りつけ、指弾する言葉の闘いは、互いを切り刻みながら、実は言葉を発する者自身を真っ先に切り刻む。そのせめぎあいからあぶり出されてくる困難は、死刑をもつ国家と死刑を廃止できない社会との重なりと微妙なズレを反映している。

マイケル・ギルモア（村上春樹訳）『心臓を貫かれて』（文芸春秋、96年）

ノーマン・メイラー（岡枝慎二訳）『死刑執行人の歌（上・

下)』(同文書院、97年)

この二作品はゲイリー・ギルモアの人生と犯罪と死刑の物語である。仮出所中のゲイリー・ギルモアは一九七六年に二人の青年を殺害して、死刑を言い渡された。当時、アメリカでは十年以上にわたって処刑が行なわれていなかったが、連邦最高裁判所の死刑合憲判決で死刑が「復活」した。ゲイリーは、死刑判決に対する上告の権利を放棄し、処刑を要求したことで一躍センセーショナルな注目を集めることになった。

『心臓を貫かれて』は、ゲイリーの弟マイケル・ギルモアによるノンフィクション作品である。それはゲイリーの物語であり、一家の物語であり、マイケルの物語である。「物語が終るまでは物語を語ることができない」。マイケルは兄の物語を描くことで自身の恐怖を乗り越えようとする。

『死刑執行人の歌』は、作家ノーマン・メイラーによるノンフィクションでベストセラーとなり、ノーマン・メイラーは二度目のピューリッツアー賞を受賞した。ゲイリーが仮釈放されてから、ユタ刑務所で処刑されるまでの九か月間の詳細な記録である。ノーマン・メイラーは膨大な情報を読者に提示しながら、ギルモアの内面世界を読者の内面に構築しようとする。

ベヴァリー・ロウリー(岩井司訳)『死を待つ女　死刑囚カーラ』(原書房、97年)

「つるはし殺人鬼」カーラ・フェイと息子を交通事故で亡くした女性作家ロウリーの心の交流を描くノンフィクションである。

ドナルド・ギャスキンズ&ウィルトン・アール(滝井田周人訳)『死刑囚ピーウィーの告白』(扶桑社、97年)

幼女レイプ殺害を含めて百人以上をサディスティックに殺害し、一九九一年に処刑された「史上最悪の殺人鬼」ギャスキンズの〈沿岸殺人〉と〈本格殺人〉の告白である。

小嵐九八郎『真幸くあらば』(講談社、98年)

獄中の死刑囚と獄中養母との秘密通信スタイルの小説である。南木野淳は金欲しさで侵入盗に入り、居直り強盗殺人を犯し、死刑を言渡された。被害者の婚約者であった榊原茜は、クリスチャンとして淳に面会し、手紙を出し、交流を重ねた結果、淳を養子にする。表の手紙とは別に、「聖書」や「聖書辞典」を利用して秘密通信を続け、愛を育んでいく。処刑の後に遺された手紙類を整理した教誨師と弁護士が秘密通信を発見し、整理した上で出版する、という体裁である。数々の文献に依拠して、死刑囚の生活状況や心理を綿密に描写し、「とにかく頑張ってぶら下がってきます。いずれにしても、やがて、あ、扉」で終わる淳の秘密通信を創作した力量はさすがである。前著『刑務所ものがたり』(文藝春秋)の作者ならではといえよう。

スティーブン・キング『グリーン・マイル(1〜6)』(新潮文庫、97年)

「フォレスト・ガンプ」のトム・ハンクス主演、「ショーシャンクの空に」のフランク・ダラボン監督の同名映画(二〇〇〇年春に日本興行)の原作である。

一九三二年、アメリカ南部のコールド・マウンテン刑務所の死刑囚監房を舞台とする死刑囚、冤罪の囚人、看守たちの物語である。

高野和明『13階段』（講談社、01年）

江戸川乱歩賞受賞作である。著者のデビュー作であり、その後もミステリー作家として活躍している。

喧嘩で人を殺して仮釈放中の青年と、受刑者の矯正に絶望した刑務官が、記憶を失った死刑囚の冤罪を晴らす仕事を持ちかけられる。期限は三ヵ月、報酬は一千万円。アメリカ映画のテーマにはよくありそうな、いささか荒唐無稽なモチーフに見えるが、行刑や死刑の実態についてよく調べて書いているので、「読む」に耐える作品となっている。

「あの馬鹿を、どう説得したものか。事務次官は頭を悩ませていた。彼は役職の上では官僚のトップだが、実力的には五番目にすぎない。出自が検察庁の検察官であるため、頭の上には検事総長や東京高検の検事長など、四名の実力者が重しとして乗っかっているのである。大臣の説得に失敗すれば、どんな災いが降りかかるか分かったものではなかった。

やはり切り札は、間近に迫った内閣改造だろうと事務次官は考えた。退任間際に命令書にサインが行われるのは、半ば慣例のようになっている。それに死刑囚の四度目の再審請求も、その頃には棄却されているだろうとの報告も受けていた。

改造人事の二週間前だ、と事務次官は当たりをつけていた。そのタイミングで大臣の内諾を得る。そこで相手が渋るようなら、まさに退任の日、有無を言わさずに死刑執行命令書を突きつけ、署名を迫る。刑事局長と二人がかりでやれば、あの大臣もノーとは言えないだろう」。

金井貴一『転覆――小説・松川事件』（廣済堂、02年）

『小説・下山事件』『毒殺――小説・帝銀事件』などに続く著者の「昭和史ミステリー」である。一九四九年八月一七日午前三時九分、上野駅行き列車が福島の松川駅へ向かう途中、何者かの工作により脱線転覆事故を起こし、三名の犠牲者を出した。警察は、事件は共産党の仕業として、国鉄労組などの組合員を逮捕し、フレームアップした。一審・二審で死刑判決まで出た事件だが、松川運動と呼ばれた広範な支援運動、弁護団の組織的取組み、被告人らの闘いの末、有名なアリバイ証拠「諏訪メモ」も登場し、逆転無罪となる。下山事件などとともにＧＨＱの関与の疑いが残る歴史的事件を素材に、多数のルポルタージュや報告が書かれてきた。本書は架空の真犯人らを登場させることで、事件の小説的「真相」を構築してみせる。

野坂昭如『死刑長寿』（文芸春秋、04年）

表題作を含む六篇を収録した短編集である。「死刑長寿」は、「明治十六年生れ、来る平成十三年五月二十六日、満百十八歳になる囚人の存在を、法務省は全く知らないでいた」という設定である。

「死刑確定囚についてまったく公開せず、マスコミ、世間も関心がなく、なにしろ、法務省、拘置している責任者の気づかなかったこの長寿囚人を発見したのは、秘そかに帰国していた、以前国際過激派に所属する女性の、逮捕による」。

百十八歳の死刑確定囚の記者会見は、法務省の秘密主義への痛烈な批判である。

ロバート・ハイルブラン（奥村章子訳）『死刑劇場』（ハヤカワ文庫、05年）

ミステリー作家アマンダ・クロスを母に持った弁護士の作家デビュー作である。

白人女性が殺され、黒人容疑者にはほとんど無条件に死刑が言い渡される。「おなじみ」というべきか「お約束」とも言うべき状況設定で、事件を調べる弁護人が遭遇する真実。絶体絶命の被告人を救出するため、追い詰められた弁護人は秘策を胸に勝負に出る。こうした作品では、事件がいかに興味深く語られるか。いかに残酷で悲惨であったり、関係者がいかに人間的であるか。あるいは容疑者や弁護人がいかに個性的であるかが問われる。そうでなければ読者は途中で投げ出してしまうからだ。弁護士の知識を総動員した本書は、アメリカ探偵作家クラブ賞最優秀新人賞にノミネートされ、著者は新人作家としての道を歩み始めた。

スコット・トゥロー（佐藤耕士訳）『死刑判決』（講談社文庫、04年）

リーガルサスペンスの第一人者トゥローの最新エンターテインメントである。『推定無罪』、『立証責任』、『有罪答弁』で見せた手腕は健在である。

死刑執行を一ヵ月後に控えた時期に突如現れた真犯人と名乗る男。十年前の殺人事件は振り出しに戻る。死刑囚は冤罪か。新証拠は何を明らかにするか。これまた「お約束」の状況設定であるが、ジェットコースター・ミステリーの王者トゥローだけあって、白熱の展開は読者をうならせるに十分である。

タイ・トレッドウェル／ミッシェル・バーノン（宇佐和通訳）『死刑囚　最後の晩餐』（筑摩書房、03年）

「食べすぎから医薬も注文したウォルター・バーンハート・ラグラン」、「こだわりチーズケーキを二個希望したハロルド・マックィーン」、「看守からチョコバーを贈られた毒婦マーギー・ヴェルマ・バーフィールド」、「執行前夜、刑務所でパーティーを開いたゲイリー・マーク・ギルモア」など、「死刑囚のステレオタイプなイメージを打破する本」である。

川村毅『4（フォー）』（論創社、12年）

「第三エロチカ」で知られた劇作家・演出家による演劇作品である。実際に、二〇一二年一一月に東京・三軒茶屋の「シアタートラム」で上演されたという。

「黒い箱がある。／五人の男が出てくる。／男たちは黒い箱に手を突っ込み、紙切れのようなものを取り出す。／それぞれ紙切れを開いてみる。／ひとりの男は、去る。／四人が残る」。

裁判員制度で選ばれ裁判員となった会社員。死刑執行命令の権限を持つ法務大臣。未決囚（死刑確定囚）の世話をする拘置所の刑務官。未決囚（死刑確定囚）。四人のモノローグで進行する思索劇である。死刑囚が犯した罪をどうとらえるか。そして、死刑という刑をどう見るか。四人がそれぞれの役割をするだけでなく、次には役割を交換するというアイデアである。「『死刑制度という不条理』などとおさまりのよさげな一言で決してまとめまいと思う。そんなフレーズではおさまりきらないので作品として書くのである」というのは劇作家ならではだろう。

ただし「この劇は日常の時空間のリアリズムを超えて、死刑制度という観念の世界に深く入り込むために、現実原則を無視する」とあるように、「未決囚（死刑確定囚）」という不思議な言葉が使われている。

東野圭吾『虚ろな十字架』（光文社、14年）

ミステリー作家による刑罰論が展開された作品だ。死刑を取り上げているため、宣伝帯には大きく「死刑は無力だ」と書いているが、死刑論を含むと同時に、死刑に限らず刑務所収容による自由刑（自由剥奪刑）の意味を問い直そうとするものである。

文体は簡素で、はっきり言って、そっけない。出来事が淡々と語られるが、背景も人物像も深く書き込まれることはない。登場人物の主観面はそれなりに書かれているが、書き込むと言うほどではない。抒情的でもないし、社会派色を押し出すこともない。あえてこのような文体を採用することによって作品としての効果を上げていると思われる。

理不尽な殺人事件で娘を殺された夫婦が、深い悲しみに心を閉ざしながら、それぞれの道を歩む。デザインの現場を離れて、ペットの葬儀社に勤務して静かに生きていた主人公のもとに、かつて別れた妻が殺されたとの連絡が入る。娘の事件担当だった警官が訪れ、家族や親戚にも動揺が走り、一一年前の事件とのつながりを探るが、つながりは何も見いだせない。ところが、早々に「犯人」が自首して出る。犯人の自首によって事件の一面は判明するが、その真相、特に動機は皆目見当がつかない。殺された妻は雑誌に記事を書いてジャーナリスト・ルポライターとしての地位を得ようとしていた。その記事や原稿を読み進める中から、主人公は思わぬ真相に辿りつく。妻は、娘が殺された事件を片時も忘れず、被害者遺族の問題を追跡していた。出版を目指して書いた原稿は『死刑廃止論という名の暴力』だ。娘が被害を受けた事件で犯人側についた弁護士（つまり、「凶悪犯」の味方について、死刑判決を回避させた弁護士）や、元刑務官などにも取材を重ねて、自らの感情を織り交ぜながら仕上げた原稿だ。妻は次のように主張している。

「遺族は単なる復讐感情だけで死刑を求めるのではない。家族を殺された人間が、その事実を受け入れるにはどれほどの苦悩が必要なのかを、どうか想像していただきたい。犯人が死んだところで被害者が蘇るわけではない。だが、では何を求めればいいのか。何を手に入れれば遺族たちは救われるのか。死刑を求めるのは、ほかに何も救いの手が見当たらないからだ。死刑廃止というのなら、では代わりに何を与えてくれるのだと尋ねたい。」

かくして妻は積極的死刑存置論を展開するが、生半可な死刑存置論ではない。なんと「殺人犯はすべて死刑にせよ」という超過激な立場に立つ。妻は被害者遺族運動に関わってはいるが、遺族運動そのものは描かれず、本書の主題となるわけではないため、過激な積極的死刑存置論はやや浮いているが、作品構成上の必要からこうした形となったのだろう。

日本には死刑があり死刑判決があり、執行が続いているが、実はほとんどの殺人犯は死刑にはならない。殺人や強姦殺人や放火殺人などの凶悪犯罪は、かつては年間一二〇〇～一五〇〇件だった時期が続いたが、近年では一〇〇〇件に満たない。そのほとんどが懲役刑になる。死刑を言い渡されるのは、ごくごく一部に過ぎない。だから確定死刑囚の数も一〇〇人台の前半にとどまる。

殺人犯全員死刑論だと、毎年数百件の死刑判決を出さなくてはならない。毎日毎日どこかの裁判所で死刑判決を言い渡すことになる。裁判所は土日は休みだから年間二五〇日開廷したとすると全国で毎日四件近くの死刑判決が必要になる。こうなると死刑は日常と化し、ニュースでなくなる。裁判官も裁判員も激務になり、何より拘置所職員には地獄となる。札幌から福岡までの死刑執行を行う拘置所には、数名ではなく、数百名の死刑囚を収容する必要が出て来る。まったく現実性がないが、しかし死刑存置論の立場を鮮明にするためには殺人犯全員死刑論という立場を持ち出してみる必要はあるだろう。

これは東野圭吾の立場ではなく、小説作品の中であえて打ち出した立場だ。作者・東野圭吾の立場は死刑廃止論ではないようだが、主人公には「そう簡単には決められない」という立場を取らせている。そして死刑だけでなく、施設収容刑（自由剥奪刑）の意味を問う発言につなげている。「死刑は無力だ」のその先が気になるが、普通の市民は立ち止まり、悩み……という路線だ。

『容疑者Xの献身』をはじめとする話題作を続発してきたベストセラー作家による死刑論議が、社会的に影響力を発揮することが期待される。

東直子『いとの森の家』（ポプラ社、14年）

小学生の頃、福岡県糸島郡（当時）に住んだ時に近所にいた「死刑囚の母」こと白石ハルに出会った記憶を持つ歌人、作家による物語であるが、死刑囚の俳句が舞台回しとして効果的に引用されている。白石ハルは福岡の受刑者を慰問し、多くの手紙を交わしたことで知られる。「少し昔の小学四年生が森の中の家で感じた命の記憶」を描いたと言う。

夏休みに夕方の散歩から戻るときに、おハルさんが白い布に包まれたものを抱えているのに会うが、それは処刑された死刑囚の骨で、引き取り手がなかったものをおハルさんが供養するという設定である。

「この方は、なんどもなんども交わしたお手紙の中で、心を開いてくださいました。今日、処刑の前の最後の面会の時間に会いにいきましたが、ご家族の方は一人もお見えになりませんでした。それで、このあとの自分の骨を、どうか一緒に連れて帰ってください、と私にお願いされました。許されないことをした人ですけれども、裁判で決められた罰をしっかりと受けて仏様になられた今は、最後の望みをかなえてあげたいのです。知らない人のお骨をこの村に入れたことでご不快に思われる方もいらっしゃるかもしれないのですが、どうか、私たちの勝手をゆるしてください」

最後の面会とあるのは、執行が事前に告知されて、面会が許されていた時期の話だからである。死刑囚が残した俳句を、おハルさんが近所に住む小学四年生に読ませ、どのような死刑囚だったのか、どのような罪を犯し、どのように反省して、処刑されていったのかを説明したというのは不自然な気がしないでもないが、作者の記憶の中にそれに類した体験があったのだろう。死刑囚の俳句は、異空間の俳句たち編集委員会編**『異空間の俳句たち』**（本書81頁）からの引用である。

紺野仲右ヱ門『女たちの審判』（日本経済新聞出版社、15年）

法務省矯正局に心理研究職として勤務した経歴の紺野信吾と、警察事務職を経て刑務官として五年勤務した紺野真美子の共著であり、第六回日経小説大賞受賞作。紺野真美子には檀上志保名義で『ガラスの煉獄―女刑務官あかね―』（新潮社）がある。

プロローグで事件と死刑囚の概要が提示される。一九八八年、梶山智樹は共犯者と共謀し、専門学校生を身代金目的で誘拐する計画で誘い出し、山中で殺害した。その後、被害者の父親に身代金を要求するなどして逮捕され、一審地裁で死刑判決（共犯者は無期懲役が確定）。控訴棄却されたのち、最高裁に上告中の一九九六年、梶山は、看守の一人の協力を得て、拘置所からの脱走を図り、発見された。看守は懲戒免職、所長は自殺に追い込まれた。一九九九年、最高裁で上告棄却となり、二〇〇三年、死刑執行。脱獄事件の時に「会いたい人がいる。ひと目会ったら戻ってくる」と話していたことが、小説の導きの糸になる。プロローグにはさらに、一審で死刑を言い渡した裁判官へのインタヴューが紹介されている。二〇〇八年、裁判員制度の実施に伴い、市民に刑事裁判や量刑についての理解を得るための元裁判官インタヴューであり、これも伏線の一つとなる。

梶山は事件前に付き合っていた女性がいたが、女性が出産していたとは知らなかった。肥後拘置所で、ハト行為（職員が不正に外部情報を収容者に伝える）によって自分の娘が生まれていたことを知る。梶山は博多拘置所で親しくなった看守の協力を得て、脱獄を図るが失敗し、死刑が確定し、ついに執行される。物語は梶山の死刑執行後に展開する。

二〇〇八年、裁判員制度が動く中、元裁判官が裁判員制度入門の講演を行う。そこに梶山が収容されていた拘置所看守など関係者が聴講に来る。一人殺害事件で、梶山に死刑を言い渡しながら、「控訴することを望みます」と述べた羽田・元裁判官は、新聞インタヴューでは、死刑を選択したが「更生の可能性があったかもしれない」とも語っている。死刑判決の当否とともに、物語としては、梶山は誰に会いに行こうとして脱獄を図ったのかがポイントになる。背景には錯綜した人間関係があり、ラストで急展開を見せる。

法務省矯正局勤務の紺野信吾と、刑務官勤務の紺野真美子の共著だけに、拘置所内部の様子や、拘置所職員の人間関係の描き方が優れており、リアルである。拘置所という閉ざされた空間の人間模様が、ある意味、この社会の象徴的な構図であるのかもしれない。普通の人々の暮らしが実は独特の緊張の上に成り立っていることを浮かび上がらせる。

黒岩涙香『裁判小説人耶鬼耶』（インパクト出版会、16年）

「誤認逮捕と、誤判への警鐘を鳴らし、人権の尊さを訴えた、最初の死刑廃止小説」の復刊である。

死刑廃止文献としてその存在は知られていたが入手困難で読むことのできない小説を、現代語に書き換えることはせず、段落や句読点を加え、漢字の送り仮名を補うなどの最低限の変更を施した状態での復刊である。校訂・解説の池田浩士によると「黒岩涙香の作品は、黒岩涙香の文体と言葉によってしか、読むものに伝わらない」からである。

原著は一八八八年、東京の小説館から出版された。その後、黒岩涙香の存命中に二度出版されたと言う。ジャーナリストとして活躍した黒岩涙香は、いくつもの筆名を用いたが「涙香」の名は、ほとんどもっぱら外国の小説を日本語にするときに使われた。『法廷の美人』、『有罪無罪』、『噫無情』（原題『レ・ミゼラブル』）、『巌窟王』（原題『モンテ・クリスト伯』）、『鉄仮面』（原題『サン・マール氏の二羽の鶫』）など多くの作品が知られるが、『裁判小説人耶鬼耶』はそうした一連の中でも最初の単行本であった。

『裁判小説人耶鬼耶』の原作は、エミール・ガボリオ『ルルージュ事件』で、一八六六年に新聞連載小説として人気を博した作品である。ガボリオは『ルコック氏』、『大盗賊』、『他人の銭』など探偵小説を相次いで世に送り出した作家である。『ルルージュ事件』は貴族の子弟の「出生の秘密」をテーマとするが、『裁判小説人耶鬼耶』では貴族ではなく「皇族」とされている。ただ結末は大幅に改編・加筆され、死刑廃止を訴える作品になっている。

「『人耶鬼耶』は、死刑廃止を呼びかける小説である。それが呼びかけているのは、冤罪の死刑囚に対する誤った死刑の廃止だけではない。冤罪で処刑される可能性があるからという理由での死刑廃止だけではない。死刑制度が廃止されなければならないのは、『鬼』は『人』に変わることができるからであり、社会はそれが実現できるような人間関係を生み出さなければならないからである。

『鬼』から『人』への変身——それは人間にとって窮極の夢である。だが、人間は夢を見ることによってしか現実を変えることはできない。賢明にも世界と歩みをともにし、勇敢にも苦境にある友人を見捨て逃げるこの私は、そうではない私の姿を遠い夢のなかに見ることによって、もうひとりの私への道をたどり始める。

特権階級のロマンスに陶酔し、高貴な出自を理由もなく崇拝し、その一方でそうした別世界の住人たちの不幸や破滅に快哉を叫ぶ（だが、皇族に対してはそれさえもできない）読者たちに、黒岩涙香は死刑廃止を呼びかけた。この読者たちにとってこそ、現実から夢への道は遠いからである。そして、もっとも遠い道を歩むことによってしか、もっとも近い現実を変えることはできないからである。」（池田浩士）

なお、少年死刑囚の「表現」を素材に、文芸批評の方法によって考察を加えた井口時男『少年殺人者考』（本書222頁）がある。

あとがき

ひたすら引用に明け暮れる「引用集」になってしまった。『年報・死刑廃止』に連載した「死刑関係文献案内」をもとに再編集したのだから必然的に引用だらけになったが、こうした書物も死刑廃止運動の中で役に立つことがあるはずだと考えて、本書を世に送り出す。

文献案内だけに絞った本書を通覧するだけでも、死刑廃止を求めて地道で困難な努力を傾けてきた死刑廃止運動の様子がよくわかる。死刑廃止運動の現場で長く取り組みを続けてきた市民、弁護士、ジャーナリスト、宗教者、行刑関係者、刑事法研究者の努力に敬意を表したい。

本書作成に当たっては実に多くの方に情報を提供いただき、お知恵を拝借したが、四半世紀に及ぶ期間の出来事であり、その一つ一つを具体的に示すことができない。専門研究の面でご教示をいただいた刑事法研究者については本文で触れた。また国連人権理事会など国連機関で活躍する研究者や人権NGOスタッフからも多大の示唆をいただいた。

一年でも早く終刊にしたい『年報・死刑廃止』だが目標達成に至らず、毎年の編集・出版に力を注がなければならない。この苦行を引き受けてきた、年報・死刑廃止編集委員会のみなさんに感謝申し上げる。

また編集委員会の一員であり、本書の出版を引き受けてくれたインパクト出版会の深田卓さんに大変お世話になった。最初に深田さんに相談したのは二〇一一年秋頃だったはずだ。二〇一二年夏には過去のデータを集めて再編する作業を始めたが、多忙に紛れて中断してしまった。再開したのは二〇一八年秋のことだ。すっかり忘れた頃に改めて話を持ち込んだにもかかわらず快諾いただけたのは幸いであった。重ねて感謝申し上げたい。

本書出版に当たって、東京造形大学教育研究助成金（二〇一九年度）の助成を得た。

二〇一九年八月二三日

ジュネーヴの国連人権高等弁務官事務所にて

著者

オウム大虐殺　年報・死刑廃止 2019　2300円＋税

2018年7月オウム事件死刑囚13人が一挙に死刑を執行された。13名中10名が再審請求中だったし、再審のための3者協議が裁判所で予定されていた人までいたのである。再審を開始するかどうかの判断は裁判所にゆだねられている。法務大臣が「再審事由はない」と勝手に判断し死刑を執行するのは、法を無視した殺人である。この国は安倍一強政権のもと、法すら無視し暴走を続ける。オウム死刑執行は決してオウム問題や死刑問題だけではない。この国の歴史を振り返り、オウム大虐殺後の時代を考える。
◉オウム真理教の思想と行動を検証する　魚住昭・中島岳志・安田好弘・司会＝岩井信◉アレフ広報部長・荒木浩さんに聞く◉オウム真理教家族の会・永岡英子さんに聞く

オウム死刑囚からあなたへ　年報・死刑廃止 2018　2300円＋税

検証・オウム法廷と死刑執行　江川紹子 × 安田好弘／13人死刑執行という大量虐殺　安田好弘／松本智津夫氏の獄中医療報告書／早川紀代秀／新實智光／宮前一明／井上嘉浩／土谷正実／オウム死刑囚を語る＝弁護人・支援者から

ポピュリズムと死刑　年報・死刑廃止 2017　2300円＋税

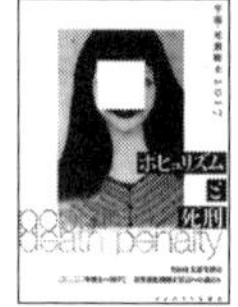

トランプ、安倍、ドゥテルテ、世界を席巻するポピュリズムと死刑とは。鵜飼哲、保坂展人、安田好弘、など。「小特集・追悼・大道寺将司」＝大道寺ちはる、浴田由紀子。2020年廃止へ向けて日弁連死刑廃止宣言への道のりなど。

死刑と憲法　年報・死刑廃止 2016　2300円＋税

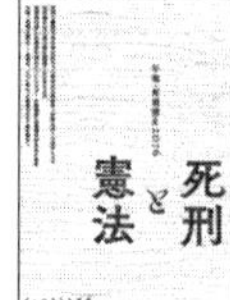

憲法36条に「公務員による拷問及び残虐な刑罰は、絶対にこれを禁ずる」とあるにもかかわらず、なぜ命を奪う死刑制度が温存されているのか。1948年の最高裁死刑合憲判決はなぜ今も通用するのか。過去の死刑違憲裁判を跡づけながら死刑と憲法を再考する。

死刑囚監房から　年報・死刑廃止 2015　2300円＋税

「フォーラム90」が2008年、11年に続き、15年に実施した3度目の死刑確定者アンケートへの73人の回答を掲載。巻頭座談会は「地下鉄サリン事件から二〇年—オウム事件とは何だったのか」大田俊寛・松本麗華・安田好弘・岩井信。

袴田再審から死刑廃止へ　年報・死刑廃止 2014　2300円＋税

48年間、無実の罪で幽閉され死刑確定により精神の均衡を失った袴田巖さん。袴田冤罪事件の存在は死刑制度があってはならないことを示している。袴田ひで子さんと巖さんインタビュー、袴田弁護団座談会や無実で執行された飯塚弁護団との鼎談など収載。

極限の表現 死刑囚が描く　年報・死刑廃止 2013　2300円＋税

極限で描かれたこれらの作品は何を訴えるのか。大道寺幸子基金表現展のすべて。加賀乙彦「〈悪人〉を愛する」、北川フラム「枠を超え埋め尽くす」、池田浩士編「響野湾子詩歌句作品集」、櫛野展正「アールブリュットと死刑囚の絵画展」、作品多数収載。

年報・死刑廃止　インパクト出版会刊

少年事件と死刑 年報・死刑廃止 2012 2300 円＋税
更生ではなく厳罰へ、抹殺へとこの国は向かう。少年事件と死刑をめぐり徹底検証。

震災と死刑 年報・死刑廃止 2011 2300 円＋税
あれだけの死者が出てもなぜ死刑はなくならないのか。震災後の今、死刑を問い直す。

日本のイノセンス・プロジェクトをめざして 年報・死刑廃止 2010 2300 円＋税
DNA 鑑定により米国で無実の死刑囚多数を救出したプロジェクトは日本でも可能か。

死刑 100 年と裁判員制度 年報・死刑廃止 2009 2300 円＋税
足利事件・菅家利和さん、佐藤博史弁護士に聞く。

犯罪報道と裁判員制度 年報・死刑廃止 2008 2300 円＋税
光市裁判報道へのＢＰＯ意見書全文掲載。

あなたも死刑判決を書かされる 年報・死刑廃止 2007 2300 円＋税
21 世紀の徴兵制・裁判員制度を撃つ。

光市裁判 年報・死刑廃止 2006 2200 円＋税
なぜメディアは死刑を求めるのか。

オウム事件 10 年 年報・死刑廃止 2005 2500 円＋税
特集 2・名張事件再審開始決定／再審開始決定書全文を一挙掲載。

無実の死刑囚たち 年報・死刑廃止 2004 2200 円＋税
誤判によって死を強要されている死刑囚は少なくはない。

死刑廃止法案 年報・死刑廃止 2003 2200 円＋税
1956 年の死刑廃止法案と公聴会の全記録。

世界のなかの日本の死刑 年報・死刑廃止 2002 2000 円＋税
死刑廃止は世界の流れだ。第 1 回世界死刑廃止大会のレポートなど。

終身刑を考える 年報・死刑廃止 2000 〜 2001 2000 円＋税
終身刑は死刑廃止への近道なのか。

死刑と情報公開 年報・死刑廃止 99 2000 円＋税
死刑についてのあらゆる情報はなぜ隠されるのか。

犯罪被害者と死刑制度 年報・死刑廃止 98 2000 円＋税
犯罪被害者にとって死刑は癒しになるのか。

死刑─存置と廃止の出会い 年報・死刑廃止 97 2000 円＋税
初めて死刑存置派と廃止派が出会い、議論をした記録。

「オウムに死刑を」にどう応えるか 年報・死刑廃止 96 2000 円＋税
死刑廃止運動の理論と情報を共有することを目指し創刊された「年報・死刑廃止」の創刊号。創刊特集は「凶悪とはなにか？」90 〜 95 年の死刑廃止運動の記録。なお 90 年以前の廃止運動の情報は小社刊『死刑囚からあなたへ』①②に詳しい。

死刑関連書　インパクト出版会刊

鎮魂歌 闇サイト事件殺人者の手記　堀慶末 1800円＋税
私はいま思います。残された時間をすべて贖罪に捧げていかねばいけないと。

「鶴見事件」抹殺された真実 高橋和利 1800円＋税
「私は殺してはいない」という獄中からの怒りの手記。

本当の自分を生きたい 死刑囚・木村修治の手記 2330円＋税
自分の半生を振り返り、罪を見つめ続け、生きて償いたいと思う。

こんな僕でも生きてていいの 河村啓三 2300円＋税
誘拐・殺人・死体遺棄。犯した事件を冷徹に描写し、自己の人生を捉え返す。

落伍者　河村啓三　推薦・加賀乙彦。1900円＋税
死刑囚のおかれている所内の生活がそのまま書かれている貴重な文献。

生きる 大阪拘置所・死刑囚房から　河村啓三 1700円＋税
次々と処刑されていく死刑囚たちのことを胸に刻み、この瞬間を精いっぱい生きる。

命の灯を消さないで フォーラム90編 1300円＋税
2008年フォーラム90が死刑確定者105人に対して行なったアンケートの78人の解答。

死刑囚90人 とどきますか、獄中からの声 フォーラム90編 1800円＋税
2011年フォーラム90が死刑確定者対して行なったアンケートの報告書。

死刑文学を読む 池田浩士・川村湊 2400円＋税
文学は死刑を描けるか。網走から始まり、二年六回に及ぶ白熱の討論。

死刑・いのち絶たれる刑に抗して 日方ヒロコ 2500円＋税
死刑執行前後の家族が直面させられた現実と教誨師に聞いた死刑執行の現実。

死刑を止めた国・韓国 朴秉植　1400円＋税
どうして韓国は死刑を葬り去り、人権大国への道を歩めたのか。韓国の経験から学ぶ。

死刑冤罪 戦後6事件をたどる　里見繁 2500円＋税
雪冤・出獄後も続く無実の死刑囚の波乱の人生をたどる。付・飯塚事件徹底検証。

冤罪　女たちのたたかい 里見繁 2500円＋税
冤罪の土壌は男社会！　偏見と差別とたたかい雪冤を果たす。

逆うらみの人生　死刑囚・孫斗八の生涯　丸山友岐子 2000円＋税
刑場の現場検証に立ち会った孫斗八。彼は監獄行政、死刑制度と闘ったパイオニアだ。

少年死刑囚 中山義秀著　池田浩士解説 1600円＋税
死刑か無期か？　翻弄される少年死刑囚の心の動きを描いた名作。。

人耶鬼耶 黒岩涙香著　池田浩士校訂・解説 2300円＋税
誤認逮捕と誤判への警鐘を鳴らし、人権の尊さを訴えた最初の死刑廃止小説。1888年に刊行された本書は、その後多くの読者を魅了したジャーナリスト・黒岩涙香の最初の翻案小説であり、日本初の探偵小説である。

前田朗（まえだあきら）
1955年札幌生れ。東京造形大学教授（専攻：刑事人権論、戦争犯罪論）。朝鮮大学校法律学科講師、日本民主法律家協会理事、日本友和会理事、救援連絡センター運営委員。
著書
『民衆法廷の思想』現代人文社、2002年
『侵略と抵抗—平和のための戦争犯罪論』青木書店、2005年
『刑事法再入門』インパクト出版会、2007年
『民衆法廷入門—平和を求める民衆の法創造』耕文社、2007年
『軍隊のない国家—27の国々と人びと』日本評論社、2008年
『人道に対する罪—グローバル市民社会が裁く』青木書店、2009年
『非国民がやってきた！　戦争と差別に抗して』耕文社、2009年
『増補新版　ヘイト・クライム』三一書房、2013年
『ヘイト・スピーチ法研究序説—差別煽動犯罪の刑法学』三一書房、2015年
『黙秘権と取調拒否権—刑事訴訟における主体性』三一書房、2016年
『ヘイト・スピーチ法研究原論—ヘイト・スピーチを受けない権利』三一書房、2019年
URL http://www.maeda-akira.net/
E-mail: maeda@zokei.ac.jp

５００冊の死刑
死刑廃止再入門

2020年　1月15日　第1刷発行

著　者　前　田　　朗
発行人　深　田　　卓
装幀者　宗　利　淳　一
発　行　インパクト出版会
〒113-0033　東京都文京区本郷 2-5-11　服部ビル 2F
Tel 03-3818-7576　Fax 03-3818-8676
E-mail：impact@jca.apc.org
http://impact-shuppankai.com/
郵便振替　00110-9-83148

モリモト印刷

索引

あ

か

さ

た

は

ま

や

ら

わ